21世纪网络教育精品教材

管　理　学

主　编　耿　东
副主编　黄正明

北京交通大学出版社
·北京·

内 容 简 介

"管理学"是一门系统地研究管理活动的基本规律和一般方法的科学。本书介绍了管理学的基本知识和主要职能,包括管理学概述、决策与计划、组织、领导和控制职能。本书编写力求简洁、实用,易于学生理解和掌握。本书吸收了管理学领域的最新的研究成果和管理实践,注重培养分析案例的能力,具有层次性、实用性、实践性和综合性。

本书既可作为网络教育经济管理类专业管理学课程教材,又可以作为本科院校、高职院校和企业管理人才培训的教学用书。

版权所有,侵权必究。

图书在版编目(CIP)数据

管理学 / 耿东主编. —北京:北京交通大学出版社,2012.2(2020.5 重印)
(21 世纪网络教育精品教材)
ISBN 978-7-5121-0908-7

Ⅰ. ①管… Ⅱ. ①耿… Ⅲ. ①管理学-网络教育-教材 Ⅳ. ① C93

中国版本图书馆 CIP 数据核字(2012)第 017731 号

责任编辑:刘 辉　　特邀编辑:张兆辉
出版发行:北京交通大学出版社　　电　话:010-51686414
　　　　　北京市海淀区高梁桥斜街 44 号　　邮　编:100044
印 刷 者:北京时代华都印刷有限公司
经　　销:全国新华书店
开　　本:185×260　　印张:17　　字数:425 千字
版 印 次:2012 年 3 月第 1 版　2020 年 5 月第 21 次印刷
书　　号:ISBN 978-7-5121-0908-7/C·124
印　　数:54 001 ~ 57 000 册　　定价:32.00 元

本书如有质量问题,请向北京交通大学出版社质监组反映。对您的意见和批评,我们表示欢迎和感谢。
投诉电话:010-51686043,51686008;传真:010-62225406;E-mail:press@bjtu.edu.cn。

序

《国家中长期教育改革和发展规划纲要（2010—2020年）》中提出"广泛开展城乡社区教育，加快各类学习型组织建设，基本形成全民学习、终身学习的学习型社会"，将终身学习提到一个国家战略的高度。要建设终身学习的学习型社会，实现任何人在任何时间、任何地点进行学习的目的，网络教育是最重要的途径之一。

网络教育不仅是传统教育的延伸，更是提高成人素质和职业能力的桥梁。教学资源的建设是网络教育的重中之重，如果说网络教育是骨架，那么资源就是丰富骨架的血和肉。而在网络教育资源建设中，文字教材和音像教材是学生在学习中接受知识信息的最主要、最基本的源泉，因此教材建设又显得尤为重要。

网络教育教材必须坚持以学习者为本的理念，在教学方案的设计上，在教学方法的选择上，既从讲课的角度去思考，也注意学生的"自学"，突出教材的实用、适用、够用和创新"三用一新"的特点。

网络教育教材必须既重视理论知识的阐述，更强调实践性，寓知识于应用中，引导学生进行观察和思考，激发学生的学习兴趣，启发学生的参与性，将生活和工作中的问题作为学习的核心，加强实际问题的研究，通过解决实际问题加深理论的理解和应用。

网络教育教材必须紧密围绕网络学习者的需求。为帮助学生判断学习效果并启发其进一步思考，设置大量练习题，并配备视频讲解光盘，建设学习网站（www.cmjnu.com.cn）。

网络教育教材必须考虑与其他媒体组合使用的问题，应与网上学习相结合，合理安排学习计划，以控制学习进度；及时参加网上测试，检验学习效果参加视频辅导；并积极与同学、老师互动，共享学习疑问和学习经验，提高学习效率。

江南大学网络教育在多年资源建设实践的基础上，编写了网络教育系列教材。网络教育教材建设工作是一项长期的与时俱进的工作，既需要建设者的努力，更需要使用者的意见和建议。江南大学的网络教育教材建设工作还处于起步阶段，更需要付出不懈的努力，如何在教材的编写和使用中更好地体现对学生能力的培养，如何激发学生学习的兴趣，如何解决学生实际生活工作中存在的问题，将是江南大学网络教育系列教材建设者重点探索的课题，希望广大教材使用者提出宝贵的意见和建议，祝愿江南大学网络教育教材建设工作取得长足进步，不断为网络业余学习者提供有用的、喜欢的书！

冯骉

2012年元月

前　　言

"管理学"是一门系统地研究管理活动基本规律和一般方法的科学。其基本原理不仅适用于各类管理活动，同时也是经济管理类专业和其他专业课程的基础。管理活动无时无处不在，管理规律与方法来自于实践又可指导实践。可以说，管理学是一门集科学性和艺术性于一体的实用性较强的学科。本书有一个显著特色，就是在各个篇章之前及章节之中增加了一些与本章内容相关的、富有哲理的小案例，希望这些故事能够对《管理学》的读者起到启迪思考、加深理解的作用。

本书紧紧围绕应用型网络经济管理类专业人才培养的目标，按照理论实用与应用的改革要求，将理论密切联系实际的特点作为出发点和追求目标来进行编写，对于书中的内容取舍与安排，力求博采众长，并注意知识更新，联系国内外实际，尤其注意吸收本土化管理的有效经验和最新管理研究成果。

本书既可作为应用型网络教育经济管理类专业管理学课程教材，又可以作为高职院校和企业管理人才培训的教学用书。

本书在内容上以管理职能为框架，包括管理概述、管理发展史、管理决策与计划、组织、领导、控制共5篇14章内容。

全书由耿东任主编、黄正明任副主编，并负责统稿。耿东撰写第1、2、3、4章，彭小静撰写第5、7章，卓廷峰撰写第6章，梁仁青、张宁、黄娅芳撰写第8、9、10章，黄正明撰写第11、12、13章，冯美英撰写第14章。

经过近一年的努力，本书的编写工作已基本完成，在编写过程中，编者们参考了大量的相关著作、教材与企业提供的资料，并深入到企业进行调研。在此谨向作者、译者、企业管理人员等表示由衷的感谢。特别需要说明的是江南大学网络教育学院教材建设工作小组黄正明、孙力、梁仁青、黄娅芳、鲁云霞等老师在本书的编写和协调出版过程中，做了大量细致的工作，在此表示衷心的感谢。

由于编者水平有限，书中难免有不完善和不妥之处，敬请使用本书的老师、学生和读者们指正，编者将不胜感激。

编　者
2012.1

目　录

第1篇　总　论

第1章　管理活动与管理理论 (3)
- 1.1　管理活动 (4)
  - 1.1.1　管理的定义 (4)
  - 1.1.2　管理者的分类与技能 (11)
  - 1.1.3　管理的职能 (13)
- 1.2　管理理论的形成与发展 (15)
  - 1.2.1　管理学发展史概论 (15)
  - 1.2.2　早期管理思想及管理理论萌芽 (18)
  - 1.2.3　古典管理理论 (20)
  - 1.2.4　行为科学概论 (27)
  - 1.2.5　定量管理 (31)
  - 1.2.6　管理理论丛林 (31)
  - 1.2.7　当代管理理论的新发展 (35)

第2章　管理的环境 (37)
- 2.1　组织的环境 (37)
  - 2.1.1　一般环境因素 (38)
  - 2.1.2　任务环境因素 (40)
  - 2.1.3　组织环境分析 (41)
- 2.2　组织文化 (43)
  - 2.2.1　组织文化的来源 (43)
  - 2.2.2　组织文化的构成 (44)
  - 2.2.3　组织文化的功能 (45)
  - 2.2.4　管理组织文化 (46)
- 2.3　社会责任 (46)
  - 2.3.1　什么是社会责任 (46)
  - 2.3.2　两种不同的观点 (47)
  - 2.3.3　社会责任与经济效益 (48)
  - 2.3.4　企业社会责任的探讨与内容 (48)

第2篇　决策与计划

第3章　决策与决策方法 (53)
- 3.1　决策的概述 (53)

I

3.1.1 决策的概念 ……………………………………………………… (53)
   3.1.2 决策的特征 ……………………………………………………… (53)
   3.1.3 决策的原则 ……………………………………………………… (54)
   3.1.4 决策的类型 ……………………………………………………… (54)
   3.1.5 组织决策的影响因素 …………………………………………… (55)
  3.2 决策的过程 …………………………………………………………… (57)
  3.3 决策的方法 …………………………………………………………… (59)
   3.3.1 定性决策方法 …………………………………………………… (59)
   3.3.2 定量决策方法 …………………………………………………… (68)
第4章 计划、计划工作与计划实施 ……………………………………… (75)
  4.1 计划的概念及其性质、作用 ………………………………………… (75)
   4.1.1 计划工作的含义 ………………………………………………… (75)
   4.1.2 计划工作的性质 ………………………………………………… (76)
   4.1.3 计划工作的作用 ………………………………………………… (77)
  4.2 计划的类型及其表现形式 …………………………………………… (78)
   4.2.1 计划的类型 ……………………………………………………… (78)
   4.2.2 计划的表现形式 ………………………………………………… (79)
  4.3 计划工作过程与基本原理 …………………………………………… (82)
   4.3.1 计划工作的步骤 ………………………………………………… (82)
   4.3.2 计划的前提条件及其预测 ……………………………………… (83)
   4.3.3 计划工作的原理 ………………………………………………… (84)
  4.4 计划的组织实施 ……………………………………………………… (86)
   4.4.1 目标管理 ………………………………………………………… (86)
   4.4.2 滚动式计划方法 ………………………………………………… (91)
  4.5 战略计划 ……………………………………………………………… (93)
   4.5.1 概念、特点及作用 ……………………………………………… (93)
   4.5.2 战略计划的程序 ………………………………………………… (95)
   4.5.3 战略管理过程 …………………………………………………… (97)

第3篇 组 织

第5章 组织设计 …………………………………………………………… (105)
  5.1 组织与组织设计 ……………………………………………………… (105)
   5.1.1 组织的定义 ……………………………………………………… (105)
   5.1.2 组织设计的任务与原则 ………………………………………… (106)
   5.1.3 组织结构设计的程序 …………………………………………… (109)
   5.1.4 机械组织与有机组织 …………………………………………… (109)
   5.1.5 正式组织与非正式组织 ………………………………………… (113)
  5.2 组织设计的基本概念 ………………………………………………… (120)
   5.2.1 组织层次与管理幅度 …………………………………………… (120)

5.2.2 职权与职责 …………………………………………………………………… (122)
　　5.2.3 直线职权、参谋职权、职能职权 …………………………………………… (124)
　　5.2.4 集权与分权 …………………………………………………………………… (125)
　　5.2.5 授权 …………………………………………………………………………… (127)
5.3 组织的部门化 ………………………………………………………………………… (128)
　　5.3.1 什么是部门 …………………………………………………………………… (130)
　　5.3.2 影响部门划分的因素 ………………………………………………………… (130)
　　5.3.3 部门划分的方法 ……………………………………………………………… (130)
5.4 组织结构的基本形式 ………………………………………………………………… (132)
　　5.4.1 直线制组织结构 ……………………………………………………………… (132)
　　5.4.2 职能型组织结构 ……………………………………………………………… (133)
　　5.4.3 直线职能制组织结构 ………………………………………………………… (134)
　　5.4.4 事业部制组织结构 …………………………………………………………… (135)
　　5.4.5 矩阵制组织结构 ……………………………………………………………… (137)
　　5.4.6 多维立体组织结构 …………………………………………………………… (138)

第6章 人力资源管理 (140)

6.1 人力资源管理的任务与过程 ………………………………………………………… (140)
　　6.1.1 人力资源概述 ………………………………………………………………… (140)
　　6.1.2 人力资源管理的含义 ………………………………………………………… (141)
　　6.1.3 人力资源管理的任务 ………………………………………………………… (142)
　　6.1.4 人力资源管理的过程 ………………………………………………………… (142)
6.2 人力资源配备 ………………………………………………………………………… (144)
　　6.2.1 人力资源计划 ………………………………………………………………… (144)
　　6.2.2 人力资源配备概念和作用 …………………………………………………… (145)
　　6.2.3 人力资源配备的过程和原理 ………………………………………………… (145)
6.3 员工的选聘与考核 …………………………………………………………………… (147)
　　6.3.1 招聘的意义 …………………………………………………………………… (148)
　　6.3.2 招聘原则 ……………………………………………………………………… (149)
　　6.3.3 招聘的程序及方式 …………………………………………………………… (150)
　　6.3.4 招聘工作应该注意的问题 …………………………………………………… (151)
　　6.3.5 员工招聘的渠道 ……………………………………………………………… (151)
　　6.3.6 人员甄选 ……………………………………………………………………… (152)
　　6.3.7 员工绩效考核 ………………………………………………………………… (153)
6.4 员工培训 ……………………………………………………………………………… (158)
　　6.4.1 员工培训的意义 ……………………………………………………………… (158)
　　6.4.2 员工培训的目的 ……………………………………………………………… (158)
　　6.4.3 员工培训的方式 ……………………………………………………………… (159)
　　6.4.4 员工培训的规划与实施 ……………………………………………………… (160)
　　6.4.5 学习型组织 …………………………………………………………………… (161)

6.4.6 职业技能鉴定与职业资格证 ……………………………………………（161）

第7章 组织变革 …………………………………………………………（164）

7.1 组织变革的必要性和影响因素 ………………………………………（164）
7.1.1 战略 ………………………………………………………………（164）
7.1.2 环境 ………………………………………………………………（164）
7.1.3 技术 ………………………………………………………………（164）
7.1.4 组织规模和成长阶段 ……………………………………………（165）

7.2 组织变革的动力与阻力 ………………………………………………（165）
7.2.1 组织变革面临两种力量的对比 …………………………………（165）
7.2.2 组织变革阻力的主要来源 ………………………………………（166）
7.2.3 组织变革阻力的管理对策 ………………………………………（167）

7.3 组织变革的过程 ………………………………………………………（167）
7.3.1 解冻 ………………………………………………………………（167）
7.3.2 改革 ………………………………………………………………（167）
7.3.3 冻结 ………………………………………………………………（167）

第4篇 领 导

第8章 领导概论 …………………………………………………………（171）

8.1 领导的内涵 ……………………………………………………………（171）
8.1.1 领导和管理 ………………………………………………………（171）
8.1.2 领导与权力 ………………………………………………………（172）

8.2 领导理论 ………………………………………………………………（172）
8.2.1 领导品质理论 ……………………………………………………（172）
8.2.2 领导意识理论 ……………………………………………………（174）
8.2.3 领导方式理论 ……………………………………………………（174）
8.2.4 领导情势理论 ……………………………………………………（178）

第9章 激励 ………………………………………………………………（181）

9.1 激励原理 ………………………………………………………………（181）
9.1.1 需要 ………………………………………………………………（181）
9.1.2 动机 ………………………………………………………………（181）
9.1.3 行为 ………………………………………………………………（181）
9.1.4 人性假设 …………………………………………………………（182）

9.2 激励的需要理论 ………………………………………………………（184）
9.2.1 马斯洛的需求层次论 ……………………………………………（184）
9.2.2 双因素理论 ………………………………………………………（186）
9.2.3 成就需求理论 ……………………………………………………（189）
9.2.4 X—Y 理论 ………………………………………………………（189）

9.3 激励的过程理论 ………………………………………………………（191）

    9.3.1 公平理论 ………………………………………………………… (191)
    9.3.2 期望理论 ………………………………………………………… (192)
    9.3.3 强化理论 ………………………………………………………… (194)
  9.4 激励实务 ……………………………………………………………… (195)
    9.4.1 个人需求激励 …………………………………………………… (195)
    9.4.2 评比、竞赛、竞争激励 ………………………………………… (195)
    9.4.3 机会激励 ………………………………………………………… (195)
    9.4.4 目标激励 ………………………………………………………… (196)
    9.4.5 关怀激励 ………………………………………………………… (196)
    9.4.6 纪律激励 ………………………………………………………… (196)
    9.4.7 行为激励 ………………………………………………………… (197)
    9.4.8 适时激励 ………………………………………………………… (197)
    9.4.9 榜样激励 ………………………………………………………… (197)
    9.4.10 强化激励 ……………………………………………………… (197)
    9.4.11 领导行为激励 ………………………………………………… (197)
    9.4.12 员工持股激励 ………………………………………………… (198)
    9.4.13 危机激励 ……………………………………………………… (198)
    9.4.14 企业文化激励 ………………………………………………… (198)
  9.5 激励的黄金法则 ……………………………………………………… (198)

第10章 沟通 …………………………………………………………………… (201)

  10.1 沟通概述 …………………………………………………………… (201)
    10.1.1 沟通含义 ……………………………………………………… (201)
    10.1.2 沟通的过程 …………………………………………………… (202)
    10.1.3 沟通的作用 …………………………………………………… (202)
  10.2 沟通的类型 ………………………………………………………… (203)
    10.2.1 按照沟通的表现形式分类 …………………………………… (203)
    10.2.2 按照沟通的方向分类 ………………………………………… (204)
    10.2.3 按照组织的结构分类 ………………………………………… (205)
  10.3 沟通管理 …………………………………………………………… (207)
    10.3.1 有效沟通的障碍 ……………………………………………… (207)
    10.3.2 有效沟通的原则 ……………………………………………… (208)
    10.3.3 做好沟通管理 ………………………………………………… (210)
  10.4 组织冲突 …………………………………………………………… (211)
    10.4.1 组织冲突的一般原因 ………………………………………… (211)
    10.4.2 冲突的影响作用 ……………………………………………… (218)
    10.4.3 冲突管理策略 ………………………………………………… (221)
    10.4.4 冲突管理的具体方式 ………………………………………… (224)

第5篇 控 制

第11章 控制工作概述 …… (231)
11.1 控制工作的含义 …… (231)
11.2 控制工作的地位及步骤 …… (231)
11.3 控制与其他管理职能的关系 …… (236)

第12章 控制工作原理与类型 …… (237)
12.1 控制工作的原理 …… (237)
12.2 控制工作的类型 …… (239)
12.2.1 前馈控制（事前控制）、同期控制（事中控制）、反馈控制（事后控制） …… (240)
12.2.2 间接控制、直接控制 …… (243)

第13章 控制方法与技术 …… (245)
13.1 预算控制 …… (245)
13.2 非预算控制 …… (247)

第14章 控制实务 …… (251)
14.1 设置标准，控制运行 …… (251)
14.2 控制有选择地实施于战略要点 …… (252)
14.3 财政控制靠收支预算来施行 …… (254)
14.4 经营控制的重点在原料、工作进度与质量 …… (255)
14.5 人力资源控制的重点 …… (257)

参考文献 …… (259)

总 论

第 1 篇

- **为什么要学管理学**

我们之所以要学习管理的首要原因,是由于改进组织的管理方式关系到我们每个人的切身利益。为什么这么说呢?因为我们一生中每天都在和它打交道。假如你在车管所花一个上午办你的驾驶执照,你不感到沮丧吗?假如你在百货公司、超市里售货员全都不理睬你,你不感到困惑吗?当你几次打电话给航空公司询问去某地的机票价格,而每次办事人员答复你的价格都不一样时,你不生气吗?这些都是由于低劣的管理导致的问题。

学习管理的第二个原因是,当你从学校毕业开始你的职业生涯时,只要你为了生活不得不工作,那么几乎总得在某个组织中工作,你所面对的现实是,要么当老板,要么当伙计。如果你打算做个管理者,那么通过学习管理,你会领悟许多道理,并且理解管理过程是培养管理技能的基础。如果你只是个伙计,也能通过学习管理而在工作中比他人能更好地理会上司的真实意思。不过需要说明的是,不要指望仅从一门管理课程中就能学会怎样做管理者。因为要真正地掌握管理必须知道管理的结构是由三大部分组成的:管理理论、管理技术和管理实践。管理理论是对管理实践规律性的总结;管理技术是管理的方法和手段;管理实践对企业业务活动进行计划、组织、领导、控制的活动。管理实践是管理理论和管理技术的源泉;管理理论是管理技术和管理实践的思想基础;管理技术是管理思想应用于管理实践的工具。

所以,课程学习只是掌握三分之一的管理理论而已,还必须自己参与实践或从企业家那里吸收实践经验,从咨询专家那里学习管理的技术,这样才能成为一名真正合格的管理者。

第1章 管理活动与管理理论

 引例

不知所措（错）的B

下面这段对话发生在某个星期五的中午，是在一家分公司经理A和财务主管B之间进行的。

A：谢谢你提供的报表，这是我所急需的。但为什么没在总公司要求的星期一就准备好呢？

B：6个月以前我这儿走掉了两个人，你不让我找人顶替他们，说我这儿已经超编了。我们就按你说的办，而这意味着我不得不更加努力地工作。小马和小刘搞的初稿令人不满意，所以我不得不再做一遍。为这报表，我已经竭尽全力了。这个星期我每天晚上的时间都花在这些报表上。今天一直干到凌晨2点才睡觉。你知道，我们绝对是在工作的时候连耳朵都忙着，找不出一个工作比我还努力的人了。

A：我知道你工作努力。我一点也没认为你工作不努力。但你说好在星期一准备好并为我送到总部去的。

B：总部不是想在星期一要这些报表，他们没找过我们。

A：话不能这么说，他们要求星期二把这些报表送到市经贸委。你曾经说过星期一上午准备好，接着又说星期三能搞好，而实际上是今天才拿来。为什么你不能按时交呢？

B：（重复各种解释……）

A：我不是要你工作更加努力。你在这上面花的时间已经太多了。

B（火气十足）：那你为什么还这样批评我？我真不知道你想要我做什么！我是这儿最努力的人，我还能多做什么？

从以上案例情况看，很明显，分公司经理A和财务主管B之间发生了冲突。他们冲突的根源是什么呢？应该怎样做才能防止该类冲突再次发生？

就直接的原因分析，他们俩发生冲突当然是因为B没有按时完成任务。从表面上看，B认为A是要他加倍努力工作，以准时完成任务。但从管理者的角度来分析，问题实际上不在于B工作得还不够努力，而恰恰是因为他自己过分忙于去做事，而不懂得他作为一位管理人员的主要工作是设法通过他人来把事情办成。B如果还是按照老的思路设法使自己怎么加倍努力地"做"工作，那么他所领导的部门很可能还会继续出现类似的问题，B自己也永远无法成为一名有效的管理者。解决问题的关键是B的上级A要积极帮助B从这次拖延交报表事件中吸取教训，使之明白管理者的职责是什么，应该如何开展管理工作。

1.1 管理活动

1.1.1 管理的定义

管理活动自古即有，但什么是"管理"，从不同的角度出发，可以有不同的理解。从字面上看，管理有"管辖"、"处理"、"管人"、"理事"等意，即对一定范围的人员及事务进行安排和处理。但是这种字面的解释是不可能严格地表达出管理本身所具有的完整含义的。

关于管理的定义，至今仍未得到公认和统一。长期以来，许多中外学者从不同的研究角度出发，对管理作出了不同的解释，其中较有代表性的有：美国管理学家赫伯特·A·西蒙（Herbert A. Simon）认为"管理就是决策"。当前，美国、日本及欧洲各国的一些管理学著作或管理教科书中，也对管理有不同的定义，如："管理就是由一个或者更多的人来协调他人的活动，以便收到个人单独活动所不能收到的效果而进行的活动。""管理就是计划、组织、控制等活动的过程。""管理是筹划、组织和控制一个组织或一组人的工作。""给管理下一个广义而又切实可行的定义，可把它看成是这样的一种活动，即它发挥某些职能，以便有效地获取、分配和利用人的努力和物质资源，来实现某个目标。""管理就是通过其他人来完成工作。"

我国的一些文献或教科书中也给管理下了一些定义，如："管理就是指由专门机构和人员进行的控制人和组织的行为使之趋向预定目标的技术、科学和活动。""管理是管理者为使客观事物的存在和发展合乎一定的目的而采用相应的方式所进行的活动。"

上述定义可以说是从不同的侧面，不同的角度揭示了管理的含义，或者是揭示管理某一方面的属性。本书认为对"管理"作如下定义能够全面概括管理这个概念的内涵和外延。

1. 管理

指自己同他人在特定的环境下对组织所拥有的资源进行计划、组织、领导和控制，以便有效地实现既定组织目标的过程。

在这一定义中的最后一句话非常重要，因为它强调了管理的基本目标：以有效率的和有效益的方式实现组织的目标。

效率是指输入与输出的关系，即投入产出比。它要求我们用比较经济的方法来达到预定的目的。如果对一定的投入，取得了更多的产出，即为提高了效率；同样，若对于一定的产出，减少了投入，那么也是提高了效率。由于管理者所拥有的资源常常是稀缺的，他们就必然关心资源的利用效率，因而管理也就必然与资源成本的最少化有关。

光是效率高是不够的，管理还要讲究效益。效益是指目标的达成度。当管理者实现了既定的目标时，他们的工作就是有效益的。

效率与效益是相互联系的，如果说效率意味着如何把事情做好，那么效益则意味着要做对的事。由此可见，效益是解决做什么的问题，它要求我们确定正确的目标；效率是解决怎么做的问题，它要求选择合适的行动方法和途径，以求比较经济地达到既定的目标。

在日常生活中，人们往往只重视某一方面。例如，有的政府部门常常只注意如何用各种规章制度、政策法规规范人们的行为，使其保持正确的方向，却不注重提高办事效率，以至于出现一个建设项目要盖上百个图章的事例；有的企业则常常只注重效率而忽视了效益，如通过计件制工资提高了工人的生产效率，大量生产出来的却是市场并不需要的产品，以至于库存积压、负债累累。显然，相对而言，效益是第一位的。试想，如果本来就是一件不应该做的事，你却把它做得很好，有什么意义呢？当然，以为只要目标是对的，就可以不讲效率，也是不对的。成功的管理不仅要确保做对的事，而且要尽可能地做好。好的管理就是要"正确地做正确的事"。

2. 管理工作的性质

（1）管理的二重性

管理的二重性即管理的自然属性和管理的社会属性，它是马克思主义关于管理问题的基本观点。马克思在《资本论》中明确地指出："凡是直接生产过程具有社会结合过程的形态，而不是表现为独立生产者独立劳动的地方，都必然会产生监督劳动和指挥劳动，不过它具有二重性。"这就是说，管理一方面是由于许多人进行协作劳动而产生的，是由生产社会化引起的，是有效地组织共同劳动所必需的，因此它具有同生产力、社会化大生产相联系的自然属性；另一方面，管理又是在一定的生产关系条件下进行的，必然使得管理的环境，管理的目的及管理的方式等呈现出一定的差异，因此，它具有同生产关系、社会制度相联系的社会属性。

管理的自然属性是指管理要处理人与自然的关系，要合理组织生产力，故亦称做管理的生产力属性。管理的这种自然属性是由生产力发展水平及人类活动的社会化程度决定的。管理的社会属性是指管理要处理人与人之间的关系，在经济管理领域，管理的社会属性常常还称做管理的生产关系属性。管理的这种社会属性要受一定生产关系、政治制度和意识形态的影响和制约。

理解管理的二重性对于学习和掌握管理学的原理和方法，并应用其指导具体管理实践有着重要的意义。

① 管理的二重性体现着生产力和生产关系的辩证统一关系。把管理仅仅看做生产力或仅仅看做生产关系，都不利于我国管理理论和实践的发展。我国的管理科学由于种种原因虽然还很不成熟，但也经历了漫长的探索和积累的过程。因此，认真总结我国历史上及新中国成立四十多年来管理的经验教训，遵循管理的自然属性的要求，并在充分体现社会主义生产关系的基础上，分析和研究我国的管理问题，是建立具有我国特色的管理科学体系的基础。

② 西方的管理理论、技术和方法是人类长期从事生产实践的产物，是人类智慧的结晶，它同生产力的发展一样，具有连续性，是不分国界的。因此，我们要在继承和发展我国过去的科学的管理经验和管理理论的同时，注意学习、引进国外先进的管理理论、技术和方法，根据我国的国情，融汇提炼，为我所用。

③ 掌握管理的二重性，使我们能够正确评价资本主义的管理理论、技术和方法，从中去其糟粕，取其精华。在研究之后要有选择地在实践中试用，并加以改造，使其适合我们的情况，这样才能把它吸收过来，成为我国管理科学体系的有机组成部分。

列宁说过："资本家所关心的是怎样借掠夺来管理，怎样借管理来掠夺。"劳资双方的性质是不会改变的。因此，我们要科学地鉴别管理的社会属性，对待外国的经验、理论，要鉴别哪些内容与他们的社会制度有关；哪些是纯粹的科学技术和方法问题。我们的管理理论与实践绝不能简单地照抄照搬西方的一切，而要在揭露资本主义管理剥削本质的前提下，有鉴别、有选择地取我所用，学创结合，走自己的道路，使管理成为社会主义优越性充分发挥的强大推动力量。任何一种管理方法，管理技术和手段的出现总是有其时代背景的，也就是说，它是同生产力水平及其他一切情况相适应的。因此，在学习和运用某些管理理论、原理、技术和手段时，必须结合自己本部门、本单位的实际情况，因地制宜，这样才能取得预期的效果。实践表明，不存在一个适用于古今中外的普遍模式。

（2）管理的科学性和艺术性

清·纪晓岚的《阅微草堂笔记》中曾记载：新疆乌鲁木齐有一个大金矿，当时有大批的淘金者蜂拥而至，每天山沟里几近淘金者百人，最高峰时达5万人同时在山沟淘金。乌鲁木齐大臣不愿意了，那可都是国有资产啊，都跑到个人腰包去了，这还了得？于是乎，召集手下谋士，征询解决途径，一谋士就出了个点子：这人来淘金总要吃饭吧，那咱们在唯一的入口处设一关卡，只让人进，不让粮食进。这人没了粮食，自然也乖乖打道回府了吧。大臣一听，可行！遂依言而行。结果呢，要知道，在马斯洛的需求层次理论中，这生理需求可是第一层次需求，若满足不了，食不果腹，老百姓是要造反的。果不其然，这5万多人同时起来造反，变成大股流匪，在当地大肆抢劫粮食。新疆当地驻军清剿多次均告失败，最后不得不由朝廷派10万大军来清剿。结果，赔进大量黄金白银，军饷粮食无数，才算平息。此事告诫我们管理要依客观规律来办事。

管理的科学性是管理作为一个活动过程，其间存在着一系列基本客观规律。人们经过无数次的失败和成功，通过从实践中收集、归纳、检测数据，提出假设，验证假设，从中抽象总结出一系列反映管理活动过程中客观规律的管理理论和一般方法。人们利用这些理论和方法来指导自己的管理实践，又以管理活动的结果来衡量管理过程中所使用的理论和方法是否正确，是否行之有效，从而使管理的科学理论和方法在实践中得到不断的验证和丰富。因此说，管理是一门科学，是指它以反映管理客观规律的管理理论和方法为指导，有一套分析问题、解决问题的科学的方法论。

管理的艺术性就是强调其实践性，没有实践则无所谓艺术。这就是说，仅凭停留在书本上的管理理论，或背诵原理和公式来进行管理活动是不能保证其成功的。主管人员必须在管理实践中发挥积极性、主动性和创造性，因地制宜地将管理知识与具体管理活动相结合，才能进行有效的管理。所以，管理的艺术性，就是强调管理活动除了要掌握一定的理论和方法外，还要有灵活运用这些知识和技能的技巧和诀窍。

从管理的科学性与艺术性可知，卓有成效的管理艺术是以对它所依据的管理理论的理解为基础的。因此，二者之间不是互相排斥，而是互相补充的。如没有掌握管理理论和基本知识的主管人员，在进行管理时必然是靠碰运气，靠直觉或过去的经验办事，很难找到对管理问题的可行的、令人满意的解决办法。所以，管理的专业训练不可能培训出"成品"的主管人员，但却是为通过实践进一步培训主管人员的一个良好的开端，它为培养出色的主管人员在理论知识方面打下坚实的基础。当然，仅凭理论也不足以保证管理的成功，人们还必须懂得如何在实践中运用它们，这一点也是非常重要的，见图1-1。

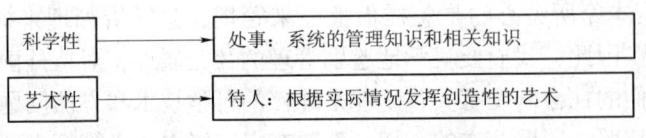

图1-1　管理的科学性与艺术性

总结一下管理的科学性和艺术性，概括地说就是要做到"计算"+"算计"。

3. 管理者

（1）什么是管理者

通常，一个组织的活动可以划分为作业活动和管理活动，相应地，我们将组织的成员分成两种类型：操作者和管理者。操作者是直接从事某项工作或任务，不具有监督其他人工作的职责的组织成员。如汽车装配线上的装配工人、麦当劳店中烹制汉堡包的厨师、机动车管理办公室中为你办理驾驶执照更换业务的办事员、超级市场结账台前的出纳、大百货公司里的售货员、税务局里的收税员等都是操作者。

管理者则是指挥别人活动的人。他们也可能担任某些作业职责，比如学院 MBA 中心主任同时承担一线教学任务或某些具体的业务职责，但他们作为管理者，一定要有下级，一定是处于操作者之上组织层次中。请注意，组织内的非正式组织中，一些能够影响和指挥他人的成员并不是组织的管理者。

管理者是拥有组织的制度权力，并以这些权力为基础指挥他人活动的人。所以，作为管理者，应该具有以下几个特征。

① 管理者拥有制度化的权力，特别是奖惩他人的权力。当然，不同职能部门、不同层次的管理者所拥有的制度化权力大小和性质不同。一个组织的主管拥有全面的指挥权，对所管辖的成员拥有最大的奖惩权；而一个职能部门如计划部门的管理者，其指挥他人的权利就可能需要通过计划的实施过程来体现。

② 管理者必须执行一定的管理职能。管理者的职能就是管理的职能，管理者与管理一样，是任何一个组织都不可缺少的要素。

③ 管理者的人格通常是双重的。每一个管理者都是活生生的人，有着其自身的利益；而他们同时又是一定职位的代表，是组织权力的化身，是组织利益的保证。这两种人格、两种利益有时是一致的，但更多的情况下可能存在矛盾，合格的、有效的管理者必须正确处理这对矛盾。

（2）管理者的角色

① 明茨伯格的管理者角色理论

管理者是相对于一个组织的其他成员而言的一种角色，管理者角色这个术语指的是特定的管理行为范畴。20 世纪 60 年代末，亨利·明茨伯格（Henty Mintzberg）对 5 位总经理的工作进行了一项仔细的研究，得出了著名的管理者角色理论。明茨伯格的实证研究结论为：管理者扮演着 10 种不同的，但却是高度相关的角色，见表 1-1。

表 1-1 明茨伯格的管理者角色理论

角 色	描 述	特征活动
人际关系方面		
1. 挂名首脑	象征性的首脑，必须履行许多法律性的或社会性的例行义务	迎接来访者，签署法律文件
2. 领导者	负责激励和动员下属，负责人员配备、培训交往的职责	实际上从事所有的下级参与的活动
3. 联络者	维护自行发展起来的外部接触和联系网络，向人们提供恩惠和信息	发感谢信，从事外部委员会工作，从事其他有外部人员参加的活动

续表

角 色	描 述	特征活动
信息传递方面		
4. 监听者	寻求和获取各种特定的信息（其中许多是即时的），以便透彻地了解组织与环境；作为组织内部和外部信息的神经中枢	阅读期刊和报告，保持私人接触
5. 传播者	将从外部人员和下级那里获得的信息传递给组织的其他成员——有些是关于事实的信息，有些是解释和综合组织的有影响的人物的各种价值观点	举行信息交流会，用打电话的方式传达信息
6. 发言人	向外界发布有关组织的计划、政策、行动、结果等信息；作为组织所在产业方面的专家	举行董事会议，向媒体发布信息
决策制订方面		
7. 企业家	寻求组织和环境中的机会，制订"改进方案"以发起变革，监督某些方案的策划	制定战略，检查会议执行情况，开发新项目
8. 混乱驾驭者	当组织面临重大的、意外的动乱时，负责采取补救行动	制定战略，检查陷入混乱和危机的时期
9. 资源分配者	负责分配组织的各种资源——事实上是批准所有重要的组织决策	调度、询问、授权，从事涉及预算的各种活动和安排下级的工作
10. 谈判者	在主要的谈判中作为组织的代表	参与工会进行合同谈判

明茨伯格提出的管理者10种角色还可以进一步组合为三大类：人际关系、信息传递和决策制定。

人际关系角色：指所有的管理者都要履行礼仪性和象征性的义务。管理者在处理与组织成员和其他利益相关者的关系时，就是扮演人际关系角色。当学校的校长在毕业典礼上颁发毕业文凭时，或者工厂领班带领一群高中学生参观工厂时，他们都在扮演挂名首脑的角色。此外，所有的管理者都在扮演领导者的角色，包括雇佣、培训、激励、惩戒雇员等。管理者扮演的第三种角色是在人群中间充当联络员，即与提供信息来源的组织内、外个人或团体接触，如销售经理从人事经理那里获得信息属于内部联络关系，而他通过市场营销协会与其他公司的销售经理接触时，他拥有了外部联络关系。

传递信息角色：指所有的管理者在某种程度上都从外部的组织或机构接受和收集信息，同时又是所在单位的信息传递中心和其他工作小组的信息传递渠道。如当他们关注外部关系，了解公众趣味的变化或竞争对手可能正打算干什么时，管理者正在扮演监听者角色；当管理者作为信息通道向其他部门或组织成员传递信息时，他们扮演着传播者的角色；当他们代表组织向外界表态，如向董事和股东说明组织的财务状况和战略方向，向消费者保证组织切实履行社会义务时，管理者是在扮演发言人的角色。

决策制定角色：即围绕决策制定而担负起的角色。当管理者密切关注组织内外环境的变化和事态的发展，发现机会，利用机会，发起和监督那些将改进组织绩效的新项目，他们是作为企业家角色；当管理者采取纠正行动应付那些未预料到的问题，如处理冲突，对员工之间的争端进行调解，平息客户的怒气，应付不合作的供应商等，他们是作为混乱驾驭者的角色；此外管理者负有分配人力、物质和金融资源的责任，是作为资源分配者角色；最后当管理者为了自己组织的利益与其他团体议价和商定成交条件时，他们是在扮演谈判者的角色。

② 管理者角色差异

后续的大量研究结论一般都支持明茨伯格的管理者角色理论，即不论何种类型的组织和在组织的哪个层次上，管理者都扮演着相似的角色。但是，管理者角色的侧重点是随组织的等级层次变化而变化的，特别是挂名首脑、联络者、传播者、发言人和谈判者角色，对于高层管理者要比低层管理者更重要；相反，领导者角色对于低层管理者，要比中、高层管理者更重要。

不仅如此，管理者角色的重要性在大型组织和小型组织中（罗宾斯把任何独立所有和经营的、追求利润的、雇员人数在 500 人以下的企业称为小企业即 Small Business）存在着显著不同，见图 1-2。

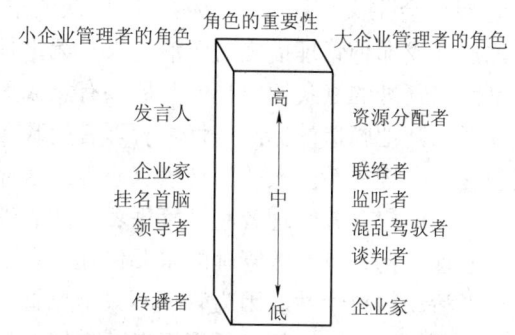

图 1-2　小企业和大企业中管理者角色区别的重要性

由上图可知，小企业管理者最重要的角色是发言人。小企业管理者要花大量的时间处理外部事务，如接待消费者，会晤银行家安排融资，寻求新的生意机会，以及促进变革。而大企业的管理者主要关心的是企业的内部事务（如怎样在组织单位间分配现有的资源等）。此外，与大企业的管理者相比，小企业管理者更可能是一个多面手，他的工作综合了大公司总裁的活动和第一线监工的日复一日的活动。

4. 管理关系

人作为活动的主体作用于客观对象，也就必然同客观对象发生一定的关系。人的活动是多方面的，因而人的关系也是多方面的。人有实践活动、认识活动，就有实践关系、认识关系，人有评价活动，就有价值关系。同样，人有管理活动，也必然有管理关系。这种管理关系，也是人的一种基本关系。因为没有管理关系就没有也不可能有管理活动，而管理又是人们的一切社会活动中必不可少的组成部分。

管理关系就是人们在管理活动过程中形成的人与人之间的关系，它表现为管理者和被管理者之间的相互影响和相互作用。同人的实践关系、认识关系、价值关系相比较，管理关系具有如下特点。

第一，管理关系主要是人与人的关系。人的实践、认识、评价活动的对象既包括人，也包括物。换句话说，人的实践、认识、价值关系既可能是人与人的关系，也可能是人与物的关系，而且更多的时候是指人与物的关系。而管理关系则主要是人的关系，人与人之间的关系。诚然，在管理学中，人们常把管理活动的对象区分为人、财、物三种形式。但是还必须看到，管理对象人、财、物是作为系统而存在的。管理，实质上不在于人对于管理对象中财与物的管理，而是管理者将人、财、物各种资源组织成一个有用的企业，通过对企业中人力、物力、财力的调节，完成预期的目标。这也就是说，真正的管理主要不是生产者对于生产资源的管理，而是一部分人对于另一部分人的管理，是管理者对于生产者的管理，或者是管理者对于生产者同生产资料之间关系的管理。至于人们对财物的管理，对工具、机器的操作、使用，与其说是管理关系，不如说是生产关系；与其说他们是管理者，不如说他们是生产者。

第二，管理关系具有鲜明的政治倾向。众所周知，对于人们的实践、认识、价值关系来说，其中不少的领域是不带政治性的。然而人的管理关系却带有鲜明的政治倾向，它是按照社会统治阶级的利益进行的，是统治阶级实现其政治目的的重要领域。在我国，各级管理者应当是党和国家利益的代表，是党和国家政策的宣传者、执行者。因此，加强和完善管理，是同坚持共产党的领导和坚持社会主义道路、同全体人民群众的根本利益密切联系在一起的。没有政治倾向，不考虑这种或那种管理措施的政治后果，无论是对整个社会，或者是对社会生活的某个领域，都是无法管理的。我们应当反对那些有意或无意地用组织技术概念来代替管理中的政治倾向，或者用其他臆造的标准来代替管理者的政治品质的错误倾向。

第三，管理关系中还包含着心理关系。人的活动都有心理因素存在。管理作为一种人际关系、人际交往，其中不可避免地包含着管理者和被管理者之间心理方面的相互影响和相互作用。首先，管理者良好的心理结构，是有效管理的重要保证。它不仅影响到管理职能的科学性，而且直接涉及被管理者活动的科学性。因为管理不只是靠管理者的权力，而且还要靠管理者的威信。威信不是权力所能强求的，而是凭管理者的良好的品质、知识、能力，一句话是凭他的良好的心理结构博得的。威信是一种客观存在的社会心理现象，是使人甘愿接受对方影响和支配的一种心理因素。所谓权威，就是权力与威信的结合。由此可见，管理者的心理因素在管理关系中具有重大的作用；而且这种作用比在其他任何关系中都更为重要，更为明显。其次，管理关系中的心理关系，除管理者以其良好的心理结构引起被管理者的心理共鸣以外，还包括管理者"了解被管理者的心理特点"。管理者的一切指令信息，总是要通过被管理者的创造性的劳动而加以实现。对于这种创造性的劳动来说，行政命令往往无济于事，必须对人的心理素质施加影响，诱发他的内在愿望。事实说明，管理者能充分地考虑下属人员的不同心理，因材施教，对症下药，可大大减少管理者的劳动消耗，并产生明显的社会效果。

总之，管理关系离不开心理关系。管理者和被管理者之间心理上的相容，是他们团结一致、关系融洽、相互信任和相互支持的重要保证。没有这种相容性，他们就会失去共同工作的意向，最终导致组织解体，管理关系崩溃。

管理关系同实践关系、认识关系、价值关系既有区别，又相互联系。这种联系不仅表现在管理关系要以实践关系、认识关系和价值关系作为前提和基础，而且更主要的是指管理关系之中就包含有实践关系、认识关系以及价值关系。

我们知道，管理是通过其一系列职能而实现的。管理职能一般有决策、计划、组织、指导和控制等几个方面，其中每一方面、每一职能都有其特定的任务和内容，都有特定的管理关系。从总体上说，在管理的决策、计划职能中，管理者的任务是正确地反映被管理者，收集被管理者以及管理环境的有关信息。决策、计划活动实质上是一种认识活动、思维活动、智力活动。管理者和被管理者在决策、计划中的关系，实质上是一种认识关系，是一种反映者和被反映者的关系。

管理的组织、指导和控制活动与决策、计划活动不同，它们主要是在认识基础之上的一种实践活动。管理者通过对被管理者的组合、协调、监督和指挥，改变他们的存在形式、结合方式和心理状态，达到围绕目标共同行动的目的。人们通常把管理活动称为"一种基本的、特殊的社会实践活动"，这是有一定合理之处的，但是又有片面性。只有在管理的组织、指导和控制的职能上，管理才是实践。笼统地把管理看做是实践，就排除了管理的决策、计划这些基本职能，对管理作了狭隘的理解，显然是不正确的。

无论是对管理对象的认识还是对管理对象的改造，其中都渗透着管理者对管理对象的评价，即对管理对象的言行的价值作出判断。它包括用一定的社会规范和活动目标来评估这些方面的好坏及其程度，从而影响、支配管理者的活动。

由此看来，管理活动是人类的一种最复杂的活动，其中包括主体对客体的认识活动、实践活动和评价活动。由于它们发生在管理活动之中，所以，为区别起见，应具体地称之为管理认识活动、管理实践活动和管理评价活动；与此相对应，管理关系也就有管理认识关系、管理实践关系和管理价值关系。撇开这些具体的管理关系，那种一般的管理关系是不存在的。

实际上，人类的活动相对地划分为实践、认识、评价和管理，这是科学研究的需要，是一种理论抽象。在现实社会生活中，它们是不可分割的。世界上没有与其他活动无关的纯粹的实践、认识、评价或管理。人类的任何一项活动，都是上述活动的综合，都是实践活动、认识活动、评价活动和管理活动的统一体。如果把科学研究的各个部门看做是现实生活的各个部门，那就大错而特错了。例如，我们常讲，人类认识离不开实践，认识就产生和发展于实践之中。其实，实践又何尝能离开认识，不仅实践要以认识作指导，更重要的是，实践活动就同时伴随着对于实践活动过程的认识、评价和管理。实践既是认识的源泉、动力，同时也是认识的对象，评价的对象，以及管理的对象。同人类的认识、评价和管理无关的"实践"，就不称其为实践，就和动物的活动无异。

1.1.2 管理者的分类与技能

1. 管理者的分类

根据管理者在组织中所处的层次将管理者分为基层管理者、中层管理者和高层管理者。

基层管理者（First-level Manager），也叫一线管理者（First-line Manager），是组织中处于最低层次的管理者，他们所管辖的仅仅是操作者而不涉及其他管理者，其主要职责是给下属作业人员分派具体工作任务，直接指挥和监督现场作业活动，保证各项任务的有效完成。如在制造工厂中，基层管理者可能被称为领班。

中层管理者（Middle Manager），是指介于高层管理人员和基层管理人员之间的一个或若干个中间层次的管理人员。他们的主要职责是贯彻执行高层管理人员所制定的重大决策，向更高层的管理者报告工作，给所管辖的基层管理人员分派任务，并监督和协调基层管理人员完成他们的工作。当今，大公司组织结构变革的一个明显趋势是管理层次减少，对中层管理的需求量减少。正如美国管理学家阿伦·肯尼迪和特伦斯·迪尔所指出的：中层管理阶层是20世纪公司生活的一个创造，对于未来的公司来说，这是一个过时的职业。中层管理者可能享有部门或办事处主任、项目经理、单位主管、地区经理、系主任、主教或部门经理的头衔。

高层管理者（Top Manager）是指对整个组织的管理负有全面责任，并引导组织与环境相互作用的人。他们的主要职责是制定组织的总目标、总战略，掌握组织的大政方针并评价整个组织绩效。高层管理人员在与组织外界交往中，往往代表组织，并以"官方"的身份出现。他们通常有诸如总裁、副总裁、总监、总经理、首席执行官或者董事会主席、校长等头衔。

2. 管理人员的技能要求

通常而言，一名管理人员应该具备的管理技能包括技术技能、人际技能、概念技能三种基本类型。

技术技能（Technical Skill）是指使用某一专业领域内有关的工作程序、技术和知识完成任务的能力。如外科医生、教师、工程师和音乐家都在他们各自不同的领域内具有技术技能，在公司里员工掌握的产品加工技能、会计核算技能、营销技能等。对于管理者来说，虽然没有必要使自己成为精通某一领域技能的专家，但要掌握一定的技术技能，否则就很难与他所主管的组织内的专业技术人员进行有效地沟通，从而也就无法对他所管辖的业务范围内的各项工作进行具体地指导。技术技能可以通过教育、培训和学习等途径来获得和掌握，专业知识掌握得越多，技术技能的水平一般也越高。

人际技能（Human Skill）是指与处理人际关系有关的技能或者说是与组织内外的人打交道的能力即理解、激励他人并与他人共事的能力。对一个组织而言，如一个企业，对于不同层次和领域，管理者可能分别需要处理与上层管理者、同级管理者以及下属的人际关系，要学会说服上级领导，学会同其他部门的同事紧密合作，同时掌握激励和诱导下属的积极性和创造性的能力以及正确指导和指挥组织成员开展工作的能力。

与技术技能不同的是，决定一个人人际技能水平高低的因素不仅仅是他掌握的书本知识，更重要是个人的性格。从这一意义上说，一个人能否成为成功的管理者，其先天性格是一个主要因素。这一点给我们的启示是：我们在进行管理者的分工和确定管理集体结构时，应该考虑不同管理工作对性格的特殊要求，以提高管理者的管理效率。

概念技能（Conceptual Skill）也叫思维技能，是指综观全局、洞察组织与环境相互影响和作用的复杂性，并在此基础上加以分析、判断、抽象、概括并迅速做出正确决断的能力。具体地说，概念技能包括感知和发现环境中的机会与威胁的能力，理解事物的相互关联性并找出关键影响因素的能力，以及权衡不同方案的优劣和内在风险的能力，等等。显然，任何管理者都会面临一些混乱而复杂的环境，管理者应能看到组织的全貌和整体，并认清各种因素之间的相互联系，如组织与外部环境是怎样互动的，组织内部各部分是怎样相互作用的，经过分析、判断、抽象、概括、抓住问题实质，并做出正确的决策。

概念技能体现的是管理者的抽象思维能力，主要是对组织的战略性问题进行分析、判断和决策的能力。概念技能与一个人的知识、经验和胆略有关，它所需要的知识基础相当广泛，而不仅仅限于专业知识。张瑞敏当年在海尔大抓质量，曾面对全工厂一次砸掉在当时可以卖出去的不合格冰箱76台，这种胆略和魄力被认为是高水平概念技能的表现。然而，概念技能的提高是一个渐进的、缓慢的、潜移默化的过程，概念技能缺乏也被认为是制约我国企业管理水平的重要因素。

对管理者技能的理解，罗伯特·李·卡兹提出了上述的管理技能，但他们认为这些技能的相对重要性主要取决于管理者在组织中所处的层次。首先，三种技能是各个层次管理者需要具备的。其次不同层次的管理者对这三种技能的要求程度会有区别，见图1-3。技术技能对于基层管理者最为重要；人际技能对高、中、基层管理者是同等重要，因为不管是哪一层次的管理者，都必须在与上下左右进行有效沟通的基础上，相互合作共同完成组织目标；越是处于高层管理人员，他们需要更多地掌握概念技能，显然在组织中所处的层次越高，对全局、关键领域及组织所处的发展时期的理解就越重要，管理人员也就必须对组织的全景有更清楚的把握。

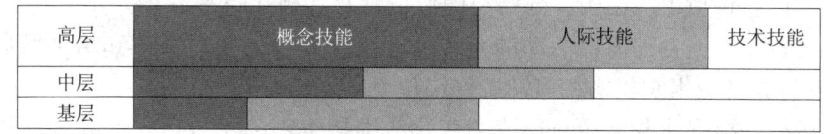

图1-3　不同层次的管理者对管理技能的需要比例

1.1.3　管理的职能

管理职能即是管理者在管理过程中肩负的职责和发挥的作用、功能。对管理的职能，存在多种划分。早期的管理理论一般认为，管理有计划、执行、控制三大基本职能；法国的法约尔认为，管理有五大职能：计划、组织、指挥、协调和控制；美国的古利克提出管理的七项职能为：计划、组织、人事、指挥、协调、报告和预算；美国管理学家哈罗德·孔茨则认为管理职能包括计划、组织、人员配备、指导与领导、控制五项职能；斯蒂劳·P·罗宾斯将管理职能定位于计划、组织、领导和控制，见图1-4。

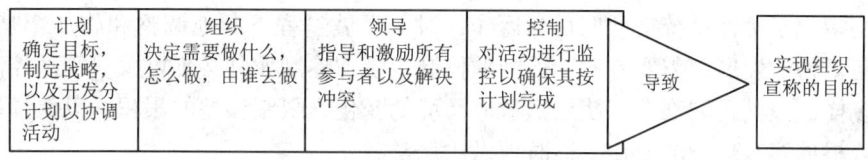

图1-4　管理职能

尽管对管理职能的划分有不同的理解和分类，但是大多数专家都承认：管理的基本职能就是管理工件所包括的几种基本活动的内容，其中有四项基本职能是多数专家所公认的，即计划、组织、领导和控制。

1. 计划

计划指在一定时间内，对组织预期目标和行动方案所作出的选择和具体安排。简单地说，计划涵盖了组织的目标和实现目标的途径，它是一切管理活动的前提，可以说离开了计划，其他管理职能就无法行使。有效的计划不仅为组织指明了发展的目标和方向，统一了组织的思想，同时也为组织制定行动步骤提供了衡量的基点，它是管理名副其实的第一职能。因此，在计划职能的各个要素中，决策是计划职能的中心。决策是管理者为了取得预期的结果，在对管理规律认识和对管理对象有关信息的分析、预测的基础上，制订与采取活动方案的过程。决策是管理的起点，是当代管理活动的最重要内容和管理者的最基本职责。计划是决策的具体化，它预先决定做什么、如何做和谁去做。计划所涉及的问题是要在未来的各种行为过程中做出抉择，在我们所处的地方和要去的地方之间铺路搭桥。虽然准确的计划是很难作出的，但是如果没有计划，结局就会是听天由命。计划是管理的一个基本的职能。

2. 组织

组织职能在于保持完成计划所必需的活动的连贯性和协调一致，保证活动系统内部过程发展的平衡并给予调整。组织职能的任务是设计和维持一种职务结构，使人们明确自己在集体中的位置，了解自己在相互协调中应起的作用，自觉地为实现集体目标而有效地工作。组织是从事管理活动的载体，包括对组织结构和组织行为的分析和研究。主要完成下述职能。

① 组织设计。包括组织结构、部门与岗位设置及其相互联系。

② 人员配备。根据各种岗位活动的需要。解决好人员选聘、考核和培训问题。确保将合适的人选安置在各级组织机构相应的工作岗位上。

③ 组织运行。根据业务活动与环境的变化，维持组织的正常运转，处理好组织中的各种关系，并研究和实施组织结构的调整和变革。

3. 领导

领导是指在组织确立之后，各级管理者利用组织赋予的权力和自身的影响力，指导和影响组织成员为实现组织目标所做出的努力和贡献的过程与艺术。有效的领导工作是组织任务完成的关键因素。在日常的管理活动中发挥着指挥、协调、监督、相互沟通以及对员工的激励等必不可少的作用。领导是指挥、引导活动者的实际工作，使之顺利通向共同目标的过程。它直接涉及管理者和管理对象之间人与人的关系。领导是十分必要的，即使计划、组织等方面的工作都做得很好，在实际工作中也还必须辅之以对活动者的指导，进行良好的沟通以及有效的激励，引导活动者有效地领会和出色地实现集体的既定目标。

4. 控制

控制是指为了确保系统按预期目标运作，对其发展过程不断地调整和施加影响的过程。世界上任何事物的发展都需要有效和适当的控制，管理控制尤其必不可少。管理控制约手段虽然多种多样，但其目的都在于使组织适应环境的变化，限制偏差的累积，以保证计划目标的实现，或根据客观环境的变化，适时地做出调整。

管理活动的控制职能是对管理客体的工作进行评估和调节，以确保集体的目标及为此而拟订的计划得以实现。在管理活动中，一旦决策方案、活动计划通过组织付诸实施，就需要立即对活动加以控制。它通过监督，衡量计划执行的进度，揭示计划执行中的偏差，找出偏差的部位、性质和原因，并采取积极措施加以调节；或者把不符合要求的活动拉回到正常的轨道上来，使之按照原来的决策和计划发展；或者重新决策，修正计划。因此，控制工作的职能在很大程度上是使管理工作成为一个闭环系统。

管理者在组织中所处的层次不同，管理者角色的重要性不同，管理者要求的技能也不相同。不仅如此，不同层次的管理者在执行管理职能时应各有侧重，他们在各种管理职能上花费的时间也不一样，见图1-5。

如图1-6所示，所有的管理者，无论他处于哪个层次上，都要制定决策、履行计划、组织、领导和控制职能。但是高层次管理者花在计划、组织和控制职能上的时间要比基层管理者多，而基层管理者花在领导职能上的时间要比高层管理者多。即便是就同一管理职能来说，不同层次管理者所从事的具体管理工作的内涵也并不完全相同。例如，就计划工作而

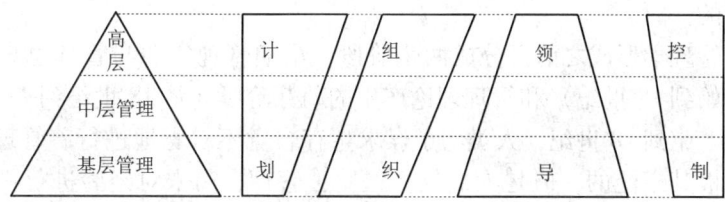

图 1-5 管理者层次分类与管理职能

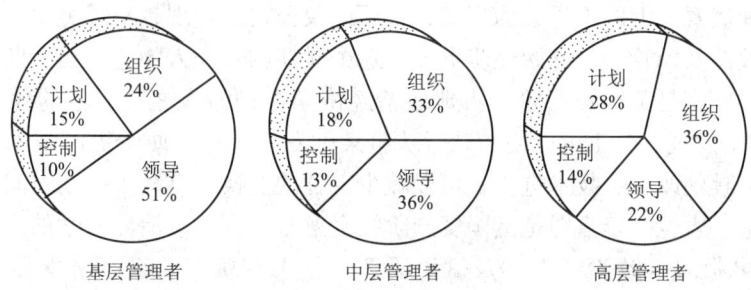

图 1-6 处于组织不同层次的管理者每种职能的时间分布

言,高层管理者关心的是组织整体的长期战略规划,中层管理者偏重的是中期、内部的管理性计划,基层管理者则更侧重于短期的业务和作业计划。

1.2 管理理论的形成与发展

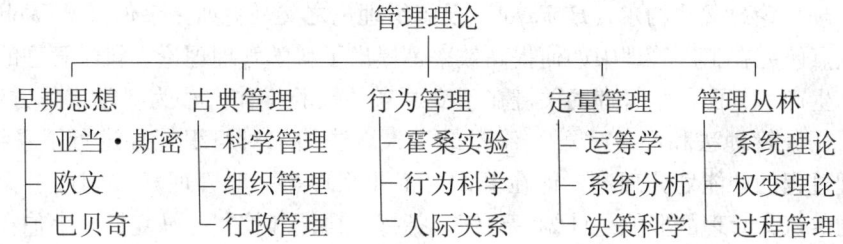

自从有了人类,为了更好地在人类社会中进行生产、分配和消费,管理职能就产生了。在人类历史发展的长河中,各种管理思想、观点不断涌现,极大地促进了当时社会生产力的发展。面对自然资源稀少和敌对的自然环境,为了更好地满足自身的经济、社会和政治需要,人们相互协作,结成组织,而对组织活动的协调、控制就产生了管理。可以说,管理活动自古以来就存在,管理是和人类历史的发展相伴相随的。但是对于管理进行正式的研究则是发生在 20 世纪初的事情,并从此枝繁叶茂,成为人类文明成果的重要组成部分。

1.2.1 管理学发展史概论

管理活动源远流长,人类进行有效的管理活动,已有数千年的历史,但从管理实践到形成一套比较完整的理论,则是一段漫长的历史发展过程。回顾管理学的形成与发展,了解管理先驱对管理理论和实践所作的贡献,以及管理活动的演变和历史,这对每个学习管理学的人来说都是必要的。

一般来说，管理学形成之前可分成两个阶段：早期管理实践与管理思想阶段（从有了人类集体劳动开始到18世纪）和管理理论产生的萌芽阶段（从18世纪到19世纪末）。

从人类社会产生到18世纪，人类为了谋求生存自觉不自觉地进行着管理活动和管理的实践，其范围是极其广泛的，但是人们仅凭经验去管理，尚未对经验进行科学的抽象和概括，没有形成科学的管理理论。早期的一些著名的管理实践和管理思想大都散见于埃及、中国、希腊、罗马和意大利等国的史籍和许多宗教文献之中。18世纪到19世纪的工业革命使以机器为主的现代意义上的工厂成为现实，工厂以及公司的管理越来越突出，管理方面的问题越来越多地被涉及，管理学开始逐步形成。这个时期的代表人物有亚当·斯密、大卫·李嘉图等。亚当·斯密是英国资产阶级古典政治经济学派创始人之一，他的代表作是《国富论》。亚当·斯密发现，分工可以使劳动者从事某种专项操作，便于提高技术熟练程度，有利于推动生产工具的改革和技术进步，可以减少工种的变换，有利于劳动时间的节约，从而提出了分工理论。大卫·李嘉图是英国资产阶级金融家，古典政治经济学的杰出代表者和完成者，1817年出版的《政治经济学及赋税原理》一书在资产阶级经济学界产生了深远的影响。

管理学形成后又分为三个阶段：古典管理理论阶段（20世纪初到20世纪30年代，行为科学学派出现前）现代管理理论阶段（20世纪30年代到20世纪80年代，主要指行为科学学派及管理理论丛林阶段）和当代管理理论阶段（20世纪80年代至今）。

古典管理理论阶段是管理理论最初形成的阶段。在这一阶段，侧重于从管理职能、组织方式等方面研究企业的效率问题，对人的心理因素考虑很少或根本不去考虑。其间，在美国、法国、德国分别活跃着具有奠基人地位的管理大师，即科学管理之父泰勒（F. W. Taylor）、管理理论之父法约尔（H. Fayol）及组织理论之父马克斯·韦伯（M. Weber）。

泰勒重点研究在工厂管理中如何提高效率，提出了科学管理理论。科学管理的中心问题是提高劳动生产率，而科学管理的关键在于变原来的经验工作方法为科学工作方法。为此，泰罗提出了任务管理法和配备"第一流"的工人。法约尔对组织管理进行了系统的研究，提出了管理过程的职能划分理论。他在著作《工业管理与一般管理》中阐述了管理职能的划分。法约尔认为管理的职能是计划、组织、指挥、协调和控制。马克斯·韦伯在管理思想方面的主要贡献是在《社会组织和经济组织理论》一书中提出了理想官僚组织体系理论，他认为建立一种高度结构化的、正式的、非人格化的理想的官僚组织体系是提高劳动生产率的最有效形式。

上述三位及其他一些先驱者创立的古典管理理论被以后的许多管理学者研究和传播，并加以系统化。其中贡献较为突出的是英国的厄威克（L. Urwick）与美国的古利克（L. Gulick）。前者提出了他认为适用于一切组织的八条原则，后者概括提出了"POSDCORB"，即管理七项职能。

第二阶段是现代管理理论阶段。主要指行为科学学派及管理理论丛林阶段。行为科学学派阶段主要研究个体行为、群体行为与领导行为，重视研究人的心理、行为等对高效率地实现组织目标的影响作用。行为科学的主要成果有梅奥（Mayo）的人际关系理论、马斯洛（A. H. Maslow）的需求层次理论、赫茨伯格（F. Herzberg）的双因素理论、麦格雷戈（D. M. McGregor）的"X理论—Y理论"、威廉·大内（William Ouchi）的Z理论等。

第二次世界大战以后的40年代到80年代，除了行为科学学派得到长足发展以外，许多管理学者都从各自不同的角度发表自己对管理学的见解。这其中主要的代表学派有：管理过程学派、管理科学学派、社会系统学派、决策理论学派、系统理论学派、经验主义学派、经理角色学派和权变理论学派等。这些管理学派研究方法众多，管理理论不统一，各个学派都各有自己的代表人物，各有自己的用词意义，各有自己所主张的理论、概念和方法。孔茨（H. Koontz）称其为管理理论丛林。

管理过程学派又称管理职能学派，是美国加利福尼亚大学的教授哈罗德·孔茨和西里尔·奥唐奈里奇提出的。管理过程学派认为，无论组织的性质和组织所处的环境有多么不同，但管理人员所从事的管理职能却是相同的。孔茨和奥唐奈里奇将管理职能分为计划、组织、人事、领导、和控制五项，而把协调作为管理的本质。孔茨利用这些管理职能对管理理论进行分析、研究和阐述，最终得以建立起管理过程学派。孔茨继承了法约尔的理论，并把法约尔的理论更加系统化、条理化，使管理过程学派成为管理各学派中最具有影响力的学派。

管理科学理论是指以系统的观点，运用数学、统计学的方法和电子计算机的技术，为现代管理的决策提供科学的依据，通过计划和控制以解决企业中生产与经营问题的理论。该理论是泰罗科学管理理论的继承和发展，其主要目标是探求最有效的工作方法或最优方案，以最短的时间、最少的支出，取得最大的效果。

社会系统学派是从社会学的角度来分析各种组织。它的特点是将组织看做是一种社会系统，是一种人的相互关系的协作体系。它是社会大系统中的一部分，受到社会环境各方面因素的影响。美国的切斯特·巴纳德（Chester I. Barnard）是这一学派的创始人，他的著作《经理的职能》对该学派有很大的影响。

决策理论学派是在第二次世界大战以后，吸收了行为科学、系统理论、运筹学和计算机程序等学科的内容发展起来的。代表人物西蒙。西蒙（Herbert A. Smion）是美国的管理学家、计算机学家和心理学家，决策理论学派的主要代表人物。决策理论学派认为：管理过程就是决策的过程，管理的核心就是决策。西蒙强调决策职能在管理中的重要地位，以有限理性的人代替有绝对理性的人，用"满意原则"代替"最优原则"。

系统理论学派是指将企业作为一个有机整体，把各项管理业务看成相互联系的网络的一种管理学派。该学派重视对组织结构和模式的分析，应用一般系统理论的范畴、原理，全面分析和研究企业和其他组织的管理活动和管理过程，并建立起系统模型以便于分析。系统理论学派的重要代表人物是弗里蒙特·卡斯特（Fremont E. Kast）。弗里蒙特·卡斯特是美国系统管理理论的重要代表人物，著名的管理学家。主要著作有《系统理论与管理》（与约翰逊、罗森茨韦克合著）《组织与管理：系统与权变方法》（与罗森茨韦克合著）等。

经验主义学派又称为经理主义学派，以向大企业的经理提供管理当代企业的经验和科学方法为目标。它重点分析成功管理者实际管理的经验，并加以概括、总结出他们成功经验中具有的共性东西，然后使之系统化、合理化，并据此向管理人员提供实际建议。其中的代表人物有：彼得·德鲁克（Peter F. Drucker，又译为彼得·杜拉克）、欧内斯特·戴尔（Dale）等。

经理角色学派是以对经理所担任角色的分析为中心来考虑经理的职务和工作。该学派认为针对经理工作的特点及其所担任的角色等问题，如能有意识地采取各种措施，将有助于提高经理的工作成效。经理角色学派的代表人物是亨利·明茨伯格（Henry Mintzberg）。

权变理论学派认为，企业管理要根据企业所处的内外条件随机应变，没有什么一成不变、普遍适用的"最好的"管理理论和方法。企业管理要根据企业所处的内部条件和外部环境来决定其管理手段和管理方法，即要按照不同的情景、不同的企业类型、不同的目标和价值，采取不同的管理手段和管理方法。其代表人卢桑斯（F. Luthans）在1976年出版的《管理导论：一种权变学》是系统论述权变管理的代表著作。

第三阶段是当代管理理论阶段。进入20世纪70年代以后，由于国际环境的剧变，尤其是石油危机对国际环境产生了重要的影响。这时的管理理论以战略管理为主，研究企业组织与环境关系，重点研究企业如何适应充满危机和动荡的环境的不断变化。迈克尔·波特（M. E. Porter）所著的《竞争战略》把战略管理的理论推向了高峰，他强调通过对产业演进的说明和各种基本产业环境的分析，得出不同的战略决策。

20世纪80年代为企业的再造时代，该理论的创始人是原美国麻省理工学院教授迈克尔·哈默（M. Hammer）与詹姆斯·钱皮（J. Champy）。他们认为企业应以工作流程为中心，重新设计企业的经营、管理及运作方式，进行所谓的"再造工程"。美国企业从80年代起开始了大规模的企业重组革命，日本企业也于90年代开始进行所谓的第二次管理革命，在这十几年间，企业管理经历着前所未有的、类似脱胎换骨的变革。

20世纪80年代末以来，信息化和全球化浪潮迅速席卷全球，顾客的个性化、消费的多元化决定了企业必须适应不断变化的消费者的需要，只有在全球市场上赢得顾客的信任，才有生存和发展的可能。这一时代，管理理论研究主要针对学习型组织而展开。彼得·圣吉（P. M. Senge）在所著的《第五项修炼》中更是明确地指出企业唯一持久的竞争优势源于比竞争对手学得更快更好的能力，学习型组织正是人们从工作中获得生命意义、实现共同愿景和获取竞争优势的组织蓝图。

1.2.2 早期管理思想及管理理论萌芽

1. 早期的管理实践和管理思想

管理的活动或实践是自古以来就存在的，它是人类集体协作、共同劳动所产生的。人类进行的管理实践，大约已超过6 000年的历史。埃及金字塔、巴比伦古城、我国的万里长城等，都是古代人民勤劳智慧的结晶，也是历史上伟大的管理实践。

埃及人很早就懂得了分权。法老作为"赖神之子"享有神权，而辅助法老的宰相则集"最高法官、宰相、档案大臣、工部大臣"等职衔于一身，掌管全国的司法、行政及经济事务，但军权由法老直接掌管，宰相不兼军务。还有，埃及人可能是首先意识到"管理幅度"的实践者，因为从法老的陪葬品雕像中发现，每一个监督者大约管理着10名奴仆。

巴比伦重新统一两河流域以后，建立了古巴比伦王国，统治者汉谟拉比建立起了强大的中央集权国家，并且制定了著名的《汉谟拉比法典》，法典中有许多条款都涉及了控制借贷、最低工资、会计和收据等经济管理思想。

古罗马帝国的兴盛，很大程度上归功于其有效的组织。戴克利先成为皇帝后，实行了一种把中央集权控制与地方的分权管理很好地结合起来的连续授权制度。罗马天主教会早在第一次工业革命以前，就采取按地理区域划分基层组织，并在此基础上又采用高度效率的职能分工，成功地解决了大规模活动的组织问题。

我国宋真宗时期，丁渭提出的"一举三得"方案，解决了就地取土、顺利运输和清理废墟三个问题。

在《圣经》旧约全书的《出埃及记》中就体现了管理的公权原则、授权原则和例外管理等管理思想。

汉高祖刘邦总结其取得天下的原因，关键是在管理中遵循了用人之长原则。我国古代的《周礼》、《墨子》、《孙子兵法》等书籍中也体现了不少管理思想。秦始皇确立的中央集权体制，不仅当时具有强大的生命力，而且对我国延续2 000年的封建社会制度也有重大的影响。

2. 威尼斯兵工厂的管理实践

威尼斯位于亚得里亚海北岸，是地中海沿岸从事商业活动极早的城市，为了保护资本的利益，威尼斯在公元14世纪开设了一座兵工厂，主要修建战船，由政府即国家议会直接管理，政府对工厂的管理从以下几个方面体现出当时高超的管理水平。

① 组织机构和领导工作。在兵工厂的管理工作中，较好地体现了互相制约和平衡的原则。

② 部件储存。这有助于实行装配线作业和精确地计算存货，节省了时间和劳力，加快了安装船只的速度。

③ 装配线生产。兵工厂在安装舰船时采用了类似于现代装配线生产的制度，生产效率很高。

④ 部件标准化。

⑤ 会计控制。兵工厂的会计制度使它能追踪并评价所有的费用，进行管理控制。

⑥ 存货控制。由专人负责检查并由专人记录。

⑦ 成本控制。兵工厂还利用成本控制和计量方法来帮助作出管理决策。

⑧ 人事管理。兵工厂有严密的人事管理制度，严格规定上、下工和工间休息的时间，等等。

3. 尼古拉·马基雅维利的管理四原则

尼古拉·马基雅维利（Niccolo Machiavelli）是意大利文艺复兴时期的政治思想家、历史学家。面对当时封建割据状态和处于文明困境的意大利，马基雅维利抱着爱国主义的热忱积极参与政治，并且写出了《君主论》、《战争的艺术》、《佛罗伦萨史》等著作，在这些著作中很多地方都闪耀着管理思想的光辉，后人总结为管理四原则。

① 群众认可。所有的政府，其持续存在都依赖于群众的支持，即权力是自下而上的，而不是自上而下的。

② 内聚力。要使国家能持续存在，必须要有内聚力。组织内聚力的一个关键因素是使人民确信他们可以信赖自己的君主，知道君主期望于他们的是什么——责任明确性原则。

③ 领导方法。领导者（管理者）的类型有两种：一种是自然或天生型，另一种是后天获得领导技术的类型。

④ 生存意志。任何组织的主要目标是使自己存在下去。

马基雅维利所提出的管理原则是为了使君主能成功地管理一个国家，但同样也适用于管理其他组织，对管理思想的发展有相当大的影响。

4. 管理理论萌芽

（1）社会背景

资本主义经历了简单协作、手工制造和机器大工业三个阶段。18世纪到19世纪的工业革命，是资本主义的机器大工业代替手工技术为基础的工场手工业的革命，既是生产技术上的又是生产关系的重大变革，使以机器为主的现代意义上的工厂成为现实，而工厂制度的发展，促使了人们对管理的关注。

（2）有关管理问题的主要论点

随着工业革命以及工厂制度的发展，工厂及公司的管理越来越突出。许多理论家特别是经济学家，在其著作中越来越多地涉及有关管理方面的问题。这一时期的著作，大体上有两类：一类偏重于理论的研究，即关于管理职能和原则的研究，另一类偏重于管理技术和方法的研究。体现在以下几个方面。

① 关于企业所有权和管理权的关系问题。第一个明确地把管理作为生产的第四个要素而同土地、劳动力和资本相并列的是法国资产阶级庸俗经济学的创始人——让·巴蒂斯特·萨伊（Jean Baptiste Say）。英国古典经济学家亚当·斯密在《国富论》中也认为，企业的所有权和管理权一般是分开的，特别是当赚钱的时候。

② 关于管理的职能。经济学家们各自都特别强调不同的管理职能。萨伊强调计划职能的重要性。鲍克认为管理人员的主要职能是组织和指挥。人事职能中的职工培训和管理人员教育，受到了当时一些经济学家的重视。组织职能受到这些经济学家广泛的注意。在控制职能方面，这些经济学家从防止盗窃方面的控制转到防止浪费方面的控制。

③ 关于管理人员所应具备的品质。经济学家们提法各不相同。

④ 关于专业化和劳动分工。经济学家作了较详细的阐述，将这个问题分作三个层次来处理：国家和地区之间的劳动分工，形成国家和地区的专业化；组织的劳动分工，形成公司的专业化；职业上的劳动分工，形成个人在工作上的专业化。

⑤ 关于动作和工时研究。亚当·斯密在《国富论》第一章中事实上已进行了有关动作和工时的初步考察。

⑥ 关于管理技术教育。法国管理学家查尔斯·杜平（Charles Dubin）最早提出管理技术可以通过教授来获得，他把管理作为一门独立的学科来进行教学，他通过传授管理知识直接影响到法约尔的管理思想。

⑦ 关于工资和激励。这一时期的经济学家对工资和激励问题有较多的论述。德·拉维勒认为，凡是能实行的地方，计件工资最能提高生产率。而穆勒认为可采取多种工资形式。

总的来说，这一时期有关管理问题的论述，还未能建立起管理理论。但它们已经区分了管理职能与企业的职能，意识到管理将会发展成一门具有独立完整体系的科学，预见到管理的地位将不断提高，为管理学的形成奠定了坚实的基础。

1.2.3 古典管理理论

20世纪的前半期是一个管理思想多样化的时期。科学管理从如何改进作业人员生产率的角度看待管理，一般行政管理者关心的是整个组织的管理和如何使之更有效，一批管理研究人员强调人力资源或管理的"人的方面"，而另一批人则专注于开发应用数量方法。这些研究或研究方法均对管理的发展作出了贡献。不同的方法都与同一研究对象有关，他们之间的差异反映出研究者不同的背景和兴趣。可以说，每一种观点都是正确的，但是每一种观点都有它的局限性。

1. 泰勒及其科学管理思想

如果要确认现代管理理论诞生的年代，那么有充分的理由将其定在1911年。这一年，弗雷德里克·泰勒（Frederick Winslow Taylor）出版了《科学管理原理》一书。这本书阐述了科学管理理论——应用科学方法确定从事一项工作的"最佳方法"，其内容很快被世界范围内的管理者们普遍接受，从而确立了他作为科学管理之父的地位。

科学管理关心的是那些能够最大限度提高工人劳动生产率的手段。它代表了一种20世纪以来一直在使用的工作（作业）设计模式。在一个典型的制造性企业里，你将看到科学管理的思想和技术正在车间使用着，而在办公区域则使用着行政管理思想。

泰勒的大部分工作生涯是在宾夕法尼亚州的米德韦尔和伯利恒钢铁公司度过的。作为一位有着清教徒背景的机械工程师，他始终对工人的低效率感到震惊。他相信工人的生产率只达到应有水平的1/3。于是，他从1880年开始在车间里试验用科学方法来纠正这种状况。他花了20年的时间，以极大的热情寻求从事每一项工作的"最佳方法"。

理解泰勒在米德韦尔钢铁公司所目睹的现象是很重要的，正是这种亲身感受唤起他改进工厂中工作方式的决心。在那个时候，工人和管理者没有明确的责任概念，实际上不存在有效的工作标准：工人们有意慢条斯理地干活，管理者做决定都是凭预感和直觉。工人被分派干什么工作很少或完全不考虑他的能力和才能是否适宜从事这项工作。更为严重的是，管理当局与工人们都认为，他们之间存在着固有的对立，他们不是为相互的利益而合作，而是把他们的之间的关系看做是一种零和对弈——任何一方的收益同时又是另一方的损失。

（1）科学管理理论的基本假设、原则和研究方法

泰勒力图寻求在工人和管理当局双方掀起一场思想革命，并寻求提高生产率的指导方针。在这里，理解科学管理理论的基本假设是很重要的，虽然有些假设是隐含的。

① 造成劳资矛盾的主要原因是社会资源没有得到充分利用。泰勒认识到了劳资矛盾的存在，但他认为如果能通过科学管理将社会资源充分利用，并使劳资双方都能得到利益，那么劳资矛盾就可以得到解决。

② 经济人假设。即人是以追求物质利益为目的的，都希望以尽可能少的付出获得最大限度的收获，并且为此可以不择手段。因此，只要能使工人得到经济利益，他们愿意配合管理者挖掘出他们自身最大的潜能。

③ 单个人是可以取得最大效率的，但集体的行为反而导致效率下降（这一假设决定了泰勒对工会的反对态度）。科学管理是使单个人发挥最大效率的有效方法。

以上三个假设都存在缺陷，但在当时已是相当客观了。例如，经济人假设就超越了将人当做"会说话的工具"的传统的"受雇人"假设。在受雇人假设下，工人作为受雇人全是些好吃懒做、游手好闲、好逸恶劳、推一推动一动、没有一点责任心的恶习人。基于这一假设，资本家采用残酷的手段来管束工人，增加劳动强度，不改善工作环境，任意延长劳动时间，尽量少给工资，实施严厉的惩罚手段。而在经济人假设下，工人为获取最大的工资收入而劳动，并假设如果给予工人一定的工资激励，会引导他们努力工作，服从指挥，接受管理。泰勒说道，科学管理并不驱赶工人工作，科学管理不能靠给工人不能长期承担的工作来发财。显然，这一假设较前者更符合人的特征。

基于上述假设，科学管理理论强调以下几点。

① 效率至上。管理的中心问题是提高劳动生产率。

② 为了谋求最高的工作效率可以采取任何必要的方法。在各项工作中要挑选第一流的工人；在作业过程中要求工人掌握标准化的操作方法，使用标准化的工具、机器和材料；作业环境也是标准化的，不用考虑人性的特点。

③ 劳资双方应该共同协作。为追求效率，最高管理人员和工人都要实行最大的精神革命，在工作中要互相协作，共同努力（当然是站在资方立场上的）。

以上三点构成了科学管理的基本出发点。泰勒具体地阐述了科学管理所遵循的四项原则。

① 对工人工作的每一要素开发出科学方法，用于代替老的经验方法。这一条讲的是对作业进行科学研究，以便制定合理的作业定额。

② 科学地挑选工人，并对他们进行培训、教育（而在过去，则是由工人自己选择工作，并尽自己的可能进行自我培训）。这一条将视野投向工人身上，试图从工人素质上找到管理赖以发挥长久作用的基础。

③ 与工人们衷心地合作，以保证一切工作都按已形成的科学原则去办。这一条将管理者与管理对象统一起来，以通过经常沟通使管理的各项措施得以顺利实施。

④ 管理当局与工人在工作和职责上的划分几乎是相等的，管理当局把自己比工人更胜任的各种工作都承揽过来（而在过去，几乎所有的工作和大部分责任都推到了工人头上）。最后一条实际上将企业中的管理职能与一线工人的作业职能区分开来，并且强调由于这种分工导致管理者和工人之间承担的责任不同。

科学管理理论建立在一系列的科学管理实验基础之上。这些实验（如著名的搬运生铁实验、铁砂和煤炭铲掘实验、金属切削实验）遵循了两个基本原理。

① 作业研究原理，用于分析和改进操作方法以提高工效。泰勒认为必须让每个人都用正确的方法作业，为此必须把每项操作分解成许多的动作要素，然后研究每项动作的必要性和合理性，据此决定去掉那些不合理的动作要素，并对保留下来的必要成分依据经济合理的原则，加以改进和合并，以形成标准的作业方法。动作研究不仅包括分析执行作业所用的动作，而且还要考虑所使用的工具、设备、材料及所处的位置，其目的在于设计出一种以可能的最低的劳累而达到最高的生产率、低成本的工作方法（如吉尔布雷斯在砌砖作业研究中，将砌砖动作由 18 个减少到 5 个，从而使工人每小时砌砖数由 175 块上升到 350 块）。

② 时间研究原理，用于制定标准作业时间和工资率。即在动作分解与作业分析的基础上，进一步观察和分析工人完成每项动作所需要的时间，并考虑满足一些生理需要的时间和不可避免的耽误时间，为标准作业制定标准的作业时间，以便确定工人的劳动定额，即一天合理的工作量。

虽然泰勒并非开创作业研究方法的第一人，但他最早将这一方法系统化了。日本管理学家中谷宇吉郎将泰勒的研究方法归纳为"观察、分析、综合、测定、实验、因果律及概率"（现象观察——分析比较——综合抽象＜定性分析＞——作业分解——实验测定——因果分析与定量分析——一般原则）。

（2）科学管理的主要内容

上述基本假设、基本原则和研究方法奠定了科学管理的基础。概括起来，科学管理的具体内容可划分为三个方面：作业管理、组织管理和管理哲学。

（1）作业管理

作业管理是科学管理最具特色的部分和主要内容，它由一系列的科学方法组成。

① 工作定额原理。建立在动作——工时研究的基础之上，目的是为工人制定"合理的日工作量"。这一原理为开发出科学方法，代替老的经验方法奠定了基础。

② 标准化原理。制定并使工人掌握标准化的、科学的操作方法，包括标准化的工具、机器和材料以及标准化的作业环境，即所谓的"标准化原理"。泰勒认为工人提高劳动生产率的潜力是巨大的。挖掘潜力的方法应该是把工人多年积累的经验和技巧归纳整理并结合起来，通过分析比较找出其中具有共性和规律性的东西，并将其标准化（1914年福特发明流水线生产）。用这一方法对工人的工作方法、使用的工具、劳动和休息时间等进行合理搭配，同时对机器安排、环境因素等进行改进，消除种种不合理因素，把最好的因素结合起来，这就得到了提高生产率的根本保证。泰勒将其视为管理当局的首要职责。

③ 制定培训工人的科学方法。泰勒认为为了挖掘人的最大潜力，必须做到人尽其才，或者说，对某一项工作必须找到最适宜干这项工作的人，同时还要最大程度地挖掘最适宜干这个工作的人的最大潜力——这就有可能达到最高效率。因此，对任何一项工作必须要挑选"第一流的工人"——即适合于其作业而又愿意努力干活的人。泰勒认为培训工人成为"第一流的工人"是领导方面的职责。企业管理当局的责任，在于为职工安排最合适的作业，培训他成为第一流的工人，使其能力与作业相配合。至于"高的日作业定额"，泰勒是以第一流工人"能在不损害其健康的情况下，维持很长年限的速度，能使他更加愉快而健壮的速度"为标准的。所谓"第一流速度"，不是以突击活动或持续紧张为基础，而是以工人能长期维持的正常速度为基础的。

④ 刺激性工资制度。泰勒于1895年提出了其刺激性工资制度，这一制度包含两个要点：一是通过工时研究和分析，制定一个作业的定额或标准，这样就把定额的制定从以估计和经验为依据改变为以科学为依据；二是采用"差别计件制"。后来，在甘特的影响下，泰勒缓和了其在工资问题上的严格立场。

（2）组织管理

职能化原理。包括把计划职能与执行职能分开，变经验工作法为科学工作法，实行职能工长制。

① 把计划职能与执行职能分开，变经验工作法为科学工作法。所谓的经验工作法是指每个工人用什么方法操作，使用什么工具，都根据他自己的或师傅等人的经验来决定。泰勒则主张明确划分计划职能与执行职能，由专门计划部门指定标准化的操作方法、工具和定额，拟订计划并发布指示和命令，并进行有效的控制。至于现场工人，则从事执行的职能，按照计划部门制定的操作方法和指示，使用标准工具从事实际作业，不得自行改变计划。

② 职能工长制。一种"职能管理"，即将管理的工作予以细分，使所有管理者只承担一种管理职能。泰勒认为职能工长制具有三个优点：其一，对管理者的培训较少；其二，管理者责任明确，因而可以提高效率；其三，由于计划部门的作用，车间现场的职能工长只需进行指挥监督。因此非熟练技术工人也可以从事较复杂的工作，从而可以降低整个企业的生产费用。这一思想当时并没有得到推广，但却为以后职能部门的建立和管理的专业化提供了参考。

③ 例外原则。即高级管理人员应把例行的一般日常事务授权下级管理人员去做，自己只保留对例外事项的决定和监督权。这种管理控制原理以后发展成为管理上的分权化原则和实行事业部制（1920年小斯隆对通用汽车公司进行改组，采用了集中政策控制下的分权制）。

④ 事业部制。成为大型企业普遍采用的典型的组织结构模式的管理体制。

（3）管理哲学

与其说科学管理是一些由原理和原则组成的管理理论，不如说科学管理是一种改变人们对管理实践重新审视的管理哲学。泰勒在美国听证会上声明，科学管理不是计件工作制，不是工时研究，不是职能工长制，不是人们谈到科学管理时一般人所想到的任何方法。它们都不是科学管理，它们是科学管理的有益的辅助手段。泰勒进一步宣称，"科学管理在实质上包含着要求在任何一个工人进行一场全面的心理革命——要求他们在对待工作、同伴和雇主的义务上进行一种全面的心理革命。此外，科学管理也要求工长、监工、企业所有人、董事会进行一场全面的心理革命，要求他们在对管理部门的同事、对他们的工人和所有日常问题的责任上进行一场全面的心理革命。没有双方的这种心理革命，科学管理就不能存在"，"他们会看到，当他们双方不再相互敌视，而是肩并肩地向同一方向迈进时，通过他们的共同努力所创造出的剩余额将多得简直令人目瞪口呆，以致工人工资有大大增加的充分余地，制造商的利润也会大大增加。这就是伟大的心理革命的开始，是实现科学管理的第一步"，"科学管理的常规特征是协调而不是不和"。但是，"科学管理中没有任何一点慈善的内容。任何一种管理措施如果含有慈善因素，则一定失败——慈善因素在任何管理措施中都没有地位"。

2. 法约尔和韦伯：一般行政管理理论

与科学管理同时代的另一批思想家也在思考着管理问题。不过，他们关注的焦点是整个组织。我们称这些人为一般行政管理理论家。在发展更一般的管理理论——即解释管理者的工作是什么，以及有效的管理由哪些要素构成方面，他们作出重要贡献。他们与科学管理思想家一起被称为古典理论家。他们中的杰出代表是亨利·法约尔（Henri Fayol）和马克斯·韦伯（Max Weber）。

法约尔的职业生涯是在法国一家大型矿业冶金公司度过的，并在该公司担任总经理达30年（1888—1918）之久。他接受任务时该企业正处于破产的边缘，当他退休时这家企业的财务状况已无懈可击。因具有长期从事高层管理工作的背景（泰勒是从工人的地位开始研究工作的，而法约尔却是从天平的另一端总经理的地位开始的），他对全面管理工作（所有管理者的活动）有着深刻的体会和了解。人们一般认为法约尔是第一个概括和阐述一般管理理论的管理学家。其管理思想主要凝结于《工业管理与一般管理》（1916）这部经典性著作中。

法约尔认为经营与管理是两个不同概念。经营是引导一个组织趋向于一个目标。经营包含六种活动：技术活动（生产）、商业活动（交换活动）、财务活动（资金的筹集、控制和使用）、安全活动（财务与人身的安全）、会计活动（计账算账，成本核算和统计）和管理活动（行政管理）。

法约尔指出，人们对前五种活动了解较多，但对管理活动知之甚少。管理是有别于以上五种职能的一种职能。在以上6种活动中，前5种活动都不负责制订企业的总经营计划，不负责建立社会组织、协调各方面的力量和行动。这些重要职能属于管理的范畴。管理活动处于以上活动的核心地位，即企业本身需要管理，同样的，其他五项活动也需要管理。而且，管理职能是具有一般性的，是适用于工商企业、政府甚至家庭中所有涉及人的管理的一种共同的活动。他还认为，管理具有可概念化、可理论化、可传授的特点，应该大力发展管理教育。

法约尔的主要贡献在于提出了关于管理的五大要素或五大职能——计划（探索未来，制订行动计划）、组织（建立企业物质和社会的双重结构）、指挥（使人发挥作用）、协调（连接、联合、调动所有的活动及力量）和控制（注意是否一切都已按已制定的规章和下达的命令进行）的思想，这一思想已成为认识管理职能和管理过程的一般性框架。

法约尔这种把行政管理作为一个单独的职能分离出来并进行分析，是他对管理理论总体的独特新颖的补充。职能分析这种方法，为高级管理问题的全面的现代化解决方法的发展铺平了道路，它对为澄清和组织思考所做的一切努力都起着深远的影响。这种思考涉及的内容包括高级管理人员应具备的品质，他们应具备怎样的性格，以及怎样对他们进行正确分析。

进一步地，法约尔提出了 14 条管理原则，这些原则至今仍有重要的实践指导意义。但他强调指出，这些原则全部是尺度问题，是灵活的而不是死板的和绝对的，管理的实质在于懂得如何运用他们。管理是一门艺术，必须考虑各种可变因素的影响，管理需要智慧、经验、判断和注意尺度。

法约尔在企业组织理论方面的重要观点包括以下内容。

第一，组织应完成的管理任务与职责。他认为组织一个企业就是为企业经营提供必要的原料、设备、资本和人员，具体而言包括：物质的组织和建立组织机构、制定规章制度、招募与配备训练员工等。管理部门的责任，就是设法使人员和物质的组织符合企业的目标、资源条件和有关的要求。

第二，金字塔型的等级系列。组织从最高管理层到最低管理层的直线权力形成了一个等级系列。其中，每一级向上级报告并接受其命令，向下一级发布命令并接受报告。为了加强信息传递，及时处理问题，他还设计了一种"法约尔桥"。

第三，设置参谋机构。他主张设置参谋机构来协助直线领导人员。但参谋机构只接受总经理的命令，只对领导负责，不能向下级发布命令。他们不去处理日常事务，他们的主要任务是探索更好的工作方法，发现企业条件的变化，以及关心企业的长期发展问题。这是一种与泰勒的职能制不同的直线——参谋型组织结构。

韦伯本人的研究领域属于历史——哲学范畴，他是德国的一位社会学家和哲学家，也是一位享誉世界的思想家。在 20 世纪早期，他发展了一种权威结构理论，并依据权威关系来描述组织活动。他描述了一种他称之为官僚行政组织的理想组织模式。这是一种体现劳动分工原则、有着明确定义的等级和详细的规则与制度，以及非个人关系的组织模式。韦伯认为尽管这种"理想的官僚主义行政组织"在现实中是不存在的，但它代表了一种可供选择的现实世界的重构模式（理论模式）。他把这种模式作为推理的基础，用来推论在一个大的团体中应当有哪些工作和应当如何从事这些工作。这一理论对工业化以来各种不同类型组织产生了广泛而深远的影响，成为现代大型组织采用的一种组织管理模式。韦伯的组织理论又被称为"官僚制"（在德语中无贬义色彩）或"科层制"。其理论的核心内容如下。

（1）权威的类型与基础

韦伯认为任何组织都必须以某种形式的权威（权力）作为基础，才能变混乱为有秩序，进而实现其目标。他从历史的角度，考察了不同类型的权力，认为存在三种纯粹形态的合法权力（或被社会接受的权力）。

① 超凡权力，基于对发命令的人超凡的神圣（如耶稣基督）或非凡的个性特征——如英雄主义或模范品质——的崇拜，并表现为一种先知——信徒关系。

② 传统权力。传统权力要求服从命令，其依据是对古老传统的不可侵犯性和按传统执行权力的人的正统性的信念，主要表现为一种君主——臣民关系。权力的所有者可以通过让人得到恩惠或失去宠幸及对臣民进行保护而实施管理。臣民对权力拥有者保持服从和尊敬。

③ 法定权力，即理性——法律的权力。这是一种对法律确定的职位或地位的权力的服从。法定权力要求服从命令，是因为人们都知道发命令的人是按法律原则和条款办事的。这一类型主要依靠外在于个人的、科学合理的理性权力实现管理。

在这三种纯粹形态的权力中，传统权力的效率最差，因为其领导人不是按能力挑选的，其管理单纯是为保存过去的传统而行事。超凡权力则过于带感情色彩，并非是理性的，依据的不是规章制度而是神秘的神圣的启示。所以，这两种权力都不宜作为"理想的行政组织"的基础，只有第三种权力才能作为这种行政组织的基础。

(2) 官僚制的特征

① 劳动分工：工作应当分解为简单的、例行的和明确的任务。

② 职权等级：职位应按等级来组织，每个下级应接受上级的控制和监督。换言之，按照不同职位权力的大小，确定其在组织中的地位，形成有序的等级系统。

③ 正式选拔：所有组织成员都是依据经过培训、教育或正式考核所取得的技术资格选拔的，即根据技术资格挑选组织成员。

④ 正式的规则制度：为了确保一贯性和全体雇员的活动，管理者必须倚重正式的组织规则。换言之，管理人员根据法律制度赋予的权利处于拥有权力的地位，原则上所有的人都服从制度规定，而不是服从于某个人。

⑤ 非人格化：规定和控制的实施具有一致性，避免搀杂个性和雇员的个人偏好。换言之，管理人员在实施管理时，每个管理人员负责特定的工作，拥有执行自己职能所必要的权力，权力要受到严格限制，服从有关部门章程和制度的规定。

⑥ 职业定向：管理者是职业化的官员而不是他所管理单位的所有者，他们领取固定工资并在组织中追求他们职业生涯上的成就。换言之，管理者的职务就是他的职业，他有固定报酬，有按才干晋升的机会。

(3) 官僚制的优越性

① 合理性与效率性。担任职务的人员是按照他完成任务的能力挑选出来的，因而其能力与职务之间具有合理性，并能够提供组织运行效率。

② 管理具有行使权力的法律依据和手段。

③ 是理性精神、合理化精神的体现。官僚制存在一套具有连续性的规章制度网，涉及组织管理过程中的许多主要方面，它给每项工作确立了清楚的、全面的、明确的职权和责任，从而使组织的运转和个人行为尽可能少地依赖个人。

以上特点使官僚组织摆脱了传统组织的随机、易变、主观、偏见的影响，具有比传统组织优越得多的精确性、连续性、可靠性和稳定性。

可以说，官僚制是一种完全的、理性设计的组织，理性人扮演着特定的角色，执行着特定的行动。这种组织设计适合了工业化以来大型企业组织的需要。大型组织规模大、分工细、层次多,因而需要高度统一、准确、连续、稳定的秩序保证。相较之下,早期传统组织过分依赖个人和裙带关系、人身依附关系,采用任意的、主观的、多变的管理方式,显然不适合大型企业组织管理的要求。

不过,韦伯关于官僚制的著作在20世纪40—50年代之前基本上没有得到美国的承认。他同法约尔一样,不得不等到文化条件使得人们需要从行政管理理论的角度来考虑问题时才得到承认。由于组织规模的增大和复杂性的增加,人们开始探索行政管理的理论。他们在探索过程中发现了韦伯和他的官僚制的理想。

以上理论称为古典管理理论(见表1-2)。它们具有两个显著的特征:第一,强调理性的力量;第二,注重物质上的满足,基于"经济人"假设之上。但这一假设必须满足以下两个条件才能成立:第一,人们的收入水平很低,不足于满足自身的基本需要;第二,"合理的日工作量"可以完成。在19世纪末到20世纪初,这两个条件均存在,因此实施科学管理取得了一定的成效。

表1-2 古典管理理论

概要	开拓了两个方向的研究。科学管理专注于组织内的雇员,研究如何提高其生产率。科学管理的主要先驱人物是泰勒、吉尔布雷夫妇等。行政管理专注于整个组织,研究提高组织效率和效能的方法,代表人物有法约尔、韦伯等
贡献	为后来的组织理论的发展打下了基础 确立了直到今天仍然有效的重要的管理过程、职能和技能 强调管理是科学研究的有效对象 代替了单纯的经验管理
局限	适用于静态稳定的组织,难于应用于今天复杂变化的组织 提出的普遍准则并不适用于所有组织 尽管注意到了人的因素,但总体上将人看做工具而非资源

1.2.4 行为科学概论

这一研究构成了目前的人事管理领域以及关于激励和领导的当代观点。这些研究所持的基本观点是一致的,即一种人力资源观,它强调管理者是同人们一起实现组织任务的。

1. 早期倡导者

关于人的因素对组织成功重要性的认识,至少可以追溯到罗伯特·欧文(Robet Owen)。作为空想社会主义者,他设想了一个乌托邦式的工作场所。早在1825年他即提出应在法律上规定工作时间、制定童工法、普及教育、由公司提供工作报告、午餐及企业参与社区发展计划。

雨果·缪斯特伯格(Hugo Minsterberg)则开辟了工业心理学研究领域,其代表性是《心理学和工业效率》(1913)。今天我们关于甄选技术、雇员培训、工作设计和激励的知识,很多是建立在他的研究基础之上的。

玛丽·帕克·福利特(Mary Parber Follett)则最早认识到应当从个人和群体行为的角度考察组织。她认为组织应基于群体道德而不是个人主义,个人的潜能只有通过群体的结合才能释放出来，否则永远是一种潜能。管理者的任务是协调群体的努力。管理者和工人应将他们看做是合作者——即共同体的一部分。她的人本思想影响着我们看待动机、领导、权力和权威的方式。

切斯特·巴纳德（Chester Barnard）的思想则在古典管理理论和人力资源学说之间架设了桥梁。他也是一位实践家，曾任新泽西贝尔电话公司总裁，并深受韦伯著作的影响。但他不同意韦伯对组织的机械论和非人格化观点，他把组织看做一个社会系统，这个系统要求人们之间的合作。他的思想体现在《经理的职能》（1938）一书中。

巴纳德认为组织是由具有相互作用的社会关系的人们组成的，管理者的主要作用是在沟通和激励下级方面尽最大努力。在他看来，组织的成功主要取决于员工的合作。他还指出，成功取决于与员工和组织与之打交道的外部机构保持良好的关系。基于组织依赖于投资者、供应商、顾客和其他外部机构的认识，他引入了管理者必须审视环境，然后调整组织以保持与环境的平衡状态的思想。

巴纳德关于权威的思想同样是富有启发性的。在他所处的时代占统治地位的权威的传统观是：下级必须严格服从上级的权力。这种权力首先在最高层建立起来，然后自上而下贯穿一个组织。按照这种观点，管理者权威的最终来源是组织赖以建立的社会制度。巴纳德则提出了一个相反的观点，他认为权威来自下面而不是上面。这种权威的接受观提出，权威来自于下级接受他的意愿。按照巴纳德的观点，没有本身就代表权威的人，有的只是他的权威被承认的人。如果一个雇员不服从上级的命令，这种不服从是对命令权威的拒绝。当然上级也许能够惩罚那些不服从命令的人，但毕竟上级的命令没有被照办这件事已经发生了。

2. 霍桑实验

行为科学对管理学最重要的贡献来自霍桑实验。这项实验因在西方电气公司设在伊利诺伊州西塞罗的霍桑工厂进行而得名。该厂是一家生产电话机的工厂，设备先进，福利优越，具有良好的娱乐设施、医疗制度和养老金制度。但工人仍愤愤不平，生产效率不甚理想。这一实验最初试图回答一个非常质朴的问题：工作场所的照明对雇员的绩效会产生什么样的影响？最初的照明实验引发了随后的一系列实验。这些实验的基本假设如下。

① 改进物质条件和工作方法，可以导致产量增加。
② 安排工人休息和缩短工作日，可以解除疲劳，从而增加产量。
③ 安排工人休息可以减少工作的单调性，从而增加产量。
④ 个人计件工资制可以促进产量增加。
⑤ 改变监工方式与控制方法，可以改善人际关系，从而改进工人的态度，进而促进产量的增加。

试验分以下4个阶段。

第一阶段：工场照明试验（1924—1927）。该试验是选择一批工人分为两组：一组为"试验组"，先后改变工场照明强度，让工人在不同照明强度下工作；另一组为"控制组"，工人在照明度始终维持不变的条件下工作。试验者希望通过试验得出照明度对生产率的影响，但试验结果发现，照明度的变化对生产率几乎没有什么影响。这个试验似乎以失败告终。但这个试验得出了以下两条结论。

① 工场的照明只是影响工人生产效率的一项微不足道的因素。
② 由于牵涉因素太多，难以控制，且其中任何一个因素足以影响试验结果，故照明对

产量的影响无法准确测量。

第二阶段：继电器装配室试验（1927年8月—1928年4月）。旨在试验各种工作条件的变动对小组生产率的影响，以便能够更有效地控制影响工作效果的因素。通过材料供应、工作方法、工作时间、劳动条件、工资、管理作风与方式等各个因素对工作效率影响的实验，发现无论各个因素如何变化，产量都是增加的。其他因素对生产率也没有特别的影响，而似乎是由于督导方法的改变，使工人工作态度也有所变化，因而产量增加。

第三阶段：大规模的访问与调查（1928—1931）。两年内他们在上述试验的基础上进一步开展了全公司范围的普查与访问，调查了2万多人次，发现所得结论与上述试验所得相同，即"任何一位员工的工作绩效，都受到其他人的影响"。于是研究进入第四阶段。

第四阶段：接线板接线工作室试验（1931—1932）。以集体计件工资制刺激，企图形成"快手"对"慢手"的压力以提高效率。公司当局给他们规定的产量标准是焊合7 312个接点，但他们完成的只有6 000～6 600个接点。试验发现，工人既不会为超定额而充当"快手"，也不会因完不成定额而成"慢手"，当他们达到他们自认为是"过得去"的产量时就会自动松懈下来。其原因是，生产小组无形中形成默契的行为规范，即工作不要做得太多，否则就是"害人精"；工作不要做得太少，否则就是"懒惰鬼"；不应当告诉监工任何会损害同伴的事，否则就是"告密者"；不应当企图对别人保持距离或多管闲事；不应当过分喧嚷，自以为是和热心领导，等等。根本原因则有三：一是怕标准再度提高；二是怕失业；三是为保护速度慢的同伴。这一阶段的试验，还发现了"霍桑效应"，即对于新环境的好奇和兴趣，足以导致较佳的成绩，至少在初始阶段是如此。

通过四个阶段历时近8年的霍桑试验，梅约等人认识到，人们的生产效率不仅要受到生理方面、物理方面等因素的影响，更重要的是受到社会环境、社会心理等方面的影响，这个结论的获得是相当有意义的，这对"科学管理"只重视物质条件，忽视社会环境、社会心理对工人的影响来说，是一个重大的修正。

根据霍桑试验，梅约于1933年出版了《工业文明中人的问题》一书，提出了与古典管理理论不同的新观点，主要归纳为以下几个方面。

（1）工人是"社会人"，而不是单纯追求金钱收入的"经济人"。作为复杂社会系统成员，金钱并非刺激积极性的唯一动力，他们还有社会、心理方面的需求，因此社会和心理因素等方面所形成的动力，对效率有更大影响。

（2）企业中除了"正式组织"之外，还存在着"非正式组织"，这种非正式组织是企业成员在共同工作的过程中，由于具有共同的社会感情而形成的非正式团体。这种无形组织有它特殊的感情、规范和倾向，左右着成员的行为。古典管理理论仅注重正式组织的作用，这是很不够的。非正式组织不仅存在，而且同正式组织是相互依存的，对生产率的提高有很大影响。

（3）金钱不是决定产出的唯一因素。群体规范、士气和安全感对产出的影响更大。

梅约等人的人际关系学说的问世，开辟了管理和管理理论的一个新领域，并且弥补了古典管理理论的不足，更为以后行为科学的发展奠定了基础。

行为科学理论应用于管理学，主要是对工人在生产中的行为及这些行为产生的原因进行分析研究。它研究的内容包括：人的本性和需要、行为的动机，特别是生产中的人际关系（包括领导同工人之间的关系）。行为科学在第二次世界大战以后的发展，主要集中在以下4

个方面。

(1) 关于人的需要和动机的理论。
(2) 关于管理中的"人性"的理论。
(3) 关于领导方式的理论。
(4) 关于企业中非正式组织以及人与人的关系的理论。

从霍桑试验开始的"人际关系"的研究到行为科学理论的研究，乃至管理社会学（即工效学）等方面的研究，这不仅为管理理论的发展提供了许多有益的东西，而且在实际的管理中也产生了深刻的影响，同时在发展中其自身也得到不断的补充和完善，从而也扩展了管理作为一门科学的又一广阔的领域，见表1-3。

表1-3 行为科学理论

概要	关注组织中员工的行为。工业性理学出现后，人际关系运动取代科学管理成为20世纪30—40年代间管理学的主流方法。主要代表人物有梅奥、马斯洛等。行为理论在当代的发展是组织行为学，它来自交叉学科的研究，认识到组织中人类行为的复杂性。
贡献	对组织中激励、群体互动和其他人际关系过程进行了深入研究 关注这些过程对管理的意义 挑战了将员工看成工具的认识，深化了员工作为资源的观点
局限	个体行为的复杂性令行为预测非常困难 许多行为概念尚未得到应用 当代行为科学家的研究发现往往无法传达给从事实务工作的管理人员

3. 人际关系理论

在霍桑试验的基础上，更多的学者加入到对人性的探索之中，并形成了人际关系（Human Relations）学说。人际关系理论的成员一致相信雇员满意的重要性——一个满意的工人一定会是一个富有效率的工人。这一理论的骨干人物有：亚伯拉罕·马斯洛（Abraham Maslow）、赫兹伯格（Frederick Herzberg）、道格拉斯·麦格雷戈（Douglas McGregor）、威廉·大内（William Ouchi）等。

马斯洛这位人道主义心理学家，从理论上提出了人类需要的五个层次，他们依次是：生理需要、安全需要、社会需要、尊重需要和自我实现的需要。需要中层次的每一步必须得到满足，下一层次的需要才会被激活。

美国心理学家赫茨伯格在1966年《工作和人的性质》一书中首次提出激励因素——保健因素理论。他把企业中有关的因素分为满意和不满意两类。满意因素可以使人得到满足，它属于激励因素，这是适合人的心理成长因素。不满意因素是指缺乏这些因素时容易产生不满和消极的情绪，即保健因素。赫茨伯格在对激励因素和保健因素作出分析以后得出，"激励是促进人的积极性不断提高的因素"，从而最终提高企业的生产效率和效益。

麦格雷戈则提出了关于人性的两套系统性假设——X理论和Y理论。前者是关于人性的一种消极观点：假设人们缺乏雄心壮志，不喜欢工作，回避责任，以及需要在严格的监督下才能有效工作；后者则提出了一种积极的观点：假设人们能够自我实现管理，愿意承担责任，以及把工作看做像休息和玩一样。

威廉·大内的 Z 理论认为一切企业的成功都离不开信任、敏感和亲密，因此他主张以坦白、开放和沟通作为基本的原则来实行民主管理。

1.2.5 定量管理

定量管理思想是在第二次世界大战中发展起来的，英国和美国军队为了解决战争中的一些问题，建立了由各种专家组成的运筹研究小组，取得了巨大成功。例如，英国通过专家建立的最优分配模型，有效地解决了如何以有限的皇家空军力量来抵抗庞大的德国空军的问题。定量方法的这些应用引起了企业界的关注，特别是当数量研究人员战后纷纷到公司就业以后，定量研究方法在企业管理中得到了迅速的发展。

管理的定量方法（Quantitative Approach）包括统计学的应用、最优化模型、信息模型和计算机模拟等。例如，线性规划方法可以使管理者改进资源分配的方案；关键路线分析可以使工作进度计划更有效；经济订货批量模型可以辅助企业决定应维持的最佳库存水平。

定量方法最直接的贡献是在管理决策方面，特别是计划与控制决策。它包括三个主要分支：管理科学、作业管理和管理信息系统。定量管理思想的特点是：力求减少决策中的个人艺术成分，依靠建立一套决策程序和数学模型来寻求最优方案。但定量管理思想不能很好地解释和预测组织中成员的行为，有时还受到实际情境难以定量化的限制。不过，绝不是要贬低定量方法的贡献，但应当注意到定量方法从来没有达到像人力资源方法对管理实践的那种影响程度。这无疑是由于多种因素造成的：许多管理者不熟悉数量工具；行为问题涉及面太广而又很直观；绝大多人可以直接了解组织中现实的、每天发生的人的问题，诸如激励下级和减少冲突等，而无须借助建立定量模型这种更抽象的活动，见表 1-4。

表 1-4 定量管理

概要	关注于将数学模型和程序应用于管理情景
贡献	开发了复杂的定量分析技术协助决策 模型的应用提高了人们对复杂组织程序和情景的理解 在规划和控制程序中非常有用
局限	不能充分解释或预测组织中人们的行为 数学的复杂性可能牺牲其他重要的管理技能 模型依赖的假设有时是不现实的或无法实现的

1.2.6 管理理论丛林

孔茨在 1961 年 12 月发表的《管理理论的丛林》一文中指出，在西方，只是到了 20 世纪，特别是到了 20 世纪 40 年代，才对管理进行系统的研究。最早的一批著作都是由一些富有实际经验的管理人员写出来的，如泰勒、法约尔、秘尼、阿尔文·布朗、谢尔登、厄威克等人。可是，到了 20 世纪 60 年代初期管理方面的学术论著却像雨后春笋般地出现，带来了众说纷纭，莫衷一是的乱局。泰勒对车间一级管理所进行的有条理的分析和法约尔从一般管理观点出发对管理经验进行的深刻总结等，到 20 世纪 60 年代初期已萌发得过于滋蔓，成了各种管理理论和管理学派相互盘根错节的一片丛林。

1. 原因分析

① 语义上的混乱。在管理学中，存在着严重的语义混乱现象。如"管理"一词，多数人都同意是指通过别人或同别人一道去完成工作。但这里说的"别人"是指正式组织中的人，还是指所有群体活动中的人，就有不同的解释了。在管理中是对人加以统治，还是进行引导或施以教育，各人也有不同的看法。

② 对管理和管理学的定义和所包含的范围，没有取得一致意见。这样，就降低了管理理论的科学价值，不能对实际管理人员起指导作用。因此，有必要更明确地确定管理和管理学的定义和范围。

③ 把前人对管理经验的概括和总结看成是"先验的假设"而予以摒弃。

④ 曲解并抛弃前人提出的一些管理原则。当代的某些管理学者往往把前人提出的一些管理原则加以曲解，认为只不过是老生常谈而予以抛弃，然后提出一些貌似不同的"新"原则。其实，这些"新"原则正是前人早已发现的基本原则，只不过是用不同的话语表述出来而已。

⑤ 管理学者不能或不愿互相了解。《再论管理理论的丛林》一文进一步指出，在20世纪早期从事管理理论的研究和著述的，都是有实际管理经验的人员，如泰勒在米德维尔钢铁公司和贝瑟利恩钢铁公司等处从事过工程、管理和咨询工作；法约尔是法国康曼色矿冶公司总经理；穆尼是美国通用汽车公司总经理；阿尔文·布朗是约翰—曼维尔公司副总经理；奥利佛·谢尔登是英国朗特里公司总经理；林德尔·厄威克长期从事过管理咨询工作等。可是，从20世纪50年代中期以来，从事管理理论研究的主要是高等学府中受过专门训练但却缺乏实际管理经验的人。这有点像医学院中教外科学的教授，却从来不曾给病人做过外科手术，于是难免造成混乱，并失去实际管理人员的信任。

从20世纪60年代到80年代，由于有的学派分化成了两个学派（如人类行为学派分化成为人际关系学派和群体行为学派，管理过程学派中分化出了权变理论学派），有的新学派出现了（如社会技术系统学派、经理角色学派等），于是西方的管理学派从6个增加到11个。但是，管理理论丛林中各派理论合一的前景也是很美好的。

2. 各学派基本观点

（1）管理过程学派

他们把管理看做是在组织中通过别人或同别人一起完成工作的过程。应该分析这一过程，从理论上加以概括，确定一些基础性的原理，并由此形成一种管理理论。有了管理理论，就可以通过研究，通过对原理的实验，通过传授管理过程中包含的基本原则，改进管理的实践。管理过程学派的创始人是法约尔。这个学派把它的管理理论建立在以下7条基本信念的基础上：① 管理是一个过程，可以通过分析管理人员的职能从理性上很好地加以剖析；② 可以从管理经验中总结出一些基本道理或规律。这些就是管理原理。它们对认识和改进管理工作能起一种说明和启示的作用；③ 可以围绕这些基本原理开展有益的研究，以确定其实际效用，增大其在实际中的作用和适用范围；④ 这些原理只要还没有被证明为不正确或被修正，就可以为形成一种有用的管理理论提供若干要素；⑤ 就像医学和工程学那样，管理是一种可以依靠原理的启发而加以改进的技能；⑥ 即使在实际应用中由于背离了管理原理而造成损失，但管理学中的原理，如同生物学和物理学中的原理一样，仍然是可靠的；⑦ 尽管管理人员的环境和任务受到文化、物理、生物等方面的影响，但管理理论并不需要把所有的知识都包括进来才能起一种科学基础或理论基础的作用。

（2）人际关系学派

这一学派是从60年代的人类行为学派衍变来的。这个学派认为，既然管理是通过别人或同别人一起去完成工作，那么，对管理学的研究就必须围绕人际关系这个核心来进行。这个学派把有关的社会科学原有的或新近提出的理论、方法和技术用来研究人与人之间和人群内部的各种现象，从个人的品性动态一直到文化关系，无所不涉及。这个学派注重管理中"人"的因素，认为在人们为实现其目标而结成团体一起工作时，他们应该互相了解。

（3）群体行为学派

这一学派是从人类行为学派中分化出来的，因此同人际关系学派关系密切，甚至易于混同。但它关心的主要是群体中人的行为，而不是人际关系。它以社会学、人类学和社会心理学为基础，而不以个人心理学为基础。它着重研究各种群体行为方式。从小群体的文化和行为方式，到大群体的行为特点，都在它研究之列。它也常被叫做"组织行为学"。"组织"一词在这里可以表示公司、政府机构、医院或其他任何一种事业中一组群体关系的体系和类型。有时则按切斯特·巴纳德的用法，用来表示人们间的协作关系。而所谓正式组织则指一种有着自觉的精心筹划的共同目的的组织。克里斯·阿吉里斯甚至用"组织"一词来概括"集体事业中所有参加者的所有行为"。

（4）经验（或案例）学派

这个学派通过分析经验（常常就是案例）来研究管理。其依据是，管理学者和实际管理工作者通过研究各色各样的成功和失败的管理案例，就能理解管理问题，自然地学会有效地进行管理。

这个学派有时也想得出一般性的结论，但往往只不过是把它当成一种向实际管理工作者和管理学者传授经验的手段。典型的情况是，他们把管理学或管理"策略"看成是对案例进行分析研究的手段，或者采用类似欧内斯特·戴尔的"比较法"。

（5）社会协作系统学派

它与行为学派关系密切而且常常互相混同。有些人，如马奇和西蒙，把社会系统（即一种文化的相互关系系统）只限于正式组织，把"组织"这个词同企业等同起来，而不是指管理学中最常用的那项职权活动概念。另外一些人则不区分正式组织和非正式组织，而把所有人类关系的各种系统都包括进来。这个学派的创始人是切斯特·巴纳德。这个学派对管理学作出过许多值得注意的贡献。把有组织的企业看成是一个受文化环境的压力和冲突支配的社会有机体，这对管理的理论和实际工作人员都是有帮助的。而在另外一些方面，如对组织职权的制度基础的认识，对非正式组织的影响的认识，以及对怀特·巴基称之为"组织黏合剂"的一些社会因素的认识，则帮助更大。巴纳德还有其他一些颇有教益的见解，如他的关于激励的经济性的思想，把社会学认识引入管理实践之中，等等。

（6）社会技术系统学派

这一学派的创始人是特里司特及其在英国塔维斯托克研究所中的同事。他们通过对英国煤矿中长壁采煤法生产问题的研究，发现单只分析企业中的社会方面是不够的，还必须注意其技术方面。他们发现，企业中的技术系统（如机器设备和采掘方法）对社会系统有很大的影响。个人态度和群体行为都受到人们在其中工作的技术系统的重大影响。因此，他们认为，必须把企业中的社会系统同技术系统结合起来考虑，而管理者的一项主要任务就是要确保这两个系统相互协调。

（7）系统学派

近年来，许多管理学家都强调管理学研究与分析中的系统方法。他们认为系统方法是形成、表述和理解管理思想最有效的手段。所谓系统，实质上就是由相互联系或相互依存的一组事物或其组合所形成的复杂统一体。这些事物可以像汽车发动机上的零件那样是实物，也可以像人体诸组成部分那样是生物的，还可以像完整综合起来的管理概念、原则、理论和方法那样是理论上的。尽管我们给理论规定出界限，以便更清楚地观察和分析它们，但是所有的系统（也许只有宇宙除外）都同它们的环境在相互起作用，因而都受到其环境的影响。

（8）决策理论学派

这一学派的人数正在增加，而且都是些学者。他们的基本观点是，由于决策是管理的主要任务，因而应集中研究决策问题。他们认为，管理是以决策为特征的，所以管理理论应围绕决策这个核心来建立。

（9）数学学派或"管理科学"学派

尽管各种管理理论学派都在一定程度上应用数学方法，但只有数学学派把管理看成是一个数学模型和程序的系统。一些知名的运筹学家或运筹分析家就属于这个学派。这个学派的人士有时颇为自负地给自己取上一个"管理科学家"的美名。这类人的一个永恒的信念是，只要管理、或组织、或计划、或决策是一个逻辑过程，就能用数学符号和运算关系来予以表示。这个学派的主要方法就是模型。借助于模型可以把问题用它的基本关系和选定目标表示出来。由于数学方法大量应用于最优化问题，可以说，它同决策理论有着很密切的关系。当然，编制数学模型决不限于决策问题。

（10）权变理论学派

这个学派强调，管理者的实际工作取决于所处的环境条件。权变管理同情境管理的意思差不多，常常通用。但有的学者还是认为应该加以区别，情境管理只是说管理者实际上做些什么取决于既定情境，而权变管理则意味着环境变化同管理对策之间存在着一种积极的相互关系。按权变的观点，管理者可以针对一条装配线的具体情况来确定一种适应于它的高度规范化的组织形式，并考虑二者之间的相互作用。

（11）经理角色学派

这是最新的一个学派，同时受到管理学者和实际管理者的重视，其推广得力于亨利·明茨伯格。这个学派主要通过观察经理的实际活动来明确经理角色的内容。对经理（从总经理到领班）实际工作进行研究的人早就有，但把这种研究发展成为一个众所周知的学派的却是明茨伯格。

明茨伯格系统地研究了不同组织中5位总经理的活动，从而得出结论说，总经理们并不按人们通常认为的那种职能分工行事，即只从事计划、组织、协调和控制工作，而是还进行许多别的工作。

明茨伯格根据他自己和别人对经理实际活动的研究，认为经理扮演着10种角色。

（1）人际关系方面的角色有3种：① 挂名首脑角色（作为一个组织的代表执行礼仪和社会方面的职责）；② 领导者角色；③ 联系人角色（特别是同外界联系）。

（2）信息方面的角色有3种：① 信息接受者角色（接受有关企业经营管理的信息）；② 信息传播者角色（向下级传达信息）；③ 发言人角色（向组织外部传递信息）。

（3）决策方面的角色有 4 种：① 领导者角色；② 故障排除者角色；③ 资源分配者角色；④ 谈判者角色（与各种人和组织打交道）。

1.2.7 当代管理理论的新发展

在管理理论逐渐互相融合渗透，走向统一的过程中，先后出现了两种有代表性的新的探索。

① 系统管理理论，即把一般系统理论应用到组织管理之中，运用系统研究的方法，兼收并蓄各学派的优点，融为一体，建立通用的模式，以寻求普遍适用的模式和原则。

② 权变管理理论，强调随机应变，灵活运用各派的学说，并根据内外环境的不同采取不同的组织管理模式或手段，进而建立起统一的管理理论。

1. 系统管理理论

系统管理理论是应用系统理论的范畴、原理，全面分析和研究企业和其他组织的管理活动和管理过程，重视对组织结构和模式的分析，并建立起系统模型以便于分析。这一理论是卡斯特（F. E. Kast）罗森茨威克（J. E. Rosenzweig）和约翰逊（R. A. Johnson）等美国管理学家在一般系统论的基础上建立起来的，其主要理论要点如下。

（1）企业是由人、物资、机器和其他资源在一定的目标下组成的一体化系统，它的成长和发展同时受到这些组成要素的影响，在这些要素的相互关系中，人是主体，其他要素则是被动的。

（2）企业是一个由许多子系统组成的、开放的社会技术系统。企业是社会这个大系统中的一个子系统，它受到周围环境（顾客、竞争者、供货者、政府等）的影响，也同时影响环境。它只有在与环境的相互影响中才能达到动态平衡。在企业内部又包含着若干子系统，它们是：

① 招标和准则子系统，包括遵照社会的要求和准则，确定战略目标；

② 技术子系统，包括为完成任务必需的机器、工具、程序、方法和专业知识；

③ 社会心理子系统，包括个人行为和动机、地位和作用关系、组织成员的智力开发、领导方式，以及正式组织系统与非正式组织系统等；

④ 组织结构子系统，包括对组织及其任务进行合理划分和分配、协调他们的活动，并由组织图表、工作流程设计、职位和职责规定、章程与案例来说明，还涉及权力类型、信息沟通方式等问题；

⑤ 外界因素子系统，包括各种市场信息、人力与物力资源的获得，以及外界环境的反映与影响等。此外，还有一些子系统，如经营子系统、生产子系统，等等。这些子系统还可以继续分为更小的子系统。

（3）运用系统观点来考察管理的基本职能，可以提高组织的整体效率，使管理人员不至于只重视某些与自己有关的特殊职能而忽视了大目标，也不至于忽视自己在组织中的地位与作用。

2. 权变管理理论

权变管理理论（Contingency Theory of Management）是 20 世纪 70 年代在美国形成的一种管理理论。这一理论的核心就是力图研究组织的各子系统内部和各子系统之间的相互联系，以及组织和它所处的环境之间的联系，并确定各种变数的关系类型和结构类型。它强调在管理中要根据组织所处的内外部条件随机应变，针对不同的具体条件寻求不同的最合适的管理模式、方案或方法。

美国尼布拉加斯大学教授卢桑斯（F. Luthans）在1976年出版的《管理导论：一种权变学》一书中系统地概括了权变管理理论。

（1）过去的管理理论可分为4种，即过程学说、计量学说、行为学说和系统学说，这些学说由于没有把管理和环境妥善地联系起来，其管理观念和技术在理论与实践上相脱节，所以都不能使管理有效地进行。而权变理论就是要把环境对管理的作用具体化，并使管理理论与管理实践紧密地联系起来。

（2）权变管理理论就是考虑到相关环境的变数同相应的管理观念和技术之间的关系，使采用的管理观念和技术能有效地达到目标。在通常情况下，环境是自变量，而管理的观念和技术是因变量。这就是说，如果存在某种环境条件下，对于更快地达到目标来说，就要采用某种管理原理、方法和技术。比如，如果在经济衰退时期，企业在供过于求的市场中经营，采用集权的组织结构，就更适于达到组织目标；如果在经济繁荣时期，在供不应求的市场中经营，那么采用分权的组织结构可能会更好一些。

（3）环境变量与管理变量之间的函数关系就是权变关系，这是权变管理理论的核心内容。环境可分为外部环境和内部环境。外部环境又可以分为两种：一种是由社会、技术、经济和政治、法律等所组成；另一种是由供应者、顾客、竞争者、雇员、股东等组成。内部环境基本上是正式组织系统，它的各个变量与外部环境各变量之间是相互关联的。决策、交流和控制、技术状况等管理变量包括上面所列四种学说所主张的管理观念和技术。

总之，权变管理理论的最大特点是：

① 它强调根据不同的具体条件，采取相应的组织结构、领导方式、管理机制；

② 把一个组织看做是社会系统中的分系统，要求组织各方面的活动都要适应外部环境的要求。

从以上介绍来看，系统理论和权变理论有助于整合以前的理论，见图1-7。

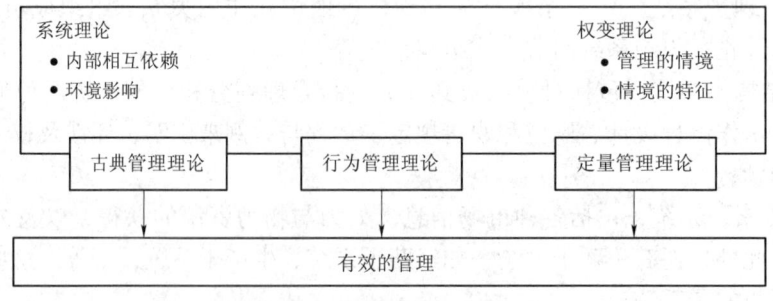

图1-7 管理理论的整合方法

第 2 章　管理的环境

 引例

环境应变

一群青蛙幸福地生活在一个大池塘的一角,池塘的另一边是一片睡莲。一天,池塘里面流进了一些刺激睡莲生长的化学污染物,他们可以让睡莲每 24 小时生长 1 倍。

这对青蛙而言是个问题,因为如果睡莲覆盖了整个池塘,它们就将无处容身了。如果睡莲可以在 50 天内覆盖整个池塘,而青蛙有一种阻止睡莲生长的方法,但是需要花 10 天时间来将这个方法付诸实施。

那么什么时候池塘会被覆盖一半?在池塘被睡莲覆盖的面积达到多少时,青蛙才有可能采取行动去挽救它们自己?

问题一:

如果睡莲 50 天覆盖池塘,且每天增长一倍,则第 49 天结束的时候,池塘将被覆盖一半——而不是在第 25 天。因为这种增长是指数级增长,而不是线性增长。

问题二:

青蛙可以阻止睡莲的增长,但是需要 10 天时间才能完成这项工作。因此它们最迟要在第 40 天结束之前开始行动。

那么第 40 天的时候池塘会被睡莲覆盖掉多少呢?

在第 50 天结束时,池塘完全被覆盖;第 49 天被覆盖 1/2;第 48 天被覆盖 $1/4 = (1/2)^2$;依次类推,在第 40 天结束时,也就是青蛙们能够采取行动的最晚时间,池塘会被睡莲覆盖了。

$$(1/2)^{10} = 0.00098$$

根据系统组织理论,管理者所在的组织是一个开放的系统,管理者的活动必然要受到组织内外各种因素的影响。这就要求管理者必须对自己所处的环境进行深入地了解并设法适应或改变这种环境。缺乏了解如同航船上没有舵,无法控制或改变方向。

2.1　组织的环境

管理环境,是指存在于一个组织内部和外部的影响组织业绩的各种力量和条件因素的总和。组织外部环境是组织之外所有可能影响组织的因素,它可分为一般环境和任务环境。一般环境(宏观环境)是指可能对这个组织的活动产生影响,但其影响的相关性却不清楚的各种因素,包括经济、政治、文化、科技、自然地理。这些因素一般都不是只涉及某个具体的组织,对某一组织的影响可能也不是直接的,但管理者必须认真考虑。例如近期国家宣布未来5年将全部使用节能灯,那么那些生产白炽灯公司的管理者就必须考虑这种政策对公司的影响,进而采取应对的策略。

相对一般环境而言,管理者更关注对任务环境(微观环境)的研究与分析,这一环境包括了顾客、供应商、竞争对手、政府相关部门、利益群体。这些因素比一般环境因素能提供更具体有用的信息,管理者可以确定对组织有具体利害关系的因素。

组织内部的环境一般包括组织文化和经营条件两大部分。组织文化是处于一定经济社会文化背景下的组织,在长期发展过程中逐步形成的价值观;经营条件是组织拥有的各种资源的数量和质量情况,包括人、物质等。

综上所述,管理环境的构成,如图2-1所示。

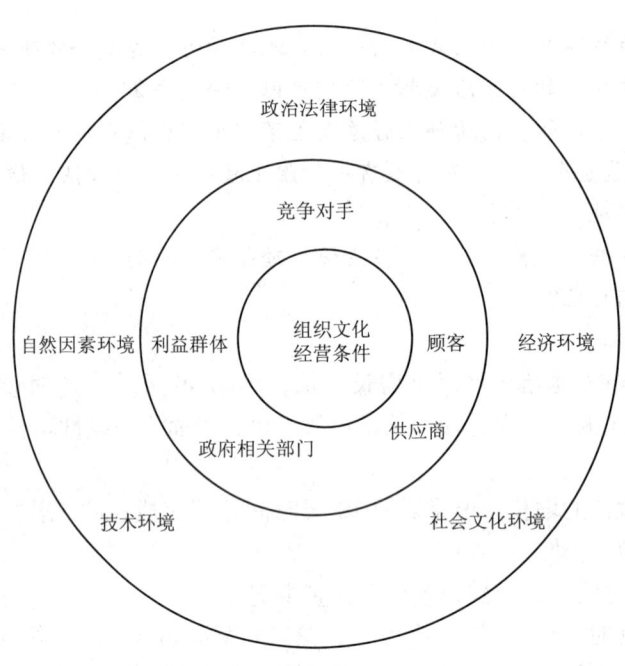

图2-1 管理环境构成图

2.1.1 一般环境因素

1. 政治法律环境因素

包括一个组织在其经营的所在国或地区的总体稳定性及政府对工商企业的作用所持的具体态度。

首先,法律在一定程度上规定了企业可以做什么和不可以做什么,企业的活动受到严格的监管。比如现在的食品企业在做中秋月饼时,就必须按照国家颁布的食品添加剂使用的规范要求来做,不能随意添加。

其次,政府支持和限制的倾向影响着企业的活动。如在视房地产作为拉动经济增长的支柱产业时,地产企业发现发展的空间很大且不用担心资金的问题。但在进入抑制房地产过快发展时，地产企业发现发展空间受到很大限制且资金获取比较困难。

最后，政策稳定性影响企业规划。如果一个国家或地区政策多变，则没有企业愿意去经营业务的。

2. 经济环境因素

包括组织所在国家的经济制度、经济结构、物质资源状况、经济发展水平、国民消费水平等，利率、通货膨胀率、可支配收入的变化、股市、就业率等是一些可以用来反映经济环境因素的指标。例如高通胀意味着商业行业可以提高自己产品的价格，但反过来他支付给供应商的价格也会相应提高。

对经济环境，可以从宏观和微观两个方面加以分析。

宏观经济环境：主要指国民收入、国民生产总值及其变化情况以及通过这些指标能够反映的国民经济发展水平和发展速度。宏观经济的发展和繁荣显然会为企业等经济组织的生存和发展提供有利机会，而萧条、衰退的形势则可能给所有经济组织带来生存的困难。

微观经济环境：主要指企业所在地区或所服务市场区域的消费者收入水平、消费偏好、储蓄情况和就业程度等因素。这些因素直接决定着企业目前及未来的市场规模。假定其他条件不变，一个地区的就业越充分，收入水平越高，那么该地区的购买能力就越强，对某种活动及其产品的需求就越大。除了直接的产品生产经营活动外，一个地区经济收入水平对经济组织的其他活动也有重要影响。如在温饱没有解决之前，居民就很难自觉主动地去关心环保问题，组织的环保行为就相对受到忽略。

3. 社会环境因素

包括组织所在国家或地区的人口、传统习俗和道德价值观。该因素决定了社会对产品、服务和标准的评价。比如就风俗习惯而言，一般认为女性是不应该吸烟的，在业务谈判过程中若对方领导是女性，通常不会递烟给她，否则会被认为是一种不礼貌的行为。但在北方，一些女性是吸烟的。曾经就有发生过南方某企业的业务员因在谈判过程中未给对方女性领导递烟而谈判失败的事例。再如，为保证顺利达成一笔商业交易，支付给政府官员和可以施加影响的人一笔报酬，有的国家认为是贿赂，有的国家则认为是正当报酬，是可以接受的经营方式。

4. 技术环境因素

技术环境指的是将资源转化为产品或服务的方法，包括技术水平、技术政策、科研潜力和技术发展动向等，可以用办公室的设计来说明技术环境对管理的影响。办公室已经成为交流中心，管理者现在能够将计算机、电话、文字处理器、复印机、传真机、文件库与其他办公活动联成一个一体化系统。对所有组织的管理而言，这意味着更快、更好地决策制定能力。

技术环境对组织活动过程和成果的影响不容忽视。就企业来说，其生产经营过程可以说是由一定的劳动者借助一定的物质条件来生产和销售一定的产品及服务的过程。

首先，就从组织作业活动过程来看，无论何类组织开展何种作业活动，都需要利用一定的物质手段。学校的教学辅助手段，医院的医疗设施，企业的生产设备和经营设施，这些活动过程所需要的技术的先进性程度，受到整个社会总体科技水平的影响和制约。社会科技的进步会促进组织活动过程物质条件的改善和技术水平的先进化、现代化，从而使利用这些物质条件和技术进行活动的组织取得更高的效率。

其次，从组织活动成果来看，不同的产品（或服务）代表着不同的技术水平，对劳动者和劳动条件有着不同的技术要求。技术进步了，企业现有产品就可能被采用了新技术的竞争产品所取代。产品更新换代后，企业现有的生产设施和工艺方法可能显得落后，生产作业人员的操作技能和知识结构可能不再符合要求，生产所用的原材料可能需要作相应的更新。因此，整个社会产品技术的进步方向是影响企业生产经营活动的重要因素。

再次，从组织活动的管理方面来看，现代信息和通信技术的发展使管理手段、方法乃至管理思想和管理模式发生了重大的变化。现在，电子计算机不仅在各项专业管理工作中得到应用，而且使各方面管理系统实现了集成化和一体化，乃至在企业与外部关系上出现了网络化联结，改善了组织内外整体管理的水平。信息技术手段对管理及各项经济和社会活动的影响是如此深刻而宽广，以致人们普遍将当今的社会称做"信息社会"。信息化推动了企业经营领域的拓宽和经营方式的多样化，也使企业管理的模式不断推陈出新。

最后，企业除了要考察与企业所处领域的活动直接相关的产品和过程技术及信息技术的发展变化以外，还应及时地了解国家对科技开发的投资和支持重点，该领域技术发展动态和研究开发费用总额，技术转移和技术商品化速度及专利及其保护情况等技术环境因素。

5. 自然环境因素

包括资源条件、地理条件和气候条件。任何具体的资源都是有限的，有的还是非再生的，因而在不同程度上呈现稀缺性，而任何人类的活动都需要资源的支持，只有合理地使用这些资源，管理才能有效进行。一般来说，资源丰富会潜藏较好的未来经济远景。较方便的地理、地形等事关组织生产活动和业务活动的便利，而边远、闭塞地区的运输成本较高。

地理位置是制约组织活动特别是企业经营活动的一个重要因素。企业选址是否靠近原料产地或产品销售市场，也会影响到资源获取的难易和交通运输的成本等。从利用国家政策的角度讲，当国家在经济发展的某个时期对某些地区采取倾斜政策时，地理位置对企业活动的影响是相当明显的。

气候条件及其变化的影响也不容忽视。比如，气候趋暖或者趋寒会影响空调生产厂家的生产或者服装行业的销售，而四季如春、气候温和则会鼓励人们更多远足郊外，从而为与旅行或郊游等有关的产品制造和劳务经营活动提供良好机会。

资源状况与地理位置也有一定的联系。资源特别是稀缺资源的蕴藏状况，不仅是一个国家或地区经济发展的基础，而且为所在地区经济组织开展活动也提供了机会。如果没有蕴藏丰富的石油资源，中东国家就难以在沙漠中运营出许多高效益的石油公司。我国农村地区不少乡镇企业，在初期也正是靠优越的地理位置和开采资源而逐渐积累资金求得发展的。资源分布影响着一个国家或地区工业的布局和结构，并决定着在不同地区从事不同产业活动的企业的经营命运和特点。

2.1.2　任务环境因素

与一般环境相比，任务环境对组织的影响更为直接具体，因此，大多数组织也都更为重视其任务环境因素。

1. 顾客

是指购买你产品或服务的人或组织。任何组织之所以能够存在，是因为有顾客的存在，如果一个组织失去了其服务的对象，该组织也失去了存在的理由。

显然，对于一个组织，顾客代表着潜在的不确定性。顾客的口味会改变，他们会对组织的产品或服务感到不满。比如肯德基现在推出中式的饭菜，就是要满足中国顾客的需求。

顾客的需求是多方面的且经常改变，因此与顾客打交道变得越来越复杂。因此管理者就必须深入市场，分析顾客的差异化的需求，及时推出符合需求的新产品、新服务。确保及时准确地向其顾客提供满意的产品和服务，已成为组织目前面临的头等大事。

2. 供应商

是指提供资源的人或组织。这里的资源既包括人、财、物，也包括信息、技术和服务。

由于组织在其运转的所有环节中都依赖供应商的资源供应，一旦出现供应问题，就会导致组织运转的延缓或停止。因此管理者寻求以尽可能低的成本来保证所需投入的持续稳定供应。因为这些投入物代表着不确定性，也就是说，它们的不可获得或延误均能极大地降低组织的效果，管理者必须尽最大努力来保证输入流的持续稳定。

3. 竞争对手

所有的组织都会有一个或多个竞争对手，他们不是相互争夺资源（比如学校争夺优秀的生源），就是争夺市场（比如航空与高铁、铁路与公路运输部门）。任何组织的管理者都不能忽视自己的竞争者，否则，他们会付出惨重的代价。比如电信的固定电话在 20 世纪 90 年代绝对是个稀缺的产品，装个电话要预先申请并要交纳初装费 3 000 多元，而随着移动通信的发展现在的固话容量每况愈下，取而代之的是移动手机的高速发展。

4. 政府相关部门

指诸如工商税务、卫生、物价、消防等机构。这些部门拥有特殊的职能权力，可制定有关的政策法规、规定价格幅度、征税、对违规行为采取必要的惩戒行动等。这些对组织可以做什么和不可以做什么以及能取得多大的利益，都会产生直接的影响。

政府的一些规定会限制管理者的选择余地，为了符合政府的规定，组织必然要增加相应的运营成本，比如为了取得消防部门的安全许可，企业必须按规定配齐消防设施。某些政策法规，规定了组织可以做或不可以做的事项，从而限制了管理者的选择余地，如 2008 年颁布的新的《劳动合同法》，对组织的招聘、用工、辞退带来了一定的限制。

5. 利益群体

是指代表着社会上一部分人的特殊利益的组织，如工会、消协、环保组织等，这类组织尽管不像政府部门那样权力大，但同样可以通过各种方法和途径给企业施加相当大的影响，管理者应当意识到这些群体影响他们决策的力量。

2.1.3　组织环境分析

企业面对其赖以生存和发展的环境，要解决的第一个问题便是要分析这种环境的性质、特点和变化趋势，以便制定出正确合理的决策。

1. 组织环境的分类

外部环境的不确定性程度对企业经营有着重大影响。依据企业所面临环境的复杂性（指环境构成要素的类别与数量）和动态性（指环境的变化速度及这种变化的可观察和可预见程度）这两项标准，可以将组织环境划分为 4 种不确定性情形。

（1）低不确定性。即简单和稳定的环境。组织环境中的构成要素相对较少，而且这些要素不发生变化或仅有缓慢的变化。在这种复杂性和动态性都比较低的环境中，企业经营就面临低的不确定性。

（2）较低不确定性。即复杂和稳定的环境。随着组织所面临环境要素的增加，环境的不确定性程度会相应升高。大量的不同质要素的存在，无疑使企业的经营管理工作复杂化。但若是环境各构成要素能基本保持不变或变化缓慢，处于这种复杂但相对稳定状态中的环境就通常只有中等偏低的不确定性。

（3）较高不确定性。即简单和动态的环境。有些组织所面临的环境复杂性并不高，但因为环境中某些要素发生动荡的或难以预见的变化，从而使环境的不确定性明显升高。

（4）高不确定性。即复杂和动态的环境。当组织面临许多不同质的环境要素，而且经常有某些要素发生重大的变化，且这种变化很难加以预料时，这种环境的不确定性程度最高，对组织管理者的挑战最大。

环境的不确定性一方面要求管理者能积极地适应环境，寻求和把握组织生存和发展的机会，避开环境可能造成的威胁；另一方面，组织也不能只是被动地适应环境，还必须主动地选择环境，改变甚至创造适合组织发展的新环境。

2. 组织环境的性质

组织环境是相对于组织和组织活动而言的，只有相对于组织和组织活动的外部物质和条件才具有组织环境的意义。在人类产生之前，自然界就客观存在的，只有当人类通过分工协作形成了自己的社会活动，从而也产生了对这些活动的管理之后，自然界的一部分与人类的这种活动相关联，才成为组织环境。因而，组织环境的性质与内容都与组织和组织活动息息相关；与一定经济组织的经济管理活动相联系的是经济组织环境；与一定军事组织的军事管理活动相联系的是军事组织环境；与一定教育组织的教育管理活动相联系的是教育组织环境，等等。这些组织环境都是与一定组织和组织活动相对应的。组织环境具有以下一些性质。

（1）客观性

组织环境是客观存在的，它不随着组织中人们的主观意志为转移。不管你想不想、愿意不愿意，组织环境都是客观存在的，而且它的存在客观地制约着组织的活动。作为组织环境基础的自然的和社会的各种条件是物质实体或物质关系，它们是组织赖以存在的物质条件，对组织来说是一种客观存在的东西。

（2）系统性

组织环境是由与组织相关的各种外部事物和条件相互有机联系所组成的整体，它也是一个系统。我们可以将它称为组织的外部系统。组成这个系统的各种要素，如自然条件、社会条件等相互关联，形成一定的结构，表现出组织环境的整体性。组织所处的社会是一个大系统，组织的外部环境和内部环境构成了不同层次的子系统。任何子系统都要遵循它所处的更大系统的运动规律，并不断进行协调和运转。人们的管理活动就是在这种整体性的环境背景中进行的。

（3）动态性

组织环境的各种因素是不断变化的，各种组织环境因素又在不断地重新组合，不断形成新的组织环境。组织系统既要从组织环境中输入物质、能量和信息，也要向组织环境输出各种产品和服务，这种输入和输出的结果必然要使组织环境发生或多或少的变化，使得组织环境本身总是处于不断地运动和变化之中。这种环境自身的运动就是组织环境的动态性。组织环境处于经常的发展变化之中，使组织内部要素与各种环境因素的平衡经常被打破，往往形成了组织结构的变化。因此,组织必须及时修订自己的经营方案,以适应不断变化的环境,通过调整组织系统输入输出的结果,来促使组织环境更加有序化地朝着有利于组织系统生存和发展的方向运动。组织环境的客观性、系统性、动态性等特征说明了组织环境本身就是一个有着复杂结构的运动着的系统。正确分析组织所面临的环境中的各种组成要素及其状况,这是任何一个管理者进行成功的管理活动所不可缺少的前提条件。

3. 组织与环境的关系

组织环境对组织的形成、发展和灭亡有着重大的影响。组织环境为某些组织的建立起到积极的促进作用。例如蒸汽机技术的出现导致了现代工厂组织的诞生。某些环境的变化为组织的发展提供了有利的条件。相反,由于某些组织未能适应环境的变化,因而已不复存在。在当代和未来,组织的目标、结构及其管理等只有变得更加灵活,才能适应环境多变的要求。

组织与环境的关系,不是组织对环境做出单方面的适应性反应,组织对环境也具有积极的反作用。主要表现为:组织主动地了解环境状况,获得及时、准确的环境信息;通过调整自己的目标,避开对自己不利的环境,选择适合自己发展的环境;通过自己的力量控制环境的状况和变化,使之适应自己活动和发展,而无需改变自身的目标和结构;可以通过自己的积极活动创造和开拓新的环境,并主动地改造自身,建立组织与环境新的相互作用关系。另外,组织对环境的反作用也有消极的一面,即对环境的破坏。这种消极的反作用又会影响组织的正常活动和发展。组织环境是相对于组织和组织活动而言的,只有相对于组织和组织活动的外部物质和条件才具有组织环境的意义。在人类产生之前,自然界就客观存在,只有当人类通过分工协作形成了自己的社会活动,从而也产生了对这些活动的管理之后,自然界才成为组织环境。

2.2 组织文化

组织内部环境中一个特别重要的部分是它的文化。每一个人都具有某些心理学家所说的"个性"。一个人的个性是由一套相对持久和稳定的特征组成的。当我们说一个人热情、富有创新精神、轻松活泼或保守时,我们正在描述他的性格特征。一个组织也同样有自己的个性,这种个性我们称为组织的文化。组织文化是一个组织价值观、信仰、行为、习惯和态度,它帮助组织成员理解组织的立场、行为方式和组织所关心的问题。

2.2.1 组织文化的来源

把 5 只猴子关在一个笼子里,头上有一串香蕉。实验人员装了一个自动装置,一旦侦测到有猴子要去拿香蕉,马上就会有高压水枪喷向笼子,而这 5 只猴子都会被打到并且一身湿。

首先有只猴子想去拿香蕉,当然,结果是这只猴子被高压水枪给打到且全身淋湿了。之后每只猴子在经过几次的尝试后,发现都是如此。于是猴子们达成一个共识:不要去拿香蕉,以免被水喷到。

后来实验人员把其中一只猴子释放,换进一只新猴子 A。这只猴子 A 进去后看到有香蕉,马上想要去拿,结果被其他 4 只猴子海扁了一顿。因为其他 4 只猴子认为猴子 A 的行为会害它们被水喷到,所以制止 A 去拿香蕉。A 尝试了几次,每次均被打得鼻青脸肿,依然没有拿到香蕉。当然,这 5 只猴子也就没被水喷到。

实验人员又换进一只新猴子 B。这只猴子 B 看到香蕉，也迫不及待地要去拿，当然，一如之前所发生的情形，其他 4 只猴子海扁了 B 一遍，尤其是那只猴子 A 打得特别卖力。猴子 B 试了几次总是被打得很惨，只好作罢。

后来慢慢地一只一只的，所有的旧的猴子都换成新猴子了，大家都不敢去动那香蕉，但是它们都不知道为什么，只知道谁去动香蕉就会被海扁。

这就是文化的起源。

一个组织的文化常常反映组织创始人的远见使命。因为创始人有着独创性的思想，所以他们对如何实施这些想法存在着倾向性，他们不为已有的习惯或意识所束缚。创始人通过描绘组织应该是什么样子的方式来建立组织早期的文化。由于新组织的规模较小，从而使得创始人能够使他的远见深刻地影响组织的全体成员。所以，一个组织的文化是以下两方面相互作用的结果：① 创始人的倾向性和假设；② 每一批成员从自己的经验中领悟到的东西。IBM 公司的托马斯·沃森（Thomas Watson）和联邦捷运公司的费雷德里克·史密斯（Frederick Smith），正是对塑造组织文化有不可估量的影响的两个人。尽管沃森于 1956 年去世了，但他关于研究开发、产品质量、雇员着装及报酬政策的主张，至今仍体现在 IBM 公司的日常经营中。联邦捷运公司自诞生之日起，创始人史密斯所号召的勇于进取、敢于承担风险、专注于创新以及强调服务的观念，一直是该公司的核心主题。

2.2.2 组织文化的构成

1. 组织文化从形式看是属于思想范畴的概念

也就是说，组织文化是人的价值理念。这种价值理念是和社会道德属于同一种范畴的。我们在治理社会的时候，首先提出要依法治国，但完善的法律也有失效的时候。法律失效了依靠什么约束呢？靠社会道德。所以既要依法治国，同时要以德治国。管理企业也是一样，首先是靠制度。但是对于任何企业制度来说，毕竟都是由人来制定的，必然会有漏洞，那么此时靠什么来补救呢？靠文化。如同建造房屋时，砖与砖之间总是有缝隙的，此时必须用水泥浆才能填补砖与砖之间的缝隙，房子才不会透风漏水。

因此，文化是一种内在的约束，是对外在约束的一种补充，是属于思想范畴的概念。比如，组织财务制度失效了，但是一个人如果有不是我的钱就不拿的价值理念，那么即使是财务制度对他没有约束，他也不会去拿不属于自己的钱。反之，若他有着不拿白不拿的价值观念，那么制度一旦失效，他就会去犯错误。

2. 从内容上看是反映组织行为的价值理念

组织文化在内容上，是对组织的现实运行过程的反映。具体说就是组织的制度安排，以及组织的战略选择在人的价值理念上得到反映。或者说，组织的所有的相关活动，都会反映到人的价值理念上，从而形成了组织文化。例如，一个企业如果在制度安排上要拉开人的收入差距，那么这个组织在文化上就应该有等级差别的理念；又例如，一个企业要在经营战略上扩大自己的经营，那么这个组织就要在组织文化上有诚信的理念等。

3. 从性质上看属于付诸实践的价值理念

也就是说，价值理念如果从其实践性的角度看，可以分为两大类，一类是信奉和倡导的价值理念，另一类是必须付诸于实践的价值理念。组织文化是这两类的结合。组织文化真正的约束员工的行为，是真正的在实际运行过程中起作用的价值理念，而不仅仅是组织信奉和倡导的价值理念。

4. 从作用上看是属于规范组织行为的价值理念

组织文化对组织的行为以及员工行为起到非常好的规范作用，因为组织文化确立了对人们应做什么，不应做什么的约束，这些约束很少是清晰的，也没有用文字写下来，甚至很少听到有人谈论它们，但它们确实存在，而且组织中所有的管理者很快就会领会"该知道什么和不该知道什么"。例如，如果一个企业的文化支持这样的观点：削减费用能带来利润的增加，以及低速平稳增长的收入，能给公司带来最佳利益的话，那么在这种情况下，管理者不可能追求创新的、有风险的、长期的或扩张的计划；而在一个以"用户至上"为服务宗旨的组织中，也不会容许员工与用户发生争执。

总之，组织文化的核心是组织的价值理念。其核心要素是组织共同的价值观念。

2.2.3 组织文化的功能

从耗散结构的理论来看，功能是指组织系统影响和改善其他系统以及抵抗与承受其他系统的影响和作用的能力，同时也是系统从其他系统中取得物质、能量、信息而发展自己的能力。组织文化作为一种自我组织系统，也具有许多独特的功能。

1. 自我内聚功能

组织文化通过培育组织成员的认同感和归属感，建立起成员与组织之间的相互依存关系，使个人的行为、思想、感情、信念、习惯与整个组织有机地统一起来，形成相对稳定的文化氛围，凝聚成一种无形的合力与整体趋向，以此激发组织成员的主观能动性，为组织的共同目标而努力。正是组织文化这种自我凝聚、自我向心、自我激励的作用，才构成组织生存发展的基础和不断成功的动力。从这个意义上说，任何组织若想取得非凡的成功，其背后无不蕴藏着强大的组织文化作为坚强的后盾。但是，要指出的是，这种内聚的力量不是盲目的、无原则的、完全牺牲个人一切的绝对服从，而是在充分尊重个人价值、承认个人利益、有利于发挥个人才干的基础上而凝聚的群体意识。

2. 自我改造功能

组织文化能从根本上改变员工的旧有价值观念，建立起新的价值观念，使之适应组织正常实践活动的需要。尤其对于刚刚进入组织的员工来说，为了减少他们个人带有的在家庭、学校、社会所养成的心理习惯、思维方式、行为方式与整个组织的不和谐或者矛盾冲突，就必须接受组织文化的改造、教化和约束，使他们的行为与组织保持一致。一旦组织文化所提倡的价值观念和行为规范被接受和认同，成员就会做出符合组织要求的行为选择，倘若违反了组织规范，就会感到内疚、不安或者自责，会自动修正自己的行为。从这个意义上说，组织文化具有某种程度的强制性和改造性。

3. 自我调控功能

组织文化作为团体共同价值观，并不对组织成员具有文明规定的具体的硬性要求，而是一种软性的理智约束。它通过组织的共同价值观不断地向个人价值观渗透和内化，使组织自动地生成一套自我调控机制，以"软约束"操纵着组织的管理行为。这种以尊重个人思想、感情为基础的无形的非正式控制，会使组织目标自动地转化为个体成员的自觉行动，达到个人目标与组织目标在较高层次上的统一。组织文化具有的这种软性约束和自我协调的控制机制，往往比正式的硬性规定有着更强的控制力和持久力，因为主动的行为比被动的适应有着无法比拟的作用。

4. 自我完善功能

组织在不断的发展过程中所形成的文化积淀，通过无数次的辐射、反馈和强化，会不断地随着实践的发展而更新和优化，推动组织文化从一个高度向另一个高度迈进。也就是说，组织文化不断地深化和完善一旦形成良性循环，就会持续地推动组织本身的上升发展。反过来，组织的进步和提高又会促进组织文化的丰富、完善和升华。国内外成功的组织和企业的事实表明，组织的兴旺发达与组织文化的自我完善分不开的。

5. 自我延续功能

组织文化的形成是一个复杂的过程，往往会受到社会环境、人文环境和自然环境等诸多因素的影响。因此，它的形成和塑造必须经过长期的耐心滋养和精心培育，以及不断地实践、总结、提炼、修改、充实、提高和升华。同时，正如任何文化都有历史继承性一样，组织文化一经固化形成，就会具有自己的历史延续性并持久不断地起着应有的作用，并且不会因为组织领导层的人事变动而立即消失。

2.2.4　管理组织文化

既然文化重要且无形，管理者该如何管理组织的文化？管理者应理解当前的文化，然后再决定应当保持还是应当改变。例如，通过奖励和提升与组织现有文化行为一致的员工，以及用口号、庆典等也可以实现保持文化的目的。

改变一个组织现有的文化则困难得多。组织文化是在组织的长期发展过程中逐步形成的，一旦形成建立便会日趋巩固加强。因此，如果文化随着时间的推移变得与组织目前的发展不相适应，成为管理上的障碍时，很少有管理人员能够改变它。即使在最适合的条件下，文化变更也要经历相当长的时间，而不是几个星期或几个月。

2.3　社 会 责 任

关于"组织是否应该承担社会责任"的争论存在已久。在 20 世纪 60 年代之前，该问题并没有引起人们的重视。直到第二次世界大战结束以后，人们才真正开始日益强调组织的社会贡献，才开始对组织的社会公益性行为有所期盼。管理者现在经常遇到需要考虑社会责任的决策，如慈善事业，定价问题，雇员关系，资源保护，以及产品质量都是极为明显的社会责任问题。

2.3.1　什么是社会责任

社会责任是指在承担经济、法律上的义务的前提下，还承担追求对社会有利的长期目标的义务。它是指组织所应尽的一种实现社会长远目标的义务，这种义务与法律和经济效益的要求无关，但与组织的道德伦理观有密切的联系。

如果我们将社会责任与两个相似的概念相比，我们就能更好地理解社会责任。这两个概念是：社会义务和社会响应。社会义务是工商企业参与社会的基础。一个企业当它符合了其经济和法律责任时，它已经履行了它的社会义务，它达到了法律的最低要求，仅此而已。因此，社会义务是三者中最基础的一个方面，社会责任与社会响应的实现都是以社会义务的完成为前提条件。

与社会义务相比,社会责任和社会响应不仅仅限于符合基本的经济和法律标准。社会责任加入了一种道德规则,促使人们从事使社会变得更美好的事情,而不做那些有损于社会的事情;社会响应是指一个企业适应变化的社会状况的能力。它更注重运用各种手段和途径去实现其中短期的利益。三者关系如图2-2所示。

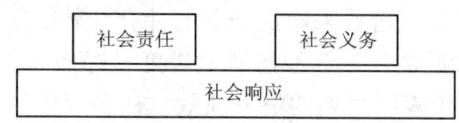

图2-2 参与社会的程度

2.3.2 两种不同的观点

1. 古典观

古典观最直率的支持者是经济学家和诺贝尔殊荣获得者米尔顿·弗里德曼。他认为,今天大部分经理是职业经理,即他们并不拥有他们经营的公司,他们是雇员,对股东负责。因此他们的主要责任就是按股东的利益来经营业务。那么这些利益是什么呢?弗里德曼认为股东们只关心一件事:财务收益率。

根据弗里德曼的观点,当经理将组织资源用于"社会产品"时,他们是在削弱市场机制的基础。有人必须为这种资产的再分配付出代价。如果社会责任行为降低了利润和股息,那么股东受损失。如果必须降低工资和福利来支付社会行为,那么雇员受损失。如果用提价来补偿社会行为,那么消费者受损失。如果市场不接受更高的价格,销售便下降,那么企业也许就不能生存,在这种情况下,组织的全部组成要素都将受损失。弗里德曼进一步指出,当职业管理者追求利润以外的目标时,他们隐含地将自己作为非选举产生的政策制定者。他怀疑企业经理是否具有决定社会应当是什么样的专长。这就是(弗里德曼认为)我们选择政治代表来决策的原因。

2. 社会经济观

社会经济观认为时代已经变了,并且对公司的社会预期也在变化。在社会经济观的支持者看来,古典派观点的主要缺陷在于他们的时间框架。社会经济观的支持者认为,管理者应该关心长期的资本收益率最大化。为了实现这一点,他们必须承担社会义务以及由此产生的成本。他们必须以不污染、不歧视、不从事欺骗性的广告宣传等方式来保护社会福利,他们还必须融入自己所在的社区及资助慈善组织,从而在改善社会中扮演积极的角色。

3. 赞成和反对企业承担社会责任的理由(如图2-3所示)

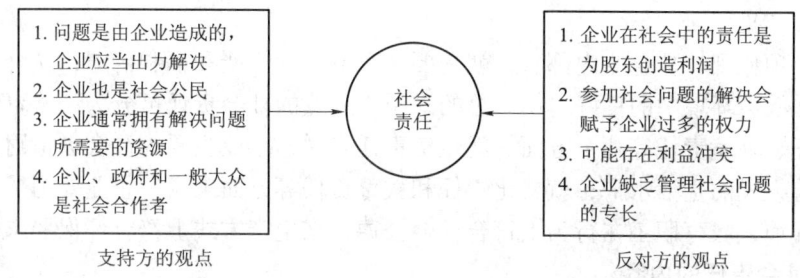

图2-3 社会责任两面观

2.3.3 社会责任与经济效益

许多研究已探讨了这一问题，但都存在着某些与衡量"社会责任"和"经济绩效"有关的方法论局限。大多数方法是通过分析年度报表内容，引证公司文档中有关社会行动的描述，或者用公众感觉的"声誉"指数来确认企业的社会绩效。这些标准作为客观的、可靠的社会责任尺度显然是有缺陷的。尽管经济绩效尺度（净收入、权益收益率或每股价格）更为客观，但它们通常仅用于表明短期的财务绩效。社会责任对企业利润的冲击（积极的或消极的）要许多年后方才见效。假设存在时间滞后，利用短期财务资料不可能产生有效的结果，而且这里还有一个因果关系问题。例如，如果有证据表明社会参与和经济绩效是正相关的，这也许并不意味着社会参与产生了更高的经济效益，也可能正相反。就是说，它可能表明正是高利润才使得企业能够广泛参与社会活动。

大部分研究表明，公司参与社会责任和其经济绩效之间存在一种正向相关关系。而最有意义的结论是，没有足够的证据表明，一个公司的社会责任行为明显降低了其长期经济绩效。

当然，支持组织承担社会责任是有范围限制的，是有选择的，即发现与组织产品和服务相吻合的社会原因，然后以互利的方式把它们联系起来。

2001年夏季，北京、广州等地都出现过"天天洗头"的公益广告。利用户外、电视媒体，吴大维、周敏萱、陈娟红等众多明星出击："我天天洗头，你呢？"

这些倡导天天洗头的公益广告署都是中国健康教育协会，而其赞助商却是全球最大的洗涤用品公司——宝洁。如果你知道了这一点，也就心知肚明了。大家天天洗头，洗涤用品一定会销量大增。而宝洁产品拥有国内最大的洗涤用品市场占有率。如此，最后的受益者还是宝洁，宝洁公司的产品销量一定会大幅上升。

2.3.4 企业社会责任的探讨与内容

1. 国际社会对企业社会责任探讨

1999年1月，在瑞士达沃斯世界经济论坛上，联合国秘书长安南提出了"全球协议"，并于2000年7月在联合国总部正式启动。该协议号召公司遵守在人权、劳工标准和环境方面的9项基本原则，其内容是：① 企业应支持并尊重国际公认的各项人权；② 绝不参与任何漠视和践踏人权的行为；③ 企业应支持结社自由；承认劳资双方就工资等问题谈判的权利；④ 消除各种形式的强制性劳动；⑤ 有效禁止童工；⑥ 杜绝任何在用工和行业方面的歧视行为；⑦ 企业应对环境挑战未雨绸缪；⑧ 主动增加对环保所承担的责任；⑨ 鼓励无害环境科技的发展与推广。

分析这9项原则，从企业内部看，就是要保障员工的尊严和福利待遇；从外部看，就是要发挥企业在社会环境中的良好作用。总的来说，企业的社会责任可分为经济责任、文化责任、教育责任、环境责任等几个方面。就经济责任来说，企业主要为社会创造财富，提供物质产品，改善人民的生活水平；就文化责任和教育责任等方面来说，企业要为员工提供符合人权的劳动环境，教育职工在行为上符合社会公德，在生产方式上符合环保要求。

2. 企业社会责任的内容

企业活动究竟应该对谁负责任，负什么责任呢？

有人提出这样的观点，企业在照章纳税之后，就算完成了企业对社会的责任，就没有必要再去承揽其他社会义务。企业如果负有太多的社会责任和道义感，这类企业肯定长不大，成不了大气候。这种观点甚至将道义感太重笼统地概括为东方企业的特点，最后得出结论：东方文明难以产生大企业，发展到一定阶段时便会被社会责任所压垮。还有人认为，企业首先要为自身的生存与发展负责，然后才能考虑到社会。这些观点也有一定的道理，但思维方法似乎并不全面。企业是否仅仅是一架机械运转的机器？企业具不具有人性化？市场经济下的企业到底都负有哪些责任？这些的确是当前我国社会值得认真研究和讨论的话题。

毋庸置疑，企业的首要任务是创新和生产，企业应当是社会物质财富的创造者，企业的主要目的是给社会提供物质产品也包括精神产品。企业是支撑人类社会生存的基本经济单位。企业如果失去了生产和创新功能，那么企业就失去了其存在的基本价值。因此，任何企业的第一要义是搞好生产，创造出市场效益，争取为社会多纳税，实现它对社会的经济责任，这就完成了它的主要任务。至于说企业的其他社会责任，有人认为是第二位的事情，可以称之为"份儿外"的事情。譬如，如何保障职工的劳动权利，要不要教育职工，要不要从事清洁生产和保护环境，要以企业的发展程度来定。如果企业有经济实力了就可以考虑，如果没有就顾不上了。

企业要不要承揽经济责任之外的社会责任还取决于体制因素，在不同社会制度下企业有不同的表现。中国企业责任的变化以政府变革的程度而定。如果在经济体制上，中国仍然实行计划经济，那么企业的社会责任既是无限的又是有限的。如果中国社会仍然是一个"大政府、小社会"的模式，那么企业的确不需要承担多少"份儿外"的社会责任。如果政府变革向着"小政府、大社会"的方向变革，那么企业所承担的非刚性的社会责任必然加大。因此，中国企业今后承担多少社会责任在很大程度上取决于中国政府的改革方向。就目前中国的形势看，中国企业应尽的责任主要停留在"份儿内"的事情上，有些企业甚至连份内的责任也没尽到，譬如缴纳社会保险基金。

在计划经济时期，政府就是一个大企业，企业实际上是政府组织的一部分，企业不仅担负起生产的任务，更肩负着对劳动者在生产之外的一切生活保障。在计划经济下，企业不仅是生产组织和经济组织，更是行政组织、教育组织甚至军事组织。随着经济体制改革的深入和全能政治在中国的解构，政府在社会中的全能角色也在发生变化，企业与政府逐渐分离，企业对政府的一部分责任也在不断剥离。到目前为止，中国各类企业不管是国有企业还是民营企业，都基本上实现了政企分开。

在国有企业与政府指令逐渐分离的同时，企业身上所肩负的许多社会责任也在不断地推卸，许多国有企业已经将职工的养老金发放交给了社会，不少厂属学校、医院、服务机构也实现了社会经营。从整个趋向看，经过20多年的改革，国有企业逐渐走上了独立经营的道路。计划经济下形成的社会办企业现象逐渐消失。民营企业或股份制企业中的人员关系变得更加明晰。只有进行这种变革，中国的国有企业才能轻装上阵，才能具有市场竞争力。因此，对国有企业来说，20年来变革的表现主要是企业减负。

但也必须同时看到，市场经济下的企业与社会也有着千丝万缕般的联系。企业来自于社会，也必将还原于社会，这是一种新形势下的社企关系。企业的生生死死，发展壮大或被淘汰出局，都要由社会来承接它失败的代价。更主要是，社会是企业的生存环境，没有一个好的环境，企业也难以生存。因此，企业与社会有一个共荣的关系，市场经济下的企业与社会甚至有着更密切的关系，而不是关系变得相对疏远。新形势下的企业与社会关系，一个重要表现就是企业要通过纳税和缴费的形式来履行应尽的社会保障的责任，增强社会的保障能力，而不是千方百计逃避这一责任。就目前的形势看，企业不履行这一责任的问题相当严重。

有学者将企业的社会责任的内容做了如下概括和归纳。

① 对股东：证券价格的上升；股息的分配（数量和时间）。
② 职工或工会：相当的收入水平；工作的稳定性；良好的工作环境；提升的机会。
③ 对政府：对政府号召和政策的支持；遵守法律和规定。
④ 对供应者：保证付款的时间。
⑤ 对债权人：对合同条款的遵守；保持值得信赖的程度。
⑥ 对消费者/代理商：保证商品的价值（产品价格与质量、性能和服务的关系）；产品或服务的方便程度。
⑦ 对所处的社区：对环境保护的贡献；对社会发展的贡献（税收、捐献、直接参加）；对解决社会问题的贡献。
⑧ 对贸易和行业协会：参加活动的次数；对各种活动的支持（经济上的）。
⑨ 对竞争者：公平的竞争；增长速度；在产品、技术和服务上的创新。
⑩ 对特殊利益集团：提供平等的就业机会；对城市建设的支持；对残疾人、儿童和妇女组织的贡献。

但是，在战略决策的过程中，各个与企业利害相关的团体的利益总是相互矛盾的，不可能有一个能使每一方都满意的战略。因此，一个高层管理者应该知道那些团体的利益是要特别重视的。美国管理协会（AMA）曾经对6 000位经理进行调查，各种利益相关团体对企业的重要性结果如表2-1所示。

表2-1 各种利益相关团体对企业的重要性

利益相关团体	得分排序（最高为7分）
顾客	6.40
职工	6.01
主要股东	5.30
一般大众	4.52
一般股东	4.51
政府	3.79

决策与计划

第 2 篇

【引例】

菲利普·莫里斯公司是世界上规模最大、获利最丰的烟草公司之一,在美国同行业中一直处于领先地位。它的主要产品——"万宝路"牌香烟风靡世界,为公司带来了滚滚的财源。但是,进入20世纪50年代以后,公司经营形势发生了剧烈的变化。在医生们习惯性地把香烟与癌症联系在一起,卫生组织也认定香烟对人类健康有害时,美国国会颁布了一项决议,禁止烟草公司在电视上再进行销售香烟的广告宣传。烟草公司的产品销售面临着严重的威胁。这时,莫里斯公司意识到了,如果自己要正常地生存下去,就必须设法进入新的市场领域,开展多元化经营。

美国米勒啤酒公司一直生产高级啤酒,产品浓度高,包装相当考究,启用方便,可销路一直不好。其广告宣传中的形象是:豪华布景中一女士在温文尔雅地品着米勒啤酒。1959年,莫里斯公司用1.3亿美元收购了米勒公司。并购后即着手对米勒公司的主要产品进行研究和改造。公司投入大量经费进行市场调查,结果发现美国90%以上的啤酒是中下层人士饮用的,喝高级啤酒的人很少。高收入的人更倾向于喝XO、香槟酒之类的。于是擅长市场开发的莫里斯公司决定对米勒公司的主要产品进行调整,将其确定为大众化饮料,并在啤酒的浓度、包装、价格和广告方面作相应更改。为使大众接受新型淡味啤酒,公司投入庞大的广告预算,竭力对其新策划的一伙穿工作服的建筑工人在酒吧间痛饮米勒啤酒的广告进行广泛的、高强度的电视宣传。结果,在全国啤酒总销量仅增长3%的情况下,米勒公司的销量却连年递增。仅10年间,米勒啤酒的市场占有率从同行业第7位上升至第2位。接着,以米勒啤酒为基础,又生产出迎合各种顾客需要的莱特牌啤酒,这样使莫里斯公司的销售额和利润都大幅度增加。

1978年，莫里斯公司又收购了七喜饮料公司，并把原来含咖啡因的七喜饮料改为无咖啡因的汽水类饮料，随后又发展了一种无咖啡因的可乐饮料，并在广告上大量宣传这两种饮料，使其销售量飞速上升。莫里斯公司成功地在食品业获得了利润的又一个增长点。

在烟草业经营中发家的莫里斯公司，面临主业市场萎缩，经营环境恶化的形势，大胆做出了进军食品业的决策。这项战略性决策最后实施的结果证明了当初决定的正确。但是，如果站在该项决策制定的时点来评价，莫里斯收购米勒是明智的？还是鲁莽的？外部环境的威胁向莫里斯公司管理者提出了重新考虑其经营领域的要求，但烟草业和食品业是生产技术上差异极大的两大经营领域，莫里斯公司想跨领域进行多元化经营，弄不好可能使自己的经营招致更大的风险。像我国曾在20世纪90年代名噪一时的"巨人"集团，从信息产业跨入到脑黄金和房地产的经营，本想使公司在多元化领域的经营中分散风险，结果却给公司带来了灾难性后果。由此可见，正确的制定决策，是管理者工作的至关重要的内容。

第 3 章 决策与决策方法

决策是管理的核心。可以认为，整个管理过程都是围绕着决策的制定和组织实施而展开的。无论是确定目标，还是制订计划，管理者都需要做出决策。不仅领导工作需要决策，其他各项管理工作都需要决策。诺贝尔经济学奖得主西蒙甚至强调：管理就是决策，决策贯穿了整个管理过程。决策在管理中的重要地位由此可见。

3.1 决策的概述

3.1.1 决策的概念

许多管理学家都对决策的定义进行过探讨，尽管众说纷纭，但基本内涵大致相同，区别主要在于决策概念作狭义的理解还是广义的理解。从狭义上讲，决策是在几种行为方案中进行选择；从广义上说，决策还包括在做出最后选择之前必须进行的一切活动。所以，决策就是人们为了达到一定目标，运用科学的方法拟订并评估各种方案，从两个以上的可行方案中选择一个合理的方案的分析判断过程。

3.1.2 决策的特征

组织决策具有以下主要特点。

1. 目标性

决策目标就是决策所需要解决的问题或利用的机会。在存在问题的情况下，而且决策者认为这些问题必须得到解决的时候就会有决策，决策是通过解决某些问题来达到目标。当然，决策也不仅仅只是为了解决问题，有时也是为了利用机会。任何组织决策都必须首先确定组织的活动目标，目标是组织在未来特定时限内完成任务程度的标志。没有目标，人们就难以拟订未来的活动方案，评价和比较这些方案就没有了标准，对未来活动效果的检查也就失去了依据。无目标的决策或目标性不明的决策往往会导致决策无效甚至失误。

2. 可行性

要注意实施条件的限制。决策所做的若干个备选方案应是可行的，这样才能保证决策方案切实可行。"可行"是指：

① 能解决预定问题，实现预定目标；
② 方案本身具有实行的条件，比如技术上、经济上都是可行的；
③ 方案的影响因素及效果可进行定性和定量的分析。

3. 选择性

决策的实质是选择，没有选择就没有决策。决策必须具有两个以上的备选方案，通过比较评定来进行选择，如果无法制订方案或只有一个方案，那就失去决策的意义。而要能有所选择，就必须提供可以相互替代的多种不同的活动，这些活动在资源要求、可能结果以及风险程度等方面均有所不同。因此，不仅有选择的可能，而且有选择的必要。

4. 超前性

任何决策都可以分为两大类型：解决目前问题的决策和为未来发展做出的决策。前者面临的是组织生存的问题，后者面临的是组织发展的问题。从长远看解决现在面临的、待解决的问题也是立足于组织长远的可持续的发展目的。这就要求决策者要具有超前意识，思想敏锐，目光远大，能够预见事物的发展变化，适时做出正确的决策。

5. 过程性

决策是一个过程，而非瞬间行动，决策既非单纯的"出谋划策"，又非简单的"拍板定案"，而是一个多阶段、多步骤的分析判断过程。决策的重要程度、过程的繁简及所费时间长短固然有别，但都必然具有过程性。

6. 动态性

与外部环境互动。决策必然伴随着某种行动，是决策者与外部环境、内部条件进行某种交互作用的过程。

3.1.3 决策的原则

应遵循满意原则而非最优原则。原因在于若要最优须满足：① 决策者了解与组织活动有关的全部信息；② 决策者能正确地辨识全部信息的有用性，了解其价值，并能根据此制订出没有疏漏的行动方案；③ 决策者能够准确地计算每个方案在未来的执行结果。

然而，在管理过程中，这些条件是难以具备的。首先，决策是面向未来的，而未来不可避免地包含着不确定性。其次，人们也很难识别出所有可能实现目标的备选方案。另外，由于信息、时间和确定性的局限也使管理者难以做到最佳。"没有最好，只有更好"。管理者通常采纳一个令人满意的，即在目前环境中是足够好的行动方案。

3.1.4 决策的类型

1. 按决策的重要程度划分，可分成战略决策、战术决策和业务决策

战略决策是根本性决策。战略决策解决的是"干什么"的问题，是事关企业兴衰成败，带有方向性、全局性、长远性的大政方针的决策。如企业的方针、目标与计划，技术改造和引进，组织结构改革等，都属于战略决策。这类决策主要由企业最高领导行使。

战术决策又称管理决策或策略决策。战术决策是执行决策，解决的是"如何干"的问题，它是指为了实现战略目标，而做出的带有局部性、较短时期内的具体活动方式的决策，如企业财务决策、销售计划的制订、产品开发方案的制订等。战略决策是战术决策的依据，战术决策是战略决策的落实、是在战略决策的指导下制定的，它主要由企业中层领导行使。

业务决策又称日常管理决策，属于日常活动中有关提高效率和效益、合理组织业务活动等方面的决策。这类决策主要由企业基层管理者负责进行。

2. 从决策主体来看，可将决策分成集体决策与个人决策

① 集体决策的优点

集体制定决策的一个最大优点，是群体可能比任何单个成员具有更广泛的知识和经验。

这势必有利于确定问题和制订更多的备选方案,并且能够更严格地分析所制定的决策。此外,群体参与制定决策,还能够使人们更好地了解所制定的决策,特别当参与决策制定的群体还负有实施决策的责任时,可增加群体中每个成员对决策许诺的可能性。

② 集体决策的缺点

决定群体参与决策效果的主要限制因素是由于存在"从众现象"所产生的。所谓"从众现象",是指个人由于真实的或假想的群体心理压力,在认知或行动上不由自主地趋向于跟多数人相一致的现象。在正式组织里,上下级关系会导致下级方面并非真正参与决策,下级为了迎合上级,宁愿顺着上级的意图而不提出自己的真正的意见。此外,用花费的总时间来衡量,群体一般比个人要花费更多的时间才能做出一个决策。

个人决策的优缺点正好和集体决策相反。因此,二者应结合使用。

一般说来,若决策追求的效果是速度,则个体决策比较好;若决策追求的效果是创造性或接受程度,则集体决策比较合适。

3. 按决策的重复程度划分,可分为程序化决策和非程序化决策

程序化决策又称常规决策或重复决策。它是指经常重复发生,能按原已规定的程序、处理方法和标准进行的决策。其决策步骤和方法可以程序化、标准化,能够重复作用。业务决策如任务的日常安排、常用物资的订货与采购等,均属此类。

非程序化决策又称非常规决策或例外决策。它是指具有极大偶然性、随机性,又无先例可循且具有大量不确定性的决策活动,其方法和步骤也是难以程序化、标准化,不能重复使用的。这类决策在很大程度上依赖于决策者的知识、经验、洞察力、逻辑思维判断以及丰富的实践经验来进行,如新产品开发决策等。

4. 按决策的可靠程度分类,可分为确定型、风险型和不确定型三种

确定型决策是指各种可行方案的条件都是已知的,自然状态是唯一的,并能较为准确地预测它们各自的后果。一个方案仅有一个确定的结果,易于分析、比较和抉择的决策。

风险型决策是指各种可行方案的条件大部分是已知的,但每个方案可能出现多种自然状态,因而每个方案都可能出现几种结果,各种结果的出现有一定的概率,决策的结果只有按概率来确定,决策存在着风险。

不确定型决策与风险型决策类似,每个方案的执行都可能出现不同的后果,但可能出现的自然状态是未知的或各种结果出现的概率是未知的,完全凭决策者的经验、感觉和估计做出的决策。

5. 从决策需要解决的问题来看,可将组织决策分成初始决策与追踪决策

初始决策是指组织对从事某种活动或从事该种活动的方案所进行的初次选择;追踪决策则是在初始决策的基础上对组织活动方向、内容或方式的重新调整。如果说初始决策是在对内外环境的某种认识的基础上做出的话,追踪决策则是由于这种环境发生了变化,或者是由于组织对环境特点的认识发生了变化而引起的。显然,组织中的大部分决策当属追踪型决策。

3.1.5 组织决策的影响因素

1. 环境

环境对组织决策的影响是双重的。

首先，环境的特点影响着组织的活动选择。组织决策要面临的环境包括企业经营的微观环境和宏观环境。微观环境是指与企业产、供、销、人、财、物、信息等直接发生关系的客观环境，是决定企业生存和发展的基本环境。其次，对环境的习惯反应模式也影响着组织的活动选择。

2. 过去决策

在大多数情况下，组织决策不是在一张白纸上进行初始决策，而是对初始决策的完善、调整或改革。组织过去的决策是目前决策过程的起点。过去选择的方案的实施，不仅伴随着人力、物力、财力等资源的消耗，而且会给管理者心理和情感上带来变化，甚至会伴随着内部状况的改变，带来了对外部环境的影响。过去决策所带来的良好效果和记忆必然给未来的决策以有益的借鉴，过去失败的决策必然给未来的决策带来心理的阴影和消极影响。正所谓良性循环和恶性循环。"非零起点"的目前决策不可能不受到过去决策的影响。

过去的决策对目前决策的影响程度，与决策和现任决策者的关系密切程度相关。如果过去的决策是由现任决策者制定的，而决策者通常要对自己的选择及其后果负管理上的责任，因此，决策者一般不愿对组织活动进行重大调整，而倾向于仍把大部分资源投入到过去方案的执行中，以证明自己的决策的正确和避免不必要的对自身形象的伤害。相反，如果现任决策者与组织过去的主要决策没有很深的关系，则愿意接受改变。

3. 决策者对风险的态度

未来条件并不总能事先预料。现实生活中，许多管理决策是在风险条件下做出的。所谓风险是指那些决策者可以估计某一结果或概率的情形。如何对各种各样的行动方案进行概率估计呢？如果情形相似的话，决策者可以依靠过去的经验或是对二手资料的分析。

风险是指一个决策所产生的特定结果的概率。根据决策者对风险的态度可以将其分为三种，即风险喜好型、风险中性与风险厌恶型。不同的决策者对风险的态度，决定了其决策的方式。风险喜好型的决策者敢于冒风险，敢于承担责任，因此有可能抓住机会，但也可能遭到一些损失；风险厌恶型决策者不愿冒风险，不敢承担责任，虽然可以避免一些无谓的损失，但也有可能丧失机会；风险中性的决策者对风险采取理性的态度，既不喜好也不回避。由此可见，决策者对风险的态度影响了决策活动。

4. 组织文化

文化通常指人民群众在社会历史实践过程中所创造的物质和精神财富的总和。它是一种历史现象，每一个社会都有与其相适应的文化，并随着社会物质生产的发展而发展。

组织受其文化特征的影响。企业组织的管理人员应该把握其文化特征，同时还应思考从组织决策的角度研究组织文化与决策的关系。一个新决策要求原有的组织文化的配合与协调，而企业组织中原有的文化有它的滞后性，很难马上对新的决策做出反应。所以，组织文化可能成为实施组织决策的阻力；而积极的革新组织文化也可能成为实施组织决策的动力。

在进行管理决策和实施一个新决策时，组织内部的新旧文化必须相互适应，相互协调，这样才能为组织决策获得成功提供保证。虽然，做决策时要考虑所做出的决策尽量与组织文化相适应，不要破坏企业已有的组织文化。但是，当企业环境发生重大变化时，企业的组织文化也需要相应做出重大变化，企业应考虑到自身长远利益，不能为了迎合企业现有的组织文化，而将组织新的决策修订得与现行组织文化标准相一致。因为这有可能损害组织的长远发展。

决策风格以及决策者愿意承担的风险程度，是反映一国文化环境下决策差异的两个方面。例如，日本人就比美国人更倾向于群体决策，这可以从日本的民族文化特征得到解释。日本人崇尚遵奉与合作，你可以在他们的学校和企业组织中体会到这一点。制定决策前，日本企业的CEO要收集大量的信息，以便在群体决策时形成一致的舆论。由于日本组织中的雇员享有高度的工作保障，所以管理决策是从长远观点出发的，而不是只考虑短期的利润，而后者在美国企业中却十分普遍。在法国普遍以独裁方式制定决策。德国的管理方式反映了德国文化讲究结构和秩序的特征。在德国组织中制定有大量的规则和条例，管理者有明确的责任并按规定的组织路径进行决策。瑞典管理的决策风格与法国和德国的管理者不同，他们更富于进取性，主动提出问题，并且不怕风险。瑞典的高层管理者也是把决策权层层委让，他们鼓励低层管理人员和雇员参与影响他们利益的决策。

5. 时间

决策受时间的制约。决策是在特定的情况下，把组织的当前情况与组织未来可能的行动联系起来，并旨在解决问题或把握机会的管理活动。这就决定了决策必然受时间的制约，一旦超出了时间的限制，情况发生了变化，再好的决策也不可能达到预期目标。寓言"刻舟求剑"的故事就充分地说明了随着时间的改变、条件的改变，决策也必须随之变化的道理。一个方案可能涉及较长的时间，在这段时间里，形势可能发生变化，而初步分析建立在对问题或机会的初步估计上。因此，管理者要不断对方案进行修改和完善，以适应变化了的形势。同时，连续性活动因涉及多阶段控制而需要定期的分析和控制。

需要说明的是，管理者在以上各个步骤中都要受到个性、态度和行为，伦理和价值，以及文化等诸多因素的影响。组织决策的影响因素很多，组织决策是一个动态的依赖于时空变化的复杂的过程。

3.2 决策的过程

决策作为管理的一种活动，包括了一定的步骤和程序，虽然决策的具体过程不尽相同，但就一般决策而言，主要分6个阶段。我们通过一个例子来说明，见表3-1。

表3-1 学生在校园内买自行车的决策

方案＼标准	价格	款式	颜色	品牌	性能	总分
	5（权重）	4	3	2	1	
凤凰牌	6	6	5	10	7	96
捷安特	10	10	8	8	8	138
羚羊牌	10	8	8	4	5	119

1. 问题的判定，问题是决策的起点

任何管理组织的进步、管理活动的发展都是从发现问题开始，然后做了出变革而实现的。那什么是问题？

$$问题 = f(应有现象 - 实际现象)$$

这里所说的问题，是指应有状况和实际状况之间的差距。应有现象，是指根据现实有条件应当也能够做到的事情或达到的水平。实际现象，是指实际发生的事实因素。f在数学中是对应法则，在这里的法则即指比较。

假设上课绝对不能迟到，而学生宿舍离教学楼比较远。故现在存在一个问题，学生上课需要一辆自行车和学生刚入学还没有自行车这一事实间存在差异。

有问题存在是否一定会马上采取行动呢？不一定！因为若这个问题没有产生压力，则决策者认为这是个可以推迟到未来解决的问题。比如，在夏天，社会上经常可以看到以下新闻：某某老的小区，顶楼的居民经常出现停水的事件，多次向房管部门、自来水公司、物业反映情况，均得不到及时解决。某天居民向电视台新闻报道组反映此情况，电台来现场采访并播出，通常后续新闻会有房管部门的，自来水公司的相关人员到该小区实地调查并保证在多长时间内一定解决，最终一般都能很快地解决这个问题。原因何在，因为电视台曝光了，政府相关部门知道并进行了督促干预，这件事开始产生压力了，进而问题就能比较顺利地解决了。所以，有问题不一定会马上解决，关键看有没有压力，没有压力，则会产生扯皮的现象。

此外，问题有压力，还要看是否有解决的资源，若没有，则此问题就变成一个不现实的问题。

2. 确定标准与权重

即确定什么因素与决策有关。学生在买车的例子中，必须得出什么因素与买车的决策有关系。这些标准通常可能就是价格、款式、颜色、品牌等。在这里，不同的决策者会有不同的标准，比如家庭条件特好的学生可能根本不认为价格是个标准。

此外，上述所列标准并非同等重要，学生在决策过程中会恰当考虑它们的优先次序，所以事先会给予这些标准一定的权重。在本例中体现大部分学生对价格最为重视，给予最高权重。当然，权重体现的是学生对自行车的个人偏好，故某个学生将价格放在第一位，而另一个学生可能将品牌放在第一位。

3. 拟订可供选择的行动方案

拟订可行方案，好与坏、优与劣，都是在比较中发现的。因此，只有拟出一定数量和质量的可行方案供对比选择，决策才能做到合理。如果只拟定一个方案，就无法对比，就难于辨认其优劣，也就没有选择的余地。所以有人说："没有选择就没有决策"。国外的决策人员常用这样的格言来提醒自己："如果你感到似乎只有一条路可走，那很可能这条路就是走不通的"。

在这一步骤中只要列出可行的方案即可。假设学生们列出了三种自行车作为可行的选择。

4. 分析、评价各方案

拟订出各种备选方案后，就要根据先前制定的标准要求来评估各种方案可能的执行后果，看其对决策目标的满足程度，经过比较，每个方案的优缺点就一目了然。

表中的分数值仅相对于决策标准的评价，还没有考虑权重。如果将每个方案标准中的评价值和对应的权重相乘并累加，就得到表最后"总分"这列，这些总分表明了依据标准和权重对三个方案的综合评价。

5. 选择满意方案并付诸实施

从表中选出一个最优化方案来执行。既然之前学生已经确定了所有与决策相关的因素，恰如其分地权衡了它们的重要性，并确认了可行方案，那么仅需选择步骤 4 中得分最高的方案。学生最终选择了性价比较高的"羚羊"牌自行车作为最终方案，并购买该牌子的自行车。

6. 评价、反馈

决策制定过程的最后一步就是评价决策效果，看它是否已解决了问题。实施的方案，取得理想的结果了吗？评价的结果如发现问题依然存在会怎样呢？管理者需要仔细分析是什么地方出了错。是没有正确认识问题，是在方案评价中出错了，还是方案选对了但实施不当对此类问题的回答将驱使管理者追溯前面的步骤，甚至可能需要重新开始整个决策过程。

值得注意的是，不能把决策程序当作教条来看待，在具体决策过程中，各个阶段也可能有所交叉。由于决策对象不同，各个阶段的比例也不尽一致，在某些决策中，省略某个阶段也是可以的。总之，要视决策者的经验多少，决策对象及手段的不同等情况来定，这也就是对待决策步骤的灵活性问题。

3.3 决策的方法

在决策的过程中，由于决策对象和决策内容的不同，相应地产生各种不同的决策方法，归纳起来可以分为两大类：一类是定性决策方法；另一类是定量决策方法。把决策方法分为两大类只是相对的，真正科学的决策方法应该把两者结合在一起，综合利用。

3.3.1 定性决策方法

又称软方法，主要是指管理决策者运用社会科学的原理，并根据个人的经验和判断能力，充分发挥专家内行的集体智慧，从对决策对象的本质属性的研究入手，掌握事物的内在联系及其运用规律。通过定性研究，为制订方案找到依据。了解方案的性质、可行性和合理性，然后进行目标和方案的选择，它较多地运用于综合抽象程度较大的问题，高层次战略问题，多因素错综复杂的问题涉及社会心理因素较多的问题。定性决策的方法主要有以下几种。

1. 德尔菲法

德尔菲法是在 20 世纪 40 年代由赫尔默（Helmer）和戈登（Gordon）首创的，1946 年，美国兰德公司为避免集体讨论存在的屈从于权威或盲目服从多数的缺陷，首次用这种方法来进行定性预测，后来该方法被迅速广泛采用。20 世纪中期，当美国政府执意发动朝鲜战争的时候，兰德公司又提交了一份预测报告，预告这场战争必败。政府完全没有采纳，结果一败涂地。从此以后，德尔菲法得到广泛认可。

德尔菲是古希腊地名。相传太阳神阿波罗（Apollo）在德尔菲杀死了一条巨蟒，成了德尔菲主人。在德尔菲有座阿波罗神殿，是一个预卜未来的神谕之地，于是人们就借用此名，作为这种方法的名字。

1）德尔菲法的特征

（1）资源利用的充分性。由于吸收不同的专家与预测，充分利用了专家的经验和学识。

（2）最终结论的可靠性。由于采用匿名或背靠背的方式，能使每一位专家独立地做出自己的判断，不会受到其他繁杂因素的影响。

(3) 最终结论的统一性。预测过程必须经过几轮的反馈，使专家的意见逐渐趋同。

正是由于德尔菲法具有以上这些特点，使它在诸多判断预测或决策手段中脱颖而出。这种方法的优点主要是简便易行，具有一定科学性和实用性，可以避免会议讨论时产生的害怕权威随声附和，或固执己见，或因顾虑情面不愿与他人意见冲突等弊病；同时也可以使大家发表的意见较快收敛，参加者也易接受结论，具有一定程度综合意见的客观性。

2) 德尔菲法的具体实施步骤

(1) 组成专家小组。按照课题所需要的知识范围，确定专家。专家人数的多少，可根据预测课题的大小和涉及面的宽窄而定，一般不超过20人。

(2) 向所有专家提出所要预测的问题及有关要求，并附上有关这个问题的所有背景材料，同时请专家提出还需要什么材料。然后，由专家做书面答复。

(3) 各个专家根据他们所收到的材料，提出自己的预测意见，并说明自己是怎样利用这些材料并提出预测值的。

(4) 将各位专家第一次判断意见汇总，列成图表，进行对比，再分发给各位专家，让专家比较自己同他人的不同意见，修改自己的意见和判断。也可以把各位专家的意见加以整理，或请身份更高的其他专家加以评论，然后把这些意见再分送给各位专家，以便他们参考后修改自己的意见。

(5) 将所有专家的修改意见收集起来并汇总，再次分发给各位专家，以便做第二次修改。逐轮收集意见并为专家反馈信息是德尔菲法的主要环节。收集意见和信息反馈一般要经过三四轮。在向专家进行反馈的时候，只给出各种意见，但并不说明发表各种意见的专家的具体姓名。这一过程重复进行，直到每一个专家不再改变自己的意见为止。

(6) 对专家的意见进行综合处理。

3) 德尔菲法实施注意事项

(1) 由于专家组成成员之间存在身份和地位上的差别以及其他社会原因，有可能使其中一些人因不愿批评或否定其他人的观点而放弃自己的合理主张。要防止这类问题的出现，必须避免专家们面对面的集体讨论，而应由专家单独提出意见。

(2) 对专家的挑选应基于其对企业内外部情况的了解程度。专家可以是第一线的管理人员，也可以是企业高层管理人员和外请专家。例如，在估计未来企业对劳动力需求时，企业可以挑选人事、计划、市场、生产及销售部门的经理作为专家。

4) 其他注意事项

(1) 为专家提供充分的信息，使其有足够的根据作出判断。例如，为专家提供所收集的有关企业人员安排及经营趋势的历史资料和统计分析结果，等等。

(2) 所提问的问题应是专家能够回答的问题。

(3) 允许专家粗略地估计数字，不要求精确。但可以要求专家说明预计数字的准确程度。

(4) 尽可能将过程简化，不问与预测无关的问题。

(5) 保证所有专家能够从同一角度去理解员工分类和其他有关定义。

(6) 向专家讲明预测对企业和下属单位的意义，以争取他们对德尔菲法的支持。

2. 头脑风暴法

头脑风暴法是由美国创造学家A·F·奥斯本于1939年首次提出、1953年正式发表的一种激发性思维的方法。其思想是邀请有关专家在敞开思路，不受约束的形式下，针对某些问题畅所欲言。奥斯本为实施头脑风暴法提出了 4 条原则：① 对别人的意见不允许进行反驳，也不要作结论；② 鼓励每个人独立思考，广开思路，进行反驳，也不要重复别人的意见；③ 意见或建议越多越好，允许相互之间的矛盾；④ 可以补充和发表相同的意见，使某种意见更具说服力。

在群体决策中，由于群体成员心理相互作用影响，易屈于权威或大多数人意见，形成所谓的"群体思维"。群体思维削弱了群体的批判精神和创造力，损害了决策的质量。为了保证群体决策的创造性，提高决策质量，管理上发展了一系列改善群体决策的方法，头脑风暴法是较为典型的一个。

头脑风暴法可分为直接头脑风暴法（通常简称为头脑风暴法）和质疑头脑风暴法（也称反头脑风暴法）。前者是在专家群体决策时尽可能激发创造性，产生尽可能多的设想的方法，后者则是对前者提出的设想、方案逐一质疑，分析其现实可行性的方法。

采用头脑风暴法组织群体决策时，要集中有关专家召开专题会议，主持者以明确的方式向所有参与者阐明问题，说明会议的规则，尽力创造出融洽轻松的会议气氛。一般不发表意见，以免影响会议的自由气氛。由专家们"自由"提出尽可能多的方案。参与者最佳为 5～6 人，多则 10 余人为宜；时间 1～2 小时，头脑风暴法适用于明确简单的问题的决策，这种方法的鉴别与评价意见的工作量比较大。

1）头脑风暴法的要求

① 组织形式

- 参加人数一般为 5～10 人（课堂教学也可以班为单位），最好由不同专业或不同岗位者组成；
- 会议时间控制在 1 小时左右；
- 设主持人一名，主持人只主持会议，对设想不作评论；设记录员 1～2 人，要求认真将与会者每一设想不论好坏都完整地记录下来。

② 会议类型

- 设想开发型：这是为获取大量的设想、为课题寻找多种解题思路而召开的会议，因此，要求参与者要善于想象，语言表达能力要强。
- 设想论证型：这是为将众多的设想归纳转换成实用型方案召开的会议。要求与会者善于归纳、善于分析判断。

③ 会前准备工作

- 会议要明确主题。会议主题提前通报给与会人员，让与会者有一定准备；
- 选好主持人。主持人要熟悉并掌握该技法的要点和操作要素，摸清主题现状和发展趋势；
- 参与者要有一定的训练基础，懂得该会议提倡的原则和方法；
- 会前可进行柔化训练，即对缺乏创新锻炼者进行打破常规思考，转变思维角度的训练活动，以减少思维惯性，从单调的紧张工作环境中解放出来，以饱满的创造热情投入激励设想活动。

④ 会议原则

为使与会者畅所欲言，互相启发和激励，达到较高效率，必须严格遵守下列原则。

- 禁止批评和评论，也不要自谦。对别人提出的任何想法都不能批判、不得阻拦。即使自己认为是幼稚的、错误的，甚至是荒诞离奇的设想，亦不得予以驳斥。同时也不允许自我批判，在心理上调动每一个与会者的积极性，彻底防止出现一些"扼杀性语句"和"自我扼杀语句"。诸如"这根本行不通""你这想法太陈旧了""这是不可能的""这不符合某某定律"以及"我提一个不成熟的看法""我有一个不一定行得通的想法"等语句，禁止在会议上出现。只有这样，与会者才可能在充分放松的心境下，在别人设想的激励下，集中全部精力开拓自己的思路。
- 目标集中，追求设想数量，越多越好。在智力激励法实施会上，只强制大家提设想，越多越好。会议以谋取设想的数量为目标。
- 鼓励巧妙地利用和改善他人的设想。这是激励的关键所在。每个与会者都要从他人的设想中激励自己，进而得到启示，或补充他人的设想，或将他人的若干设想综合起来提出新的设想等。
- 与会人员一律平等，各种设想全部记录下来。与会人员，不论是该方面的专家、员工，还是其他领域的学者，以及该领域的外行，一律平等。各种设想，不论大小，甚至是最荒诞的设想，记录人员也要认真地将其完整地记录下来。
- 主张独立思考，不允许私下交谈，以免干扰别人思维。
- 提倡自由发言，畅所欲言，任意思考。会议提倡自由奔放、随便思考、任意想象、尽量发挥，主意越新、越怪越好，因为它能启发人推导出好的观念。
- 不强调个人的成绩，应以小组的整体利益为重，注意和理解别人的贡献，人人创造民主环境，不以多数人的意见阻碍个人新的观点的产生，激发个人追求更多更好的主意。

⑤ 会议实施步骤

会前准备：参与人、主持人和课题任务三落实，必要时可进行柔性训练。

设想开发：由主持人公布会议主题并介绍与主题相关的参考情况；突破思维惯性，大胆进行联想；主持人控制好时间，力争在有限的时间内获得尽可能多的创意性设想。

设想的分类与整理：一般分为实用型和幻想型两类。前者是指目前技术工艺可以实现的设想，后者指目前的技术工艺还不能完成的设想。

完善实用型设想：对实用型设想，再用脑力激荡法去进行论证、进行二次开发，进一步扩大设想的实现范围。

幻想型设想再开发：对幻想型设想，再用脑力激荡法进行开发，通过进一步开发，就有可能将创意的萌芽转化为成熟的实用型设想。这是脑力激荡法的一个关键步骤，也是该方法质量高低的明显标志。

⑥ 主持人技巧

主持人应懂得各种创造性思维和技法，会前要向与会者重申会议应严守的原则和纪律，善于激发成员思考，使场面轻松活跃而又不失脑力激荡的规则。

可轮流发言，每轮每人简明扼要地说清楚创意设想一个，避免形成辩论会和发言不均。

要以赏识激励的词句语气和微笑点头的行为语言，鼓励与会者多出设想，如说："对，就是这样！""太棒了！""好主意！这一点对开阔思路很有好处！"等等。

禁止使用下面的话语："这点别人已说过了！""实际情况会怎样呢？""请解释一下你的

意思。""就这一点有用"。"我不赞赏那种观点。"等等。

经常强调设想的数量，比如平均 3 分钟内要发表 10 个设想。

遇到人人皆才穷计短，出现暂时停滞时，可采取一些措施，如休息几分钟，自选休息方法，散步、唱歌、喝水等，再进行几轮脑力激荡，或发给每人一张与问题无关的图画，要求讲出从图画中所获得的灵感。

根据课题和实际情况需要，引导大家掀起一次又一次脑力激荡的"激波"。如课题是某产品的进一步开发，可以产品改进配方思考作为第一激波、降低成本思考作为第二激波、扩大销售思考作为第三激波等。又如，对某一问题解决方案的讨论，引导大家掀起"设想开发"的激波，及时抓住"拐点"，适时引导进入"设想论证"的激波。

要掌握好时间，会议持续 1 小时左右，形成的设想应不少于 100 种。但最好的设想往往是会议要结束时提出的，因此，预定结束的时间到了可以根据情况再延长 5 分钟，这是人们容易提出好的设想的时候。在 1 分钟时间里再没有新主意、新观点出现时，智力激励会议可宣布结束或告一段落。

2）头脑风暴法应遵守如下原则

庭外判决原则。对各种意见、方案的评判必须放到最后阶段，此前不能对别人的意见提出批评和评价。认真对待任何一种设想，而不管其是否适当和可行。

欢迎各抒己见，自由鸣放。创造一种自由的气氛，激发参加者提出各种荒诞的想法。

追求数量。意见越多，产生好意见的可能性越大。

探索取长补短和改进办法。除提出自己的意见外，鼓励参加者对他人已经提出的设想进行补充、改进和综合。

循环进行。

每人每次只提一个建议。

没有建议时说"过"。

不要相互指责。

要耐心。

可以使用适当的幽默。

鼓励创造性。

结合并改进其他人的建议。

实践经验表明，头脑风暴法可以排除折中方案，对所讨论问题通过客观、连续的分析，找到一组切实可行的方案，因而头脑风暴法在军事决策和民用决策中得出了较广泛的应用。例如在美国国防部制定长远科技规划中，曾邀请 50 名专家采取头脑风暴法开了两周会议。参加者的任务是对事先提出的长远规划提出异议。通过讨论，得到一个使原规划文件变为协调一致的报告，在原规划文件中，只有 25%～30% 的意见得到保留。由此可以看到头脑风暴法的价值。

当然，头脑风暴法实施的成本（时间、费用等）是很高的，另外，头脑风暴法要求参与者有较好的素质。这些因素会影响头脑风暴法实施的效果。

3. 名义小组法（名义群体法）

名义群体法是指在决策过程中对群体成员的讨论或人际沟通加以限制，但群体成员是独立思考的。像召开传统会议一样，群体成员都出席会议，但群体成员首先进行个体决策。

具体方法是，在问题提出之后，采取以下几个步骤：

① 成员集合成一个群体，但在进行任何讨论之前，每个成员独立地写下他对问题的看法；

② 经过一段沉默后，每个成员将自己的想法提交给群体，然后一个接一个地向大家说明自己的想法，直到每个人的想法都表达完并记录下来为止（通常记在一张活动挂图或黑板上），所有的想法都记录下来之前不进行讨论；

③ 群体现在开始讨论，以便把每个想法搞清楚，并作出评价；

④ 每一个群体成员独立地把各种想法排出次序，最后的决策是综合排序最高的想法。

名义群体法的主要优点在于，使群体成员正式开会并不限制每个人的独立思考，但是又不像互动群体那样限制个体的思维，而传统的会议方式往往做不到这一点。

如表3-2所示，互动群体法有助于增强群体内部的凝聚力，头脑风暴法可以使群体的压力降到最低，德尔斐法能使人际冲突趋于最小，电子会议法可以较快地处理各种观点。

表3-2 各种方法的比较

效果标准/决策方法	互动群体法	头脑风暴法	名义群体法	德尔斐法	电子会议法
观点的数量	低	中等	高	高	高
观点的质量	低	中等	高	高	高
社会压力	高	低	中等	低	低
财务成本	低	低	低	低	高
决策速度	中等	中等	中等	低	高
任务导向	低	高	高	高	高
潜在的人际冲突	高	低	中等	低	低
成就感	从高到低	高	高	中等	高
对决策结果的承诺	高	不适用	中等	低	中
群体凝聚力	高	高	中等	低	低

4. 经营单位组合分析法（BCG）

经营单位组合分析法即波士顿矩阵，又称市场增长率—相对市场份额矩阵、波士顿咨询集团法、四象限分析法、产品系列结构管理法等。

该方法是由波士顿咨询集团（Boston Consulting Group，BCG）在20世纪70年代初开发的。BCG矩阵将组织的每一个战略事业单位（SBUs）标在一种二维的矩阵图上，从而显示出哪个SBUs提供高额的潜在收益，以及哪个SBUs是组织资源的漏斗。BCG矩阵的发明者、波士顿公司的创立者布鲁斯认为"公司若要取得成功，就必须拥有增长率和市场份额各不相同的产品组合。组合的构成取决于现金流量的平衡。"如此看来，BCG的实质是为了通过业务的优化组合实现企业的现金流量平衡。

BCG矩阵区分出4种业务组合。（如图3-1所示）

（1）问题型业务（Question Marks，指高增长、低市场份额）

处在这个领域中的是一些投机性产品，带有较大的风险。这些产品可能利润率很高，但

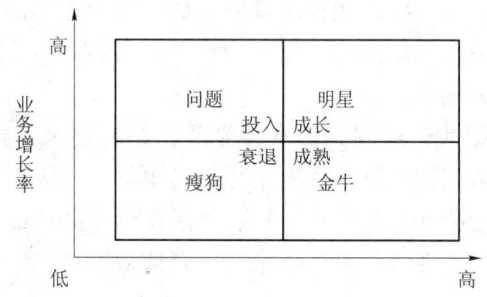

图 3-1　BCG 矩阵相对竞争地位

占有的市场份额很小。这往往是一个公司的新业务。为发展问题业务，公司必须建立工厂，增加设备和人员，以便跟上迅速发展的市场，并超过竞争对手，这些意味着大量的资金投入。"问题"非常贴切地描述了公司对待这类业务的态度，因为这时公司必须慎重回答"是否继续投资，发展该业务？"这个问题。只有那些符合企业发展长远目标、企业具有资源优势、能够增强企业核心竞争力的业务才得到肯定的回答。得到肯定回答的问题型业务适合于采用战略框架中提到的增长战略，目的是扩大 SBUs 的市场份额，甚至不惜放弃近期收入来达到这一目标，因为要问题型业务发展成为明星型业务，其市场份额必须有较大的增长。得到否定回答的问题型业务则适合采用收缩战略。

如何选择问题型业务是用 BCG 矩阵制定战略的重中之重，也是难点，这关乎企业未来的发展。对于增长战略中各种业务增长方案来确定优先次序，BCG 也提供了一种简单的方法。通过图 3-1 权衡选择回报相对高，然后需要投入的资源占的宽度不太多的方案。

（2）明星型业务（Stars，指高增长、高市场份额）

这个领域中的产品处于快速增长的市场中并且占有支配地位的市场份额，但也许会也许不会产生正现金流量，这取决于新工厂、设备和产品开发对投资的需要量。明星型业务是由问题型业务继续投资发展起来的，可以视为高速成长市场中的领导者，它将成为公司未来的金牛业务。但这并不意味着明星业务一定可以给企业带来源源不断的现金流，因为市场还在高速成长，企业必须继续投资，以保持与市场同步增长，并击退竞争对手。企业如果没有明星业务，就失去了希望，但群星闪烁也可能会闪花企业高层管理者的眼睛，导致做出错误的决策。这时必须具备识别行星和恒星的能力，将企业有限的资源投入在能够发展成为金牛的恒星上。同样的，明星型业务要发展成为金牛业务适合于采用增长战略。

（3）金牛型业务（Cash Cows，指低增长、高市场份额）

处在这个领域中的产品产生大量的现金，但未来的增长前景是有限的。这是成熟市场中的领导者，它是企业现金的来源。由于市场已经成熟，企业不必大量投资来扩展市场规模，同时作为市场中的领导者，该业务享有规模经济和高边际利润的优势，因而给企业带来大量现金流。企业往往用金牛业务来支付账款并支持其他三种需大量现金的业务。现金牛业务适合采用战略框架中提到的稳定战略，目的是保持 SBUs 的市场份额。

（4）瘦狗型业务（Dogs，指低增长、低市场份额）

这个剩下的领域中的产品既不能产生大量的现金，也不需要投入大量现金，这些产品没有希望改进其绩效。一般情况下，这类业务常常是微利甚至是亏损的，瘦狗型业务存在的原因更多的是由于感情上的因素，虽然一直微利经营，但像人养了多年的狗一样恋恋不舍而不忍放弃。其实，瘦狗型业务通常要占用很多资源，如资金、管理部门的时间等，多数时候是得不偿失的。瘦狗型业务适合采用战略框架中提到的收缩战略，目的在于出售或清算业务，以便把资源转移到更有利的领域。

BCG矩阵的精髓在于把战略规划和资本预算紧密结合起来，把一个复杂的企业行为用两个重要的衡量指标来分为四种类型，用四个相对简单的分析来应对复杂的战略问题。该矩阵帮助多种经营的公司确定哪些产品宜于投资，宜于操纵哪些产品以获取利润，宜于从业务组合中剔除哪些产品，从而使业务组合达到最佳经营成效。

如何用模型来分析？

（1）评价各项业务的前景。BCG是用"市场增长率"这一指标来表示发展前景的。这一步的数据可以从企业的经营分析系统中提取。

（2）评价各项业务的竞争地位。BCG是用"相对市场份额"这个指标来表示竞争力的。这一步需要做市场调查才能得到相对准确的数据。计算公式是把单位的收益除以其最大竞争对手的收益。

（3）表明各项业务在BCG矩阵图上的位置。具体方法是以业务在二维坐标上的坐标点为圆心画一个圆圈，用圆圈的大小来表示企业每项业务的销售额。

到了这一步公司就可以诊断自己的业务组合是否健康了。一个失衡的业务组合就是有太多的狗类或问题类业务，或太少的明星类和金牛类业务。例如有三项的问题业务，不可能全部投资发展，只能选择其中的一项或两项，集中投资发展；只有一个现金牛业务，说明财务状况是很脆弱的，有两项瘦狗业务，这是沉重的负担。

（4）确定纵坐标"市场增长率"的一个标准线，从而将"市场增长率"划分为高、低两个区域。

比较科学的方法有两种：

① 把该行业市场的平均增长率作为界分点；

② 把多种产品的市场增长率（加权）平均值作为界分点。

需要说明的是，高市场增长定义为销售额至少达到10%的年增长率（扣除通货膨胀因素后）。

（5）确定横坐标"相对市场份额"的一个标准线，从而将"相对市场份额"划分为高、低两个区域。

BCG的布鲁斯认为，这个界分值应当取2，他认为"任何两个竞争者之间，2比1的市场份额似乎是一个均衡点。在这个均衡点上，无论哪个竞争者要增加或减少市场份额，都显得不切实际，而且得不偿失。这是一个通过观察得出的经验性结论。"在同年的另一篇文章中，布鲁斯说得更为明确："明星的市场份额必须是仅次于它的竞争者的两倍，否则其表面业绩只是一种假象。"按照布鲁斯的观点，市场份额之比小于2，竞争地位就不稳定，企业就不能回收现金，否则地位难保。但在实际的业务市场上，市场领先者市场份额是跟随其后的竞争者的2倍的情况极为少见。所以和上面的市场增长率的标准线确定一样，由于评分等级过于宽泛，可能会造成两项或多项不同的业务位于一个象限中或位于矩阵的中间区域，难以确定使用何种战略。所以在划分标准线的时候要尽量占有更多资料，审慎分析，这些数字范围在运用中根据实际情况的不同进行修改。而且不能仅仅注意业务在BCG矩阵图中现有的位置，还要注意随着时间推移历史的移动轨迹。每项业务都应该回顾它去年、前年甚至更前的时候是处在哪里,用以参考标准线的确定。

一种比较简单的方法是,高市场份额意味着该项业务是所在行业的领导者的市场份额。需要说明的是,当本企业是市场领导者时,这里的"最大的竞争对手"就是行业内排行老二的企业。

波士顿矩阵的优点:

波士顿矩阵根据两个客观标准评估一个企业活动领域的利益:市场的增长率和企业在该市场上的相对份额。其中,相对市场份额是该产品本企业市场占有率与该产品市场占有份额最大者之比。波士顿矩阵的优点是简单明了,可以使集团在资源有限的情况下,合理安排产品系列组合,收获或放弃萎缩产品,加大在更有发展前景的产品上的投资。

波士顿矩阵的局限性:

科尔尼咨询公司对 BCG 矩阵的局限性评价是仅仅假设公司的业务发展依靠的是内部融资,而没有考虑外部融资。举债等方式筹措资金并不在 BCG 矩阵的考虑之中。

另一方面,BCG 矩阵还假设这些业务是独立的,但是许多公司的业务是紧密联系在一起的。比如,如果金牛类业务和瘦狗类业务是互补的业务组合,如果放弃瘦狗类业务,那么金牛类业务也会受到影响。

其实还有很多对 BCG 矩阵做的评价。这里列举一部分:关于卖出"瘦狗"业务的前提是瘦狗业务单元可以卖出,但面临全行业亏损的时候,谁会来接手;BCG 矩阵并不是一个利润极大化的方式;市场占有率与利润率的关系并不非常固定;BCG 矩阵并不重视综效,实行 BCG 矩阵方式时要进行 SBU(策略事业部)重组,这要遭到许多组织的阻力;并没告诉厂商如何去找新的投资机会……

最后,对于市场占有率,波特的著作在分析日本企业时就已说过,规模不是形成竞争优势的充分条件,差异化才是。BCG 矩阵的背后假设是"成本领先战略",当企业在各项业务上都准备采用(或正在实施)成本领先战略时,可以考虑采用 BCG 矩阵,但是如果企业准备在某些业务上采用差别化战略,那么就不能采用 BCG 矩阵了。规模的确能降低一定的成本,但那是在成熟的市场运作环境中成立,在我国物流和营销模式并不发达成熟情况下,往往做好物流和营销模式创新可以比生产降低更多的成本。

波士顿咨询集团法的应用法则如下。

按照波士顿咨询集团法的原理,产品市场占有率越高,创造利润的能力越大;另一方面,销售增长率越高,为了维持其增长及扩大市场占有率所需的资金亦越多。这样可以使企业的产品结构实现产品互相支持,资金良性循环的局面。按照产品在象限内的位置及移动趋势的划分,形成了波士顿咨询集团法的基本应用法则。

第一法则:成功的月牙环。在企业所从事的事业领域内各种产品的分布若显示月牙环形,这是成功企业的象征,因为盈利大的产品不只一个,而且这些产品的销售收入都比较大,还有不少明星产品。问题产品和瘦狗产品的销售量都很少。若产品结构显示得散乱分布,说明其事业内的产品结构未规划好,企业业绩必然较差。这时就应区别不同产品,采用不同策略。

第二法则:黑球失败法则。如果在现金牛区域一个产品都没有,或者即使有,其销售收入也几乎近于零,可用一个大黑球表示。该种状况显示企业没有任何盈利的产品,说明应当对现有产品结构进行撤退、缩小的战略调整,考虑向其他事业渗透,开发新的事业。

第三法则：西北方向大吉。一个企业的产品在四个象限中的分布越是集中于西北方向，则显示该企业的产品结构中明星产品越多，越有发展潜力；相反，产品的分布越是集中在东南角，说明瘦狗类产品数量大，说明该企业产品结构衰退，经营不成功。

第四法则：踊跃移动速度法则。从每个产品的发展过程及趋势看，产品的销售增长率越高，为维持其持续增长所需资金量也相对越高；而市场占有率越大，创造利润的能力也越大，持续时间也相对长一些。按正常趋势，问题产品经明星产品最后进入现金牛产品阶段，标志了该产品从纯资金耗费到为企业提供效益的发展过程，但是这一趋势移动速度的快慢也影响到其所能提供的收益大小。

如果某一产品从问题产品（包括从瘦狗产品）变成金牛产品的移动速度太快，说明其在高投资与高利润率的明星区域时间很短，因此对企业提供利润的可能性及持续时间都不会太长，总的贡献也不会大；但是相反，如果产品发展速度太慢，在某一象限内停留时间过长，则该产品也会很快被淘汰。

在本方法的应用中，企业经营者的任务，是通过四象限法的分析，掌握产品结构的现状及预测未来市场的变化，进而有效地、合理地分配企业经营资源。在产品结构调整中，企业的经营者不是在产品到了"瘦狗"阶段才考虑如何撤退，而应在"金牛"阶段时就考虑如何使产品造成的损失最小而收益最大。

综上所述，定性决策的优点是方法灵活简便，通用性大，为一般管理者所易于采用；有利于调动专家的积极性，激发人们的创造能力，更适用于非常规性决策。定性决策方法也有明显的缺点：① 定性决策方法多建立在专家个人主观意见的基础上，未经严格的论证。② 定性决策法中，所选专家的知识类型对意见倾向性的影响很大，而专家的选择主要受决策组织者的影响可能很大。③ 采用定性决策法分析问题时，传统观念容易占优势，这是因为新思想往往是少数人最先提出的，而大多数人的思维是趋于保守的。

3.3.2 定量决策方法

又称硬方法，主要是指在定性分析的基础之上，运用数学模型模式和电子计算机技术，对决策对象进行计算和量化研究以解决决策问题的方法。定量决策方法的关键是建立数学模型，即把变量之间及变量与目标之间的关系用数学关系及数学模型表示出来，并且用计算机来处理数学模型。定量决策方法主要有以下几种。

1. 确定型决策的方法

（1）线性规划法

在决策过程中，人们希望找到一种能达到理想目标的方案，而实际上，由于种种主客观条件的限制，实现理想目标的方案在一般情况下是不存在的。不过，在现有的约束条件下，在实现目标的多种方案中，总存在一种能取得较好效果的方案，线性规划就是在一定约束条件下寻求最优方案的数学模型的方法。

利用线性规划建立数学模型的步骤是：先确定影响目标大小的变量；然后列出目标函数方程；最后找出实现目标的约束条件，列出约束条件方程组，并从中找到一组能使目标函数达到最大值或最小值的可行解，即最优可行解。

【例 3-1】某企业生产桌子和椅子，都需经过制造和装配二道工序，资料见表 3-3。问：如何生产，企业获利最大？

表 3-3　某企业生产桌子和椅子资料

	桌子	椅子	工序可利用时间
制造时间/h	2	4	48
装配时间/h	4	2	60
单位利润/元	8	6	

如果按照单位利润最大的产品来安排生产，若全部生产桌子，可生产 15 个（在制造工序可生产 24 个，但在装配工序只能生产 15 个，故最多只能 15 个桌子），最大利润为 $8 \times 15 = 120$ 元，但在制造工序上有 18 小时资源的浪费；若全部生产椅子，可生产 12 个，最大利润为 $6 \times 12 = 72$ 元，但有 36 小时的资源浪费。如何安排才能获利最大并尽可能地利用资源不浪费。

线性规划题解步骤

第一步：设置随机变量 x_i

x_1：生产桌子的数量；x_2：生产椅子的数量；

第二步：确立目标函数方程

$$\max z = 8x_1 + 6x_2$$

第三步：找出约束条件

s. t　① $2x_1 + 4x_2 \leq 48$；

　　　② $4x_1 + 2x_2 \leq 60$；

　　　③ $x_1, x_2 \geq 0$。

线性规划图解如图 3-2 所示。

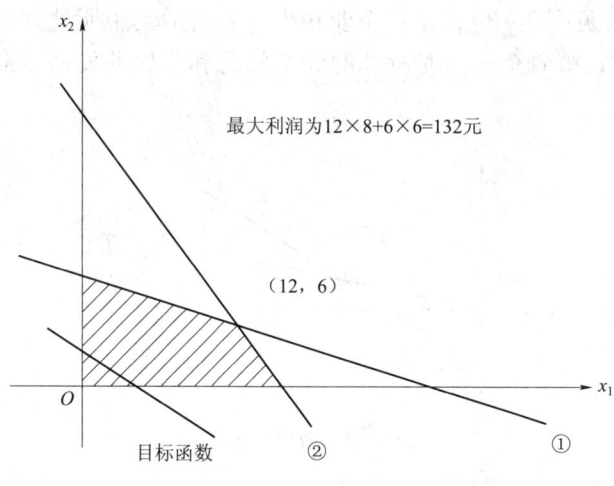

图 3-2　线性规划图解

（2）盈亏临界分析法

盈亏临界分析又称损益平衡分析、保本分析，是量本利分析的重要内容。这种方法是依据与决策方案相关的产品产销量、成本、利润之间的相互关系，来分析判断方案对企业盈亏发生的影响，评价和选择决策方案。通过盈亏临界分析，可以使企业明确：企业至少要销售多少产品才能保本；企业为实现一定的目标利润，需要销售多少产品；企业销售一定数量的产品，能够获得多少利润；企业经营的安全状况如何等。这种方法，在实际工作中具有很大的实用价值。

① 成本性态，又称成本习性，是指在业务量变动的情况下，某一类成本的变化性态，或者说，是指成本总额对业务量总数的依存关系。其中，业务量是指企业的生产经营活动水平（产出量、投入量），可直接用产品的单位数来表示（产销量），也可以用反映工作量的直接人工小时或机器小时来表示；可使用货币计量，也可使用非货币计量。按成本的性态，可将企业全部成本最终分为两大类。

- 变动成本，是指成本总额随业务量变动而成正比例变动的成本。如原材料成本、计件工资等，它们都是随着业务量的增减而成直线（或近于直线）增减的成本。但其摊入单位产品成本中后，则是相对不变的，即单位变动成本相对稳定。
- 固定成本，是指在业务量变化时，一定期间内的成本总额不受业务量变化影响的成本。如固定资产折旧、管理人员工资、广告费等。这种成本，即使在产品产量极小的情况下，也要照常开支。但其摊入单位产品成本中后，则是随产量的变化而成反比例变化的，即单位固定成本与产品产量成反比。固定成本也叫"生产经营能力成本"，它与企业一定时期的生产经营能力相联系，生产经营能力越大，固定成本就越高；反之，就越低。

必须指出，单位变动成本和固定成本总额的稳定性，是相对的，都是指在一定的产销量范围内而言的，这个范围叫相关范围。超过相关范围，单位变动成本和固定成本总额都会有所变动。如产量超过现有生产能力，就必须增加新的机器设备，固定成本总额就会增加；工人加班加点工作，计件工资就要增加，单位变动成本则因此而上升。它们又是指在一定期间范围而言的，反映一定期间内企业的生产和经营管理水平。企业的内部条件和外部环境是不断变化的，因此，超过一定期间，无论是变动成本还是固定成本，都会有所变动。

② 盈亏平衡点（见图3-3），是指企业在生产经营活动中所处的一种"收支平衡，不盈不亏"的状态。它反映着企业当时所处的经营状况和今后的发展方向，为企业的经营决策提供依据。

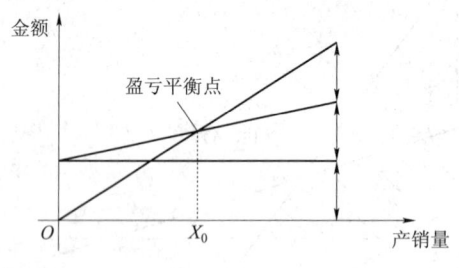

图3-3　盈亏临界图

设：P——单价；
　　X——产量或销售量；
　　F——固定成本；
　　V——单位变动成本；
　　Z——利润。
根据：利润 = 收入 - 成本；

= 销售单价 × 销售量 − 变动成本 − 固定成本

= 销售单价 × 销售量 − 单位变动成本 × 销售量 − 固定成本

= (销售单价 − 单位变动成本) × 销售量 − 固定成本

则，当 $Z=0$ 时，则有：$(P-V)X-F=0$

$$X = F/(P-V)$$

【例 3 − 2】 某企业生产 A 产品，预计单位产品的价格为 6 000 元，固定成本总额为 630 万元，单位产品变动成本为 3 000 元。求：

- 盈亏平衡点；
- 企业为了获利 510 万元，应达到的产量和销售收入为多少？
- 若设计能力为 4 000 台，那么，达到设计能力时，获利期望值为多少？

解：

① 盈亏平衡点：

$$X_0 = F/(P-V) = 630 \times 10^4/(6\ 000 - 3\ 000) = 2\ 100\ （台）$$

$$S_0 = 2\ 100 \times 6\ 000 = 1\ 260\ （万元）$$

② 若企业为获利 510 万元，应达到的销售量为：

$$X^* = (F+Z)/(P-V) = (510+630) \times 10^4/(6\ 000-3\ 000) = 3\ 800\ （台）$$

$$S^* = 3\ 800 \times 6\ 000 = 2\ 280\ （万元）$$

③ 若设计能力为 4 000 台，那么，达到设计能力时，获利期望值是：

$$Z = (P-V)X - F = (6\ 000 - 3\ 000) \times 4\ 000 - 6\ 300 \times 10^4 = 570\ （万元）$$

量本利案例分析：

某小型企业只生产 A 部件，其正常销售价格为 10 元/件，单位变动成本 4 元/件，固定成本 8 000 元。

目前，由于经济不景气，企业处于停产状态。假设仓库无库存。

某日，该厂来了一位新客户，提出欲购买 1 000 件 A 部件，但买价只肯出 4.50 元/件。

(1) 若你是该厂厂长，问是否接这份订单？

(2) 该客户提出欲买 10 000 件，但买价只肯出 3.95 元/件，若你是该厂厂长，请根据现实情况，决定是否接这份订单？

问题一：

- 若接：利润 = 1 000 × (4.5 − 4) − 8 000 = −7 500（元）；
- 若不接：利润 = 0 × (4.5 − 4) − 8 000 = −8 000（元）。

所以，应该接这份订单，表面上看是亏，其实是赚的，只是赚的太少，不足以弥补固定成本。

问题二：

无标准答案：

- 可不接：因为做得越多，亏得越多。
- 可接：做的量大，供应商是否会给你销售折扣。

这里其实说明一个道理，做决策时要定量定性相结合，不能简单地套用一个公式，用一些财务数据算算就得出结论。

2. 不确定型决策方法

不确定型决策所面临的问题是决策目标、备选方案尚可知,但很难估计各种自然状态发生的概率。因此,此类决策主要靠决策者的经验、智力及对承担风险的态度。不确定型决策主要方法如下。

① 悲观法(小中取大法):首先找出各个方案的最小收益值,然后选择最小收益值中最大的那个方案为最优方案。

【例3-3】某企业准备生产一种新产品,对于市场的需要量估计为三种情况,即销路好、销路一般和销路差。企业拟定了三种方案,即第一方案是改建生产线;第二方案是新建生产线;第三方案是与外厂协作生产。根据计算,其收益值如表3-4所示。

表3-4 某企业市场需要量估计

	销路好	销路一般	销路差	最小收益
A 改进生产线	180	120	-40	-40
B 新建生产线	240	100	-80	-80
C 与外部协作	100	70	16	16

以上表看出方案A最小收益值为-40,方案B最小收益值为-80,方案C最小收益值为16。因此,第三方案C应为最优方案。

② 乐观法(大中取大法)如表3-5所示。

表3-5 收益状况表

	销路好	销路一般	销路差	最大收益
A 改进生产线	180	120	-40	180
B 新建生产线	240	100	-80	240
C 与外部协作	100	70	16	100

在上例中找出各方案的最大收益值分别为180、240、100,从中选择最大值,这样第二方案B将为最优方案。但这种方法风险较大,要慎用。

③ 后悔值法(大中取小法)。某一种自然状态发生时,即可明确哪个方案是最优的,其收益值是最大的。如果决策人当初并未采用这一方案而采取其他方案,这时就会感到后悔,最大收益值与所采用的方案收益值之差,叫后悔值。先计算出在一种状态下各方案的后悔值,找出最大的,然后从中挑选最小后悔值的方案为最优方案如表3-6所示。

表3-6 后悔值表

	销路好	销路一般	销路差	最大后悔值
A 改进生产线	180 (60)	120 (0)	-40 (56)	60
B 新建生产线	240 (0)	100 (20)	-80 (96)	96
C 与外部协作	100 (140)	70 (50)	16 (0)	140

首先第一步先确定一种自然状态,比如"销路好",然后在该状态下找出最大的数值"240",再依次用240去减三个方案在"销路好"状态下的收益值,分别得到60、0、140。

含义是在"销路好"的状态下如果选择 B 方案,那是最佳的选择,一点都没有后悔(后悔值为 0),而如果选择 A 方案,那么该让你赚 240 的,结果只赚了 180,少赚了 60(后悔值 60),选择 C 方案则少赚 140(后悔值 140);

接着,分别选择"销路一般"、"销路差"的自然状态并计算相应的后悔值;

最后,找出方案各自的最大后悔值分别是 60、96、140,从中选择最小的,即方案 A 是最优方案。

3. 风险型决策——决策树

【例 3-4】决策树是以图解方式分别计算各个方案不同自然状态下的损益值,通过综合损益值比较,做出决策。决策树是将可行方案、影响因素用一张树形图表示。以决策点为出发点,引出若干方案枝,每个方案枝都代表一个可行方案。在各方案枝末端有一个自然状态结点,从状态结点引出若干概率枝,每个概率枝表示一种自然状态。在各概率枝末梢,标注有损益值。

(1) 单阶段决策

企业打算生产某品,预计可生产 5 年。方案及市场情况见表 3-7,预计改进生产线需投资 80 万元,新建生产线需投资 120 万元,外协作无须投资。

表 3-7 市场情况表　　　　　　　　　　　　　　　　　　　　　　　万元

	销路好 0.3	销路一般 0.45	销路差 0.25
改进生产线	180	120	-40
新建生产线	240	100	-80
外协作	100	70	16

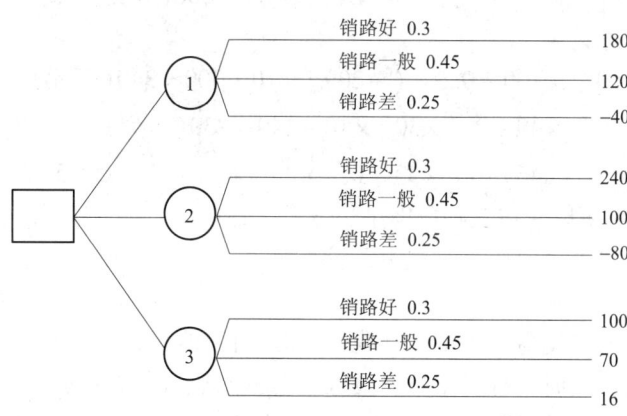

图 3-4 决策树图

$$E_1 = (180 \times 0.3 + 120 \times 0.45 - 40 \times 0.25) \times 5 - 80 = 410(万元)$$
$$E_2 = (240 \times 0.3 + 100 \times 0.45 - 80 \times 0.25) \times 5 - 100 = 385(万元)$$
$$E_3 = (100 \times 0.3 + 70 \times 0.45 + 16 \times 0.25) \times 5 = 327.5(万元)$$

因为第一种方案的收益值最大,所以选择改进生产线的方案。

(2) 多阶段决策

【例 3-5】某企业为了扩大某产品的生产,拟建设新厂。据预测,产品销路好的概率为

0.7，销路差的概率为 0.3。有三种方案可供企业选择：

① 新建大厂，需投资 300 万元，估计销路好时，每年可获利 100 万元；销路差时，每年亏损 20 万元，服务期 10 年。

② 新建小厂，需投资 140 万元，估计销路好时，每年可获利 40 万元；销路差时，每年仍可获利 20 万元，服务期 10 年。

③ 先建小厂，3 年后销路好时再扩建，需追加投资 200 万元，服务期 7 年，估计每年获利 95 万元。

问哪种方案最好？

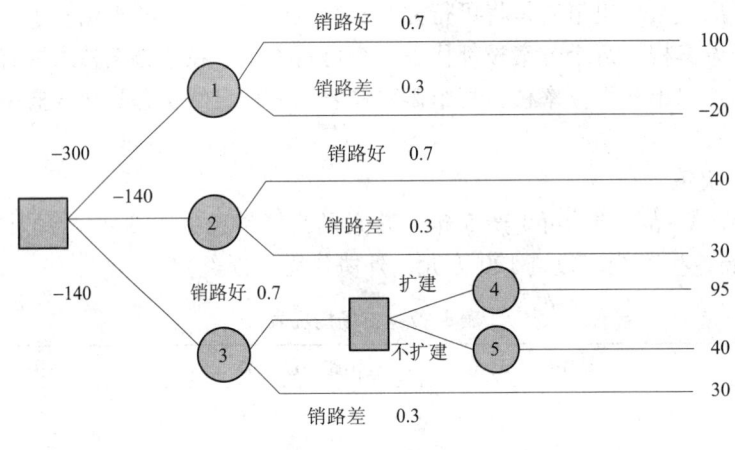

图 3-5 决策树图

$$E_4 = 95 \times 7 - 200 = 465(万元) \quad E_5 = 40 \times 7 = 280(万元) \quad 因为 E_4 > E_5$$

所以该决策点选方案 4

$$E_1 = [0.7 \times 100 + 0.3 \times (-20)] \times 10 - 300 = 340(万元)$$
$$E_2 = (0.7 \times 40 + 0.3 \times 30) \times 10 - 140 = 230(万元)$$
$$E_3 = 0.7 \times (465 + 40 \times 3) + 0.3 \times 30 \times 10 - 140 = 359.5(万元)$$

因为 $E_3 > E_1 > E_2$ 所以，在三种方案中，方案 3 最好。

需要指出的是，在上面的计算过程中，没有考虑货币的时间价值等其他影响因素，这是为了使问题简化。但在实际中，多阶段决策通常需要考虑货币的时间价值。

定量决策方法的发展提高了决策的准确性、时效性和可靠性，使管理者以从大量繁杂的常规决策中解放出来；同时，有利于培养决策者严密的逻辑论证习惯，克服主观随意性。但是，定量决策法也有一定的局限性：① 定量决策方法适用于处理常规性决策，而对相当一部分重要的战略性的非常规性决策来说，还没有恰当的数学方法可供使用；② 建立数学模型和使用计算机分析的过程往往要耗费大量的时间和人力费用，因此，采用定量决策方法要考虑所获得的效益与所付出的代价相比是否值得；③ 对一般管理决策者来说，有的数学方法过于深奥，掌握起来有一定的难度；④ 某些决策问题中的变量涉及社会因素、心理因素等难以量化的因素和诸多不确定的变化因素，加大了建立数学模型的困难，也会降低决策的可靠性。因此，通常将定量决策方法与定性决策方法相结合，会取得更为理想的决策结果。

第4章 计划、计划工作与计划实施

计划过程是决策的组织落实过程。决策是计划的前提，计划是决策的逻辑延续。计划通过将组织在一定时期内的活动任务分解给组织的每个部门、环节和个人，从而不仅为这些部门、环节和个人在该时期的工作提供了具体的依据，而且为决策目标的实现提供了保证。

如果把决策看成是选择做正确的事，那么计划则是安排如何正确地做事，决策确定了组织未来的方向，计划则是在已定方向的前提下制定要实现的阶段目标及实现目标的策略。

BBC的动物世界栏目曾经播出一段鲸鱼捕食沙丁鱼的策略。当一群鲸鱼发现了一群数以万计的沙丁鱼群时，它们的目标很清楚，就是捕获沙丁鱼。但如果它们仅仅有这一个目标，这群鲸鱼会怎么做呢？最简单的做法就是每头鲸鱼对着沙丁鱼群冲过去，或许每头鲸鱼都能捕获一些猎物，但大家设想一下会出现怎样的局面：沙丁鱼尽管体型微小，但游动非常灵活，当鲸鱼扑过来时必然四处逃窜。如果这样，鲸鱼能有多大的收获呢？方向是对的，并且有具体的目标，但没有策略，导致的结果必然是累死累活但收效不大。而在该拍摄的影片中，我们看到鲸鱼不仅仅有方向目标，还有共同的、完整的行动策略。

它们首先开始分工，从四面八方把沙丁鱼包围起来，然后有一头鲸鱼潜到沙丁鱼群下方，绕着圈游，边游边吐气泡。气泡在水下不断上升，在沙丁鱼群的外围形成了一个气泡桶，沙丁鱼不敢去碰这个桶，只能在桶内乱串。当气泡桶的直径缩小到一定程度之后，会有另外的鲸鱼潜到沙丁鱼群的下面发出高频率的啸叫声。这样通过气泡桶和啸叫声不断地把沙丁鱼群往水面上赶。当沙丁鱼群接近水面并且密度越来越大时，其他鲸鱼游到沙丁鱼群底部，张开大嘴由下往上将沙丁鱼灌到嘴了。这样，鲸鱼就一头接一头从气泡桶的底部向上将沙丁鱼数以万计地吞到自己的肚子里。

4.1 计划的概念及其性质、作用

4.1.1 计划工作的含义

计划是所有管理职能中最基本的方面，古人所说"运筹帷幄"，就是对计划职能的形象概括。任何管理人员都必须制订计划，管理者必须计划一系列的事情，如新产品的研发及生产、新产品的销售、产品的定价、人员的雇用、资金的筹集等。对美国500家大型企业组织的调查表明，他们当中有94%进行长期计划。

计划工作有广义和狭义之分。广义的计划工作包括制订计划、执行计划和检查计划的执行情况等整个过程。狭义的计划工作则是指制订计划。计划工作，就是根据组织内外部的实际情况，权衡客观需要和主观的可能，通过科学的预测，提出在未来一定时期内组织所要达到的目标及实现目标的方法。计划工作的内容可用"5W1H"来表示,即决定做什么（WHAT）,讨论为什么要做（WHY）,确定何时做（WHEN）何地做（WHERE）何人做（WHO）及如何做（HOW）。

4.1.2 计划工作的性质

计划工作的性质可以概括为 5 个主要方面,即目标性、领先性、普遍性、效率性和创新性。

1. 目标性

每一个计划都是旨在促使组织总目标和一定时期目标的实现。计划工作是最明白地显示出管理的基本特征的主要职能活动。

2. 领先性

计划工作相对于其他管理职能处于领先地位,它影响贯穿于组织工作、人员配备工作、指导与领导工作和控制工作中。因此,主管人员必须首先制订计划,然后才知道需要什么样的组织结构和什么素质的人员,如何最有效地去领导员工,以及采用什么样的控制。因此,如果要使所有其他管理职能发挥效用,必须首先制订好计划,如图 4-1 所示。

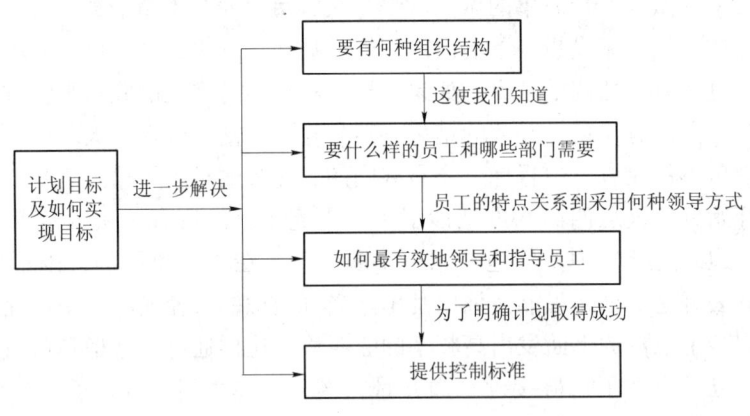

图 4-1　计划的领先性

3. 普遍性

虽然计划工作的特点和范围随着各级主管人员职权的不同而不同,但计划工作是全体主管人员的一项共同职能。所有的主管人员,无论是总经理还是班组长都要从事计划工作。为了有效地做好计划工作,必须给予不同的主管人员一定程度的自主权和制订计划的责任,否则,他们就不是名副其实的真正主管人员了。

4. 效率性

计划工作的任务,不仅要确保实现目标,而且要从众多方案中选择最优的资源配置方案,以求得合理利用资源和提高效率。用通俗的语言来表达,就是既要"做正确的事"又要"正确地做事"。计划工作的效率,是以实现企业的总目标和一定时期的目标所得到的利益,扣除为制订和执行计划所需要的费用和其他预计不到的损失之后的总额来测定的。

效率这个概念的一般含义是指投入和产出之间的比率,但在这个概念中,不仅包括人们通常理解的按资金、工时或成本表示的投入产出比率,如资金利润率、劳动生产率和成本利润率等定量的客观指标,还包括组织成员个体和群体的动机和满意度等主观的评价标准。因此,只有能够实现收入大于支出,才能真正体现出计划的效率。许多主管人员编制了费用大于所能获得的收入的计划。例如,一家航空公司,以费用超过收入的代价购买某种飞机;一些公司尽力设法推销市场不能接受的产品,为此付出高昂的代价,以至于得不偿失。这都不符合计划的效率性要求。

5. 创新性

计划工作总是针对需要解决的新问题和可能发生的新变化、新机会而作出决定的,因而它是一个创新性的过程。计划有点类似于一项产品或一项工程的设计,它是对管理活动的设计。正如一种新产品的成功在于创新一样,成功的计划也依赖于创新。

综上所述,计划工作是一个指导性、预测性、科学性和创造性很强的管理活动,但同时又是一项复杂而又困难的工作。当前,我国正面临着实现社会主义现代化的宏伟目标,我国企业在对外开放的方针下正面临全球企业的激烈竞争,形势要求我们迅速地提高宏观的和微观的管理水平,而加强计划工作,提高计划工作的科学性是全面提高管理水平的前提和关键。

4.1.3　计划工作的作用

随着生产技术日新月异,生产力水平的提高,生产规模的不断扩大,分工与协作的程度空前提高,社会组织的活动不但受到内部环境的影响,还要受到许多外来因素的影响和制约,组织要不断地适应这种复杂的、变化的环境,只有科学地制订计划才能协调与平衡多方面的活动,求得本组织的生存和发展。一个好的计划即科学性、准确性很强的计划,对于我们的工作将起到事半功倍的作用;相反,若是一个科学性、准确性很差的计划,则会使我们的工作事倍功半,甚至一无所得。因此,制订计划的工作是十分重要的。具体地说,计划的作用主要表现在以下4个方面。

① 计划是管理者开展活动的有力依据,有利于各级管理人员和全体职工把注意力集中实现整体目标。

管理者开展活动要根据计划来进行。他们分派任务,根据任务确定下级的权力和责任,促使组织中的全体人员的活动方向趋于一致而形成一种复合的、巨大的组织行为,都需要根据计划来进行。正是由于周密细致全面的计划工作统一了部门之间的活动,才使主管人员从日常的事务中解脱出来,而将主要精力放在随时检查、修改、扩大计划以及组织整体目标的实现上。

② 计划是管理者降低风险的手段,有利于减少不肯定性因素和变化带来的不利影响。

当今世界正处于剧烈变化的时代,社会在进步,组织在变革,科学技术日新月异,人们的价值观念在不断变化,国家的方针政策在不断调整。这些变化对管理而言,既可能是机会也可能是风险,管理者可以通过科学有效的计划来降低风险、掌握主动。管理者可以针对未来的变化进行预测,根据过去的和现在的信息来推测将来可能出现哪种变化,这些变化将对达成组织目标产生何种影响,在变化确定发生的时候应该采取什么对策,并制订出一系列的备选方案,一旦出现变化,就可以及时采取措施,不至于无所适从。通过计划工作,进行科学的预测可以把将来的风险降低到最低程度,抓住机会,保持主动,减少不肯定性因素和变化带来的不利影响。

③ 计划是管理者提高效益的重要方法，有利于更经济地进行管理。

有了计划，它用共同的目标，明确的方向来代替不协调的、分散的活动，用均匀的工作流程代替不均匀的工作流程，以及用深思熟虑的决策代替仓促草率的判断，从而实现对各种生产要素的合理分配，使人力、物力、财力紧密结合，取得更大的经济效益。计划工作有利于用最短的时间完成工作，减少迟滞和等待时间，减少盲目性所造成的浪费，促使各项工作能够均衡稳定的发展。计划将组织活动从时空角度进行分解来对现有资源的使用进行合理的分配，通过规定组织的不同部门在不同时间从事何种活动、告诉人们何地需要多少数量的资源，从而为组织筹集资源提供依据，使组织的可用资源充分发挥作用，并降低成本，有利于更经济地进行管理。

④ 计划为管理者进行控制提供标准。

计划和控制是一个事物的两个方面，它们是管理的一对孪生子。未经计划的活动是无法控制的，因为控制就是纠正脱离计划的偏差，以保持活动的既定方向。主管人员如果没有计划规定的目标作为测定的标准，就无法检查其下级完成工作的情况；如果没有计划作为标准，就无法测定控制活动。计划为控制工作提供了标准，没有计划指导，控制就会变得毫无意义。

4.2 计划的类型及其表现形式

4.2.1 计划的类型

根据划分标准的不同，计划可以区分为各种不同的类型。表4-1列出了按不同的标准划分的计划类型。

表4-1 计划的类型

分类标准	类型
职能	业务计划、财务计划、人事计划
时间期限的长短	短期计划、中期计划、长期计划
计划内容的详尽程度	具体计划、指导性计划
综合性程度（涉及经营范围和时间长短）	战略计划、战术计划
不同的表现形式	宗旨、目标、战略、政策、规则、程序、规划、预算

1. 按职能分类

按职能分类，可以将计划分为业务计划、财务计划及人事计划。

我们通常用"人财物，供产销"6个字来描述一个企业所需的要素和企业的主要活动。业务计划的内容涉及"物、供、产、销"，财务计划的内容涉及"财"，人事计划的内容涉及"人"。组织是通过从事一定业务活动立身于社会的，业务计划是组织的主要计划，作为经济组织，企业业务计划包括产品开发、生产以及销售等内容。而财务计划研究如何从资本提供和利用上促进业务活动的有效进行，人事计划则分析如何为业务规模的维持或扩大提供人力资源的保证。财务计划与人事计划是为业务计划服务的，也是围绕着业务计划而展开的。

2. 按时间期限分类

按时间期限的长短，可以将计划分为短期计划（Short-term Plans）中期计划（Middle-term Plans）划和长期计划（Long-term Plans）。长、中、短期计划只是一个相对的概念，没有规定明确的时间期限。现有的习惯做法是将1年以内的计划称为短期计划，1年到5年以内的计划称为中期计划，5年以上的计划称为长期计划。但是对一些环境变化很快，本身节奏很快的组织活动，其计划分类也可能一年计划是长期计划，季度计划是中期计划，月计划是短期计划。

在这三种计划中，通常长期计划主要是方向性和长远性的计划，它主要回答的是组织的长远目标与发展方向以及大政方针问题，通常以工作纲领的形式出现。中期计划是根据长期计划制订的，它比长期计划较具体，是考虑了组织内部与外部的条件与环境变化情况后制订的可执行计划。短期计划则比中期计划更加详细具体，它是指导组织具体活动的行动计划，一般是中期计划的分解与落实。

3. 按计划内容的详尽程度分类

按计划内容的详尽程度分类，可以将计划分为具体性计划（Specific Plans）和指导性计划（Directional Plans）。具体计划具有明确规定的目标，不存在模棱两可。例如，企业一位销售部经理打算使企业销售额在未来1年中增长20%，为此，他制定出明确的程序，预算分配方案以及日程进度表，这便是具体性计划。指向性计划只规定某些一般性的方针和行动原则，给予行动者较大自由处置权，它指出行动的重点但并不限定在具体的目标上，也不规定特定的行动方案。例如，一个旨在增加利润的具体计划，可能要明确规定在未来1年中利润要增加10%；而指向性计划也许只提出未来1年中利润增加10%～15%。显然，具体性计划易于执行、考核及控制，指向性计划具有内在灵活性的优点。

4. 按综合性程度分类

即按经营范围和时间长短分类，可将计划分为战略计划（Strategic Plans）和战术计划（Operational Plans）。战略计划是关于企业活动总体目标和战略方案的计划。它所包含的时间跨度长，涉及范围广；计划内容抽象、概括、不要求直接的可操作性；不具有既定的目标框架作为计划的着眼点和依据；计划方案往往是一次性的，很少能在将来得到再次或重复的使用；计划的前提条件多是不确定的，计划执行结果也往往带有高程度的不确定性。

战术计划是有关组织活动具体如何运作的计划，对企业来说，就是指各项业务活动开展的作业计划。战术计划主要用来规定企业经营目标如何实现的具体实施方案和细节。如果说战略计划侧重于确定企业要做"什么事"（What）以及"为什么"（Why）要做这事，则战术计划是规定需由"何人"（Who）在"何时"（When），"何地"（Where），通过"何种办法"（How），以及使用"多少资源"（How much）来做这事。简单地说，战略计划的目的是确保企业"做正确的事"，而战术计划则旨在追求"正确地做事"。

4.2.2 计划的表现形式（图4-2）

（1）宗旨：是为了说明组织存在的根本价值和意义，也是不同组织相互区别的根本标志。

各种有组织的集体经营活动，如果是有意义的话，都至少应当有一个目的或使命。这种

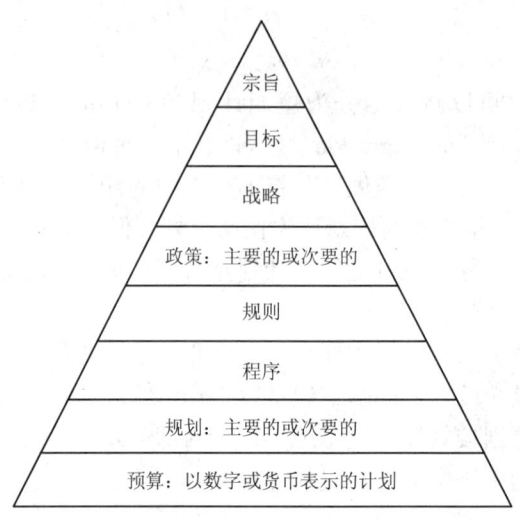

图 4-2　计划的表现形式

目的或使命，是社会对该组织的基本要求，我们称之为宗旨。换句话说，宗旨即表明组织是干什么的，应该干什么。例如，一个工商企业的基本宗旨是向社会提供有经济价值的商品或劳务；法院的宗旨是解释和执行法律；大学的宗旨是培养高级人才，等等。

以企业为例，毋庸置疑，为了系统地阐明企业在一定时期应达到的目标，就必须首先明确它的宗旨。对于这一点，虽然每一个企业都应当知道自己的企业是干什么的，应该干什么，然而，有许多企业的经理却很难清楚地回答这样的问题。这些企业的经理还没有体会到深入思考企业的宗旨，并将它明确阐述出来用以指导日常的经营活动的重要意义。相反，当我们把眼光转向一些取得了巨大成功的公司时，我们会发现，他们成功的原因首先在于有明确的宗旨。例如，在计算机芯片行业中首屈一指的英特尔（Intel）公司，就有着明确的宗旨："英特尔公司的目标是在工艺技术和营业这两方面都成为并被承认是最好的，是领先的，是第一流的。"著名的日本索尼（SONY）公司的宗旨便是："索尼是开拓者、永远向着那未知的世界探索。"表示索尼公司绝不步别人后尘的意志。正是从这一宗旨出发，索尼公司把最大限度地发掘人才、信任人才、鼓励人才不断前进视为自己的唯一使命，从而在研发12英寸的计算机软盘，以及无须使用胶卷的小型磁带式照相机和微型立体声单放机等方面取得了巨大成功。

（2）目标：是组织活动所要达到的结果。

一定时期的目标或各项具体目标是在宗旨指导下提出的，它具体规定了组织及其各个部门的经营管理活动在一定时期要达到的具体成果。例如，教书育人和科学研究是一所大学的宗旨，但一所大学在完成自己宗旨时会进一步具体化不同时期的目标和各院系的目标，比如最近5年培养多少人才，完成多少科研课题，发表多少学术论文等。目标不仅是计划工作的终点，而且也是组织工作、人员配备、指导与领导工作和控制活动所要达到的结果。

（3）战略：为达到组织总体目标而采取的行动和利用资源的总计划。

战略是指导全局和长远发展的方针，是要指明方向、重点和资源分配的优先次序，不是要具体地说明企业如何实现目标。

(4) 政策：指导、沟通思想与行动方针的规定或行为规范。

政策是组织在决策或处理问题时，用来指导和沟通思想与行动的方针和明文规定。例如，某企业的一项人事目标是"在5年内大大提高职工的素质"，相应的人事政策是"在今后5年中仅招收学有专长的职工"。政策的实质是承认存在着自主权，是组织为达到目标而制订的一种限定活动范围的计划。政策要规定范围和界限，但其目的不是要约束下级使之不敢擅自决策，而是鼓励下级在规定的范围内自由处理问题，主动承担责任，将一定范围内的决策权授予下级。

(5) 规则：最简单的计划。

规则是针对具体场合和具体情况允许采取某种特定行动的规定，即每一步骤工作时所应遵循的原则和规章。它对人的行为具有最强大的约束力。例如"厂内禁止吸烟"就是一条规则。规则不同于政策。政策的目的是指导行为，并给执行人员留有酌情处理的余地；而规则虽然也起指导行动的作用，但是在运用规则时，执行人员没有自行处理权。规则也不同于程序。规则指导行动但不说明时间顺序。规则和程序，就其实质而言，旨在抑制思考。所以，有些组织只是在不希望它的员工运用自由处理权的情况下才加以采用。

(6) 程序：处理未来活动的方法和步骤。

程序也是一种计划，它规定了如何处理那些重复发生的例行问题的标准方法。程序是指导如何采取行动，而不是指导如何去思考问题。程序的实质是对所要进行的活动规定时间顺序，因此，程序也是一种工作步骤。制定程序的目的是减轻主管人员决策的负担，明确各个工作岗位的职责，提高管理活动的效率和质量。此外，程序通常还是一种经过优化的计划，它是对大量日常工作过程及工作方法的提炼和规范化。

程序是多种多样的，几乎可以这样说，组织中所有重复发生的管理活动都应当有程序。例如在组织的上层主管部门应当有重大决策程序、预算审批程序、会议程序等；在组织的中层职能管理部门，应当有各自的业务管理程序；组织中有些工作是跨部门的，如新产品的开发研制工作，则应当有相应的跨部门管理程序。一般来说，越是基层，所规定的程序也就越细，数量也越多。例如制造企业的工艺路线就是一种程序，它明确规定某个零件的加工顺序、使用的设备、加工的方法等，它对于保证零件的质量起着关键的作用。

管理的程序化水平是管理水平的重要标志，制定和贯彻各项管理工作的程序是组织的一项基础工作。

(7) 方案（规划）：综合性计划，包括目标、政策、程序、规划等。

规划是为实现既定方针所必需的目标、政策、规则、程序、任务分配、执行步骤、使用资源以及其他要素的复合体。因此，规划工作的各个部分彼此协调需要有严格的管理技能，以及系统思考和行动的方法。

(8) 预算：用数字表示预期结果的报表。

预算被称为数字化的计划。预算可以帮助组织或企业的上层和各级管理部门的主管人员，从资金和现金收支的角度，全面、细致地了解企业经营管理活动的规模、重点和预期成果。例如，某企业的财务预算包括利税计划、流动资金计划、财务收支计划、财务收支明细计划表和成本计划等，其中财务收支明细计划表详细地列出了企业各管理部门的主要收支项目的金额数量。预算是控制组织经营活动不可缺少的内容，是使组织的各级计划协调统一的重要手段。

4.3 计划工作过程与基本原理

4.3.1 计划工作的步骤

计划工作是一个由若干个互相衔接的步骤所组成的连续的过程。这一过程可以大致分为如下 8 个步骤。

① 估量机会：从一定意义上讲，估量机会是正式的计划工作开始之前所必须做的准备工作，但却是计划工作中不可缺少的一个起点。其内容包括：初步考察未来可能出现的机会及本组织认识和把握机会的能力，根据自身的优势和劣势判断本组织的竞争地位，明确进行计划的理由以及期望得到的结果，等等。计划目标能否实现可行，便取决于这一步骤的工作。

② 确立目标：在估量机会的基础上，计划工作的第一步就是要为组织以及各组成部分确立目标。目标要说明预期的成果，指明将要做的工作有哪些、重点应放在哪里、将必须完成哪些任务，等等。企业或组织的总目标将成为所有计划的指南，各个领域的分目标和各个部门的具体目标必须反映总目标的要求，通过各领域、各层次目标的相互支持，相互协调，形成一个完整的目标系统。

③ 明确计划的前提条件：计划的前提条件就是计划实施时预期的内外部环境条件。由于未来环境的复杂性，要搞清楚其每一个细节是不现实的，也是不经济的。因此，组织所要确定的计划前提必须限于那些关键性的、对计划的实施影响最大的条件。为了使企业或组织的各个领域、各个部门的计划协调一致，各级、各类管理人员所依据的计划前提条件也必须协调一致。

④ 确定备择方案：一般来说，实现某一既定的目标往往存在着多个可供选择的方案。管理人员应当牢记这一格言：如果看起来似乎只有一种行动方案，这一方案很可能就是错误的。因为这容易使人们放弃去探索更好的方案。但在实践中，通常的问题并不在于备择方案太少，而是我们所面临的选择常常太多。这就要求主管人员通过初步的考察和计算，排除希望不大的那些方案，将备择方案的数目减少为最有成功把握的有限几个方案。

⑤ 评价备择方案：在找出了各种备择方案并考察了它们各自的优缺点之后，计划的下一个步骤便是根据计划的前提条件和计划目标来分析评价各种方案。有的方案可能获利能力大，但投资大，回收期也长；有的方案获利小，但风险也小；而有的方案则更适合于企业长远目标的要求。一般来说，由于备择方案多，而且有大量的可变因素和限定条件，从而评价备择方案的工作往往是非常复杂的，为此常需借助于运筹学、数学方法和计算技术等各种手段来进行方案评价。

⑥ 选择方案：这一步骤实际上意味着进行决策或决断。管理人员或者依据自己的经验，或者通过对备择方案进行实验，或者对方案进行分析研究来做出选择。在对各种备择方案进行分析和评价的过程中有时可能会发现同时有两个或两个以上的方案是可取的，在这种情况下，管理人员也许会决定同时采取几个方案，而不是某一个。

⑦ 拟订派生计划：在选定一个基本的计划方案后，还必须围绕基本计划来制订一系列

派生计划来辅助基本计划的实施。例如，某大企业在作出新建一个分厂的决策后，这个决策就成为制订一系列派生计划的前提，各种派生计划都要围绕它来进行拟订。如人员的招聘和培训计划、材料和设备的采购计划、广告宣传计划、资金筹措计划，等等。

⑧ 用预算将计划数字化：计划的最后一个步骤就是要将之转化为预算，使之数字化。预算是用数字的形式表示的组织在未来某一确定期间内的计划，是计划的数量说明，是用数字形式对预期结果的一种表示。这种结果可能是财务方面的，如收入、支出和资本预算等；也可以是非财务方面的，如材料、工时、产量等方面的预算。预算是汇总各类计划的工具，同时也是衡量计划执行情况的重要标准，因此预算又常常被看做是一种重要的控制手段。

不管是建设一座新工厂，还是开发一种新产品，它们所涉及的人力、资金或者所用时间都会有所不同，因而有些计划比较简单，有些则比较复杂，但它们计划工作的步骤上却是共通的，任何一种完整的计划工作都要遵循这些步骤。应该指出的是，计划工作中的某些步骤，即提出备择方案、对备择方案进行评价以及选择备择方案，实际也就是我们前一章所重点讨论的决策过程。由此我们可以看出，在机会和目的为已知的条件下，计划工作的核心确实就是决策的过程。

4.3.2 计划的前提条件及其预测

计划的前提条件是指计划在未来实施时预期的内外部环境。计划是要在未来实施的，未来的内外部环境条件必然会影响和制约计划实施的成败。因此，正确认识和把握那些重要的前提条件就成为有效的计划工作的一个不可或缺的步骤。计划的前提条件有以下几种。

① 外部的前提条件和内部的前提条件

企业的外部条件可以分为3大类，即：一般环境类，包括经济、政治、技术、社会和伦理等条件；产品市场类，包括影响产品和服务需求的各种条件；要素市场类，包括土地、劳动、材料、零部件和资本等要素。可以看出这三类前提是相互作用、彼此影响的。企业的内部条件前提包括：投在固定资产方面的资金，企业的战略和政策，现有的主要计划，对市场的预测和组织结构等。

② 定量的前提条件和定性的前提条件

定量的前提条件是指可以用数字来表示的那些前提条件，包括用货币、工时、面积、产品数量等等所表示的。定性的前提条件是指那些不能用数字来表示的前提条件，如产品的声誉、员工的士气、政治的安定与否，等等。定性的前提条件在计划工作中同样起着非常重要的作用。

③ 全部可控、部分可控和不可控的前提条件

全部可控的前提条件是指那些企业自身可以加以控制的因素，如企业的研究开发计划、进入新市场的时机、工厂的选址等；部分可控的前提条件是指企业可以在一定程度上加以控制的因素，如企业的价格政策、职工的流动率、本企业的市场份额等；不可控的前提条件则是指企业自身无法控制的那些因素，如人口增长、政治环境、未来的物价水平、经济周期、政府的税率和税收政策等。

在上述各种影响和制约未来计划实施的因素中，有些因素是企业已经能够把握的已知条件，如企业现行的政策和规则等，而相当多的则是未知的或未能把握的因素。这就要求管理人员必须设法去进行预测。预测在管理中具有非常重要的意义，有人甚至把计划称为是各种

预测的综合体。实际上，除去在计划工作中的重要作用之外，预测还能促使管理人员向前看，面向未来，并为此做好准备。此外，预测工作还有利于发现工作中哪些环节存在着欠缺。因此，一个合格的主管人员不仅要能够在情况发生变化时迅速作出反应，而且还必须能够预见到变化，并为此而采取相应的措施。一般而言，对计划前提条件的预测主要有两个方面：一方面是对外部环境因素的预测，主要包括对未来经济形势和经济发展的预测，对科学技术进展的预测以及对未来的社会、政治、文化、伦理等各方面因素的预测；另一方面是对市场的预测或称销售预测，这是构成企业的计划前提条件的最主要内容。

企业实际计划工作中所出现的很多问题都是由于在确定计划前提条件方面的工作做得不好而造成的，因此对于计划中的这一步骤工作必须予以充分的重视。为了有效确定计划的前提条件，必须注意以下几个方面。

① 合理选择前提条件。要找出和记住影响将来计划进程的所有因素是不现实的。管理人员必须把精力集中于那些具有战略意义的、对计划实施有着显著影响的关键前提条件上。

② 准备多套备选的前提条件。未来总是存在着各种各样的不肯定性，管理人员必须考虑到将来有可能发生的各种偶然事件，事先准备好若干套前提条件，并依此拟订好相应的应变或权变计划。

③ 保证前提条件的协调一致。协调一致的计划前提条件意味着组织的各部门和各级、各类管理人员对未来的预期环境形成一致的认识，这种一致的认识是使计划本身协调一致的重要保证。

④ 有效地沟通计划的前提条件。即使组织已经制定和批准了关于计划的前提条件，但如果不能有效地将之传达给与之有关的全体管理人员和一般职工，那也还是很难保证计划工作的协调一致。因此，能否有效地做好计划前提的沟通工作，在很大程度上影响着计划工作的效果。

4.3.3 计划工作的原理

计划工作是一个指导性、科学性、预见性很强的管理活动，但同时又是一项复杂而又困难的任务，为了搞好计划工作的职能，必须注意以下基本原理。

1. 限定因素原理

限定因素，是指妨碍目标得以实现的因素，也就是说，在其他因素不变的情况下，抓住这些因素，就能实现期望目标。

所谓限定因素原理，是指在计划工作中，越是能够了解和找到对达到所要求目标起限制性和决定性作用的因素，就越是能准确地、客观地选择可行方案。毛泽东同志曾在《矛盾论》中用哲学的语言说明了相同的原理："任何过程如果有多数矛盾存在的话，其中必定有一种是主要的，起着领导的、决定的作用，其他则处于次要的和服从的地位。因此，研究任何过程，如果是存在着两个以上矛盾的复杂过程的话，就要用全力找出它的主要矛盾。捉住了这个主要矛盾，一切问题就迎刃而解了。"

限定因素原理是决策的精髓。决策的关键就是解决抉择方案所提出的问题，即尽可能地找出和解决限定性的或策略性的因素。否则，如果对问题面面俱到地检查，不仅会浪费时间和费用，而且还有可能把主要注意力转移到决策的非关键性问题上。从而影响目标的预期实现。

2. 许诺原理

在计划工作中选择合理的期限应当有某些规律可循。许诺原理可以表述为：任何一项计划都是对完成各项工作所做出的许诺，因而，许诺越大，实现许诺的时间就越长，实现许诺的可能性就越小。这一原理涉及计划期限的问题。一般来说，经济上的考虑影响到计划期限的选择。由于计划工作和它所依据的预测工作是很费钱的，所以，如果在经济上不合算的话，就不应当把计划期限定得太长。当然短期计划也有风险，那么合理的计划期限应如何确定呢？关于合理的计划期限的确定问题体现在"许诺原理"上，即合理计划工作要确定一个未来的时期，这个时期的长短取决于实现决策中所许诺的任务所必需的时间。例如，由于出现了意料之外的原材料大幅度涨价，某企业为了保证实现年度生产经营计划的利润目标，需要补充制订一个增加销售收入的计划，那么这个计划的期限至少要多长时间呢？这个计划至少要在一年中的什么时间以前制订并实施才能确保实现呢？根据许诺原理，该计划期限主要取决于从增加订货到最后实现销售收入的最短周期。对于该企业来说，从接收订单、签订合同到完成工程图设计，一般要 2 个月的时间。进行生产准备、投产到出产品的生产周期一般也为 2 个月。商品通过铁路发运，整个发运过程的延续时间均为半个月左右，结算周期一般为一个月以上，而且有逐渐延长的趋势。因此，计划期限应定为半年，也就是说，计划工作的开始时间至少要在六月底以前。这也是为什么该企业每年要在六月底以前审查年度计划完成情况的原因。这项工作已成为一项惯例。

按照许诺原理，计划必须有期限要求，事实上，对于大多数情况来说，完成期限往往是对计划的最严厉的要求。此外，必须合理地确定计划期限，并且不应随意缩短计划期限。再有，每项计划的许诺不能太多，因为许诺（任务）越多，则计划时间越长。如果主管人员实现许诺所需的时间长度比他可能正确预见的未来期限还要长，如果他不能获得足够的资源，使计划具有足够的灵活性，那么他就应当断然地减少许诺，或是将他所许诺的期限缩短。例如，他所许诺的如果是一项投资的话，他就应当采取加速折旧提存等措施使投资的回收期限缩短，以减少风险。

3. 灵活性原理

计划必须具有灵活性，即当出现意外情况时，有能力改变方向而不必花太大的代价。灵活性原理可以表述为：计划中体现的灵活性越大，由于未来意外事件引起损失的危险性就越小。必须指出，灵活性原理就是制订计划时要留有余地，至于执行计划，则一般不应有灵活性。例如执行一个生产作业计划必须严格准确，否则就会发生组装车间停工待料或在制品大量积压的现象。

对主管人员来说，灵活性原理是计划工作中最重要的原理，在承担的任务重，而目标计划期限长的情况下，灵活性便显出它的作用。当然，灵活性是有一定限度的，它的限制条件如下。

① 不能总是以推迟决策的时间来确保计划的灵活性。因为未来的不肯定性是很难完全预料的，如果我们一味等待收集更多的信息，尽量地将未来可能发生的问题考虑周全，当断不断，就会坐失良机，招致失败。

② 使计划具有灵活性是要付出代价的，甚至由此而得到的好处可能补偿不了它的费用支出，这就不符合计划的效率性。

③ 有些情况往往根本无法使计划具有灵活性。即存在这种情况，某个派生计划的灵活

性,可能导致全盘计划的改动甚至有落空的危险。例如企业销售计划在执行过程中遇到困难,可能实现不了既定的目标。如果允许其灵活处置,则可能危及全年的利润计划,从而影响到新产品开发计划、技术改造计划、供应计划、工资增长计划、财务收支计划等许多方面,以致使企业的主管人员经过反复权衡之后,不得不动员一切力量来确保销售计划的完成。

为了确保计划本身具有灵活性,在制订计划时,应量力而行,不留缺口,但要留有余地。本身具有灵活性的计划又称为"弹性计划",即能适应变化的计划。

4. 改变航道原理

所谓改变航道原理,是指计划工作为将来承诺得越多,主管人员定期地检查现状和预期前景,以及为保证所要达到的目标而重新制订计划就越重要。

计划制订出来后,计划工作者就要管理计划,促使计划的实施。而不能被计划所"管理",被计划框住。必要时可以根据当时的实际情况做必要的检查和修订。因为未来情况随时都可能发生变化,制订出来的计划就不能一成不变。尽管我们在制订计划时预见了未来可能发生的情况,并制定出相应的应变措施,但正如前面所提到的,一来不可能面面俱到;二来情况在不断变化;另外,计划往往赶不上变化,就要调整计划或重新制订计划。就像航海家一样,必须经常核对航线,一旦遇到情况就可绕道而行。故此原理称为"改变航道原理"。这个原理与灵活性原理不同,灵活性原理是使计划本身具有适应性,而改变航道原理是使计划执行过程具有应变能力,为此,计划工作者就应经常地检查计划,重新制订计划,以此达到预期的目标。

4.4 计划的组织实施

4.4.1 目标管理

1. 目标管理概念和由来

目标管理(Management By Objectives,MBO)是指组织的最高管理层根据组织面临的形势和发展需要,制定出一定时期内组织经营活动所要达到的总目标,然后层层分解落实,要求下属各部门主管人员以及每个员工根据上级制定的目标分别制定各项工作目标,明确相应的责任和职权,形成一个目标体系,并把目标完成情况作为各部门或个人考核依据的一种管理制度和方法。

目标管理是20世纪50年代中期出现于美国,以泰罗的科学管理和行为科学理论(特别是其中的参与管理)为基础。目标管理可以使组织的成员亲自参加工作目标的制定,实现"自我控制",并努力完成工作目标。而对于有明确的目标作为考核标准,从而使对员工的评价和奖励做到更客观、更合理,因而可以大大激发员工为完成组织目标而努力。由于这种管理制度在美国应用得非常广泛,而且特别适用于对主管人员的管理,所以被称为"管理中的管理"。

要想准确地指明究竟谁是目标管理的创始人并不容易,但公认为彼得·F·德鲁克对目标管理的发展和使之成为一个体系作出了重大贡献。1954年,德鲁克在《管理实践》一书中,首先提出了"目标管理和自我控制"的主张。他认为,并不是有了工作才有目标,而是相反,有了目标才能确定每个人的工作。所以"企业的使命和任务,必须转化为目标",

如果一个领域没有目标，这个领域的工作必然被忽视。因此管理者应该通过目标对下级进行管理，当组织最高管理者确定了组织目标后，必须对其进行有效分解，转变成各个部门及各个人的分目标，管理者根据分目标的完成情况对下级进行考核，评价和奖惩。德鲁克的主张在企业界和管理学界产生了极大的影响，对形成和推广目标管理起了巨大的推动作用。

目标管理提出后，便在美国迅速流传。时值第二次世界大战后西方经济由恢复转向迅速发展的时期，企业急需采用新的方法调动员工积极性以提高竞争能力，目标管理的出现可谓应运而生，逐渐被广泛应用，并很快为日本、西欧国家的企业所仿效，在世界管理界大行其道。我国企业于20世纪80年代开始引进目标管理方法，并取得了较好成效。

2. 目标管理特点

① 以整个组织的成果和成功为中心，注重成果第一，看重实际贡献

德鲁克在关于目标管理的论述中强调："企业中每一个成员都有不同的贡献，但所有的贡献都必须是为着一个共同的目标。他们的努力必须全都朝着同一方向，他们的贡献必须互相衔接而形成一个整体。"目标管理注重成果第一，看重实际贡献。采用传统的管理方法，评价员工的表现，往往容易根据印象、本人的思想和对某些问题的态度等定性因素来评价。其结果往往不是很客观科学，这样很容易束缚员工手脚，难以发挥其主观能动性，调动员工的想象力和创造力。

组织实行目标管理，由于有了一套完善的目标考核体系，从而能够按员工的实际贡献大小如实地评价一个人。目标管理还力求组织目标与个人目标更密切地结合在一起，以增强员工在工作中的满足感。这对于调动员工的积极性，增强组织的凝聚力起到了很好的作用。

② 提倡参与管理，目标由实现目标的有关人员共同制定

目标管理提倡民主、平等和参与的管理思想，不主张管理者闭门造车而独断专行。目标的实现者同时也是目标的制定者，即由上级与下级在一起共同协商讨论确定目标。首先确定出总目标，然后对总目标进行分解，逐级展开，通过上下协商，制定出企业各部门、各车间直至每个员工的目标；用总目标指导分目标，用分目标保证总目标，形成一个"目标——手段"链。目标管理使得组织层层、处处、人人、事事有目标。

③ 强调自我控制

德鲁克认为："目标管理的主要贡献之一，就是它使得我们能用自我控制的管理来代替由别人统治的管理。"目标管理通过预先确定目标，适当授权和及时的信息反馈，推动各级管理人员及员工实行自我控制。它使管理人员能够控制他们自己的成绩，这种自我控制可以成为更强烈的动力，推动他们尽自己最大的力量把工作做好，而不仅仅是"过得去"就行了。

④ 强调授权，促使权力下放

集权与分权的矛盾是组织的基本矛盾之一，唯恐失去控制是阻碍大胆授权的主要原因之一。授权是组织领导对自己和员工自信的表现。因为只有宽容而自信的领导才不怕自己失去对组织的领导力，才敢于授权，而且他对员工的才华和能力能够给予充分的信任。推行目标管理有助于促使权力下放，有助于在保持有效控制的前提下，调动员工的想象力和创造力，发挥其主观能动性，把组织局面搞得更有生气和更有效率一些。

3. 目标管理的过程

（1）制定目标

实行目标管理，首先要建立一套完整的目标体系。这项工作是从企业的最高主管部门开

始的,然后由上而下地逐级确定目标。上下级的目标之间通常是一种"目的——手段"的关系,某一级的目标,需要用一定的手段来实现,这些手段就成为下一级的次目标,按级顺推下去,直到作出层的作业目标,从而构成一种锁链式的目标体系。

制定目标,首先要进行企业经营环境调查。包括外部环境和内部环境。外部环境又包括政治、经济、技术、社会等宏观环境和竞争者、供应商、顾客、替代品、潜在进入者等微观环境。内部环境则主要分析生产、研发、营销、理财、人员、组织能力。其次组织最高层制定目标。即在对内外环境分析的基础上,确定企业的宗旨或使命以及战略目标。第三制定部门和员工的目标。一般由上下级一起工作来设置下属人员目标。最后,反复循环修订目标,对各项目标和评价标准达成一致。

为消除有关确立切实目标的分歧,最好的办法是提前决定如何评估目标进展的标准,此类指标最好是从质量、数量、时间和成本等四个方面来描述,如表4-2所示。

表4-2 评估目标进展的标准

数 量	质 量
每月、每季度顾客的数量 每周、每月处理的项目数量 每月、每季度处理的咨询投诉事件 每月、每年顾客投诉的数量 (具体项目中)员工参与的百分比 每月、每季度由于矿工而消耗的劳动时间	(部门、计划等的)差错率 每季度、每年由于严重失误而造成的生产时间损耗 正确无误的订货比例 员工流失的比例 重复检验的自封闭百分比 返工(或报废)的百分比 故障或停产时间的百分比
时 间	成 本
错过截止期的百分比或数量; 铃响3声之内回复电话的百分比或数量; 完成工作的天数; 月末或季度末还需工作的天数; 流失的时间(经营突然好转的时间); 每月/每季某一件事的发生频率	与预算偏差的百分比; 预算中的生产开支(包括超工作量或其他成本); 比上期或上个季度所节省的金额; 完成每个单位工作的时数

制定目标时,孔茨提供了一种衡量表用以帮助目标制定者判断和改进工作,如表4-3所示。

表4-3 衡量表

1. 目标是否概括了该项职务主要特点?
2. 所定目标数量是否太多?能否把有些目标合并?
3. 目标能否考核,也就是说,人们能否在计划期末知道他们是否已实现了目标?
4. 目标是否指明:①数量多少?②质量(多好或具体的规格要求)?③时间(何时)?④费用(耗用多少)?⑤如果是属于定性目标,它们是否仍然可以考核?
5. 目标能否激励人们去争取完成,是否现实可行?
6. 是否规定目标主次轻重(顺序、重要程度等)?
7. 这些目标是否还包括①改进工作的目标?②个人发展的目标?
8. 这些目标是否与别的经理和组织所制定的目标相协调?是否与上级主管人员的、部门的、公司的目标相吻合?
9. 这些目标是否已向需要知道的所有人传达了?
10. 短期目标是否与长期目标相吻合?
11. 据以拟订目标的一些设想是否都已清楚指明?

续表

12. 这些目标是否已清楚或以文字表明了？
13. 目标是否适时地提供反馈信息，从而能够采取一切必要的纠正步骤？
14. 现有的资源和职权是否足以去实现这些目标？
15. 是否提供了机会，期望人们去实现这些目标，让他们提出自己的目标来？
16. 人们是否掌握了委派他们负责的那些工作？

设立目标的原则——SMART 原则：
S（Specific），目标的制订必须明确、具体；
M（Measurable），目标是可衡量的、可量化的；
A（Attainable），目标是由上下级共同协商一致的；
R（Realistic），目标是通过努力可以实现的；
T（Time-bound），目标有时间限制。

（2）组织实施

目标的实施是目标管理一个重大环节。首先要宣传鼓动。使有关人员对目标内容、意义、依据、实施步骤、有利条件和困难有透彻的了解，充分调动其积极性和主观能动性。其次，强调自控。鼓励各部门、各岗位以及员工对目标实施情况进行自控和自评，主动采取措施确保目标实施进度与质量。再次，协助指导。上级管理者通过信息反馈渠道或亲临现场，要帮助下级解决工作中出现的困难问题，当出现意外、不可预测事件严重影响组织目标实现时，也可以通过一定的程序，修改原定的目标。

（3）检查和评价

目标管理的第三步就是检查和评价。对各级目标的完成情况，要事先规定出期限，定期进行检查。检查的依据就是事先确定的目标。检查的方法可灵活地采用自检、互检和成立专门的部门进行检查。

对于最终结果，应当根据目标进行评价，并根据评价结果进行奖罚。达到预定的期限后。下级首先进行自我评估，提交书面报告；然后上下级一起考核目标完成情况，决定奖惩；同时讨论下一阶段目标，开始新循环。如果目标没有完成，就分析原因总结教训。目标管理考核评价应坚持标准，严格考评；实事求是，重在总结；奖惩结合，鼓励为主。

制定目标、组织实施、检查评价是目标管理前后衔接，相辅相成的三个阶段，当所有的阶段完成后，目标管理将进入下一轮循环过程。目标管理的程序如图 4-3。

4. 对目标管理的评价

任何事物都是利弊兼备的，目标管理也不例外。目标管理在全世界产生很大影响，但实施中也出现许多问题。因此必须客观分析其优点和缺点，了解其利弊，这样就可以兴利除弊，把目标管理的优势尽可能充分地发挥，而将其弱点抑制到最低限度。

（1）优点

① 把组织成就和个人需要成功结合在一起

目标管理的倡导者德鲁克认为，古典管理学派偏重于以工作任务为中心，忽视人的需要这一面，而行为科学兴起，提出管理要以人为中心，工作中员工活动范围已有很大变化要求参与管理。目标管理实行由工作人员参与制定目标，自我控制及自上而下的目标连锁，从而

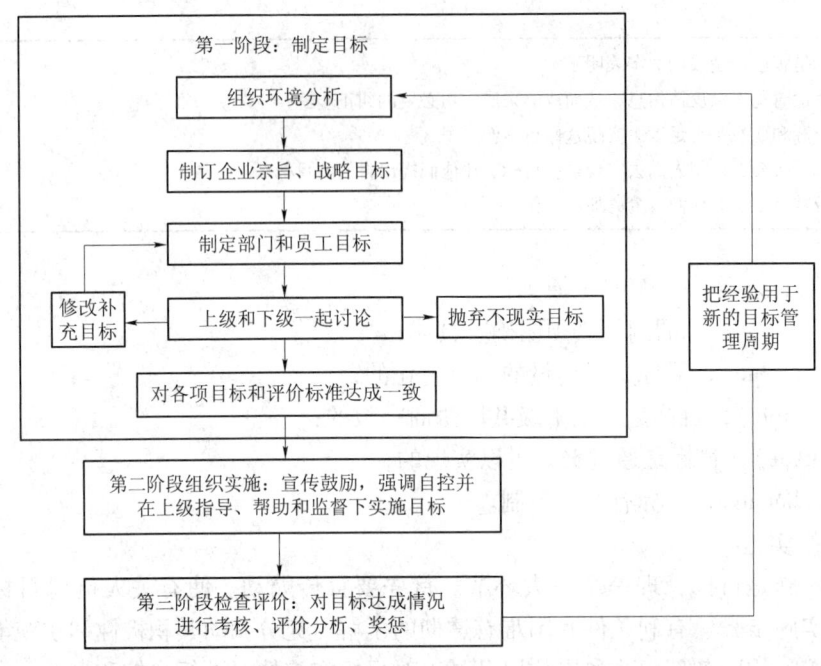

图 4-3 目标管理程序

解决了以工作为中心及以人为中心的矛盾,既有利于实现组织成就,又能满足员工个人需要。

② 是一种有效计划、组织、协调和控制的手段

目标管理通过上下协商制定的计划变得切实可行,它使组织内部的权力分配更加合理,责任更加清楚;目标管理中形成的目标网络使各方面活动井然有序,相互协调,配合默契;它明确的目标和及时的信息沟通,使得控制更加有效。

③ 起到凝聚和激励作用

目标管理把全体工作人员的注意力都集中到实现组织总体目标上来,可以提高凝聚力,增强全局观念。目标管理强调自我控制、自我调节,通过目标和奖励,将个人利益和组织利益紧密联系在一起,员工不再只是听从命令、等待指示的盲从工作者,而是一个可以自我控制的、在一个领域内施展才华的积极工作者,因此,目标管理有助于调动员工的主动性、积极性,具有激励作用。

(2) 缺点

① 恰当目标难以确定

组织内的许多目标难以定量化、具体化;组织环境的可变因素越来越多,变化越来越快,组织的内部活动日益复杂,使组织活动的不确定性越来越大,许多团队工作在技术上不可分解。这些都使得组织的许多活动制定数量化目标变得很困难。

② 对目标管理原理和方法的宣讲可能增加管理成本

目标管理看起来简单,但要把它有效地付诸实施,则尚需各级主管人员对它有详尽的了解和认识。这就需要对目标管理的整个体系做耐心的解释工作,说明目标管理是什么;它怎样发挥作用;为什么要这样做;它在评价管理工作成效时起些什么作用;以及参与目标管理

的人能得到什么好处等。对目标管理原理和方法的宣讲会增加管理成本。

③ 目标一般是短期的

几乎在所有实行目标管理的组织中，所确定的目标一般都是短期的，很少超过一年，常常是一季度或更短些。强调短期目标的弊病是显而易见的，因此，为防止短期目标所导致的短期行为，上级主管人员必须从长期目标的角度提出总目标和制定目标的指导方针。

④ 存在着不灵活的危险

目标管理要取得成效，就必须保持其明确性和肯定性，如果目标经常改变，就难以说明它是经过深思熟虑和周密计划的结果，这样的目标是没有意义的。但是，计划是面向未来的，而未来存在许多不肯定因素，这又使得必须根据已经变化了的计划工作前提对目标进行修正。然而修定一个目标体系与制定一个目标体系的花费的精力相差无几，结果可能迫使主管人员不得不中途停止目标管理的过程。

虽然目标管理还存在着一些缺陷，但它在现代管理过程中起着很大的作用，目前，目标管理这一方法，正在由制造企业向商业、服务业以及各项事业展开。因此，一切企、事业单位均可实行目标管理。目标管理的关键在于：组织领导人对实行目标管理的坚定信心；国家、集体和个人利益相结合；对目标的重视，目标一经制定，决不能放任自流和随意改动；实事求是、脚踏实地、认真执行，不搞形式。

4.4.2 滚动式计划方法

滚动计划法是按照"近细远粗"的原则制订一定时期内的计划，然后按照计划的执行情况和环境变化，调整和修订未来的计划，并逐期向后移动，把短期计划和中期计划结合起来的一种计划方法。

滚动计划（也称滑动计划）是一种动态编制计划的方法。它不像静态分析那样，等一项计划全部执行完了之后再重新编制下一时期的计划，而是在每次编制或调整计划时，均将计划按时间顺序向前推进一个计划期，即向前滚动一次，按照制订的项目计划进行施工，对保证项目的顺利完成具有十分重要的意义。但是由于各种原因，在项目进行过程中经常出现偏离计划的情况，因此要跟踪计划的执行过程，以发现存在的问题。另外，跟踪计划还可以监督过程执行的费用支出情况，跟踪计划的结果通常还可以作为向承包商部分支付的依据。然而，计划却经常执行得很差，甚至会被完全抛弃。

其编制方法是：在已编制出的计划的基础上，每经过一段固定的时期（例如一年或一个季度，这段固定的时期被称为滚动期）便根据变化了的环境条件和计划的实际执行情况，从确保实现计划目标出发对原计划进行调整。每次调整时，保持原计划期限不变，而将计划期顺序向前推进一个滚动期。

1. 滚动计划法的制定流程

滚动计划法根据一定时期计划的执行情况，考虑企业内外环境条件的变化，调整和修订出来的计划，并相应地将计划期顺延一个时期，把近期计划和长期计划结合起来的一种编制计划的方法。在计划编制过程中，尤其是编制长期计划时，为了能准确地预测影响计划执行的各种因素，可以采取近细远粗的办法，近期计划订得较细、较具体，远期计划订得较粗、较概略。在一个计划期终了时，根据上期计划执行的结果和产生条件，市场需求的变化，对原订计划进行必要的调整和修订，并将计划期顺序向前推进一期，如此不断滚动、不断延伸。

例如，某企业在2005年底制订了2006—2010年的五年计划，如采用滚动计划法，到2006年底，根据当年计划完成的实际情况和客观条件的变化，对原订的五年计划进行必要的调整，在此基础上再编制2007—2011年的五年计划。其后依此类推，如图4-4所示。

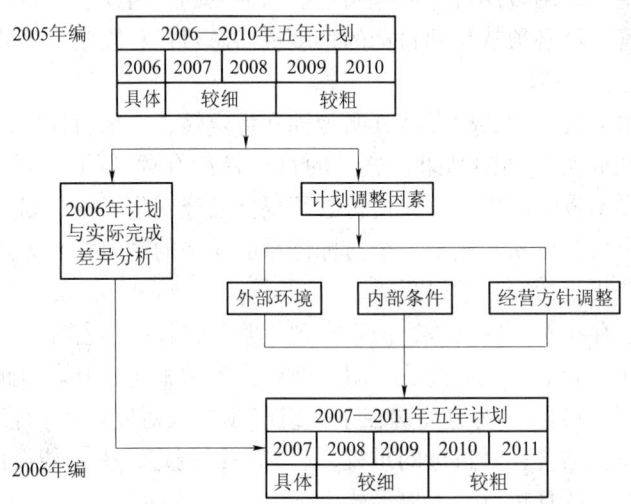

图4-4　五年期的滚动计划法

可见，滚动式计划法能够根据变化了的组织环境及时调整和修正组织计划，体现了计划的动态适应性。而且，它可使中长期计划与年度计划紧紧地衔接起来。

滚动计划法，既可用于编制长期计划，也可用于编制年度、季度生产计划和月度生产作业计划。不同计划的滚动期不一样，一般长期计划按年滚动；年度计划按季滚动；月度计划按旬滚动，等等。

2. 滚动计划法的优点

滚动计划法虽然使得计划编制工作的任务量加大，但在计算机已被广泛应用的今天，其优点十分明显。

① 把计划期内各阶段以及下一个时期的预先安排有机地衔接起来，而且定期调整补充，从而在方法上解决了各阶段计划的衔接和符合实际的问题。

② 较好地解决了计划的相对稳定性和实际情况的多变性这一矛盾，使计划更好地发挥其指导生产实际的作用。

③ 采用滚动计划法，使企业的生产活动能够灵活地适应市场需求，把供产销密切结合起来，从而有利于实现企业预期的目标。

需要指出的是，滚动间隔期的选择，要适应企业的具体情况，如果滚动间隔期偏短，则计划调整较频繁，好处是有利于计划符合实际，缺点是降低了计划的严肃性。一般情况是，生产比较稳定的大量大批企业宜采用较长的滚动间隔期，生产不太稳定的单件小批生产企业则可考虑采用较短的间隔期。

采用滚动计划法，可以根据环境条件变化和实际完成情况，定期地对计划进行修订，使组织始终有一个较为切合实际的长期计划作指导，并使长期计划能够始终与短期计划紧密地衔接在一起。

4.5 战略计划

龟兔重赛——兔子与乌龟赛跑输了以后，总结经验教训，提出与乌龟重赛一次。赛跑开始后，乌龟按规定路线拼命往前爬，心想：这次我输定了。可当它到了终点，却不见兔子，正在纳闷之时，只见兔子气喘吁吁地跑了过来，原来兔子求胜心切，一上路就埋头狂奔。估计快到终点了，它抬头一看，发现竟跑错了路，不得不返回又重新奔跑，因而还是落在了乌龟之后。

战略、路线正确与否至关重要，从一定意义上讲，组织之间的竞争是组织战略定位的竞争。瓦勒斯·汗姆（哈佛商学院）认为：企业经营不靠战略，无异于用其资产进行赌博一样。

战略计划是对企业长远发展的全局性的谋划。20 世纪 50 年代产生于美国。据联合国经济合作发展组织的统计资料表明，20 世纪 50 年代，美国大企业中制定战略规划的还只有 20% 左右，到了 20 世纪 70 年代，制订战略计划的大企业就达到了 100%；进入 90 年代后，在我国战略计划也有了更深层次的发展，特别表现在形象战略（CI 战略）的传播及应用上。CI 战略是企业高层次发展的现代战略。

"战略"一词原本是个军事术语，意指"指导战略全局的谋划"。随着科学技术和社会经济的不断发展，客观环境的急剧变化，以及市场竞争的日趋激烈，人们逐渐认识到要干一件大事，就必须要使主观认识去适应客观环境的变化，特别要掌握未来的发展趋势。从而把"战略"一词由军事引入到了政治、经济、科学技术、企业经营管理等多学科领域。法国管理学家塔威尔在《企业的生存战略》一书中谈到：工业化企业的发展可分为三个时代。第一个时代是以"企业家"为特征的，即由资本家直接管理企业的时代；第二个时代是以管理专家为特征，或叫组织人（系统管理）的时代；第三个时代是以战略家为特征，强调现代企业的高层领导人员，必须有高瞻远瞩、深谋远虑的品质，能在复杂的环境中把握住企业未来的方向和命运。

4.5.1 概念、特点及作用

1. 概念

战略计划是指为实现组织的目标，通过对外部环境和内部条件的全面估量和分析，从组织发展全局出发而作出的较长时期的总体性的谋划和活动纲领。它涉及组织发展中带有全局性、长远性和根本性的问题，是组织的管理思想、管理方针的集中表现，是确定规划、计划的基础。

2. 特点

一个组织的战略计划是涉及一定时期内组织的发展方向、行动方针以及资源使用方向的运筹计划。一般来说，战略计划具有如下特点。

（1）战略具有对抗的含义

战略计划总是针对竞争对手的优势和劣势及其正在和可能采取的行动而制订的。它突出了本身资源和技术与外界的结合，以及现实的机会与潜在的冒险性相结合。

（2）计划过程由高层管理者直接控制

战略计划的制订一般都有三个组织层次，要经过三个循环周期。

① 组织层次

一个完整的战略计划是组织内三级管理人员——高层、中层和第一线管理人员共同努力的结果。总战略和总政策一般都是由高层管理人员提出的。各职能部门和中层管理人员提出自己的职能战略计划和部门战略计划，某些具体的策略计划如那些日常的行动计划则由第一线管理人员提出，并具体执行。

② 循环周期

每个组织都有自己独特的计划制订进程。一般的战略计划制订都要经过三个循环。在每一循环里，高级和中级的管理人员都要事先与下级的管理人员商量，然后再提出某些设想。计划的程序是一个多次重复循环的过程，每一循环都是在前一个循环提出来的计划设想上，再次进行讨论和修改，以使计划达到尽可能的完善。在第一循环周期中包括两个方面的工作，一是由高层领导人提出组织的总目标和总战略计划初步方案、听取中级管理人员的意见（特别是关于资源调配的意见）；二是对各部门目标任务提出要求，在此基础上各部门提出本单位的目标任务和策略，如果高层批准了各部门的目标和策略，第一循环周期即完成；在第二循环周期，各部门（中级管理层）根据自己的目标和任务制订更详细的计划方案，并呈交最高层批准；第三循环周期是计划程序中的最后"预算"循环，高层要求中层部门提出预算方案，中层要求下属各部门提出预算方案，这些方案均由上级领导进行调整批准，经过经理们之间多次交换意见，最高层批准全公司的预算并把可动用的资金拨到各中级层。

从战略计划制订的组织层次、循环周期可见，整个战略计划行动都是由高层管理者直接控制的。在许多组织里虽然有庞大而有经验的专门制订战略计划的人员，在制订战略计划过程中也有很好的循环系统，但是成功制订战略计划的关键仍是高层管理者自己。

(3) 具有较长远的时间概念

战略计划着重是为实现组织长远目标而选择途径，一般具有较长的时间周期。

(4) 经营方向的选择是战略的核心问题

一般来说，一个战略包含着四个基本方面：战略范围、资源部署、可能的有利竞争条件以及最佳协同。战略范围详细规定了本组织与社会环境因素之间发生作用的范围，即说明了要达到哪一方面的目标；资源部署要阐明在规定的战略范围内如何部署本身的资源；可能的有利竞争条件是指在新战略范围和资源部署情况下所决定的可能带来的有利竞争条件；在规定的战略范围内，还应使资源部署和竞争的有利条件达到最佳的协调，发挥最佳的协同作用，以获得全局性的、更大的利益。这四个基本方面无不围绕组织经营的主要方向而展开。

3. 作用

战略计划对组织活动和各项工作起着先导的作用。

(1) 制订战略计划可以对组织当前和长远发展的工作环境、工作方向和工作能力有一个正确的认识。全面了解自己的优势和劣势，机遇和挑战，利用机会，扬长避短，求得生存和发展。

(2) 有了战略计划，就有了发展的总纲。有了奋斗的目标，可以进行人力、物力、财力的优化配置，统一全体职工的思想，调动职工的积极性和创造性，实现组织目标。

(3) 实行战略计划，既可以理顺内部的各种关系，又可以顺应外部的环境变化，加强管理活动。

(4) 有利于组织领导者集中精力去思考、制订战略目标、战略思想、战略方针、战略措施等带有全局性的问题，可提高领导者的素质。

4.5.2 战略计划的程序

制订战略计划的程序有环境调查与分析、发现机会与威胁、分析组织资源、战略选择、战略规划、战略实施和战略管理。

1. 环境调查与分析

组织的环境因素对组织战略计划的制订起着关键性的影响作用。任何一个组织的高级管理人员，要想制订一个能引导组织走向成功的战略计划，必须全面地调查和分析组织的环境因素，主要有市场环境因素、行业环境因素、政策法规环境因素、竞争对手因素、供给环境因素和国际环境因素等六个方面。

2. 发现机会与威胁

环境分析可以使管理者对环境信息进行分析和鉴别，评估哪些机会可以发掘，以及组织可能面临哪些威胁，捕捉良机，作出正确的决策。

3. 分析组织资源

这里的组织资源是指组织内部的资源，即组织的人员拥有什么样的技巧和能力、组织的资金状况、公众对组织的看法等。分析组织资源的目的是使管理者认识到本组织在资源方面的限制条件，并能识别出组织与众不同的能力。

4. 战略选择

战略分析是为战略选择和战略规划提供依据的。所谓战略选择，就是要确定企业应采取的战略类型。从根本上说，企业战略尽管形式各异，叫法不同，但基本类型不外乎以下三种。

① 总成本领先战略。这种战略的主导思想是以低成本取得行业中的领先地位。按照这一基本方针，要求坚决建立起大规模的高效生产设施，利用经验曲线全力以赴降低成本，尽量压缩各项管理费用。尽管质量、服务以及其他方面不容忽视，但贯穿于整个战略之中的是单位产品成本低于竞争对手。

成本领先的优势有利于建立起行业壁垒，有利于企业采取灵活的定价策略，将竞争对手排挤出市场。为了成功地实施成本领先战略，所选择的市场必须对某类产品有稳定、持久和大量的需求，产品的设计要便于制造和生产，要广泛地推行标准化、通用化和系列化。这方面一个最典型的例子是美国的麦当劳快餐连锁店。麦当劳把快餐业的夫妻店式的旧经营方式，改造成为大批量、标准化的大规模工厂化生产，使每片肉、每片洋葱、每个圆面包和每根炸土豆条看起来都一模一样，并且在精确的加工时间内从全自动化的流程中生产出来。同时，适应大规模生产的要求，在产品质量、服务速度、清洁卫生、服务态度方面建立了严格的标准，从而树立了极高的信誉，确保了市场需求的持续稳定增长。

② 差别化战略。所谓差别化战略就是使企业在行业中别具一格，具有独特性，并且利用有意识形成的差别化，建立起差别竞争优势，以形成对"入侵者"的行业壁垒，并利用差别化带来的较高的边际利润补偿因追求差别化而增加的成本。

实现差别化战略可以有多种方式，例如树立名牌形象、设计产品技术特点和性能特点，在顾客服务上别具一格，等等。近年来，我国电冰箱市场上的竞争，大多是采用差别化战略。随着电冰箱市场逐渐从卖方市场转向买方市场，各冰箱生产厂家在改进产品设计、增加产品功能、改善售后服务以及延长保修期等方面绞尽脑汁,不断推陈出新。电冰箱的花样不断翻新:增大冷冻室容积、表面喷漆改喷塑、风冷改直冷、抽屉式冷冻室、增加蓄冷器、立式压缩机改卧式压缩机、外接冷饮,等等。不过应当强调,差别化战略并不意味着可以忽略成本,只是降低成本在此不是企业的根本战略目标。

③ 专一化战略。这类战略是主攻某个特殊的细分市场或某一种特殊的产品。这一战略依据的前提是:企业业务的专一化能够以更高的效率、更好的效果为某一狭窄的战略对象服务,从而在某一方面或某一点上超过那些有较宽业务范围的竞争对手。例如,近年来,随着我国农村改革的深入和市场经济的发展,一些县镇逐步形成了自己专一化经营的特色:河北安国县的中药材批发交易市场;山东寿光县的蔬菜批发交易市场;山东苍山县的大蒜批发交易市场;浙江温州市桥头镇的钮扣市场等,都已成为全国范围的颇有影响的专业市场。而这些地区的企业通过这种专一化经营获益匪浅。

大量的事实表明,企业应根据自己的情况,主要采取某一种类型的战略,并全力以赴,而不应当徘徊其间,丧失特色。

5. 战略规划

战略规划的任务是将战略分析和战略选择的结果进一步体现在产品组合、功能战略和资源分配上。

产品组合是指一个企业提供给市场的全部产品线和产品项目的组合或结构,即企业的业务经营范围。企业为了实现营销目标,充分有效地满足目标市场的需求,必须设计一个优化的产品组合。产品线是指产品组合中的某一产品大类,是一组密切相关的产品。譬如,以类似的方式发挥功能,售给相同的顾客群,通过同一的销售渠道出售,属于同一的价格范畴等。产品项目是指产品线中不同品种、规格、质量和价格的特定产品。例如,某自选采购中心经营家电、百货、鞋帽、文教用品等,这就是产品组合;而其中"家电"或"鞋帽"等大类就是产品线;每一大类里包括的具体品牌、品种为产品项目。产品组合通常包括四个变数:宽度、长度、深度和相关性。产品组合的宽度是指产品组合中所拥有的产品线的数目。产品组合的长度是指产品组合中产品项目的总数。产品组合的深度是指一条产品线中所含产品项目的多少。产品组合的相关性是指各条产品线在最终用途、生产条件、分配渠道或其他方面相互关联的程度。例如,某家用电器公司拥有电视机、收录机等多条产品线,但每条产品线都与电有关,这一产品组合具有较强的一致性。相反,实行多角化经营的企业,其产品组合的相关性则小。根据产品组合的四种尺度,企业可以采取四种方法发展业务组合:加大产品组合的宽度,扩展企业的经营领域,实行多样化经营,分散企业投资风险;增加产品组合的长度,使产品线丰满充裕,成为更全面的产品线公司;加强产品组合的深度,占领同类产品的更多细分市场,满足更广泛的市场需求,增强行业竞争力;加强产品组合的一致性,使企业在某一特定的市场领域内加强竞争和赢得良好的声誉。因此,产品组合决策就是企业根据市场需求、竞争形势和企业自身能力对产品组合的宽度、长度、深度和相关性方面作出的决策。

功能战略主要是针对行业中成功的关键因素强化企业在开发研制、制造、采购、销售、服务等方面的关键环节。实践表明,不同行业,成功的关键因素是不同的,而行业成功的关键因素则是随着行业的成熟逐步演变的。例如对于大规模集成电路芯片行业来说,成功的关键因素是加工设备的精密性和效率;而对于电梯行业,尽管电梯的质量很重要,但服务才是其成功的关键因素。

任何企业,其资源总是有限的,要使得有限的资源发挥最大效益,就必须集中使用。因此,在战略规划中,按何种优先次序来分配资源就成为一个重要问题。关于这一点,我们将在阐述战略原则时作进一步讨论。

6. 战略实施和战略管理

战略实施碰到的首要问题是组织保证。必须认识到,组织是手段,是实现战略和目标的手段。"战略决定结构"应作为战略实施阶段所依据的原则,不同的战略要求不同的组织结构与之相适应。例如,总成本领先战略,一般要求一种集权化的按职能划分部门的专业化分工的体制;而差别化战略要求一种适于激发创新精神的项目管理,或是分权化的按产品或市场划分部门的组织体制。将不同的战略混同在一种组织体制下实施,就会造成上面提到的徘徊其间的结果,难以形成各自的特色。

近年来,战略与组织文化的关系以及战略对组织文化的影响开始受到管理学家们的关注,成为战略管理方面的一个十分令人感兴趣的研究课题。企业文化作为一个组织特有的价值观念、管理风格、思维和行为方式的体现,对企业的成功起着重要的影响,这一点已得到公认。不同的战略不仅要求不同的技能和组织结构,也要求企业的文化能够与之相适应。例如,差别化战略所要求的往往是一种鼓励革新、发挥个人积极性和勇于冒风险的精神;而总成本领先战略则要求一种勤俭节约、遵纪守法和注重细节的办事作风。同组织结构一样,文化本身并无好坏之分,它是实施战略取得竞争优势的一种手段。

4.5.3 战略管理过程

战略管理过程,一般主要是指战略分析、选择、实施以及评价和调整的过程。战略管理包含4个关键要素:战略分析——了解组织所处的环境和相对竞争地位;战略选择——战略制定、评价和选择;战略实施——采取措施发挥战略作用。战略评价和调整——检验战略的有效性。根据美国罗宾斯的观点,他将战略管理过程具体分为9个步骤,即确定组织当前的宗旨、目标和战略、分析环境、发现机会和威胁、分析组织资源、识别优势和劣势、重新评价组织的宗旨和目标、制订战略、实施战略和评价结果。

1. 确定组织当前的宗旨、目标和战略

正如前面所述,企业在阐述自己的战略内涵时,一般需要较为详细地说明其所承担的使命和所确定的目标,以及由此而规范的企业战略。

企业宗旨从根本上说是要回答"我们的业务是什么"这个问题。企业的宗旨表述往往比较松散、宽泛,并常常被描述为颇有"远见"。企业宗旨涉及企业的长远目标。

企业宗旨有助于确保企业有一个重心,提供了分配资源的基础或标准,有助于建立恰当的企业文化,使企业员工与企业的宗旨保持一致,从而有助于将企业的目标分解。因此,企业宗旨具有重要的意义。美国有学者指出,如果在20世纪三四十年代,铁路公司认识到它们把宗旨定位于运输事业而不是铁路事业,也许它们的发展就完全不同。

企业目标是在企业目的的总框架中,为企业和职工提供的具体方向,有自己的完成时间和具体标准。我们要综合考虑组织的战略目标、长期目标和年度目标的有机配合和协调。

企业战略是指企业面对激烈变化、严峻挑战的经营环境,为求得长期生存和不断发展而进行的总体性谋划。要在符合和保证实现企业使命的条件下,在充分利用环境中存在的各种机会和创造新机会的基础上，确定企业同环境的关系，规定企业从事的经营范围、成长方向和竞争对策，合理调整企业结构和分配企业的全部资源，从而使企业获得某种竞争优势。

战略管理过程9个步骤的第一步就是确定组织当前的宗旨、目标和战略，说明其重要意义。战略管理过程首先就应该明确组织当前的宗旨、目标和战略是什么，与组织面临的内外环境是否适应以及该怎样调整等问题。

一般来说，企业在进行正式的宗旨表述、确定使命及制定战略等方面进展缓慢而且谨慎，其原因是多方面的。其中在很大程度上是由于外部环境复杂多变。

2. 分析环境，发现机会和威胁

企业竞争的外部环境（即政治、经济、社会和技术环境）是不断变化的。外部分析的目的是确定企业经营环境中的战略机会和威胁。

具体而言，企业外部环境分析要考虑以下方面。

① 顾客和市场方面：要考虑顾客是否是产品的最终用户？所经营的各种产品的需求对价格升降的反应有多大？本行业中生产与消费者之间关系是否稳定？消费者在地区、销售量等方面的分布情况如何？

② 经营环境方面：要考虑目前的经济周期是扩展、紧缩还是衰退？资金充足还是相对紧张？利率是否较高？正在上升还是下降？股票价格是否较高？发行股票是否容易？

③ 竞争对手方面：本行业集中程度如何？竞争程度如何？本行业中其他企业近来发展速度如何？竞争对手在广告、研究和开发等方面的费用占其销售额的百分比是多少？竞争对手一体化的程度如何？

④ 政府方面：要考虑政府所采用的一系列措施在过去对企业有哪些影响？政府在多大程度上在广告、安全、质量、污染控制诸方面实行控制？政府在多大程度上允许或限制来自外国企业的竞争？

上述各方面的分析在很大程度上揭示了企业外部环境状况。分析环境，目的是确定企业经营环境中哪些因素对企业而言是机会，哪些对企业而言是威胁，怎样制定恰当的战略，采取怎样相对应的措施，是否能够化威胁为机会等。

3. 分析组织内部资源，识别优势和劣势

企业内部也有很多因素，它们或是企业的优势和劣势，影响着战略的选择。组织内部资源分析涉及确定企业内部各职能部门（即生产、营销、研究和开发、人事、财务等部门）资源的数量和质量。企业内部与战略相关的因素也很多，我们只选择其中对战略有重大影响的因素，一般包括三方面的内容，即企业内部资源和能力、管理水平和利益相关者。

企业内部资源和能力一般包括以下方面。

① 企业有形资源。有形资源包括企业的财务资源和实体资产。

② 企业无形资源。企业无形资源有两大项目最为重要：企业的声誉；企业的技术资源，特别是指企业所拥有的专有技术，包括专利、版权、专有知识和贸易秘密。

③ 企业人力资源。

④ 企业能力。指真正将各项资源进行组合的企业的"核心能力"或"特殊能力"。

企业管理水平一般指企业各方面的管理状况，主要包括：战略管理、营销管理、生产管理、技术管理、质量管理、设备管理、供应管理、财务管理、人力资源管理和信息管理等。

企业利益相关者是与企业有战略性利益关联的经济主体，主要包括银行、客户、供应商、股东和工会。

在内部战略要素分析之后，从各项具体分析中归纳出企业优势和劣势。分析组织内部资源就是识别优势和劣势，为企业战略管理做准备。优势和劣势不是凭空产生的，它来自于各项具体内部战略环境的分析。也就是说，它是企业资源的能力分析、管理分析和利益相关者分析的逻辑总结。只有真正做好组织内部资源优势和劣势分析，才能为企业战略管理奠定良好的基础。在此基础上，就可以为分析组织内部资源做一个评价，在对企业内部各个领域的主要优势与劣势进行全面综合的评价的基础上，企业战略决策者就可以有效地做好战略管理工作。

4. 重新评价组织的宗旨和目标

通过第二步和第三步，即通过分析企业外部环境（包括政治、经济、社会和技术环境），确定企业经营环境中的战略机会和威胁以及分析组织内部资源，识别优势和劣势以后，企业有必要重新评价组织的宗旨和目标。确定组织当前的宗旨、目标和战略是否与其面临的内外环境是否适应？是否需要调整？该怎样调整？

具体可以使用 SWOT 分析法，使企业"能够做的"（即组织的强项和弱项）和"可能做的"（即环境的机会和威胁）之间的能够有机组合，正确确定组织的宗旨和目标。SWOT 方法的基本点，就是企业战略的制定必须使其内部能力（强处和弱点）与外部环境（机遇和威胁）相适应，以获取经营的成功。

按照 SWOT 分析和识别组织的机会的要求，管理层需要重新评价组织的宗旨和目标，看其是否实事求是？是否需要修正？如果需要改变组织的整体方向，则战略管理过程可能需要从头再来。如果不需要改变宗旨和目标，管理层则需要着手制定战略。

5. 制订战略

其实，前面的 4 个步骤属于战略分析阶段，解决的问题是"企业目前面临的状况"及"企业应该走向何处"。制订战略步骤解决的是企业怎样根据"企业目前面临的状况"和"企业应该走向何处"的问题。

制订战略又可以分以下几个步骤。

第一步是制订战略选择方案。根据本章前面提到企业战略的层次及其分析部分，企业应该制定公司层战略、事业层战略和职能层战略三个层次战略。公司层战略具体又可以分为成长型战略、稳定型战略和紧缩型战略，可以采用制定公司层战略的方法，如通用矩阵、产品/市场演变矩阵等；事业层基本竞争战略的类型可分为成本领先战略、差异化战略和集中一点战略等三种，可采用事业层战略分析方法，如行业竞争结构分析法、SWOT 分析法、价值链分析法和核心竞争力分析法；职能层战略，根据不同的职能要求，可采取企业文化战略、营销战略、品牌战略、产品战略、技术发展战略、物流战略、人力资源战略、财务战略和成本战略等。

在制订战略过程中，当然是可供选择的方案越多越好。企业可以从对企业整体目标的保障、对中下层管理人员积极性的发挥及企业各部门战略方案的协调等多个角度考虑，选择自上而下的方法、自下而上的方法或上下结合的方法来制订战略方案。

第二步是评估战略备选方案。评估备选方案通常使用两个标准：一是考虑选择的战略是否发挥了企业的优势、克服了劣势，是否利用了机会，将威胁削弱到最低程度；二是考虑选择的战略能否被企业利益相关者所接受。需要指出的是，实际上并不存在最佳的选择标准，管理层和利益相关团体的价值观和期望在很大程度上影响着战略的选择。此外，对战略的评估最终还要落实到战略收益、风险和可行性分析的财务指标上。

第三步是选择战略。即最终的战略决策，确定准备实施的战略。如果由于用多个指标对多个战略方案的评价产生不一致时，最终的战略选择可以考虑以下几种方法：① 根据企业目标选择战略。企业目标是企业使命的具体体现，因而，选择对实现企业目标最有利的战略方案。② 聘请外部机构。聘请外部咨询专家进行战略选择工作，利用专家们广博和丰富的经验，能够提供较客观的看法。

最后是战略政策和计划。制订有关研究与开发、资本需求和人力资源方面的政策和计划。

6. 实施战略

战略实施就是要将战略落到实处，将战略付诸行动，把公司总体战略、事业层战略和职能层战略中所确定的事项从总体上做出安排。

战略实施要依靠3方面的工作：一是战略导向管理整合，也就是以战略为出发点，对现行管理机制进行调整，使管理机制与战略相协调，使管理机制成为战略实现机制；二是战略导向人力资源整合，也就是以战略为出发点，对现行人力资源队伍进行调整，使人力资源与战略相适应；三是战略预算，就是将战略目标、战略项目及相应的资源配置用数量化指标表示出来，并协调平衡。

总之，战略实施要在战略导向做好管理机制整合、人力资源整合、投资项目和预算的整合，要相互配合，相互协同，不能各自为政。就管理机制整合而言，重点要做好以下工作：① 战略导向公司治理设计。应该对董事会、监事会和总经理班子成员做适当的调整。② 流程再造。对业务流程设计和调整。③ 组织再造。建立研究与开发机构、建立营销机构等，改善组织结构和人员结构。④ 岗位设计。根据战略要求，对岗位进行设计，并对现有岗位进行调整。⑤ 业绩评价设计和激励机制设计。就人力资源整合而言，重点要做好以下工作：人力资源规划。人力资源配置和开发。加强人力资源调整和培训。就预算而言，主要做好项目预算、目标预算、财务预算和实施时间预算。

7. 战略评价和调整

战略评价就是通过评价企业的经营业绩，审视战略的科学性和有效性。在战略评价时，要注意以下问题：① 注意选择评价时机。战略评价活动应当持续地进行，而不只是在特定时期的期末或在发生了问题时才进行。当环境变得愈来愈复杂、市场变化越来越快时，战略评价活动的频率也要相应提高。② 注意评价指标的选择。既要强调短期的财务指标，也要强调非财务质量指标，如缺勤率、调动率、生产质量、生产效率、员工满意度等等都是影响绩效的重要因素。例如，《财富》杂志每年对25个产业的企业进行评价，采用关键的8项评价指标是：管理质量，创新性，产品或服务质量，长期投资价值，财务状况，对社区和环境义务的履行，吸引、培养和保留人才的能力，对公司资产的使用。③ 要注重数字化，采用先进的评价手段。多数企业的战略评价，或者是"集中式的专家研讨"，或者是"零散的内部报告"，评价活动多是"静态"的，许多企业尚未形成相对稳定的评价机制和"动态"的评价体系。远离数字化的落后的评价手段在企业中还有相当的市场。此外，企业还应利用计算机协助经营者进行综合的、统一的、分析性的和经济的战略管理评价活动。企业ERP（企业资源计划）IMS（信息管理系统）及大量的企业管理软件的应用，都将大大提高企业处理信息的速度和能力。

我们要根据战略评价的情况进行战略调整。战略调整就是根据企业情况的发展变化，即参照实际的经营事实、变化的经营环境、新的思维和新的机会，及时对所制定的战略进行调整，以保证战略对企业经营管理进行指导的有效性。包括调整公司的战略展望、公司的长期发展方向、公司的目标体系、公司的战略及公司战略的执行等内容。

总之，企业战略管理是一个系统的、动态的过程。企业战略管理的实践表明，战略制定固然重要，战略实施同样重要。一个良好的战略仅是战略成功的前提，有效的企业战略实施才是企业战略目标顺利实现的保证。此外，如果企业没有能完善地制定出合适的战略，但是在战略实施中，能够克服原有战略的不足之处，那也有可能最终导致战略的完善与成功。当然，如果对于一个不完善的战略选择，在实施中又不能将其扭转到正确的轨道上，就只有失败的结果。

组 织

第 3 篇

【引例】

有26个不同国家的集邮爱好者,想通过互相通信的方式交换各国最新发行的纪念邮票,为了使这26人每人都拥有这26个国家的一套最新纪念邮票,他们至少要通几封信?

组织目标一经确立,决策与计划一旦制订,为了保证目标与计划的有效实现,管理者就必须设计合理的组织架构,整合这个架构中不同员工在不同时空的工作并使之转化成对组织有用的贡献。

第 5 章 组 织 设 计

 引例

不拉马的士兵

一位年轻有为的炮兵军官上任伊始,到下属部队视察其操练情况。他在几个部队发现相同的情况:在一个单位操练中,总有一名士兵自始至终站在大炮的炮管下面,纹丝不动。军官不解,究其原因,得到的答案是:操练条例就是这样要求的。军官回去后反复查阅军事文献,终于发现,长期以来,炮兵的操练条例仍因循非机械化时代的规则。站在炮管下的士兵是负责拉住马的缰绳(在那个时代,大炮是由马车运载到前线的),以便在大炮发射后调整由于后坐力产生的距离偏差,减少再次瞄准所需的时间。现在大炮的自动化和机械化程度很高,已经不再需要这样一个角色了,但操练条例没有及时地调整,因此才出现了"不拉马的士兵"。军官的发现使他获得了国防部的嘉奖。

"不拉马的士兵"存在的原因主要在于:① 组织结构设计之初没有坚持因事设岗的基本原则;② 企业所处的外部环境发生变化,导致企业的工作流程和工作方式发生变化,而企业本身并没有意识到,仍遵循原来的运作模式。

5.1 组织与组织设计

5.1.1 组织的定义

组织有两层含义。

一层含义是一般意义上的组织含义,它泛指各种各样的社团、机关、学校、企事业单位等,它是人们进行交流合作的必要条件。

另一层是指管理学上的组织的含义,所谓组织是按照一定的目的和程序组成的一种权责结构。

管理学上所说的组织一般包含以下几个特点。

① 共同目标的存在是组织存在前提

管理者必须使组员确信共同目标的存在并根据组织的发展不断制定出新的目标。

② 没有分工与合作的群体不是组织

只有分工和协作结合起来才能产生较高的集团效率。

③ 组织要有不同层次的权力与责任制度

只有这样，才能保证各项工作的顺利进行，保证目标的实现。

5.1.2 组织设计的任务与原则

1. 组织设计的任务

组织设计的任务主要是编制职务说明书和提供组织结构系统图。

所谓组织结构，是指表现组织各部分排列顺序、空间位置、集聚状态、联系方式以及各要素之间相互关系的一种模式。组织结构系统图是反映组织内各机构、岗位上下左右相互关系的一种图表，如图5-1所示。

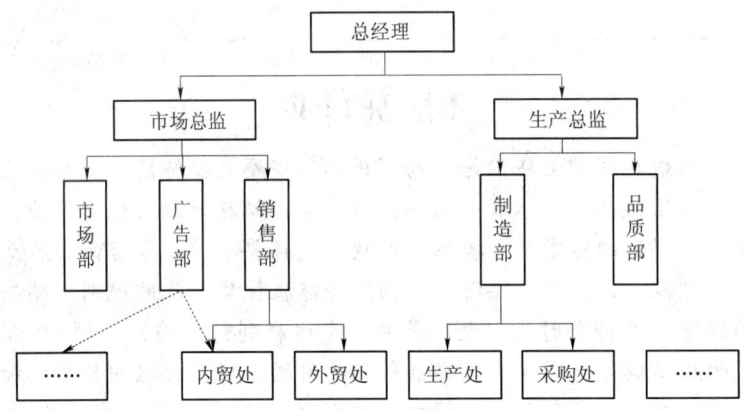

图5-1 组织结构示意图

图中的方框代表各种职能部门，箭线表示不同职权的指向。该图清晰地描述了组织内正式职位系统的决策层和联系网络，同时也显示了各部门在组织结构中的地位及相互关系。组织设计的实质是：对管理人员的管理劳动进行横向和纵向的分工。

职务说明书要求能清晰地说明该职位要做哪些事及需要怎样的人来匹配，它一般包含两大部分的内容。一是对事的描述，包括职位名称、工作的主要内容、工作关系、工作的条件与环境等。二是对人的描述，包括一般要求（性别、年龄、学历等）、生理要求（体能、灵敏度、视力等）和特殊要求。

某银行贷款助理员的职务说明书

工作名称：公司贷款助理　　　部门：公司信贷部
工作代号：　　　　　　　　　科室：信贷一科
工作关系
上级：公司会计主管A先生　　下属：无
内部联系：信贷部的C、D、E　外部联系：主要银行客户
工作主要责任
帮助公司进行商务账单管理，保持与和本公司有利益关系的公司的合作关系。
工作内容
1. 信用分析（每周）
在信贷主管的指导下，分析客户公司的历史、现状、在行业中的地位、会计程序、贷款需求；考察信用报告……
2. 业务（每周）
帮助客户处理贷款问题与需求；出具客户有效的信用信息；根据公司资产负债表情况分析账面利润，给每个客户贷款，指导公司贷款票据部门的基金收支、贷款签订过程；纠正内部偏差。

续表

工作条件与环境：75%以上的时间在室内，不受气候影响……
聘用条件：每周工作35小时，每天7小时，月薪4 500元……
工作名称：公司贷款助理
年龄：25～35岁
性别：男女不限
学历：大学本科以上
工作经验：在银行工作三年以上
体能要求
听力良好，能听见20英尺以外的说话声；对数字口头表达能力强；有充沛的体力巡访客户；能用手书写，无严重的疾病和传染病
知识与技能
良好的语言沟通能力，如倾听与提问能力；具有一般会计能力；有良好的书写能力；有良好的综合分析能力……
其他特征
具有驾照；愿意偶尔在周末加班，能每月出省出差；平时衣着整洁

2. 组织设计的原则

（1）任务与目标原则

企业组织设计的根本目的是为实现企业的战略任务和经营目标服务的。这是一条最基本的原则。组织结构的全部设计工作必须以此作为出发点和归宿点，即企业任务、目标同组织结构之间是目的同手段的关系；衡量组织结构设计的优劣，要以是否有利于实现企业任务、目标作为最终的标准。从这一原则出发，当企业的任务、目标发生重大变化时，例如，从单纯生产型向生产经营型或从内向型向外向型转变时，组织结构必须作相应的调整和变革，以适应任务、目标变化的需要。又如，进行企业机构改革，必须明确要从任务和目标的要求出发，该增则增，该减则减，避免单纯地把精简机构作为改革的目的。

再如，医院的目标是治病救人，为人民服务，那么它的组织机构及其形式，如内、外、妇、儿科、门诊科室、药房、供应科、财务科等，就是围绕实现医院的目标而设置的。同样道理，每一机构又有自己的分目标来支持总目标的实现，则这些分目标就又成为机构进一步细分的依据。为此，目标层层分解，机构层层建立下去，直至每一个人都了解自己在总目标的实现中应完成的任务，这样建立起来的组织机构才是一个有机整体，才能成为为保证组织目标的实现而奠定的组织基础。

这一原理还要求在组织设计中要以事为中心，因事设机构、设职务，做到人与事高度配合，避免出现因人设事、因人设职的现象。

（2）分工协调

分工就是按照提高管理专业化程度和工作效率的要求，把组织的目标分成各级、各部门，以至各个人的目标和任务，使组织的各个层次、各个部门、每个人都了解自己在实现组织目标中应承担的工作职责和职权。有分工就必须有协调，协调包括部门之间的协调和部门内部的协调。分工协调原理可以这样来表述：组织结构的设计和组织形式的选择越是能反映目标所必需的各项任务和工作的分工，以及彼此间的协调，委派的职务越是能适合于担任这一职务的人的能力与动机，其组织结构和形式就越是有效。组织结构中的管理层次的分工、

部门的分工及职权的分工，各种分工之间的协调就是分工协调原理的具体体现。

（3）管理幅度

管理宽度原理可以表述为：主管人员有效地监督、指挥其直接下属的人数是有限的。管理宽度的限度取决于多方面的因素，例如工作类型、主管人员以及下属的能力等。因此，管理宽度是因组织、因人而异的。由于管理宽度的大小影响和决定着组织的管理层次，以及主管人员的数量等一些重要的组织问题，所以，每一个主管人员都应根据影响自身管理宽度的因素来慎重地确定自己的理想宽度。

（4）权责一致

权责一致原理可表述为：职权和职责必须相等。在进行组织结构的设计时，既要明确规定每一管理层次和各个部门的职责范围，又要赋予完成其职责所必需的管理权限。职责与职权必须协调一致，要履行一定的职责，就应该有相应的职权，这就是权责一致原理的要求。只有职责，没有职权，或权限太小，则其职责承担者的积极性、主动性必然会受到束缚，实际上也不可能承担起应有的责任；相反，只有职权而无任何责任，或责任程度小于职权，将会导致滥用权力和"瞎指挥"，产生官僚主义等。因此，在实际的组织设计中应尽量避免这两种倾向。科学的组织结构设计应该是将职务、职责和职权形成规范，订出章程，使无论什么人，只要担任该项工作就得有所遵从，能承担起应有的责任。

（5）统一指挥原则

统一指挥原理可表述为：组织的各级机构及个人必须服从一个上级的命令和指挥，只有这样，才能保证命令和指挥的统一，避免多头领导和多头指挥，使组织最高管理部门的决策得以贯彻执行。根据这一原理，上级指示从上到下逐级下达，不许发生越级指挥的现象，下级只接受一个上级的领导，只向一个上级汇报并向他负责，这样，上下级之间就形成了一个"指挥链"。

在这个指挥链上，上级既能了解下属情况，下属也容易领会上级的意图。因此，按照统一指挥原理去办，指挥和命令如果能组织安排得当，就可做到政令畅通，提高管理工作的有效性，而那些由于"多头领导"和"政出多门"所造成的混乱就可避免。

统一指挥的原理在实践中可能会出现一些麻烦，例如缺乏横向联系和必要的灵活性等。为弥补这一缺陷，在应用中往往还规定主管人员有必要的临时处置、事后汇报之权，其依据的原则是我们在本书第1章中曾提到过的"法约尔桥"。这一原则规定，根据统一指挥的原理，上级可授权下级相互进行直接的联系，但必须将行动结果报告各方的上级，这样才不致于削弱反而还有助于统一指挥的实施。

（6）稳定性与适应性相结合

这一原理可表述为：组织结构及其形式既要有相对的稳定性，不要总是轻易变动，但又必须随组织内外部条件的变化，根据长远目标作出相应的调整。已如前述，任何组织都是一个开放的社会子系统，在其活动过程中，都与外部环境发生一定的相互联系和相互影响，并连续不断地接受外来的"投入"而转换为"产出"。一般地说，组织要进行实现目标的有效的活动，就要求必须维持一种相对平衡的状态，组织越稳定，效率也将越高。组织结构的大小调整和各部门职权范围的每次重新划分，都会给组织的正常运行带来有害的影响。因此，组织结构不宜频繁调整，应保持相对稳定。但是，不但组织本身是在不断运动的，而且组织赖以生存的大环境也是在不断变化的，当组织结构相对地呈现僵化状态，组织内部效率低下，而且无法适应外部的变化或危及生存时，组织的调整与变革就是不可避免的了。因为只有调整和变革，才会给组织重新带来效率和活力。同一级机构、人员之间在工作量、职责、职权等方面应大致平衡，不宜偏多或偏少。苦乐不均、忙闲不均等都会影响工作效率和人员的积极性。

5.1.3 组织结构设计的程序

组织结构的设计是一项复杂的系统工程，因而必须服从科学的程序。这个程序一般包括以下几个步骤。

① 确定组织目标。组织目标是进行组织设计的基本出发点。任何组织都是实现其一定目标的工具，没有明确的目标，组织就失去了存在的意义。因此，管理组织设计的第一步，就是要在综合分析组织外部环境和内部条件的基础上，合理确定组织的总目标及各种具体的派生目标。

② 确定业务内容。根据组织目标的要求，确定为实现组织目标所必须进行的业务管理工作项目，并按其性质适当分类，如市场研究、经营决策、产品开发、质量管理、营销管理、人员配备等。明确各类活动的范围和大概工作量，进行业务流程的总体设计，使总体业务流程优化。

③ 确定组织结构。根据组织规模、生产技术特点、地域分布、市场环境、职工素质及各类管理业务工作量的大小，参考同类其他组织设计的经验和教训，确定应采取什么样的管理组织形式，需要设计哪些单位和部门，并把性质相同或相近的管理业务工作分归适当的单位和部门负责；形成层次化、部门化的结构。

④ 配备职务人员。根据各单位和部门所分管的业务工作的性质和对职务人员素质的要求，挑选和配备称职的职务人员及其行政负责人，并明确其职务和职称。

⑤ 规定职责权限。根据组织目标的要求，明确规定各单位和部门及其负责人对管理业务工作应负的责任以及评价工作成绩的标准。同时，还要根据搞好业务工作的实际需要，授予各单位和部门及其负责人以相应的职权。

⑥ 联成一体。这是组织设计的最后一步，即通过明确规定各单位、各部门之间的相互关系，以及它们之间在信息沟通和相互协调方面的原则和方法，把各组织实体上下左右联结起来，形成一个能够协调运行、有效地实现组织目标的管理组织系统。

5.1.4 机械组织与有机组织

1. 机械组织

机械式组织（官僚行政组织）是综合使用传统设计原则的自然产物。坚持统一指挥的结果也就产生了一条正式的职权层级链，每个人只受一个上级的控制和监督。而保持窄的管理跨度，并随着组织层次的提高缩小管理跨度，这样也就形成了一种高耸的、非人格化的结构。当组织的高层与低层距离日益扩大时，高层管理会增加使用规则条例，因为他们无法对低层次的活动通过直接监督来进行控制并确保标准作业行为得到贯彻，所以高层管理者要以规则条例来替代。这种结构使组织的稳定性、高效率达到了相当的水平，但是也导致了组织的僵化、反应迟钝的弱点。职能型组织结构、事业部制组织结构均属于机械型组织。

2. 有机式组织

也称适应性组织，与机械式组织形成一种鲜明的对照。它是低复杂性、低正规化和分权化的。

有机式组织是一种松散、灵活的具有高度适应性的形式；而机械式组织则是僵硬、稳定的。因为不具有标准化的工作和规则条例，所以有机式组织是一种松散的结构，能根据需要迅速地作出调整。有机式组织也进行劳动分工，但人们所做的工作并不是标准化的。员工多是职业化的，具有熟练的技巧，并经过训练能处理多种多样的问题。他们的教育已经将职业行为的标准灌输到他们体内，所以不需要多少正式的规则和直接监督。例如，给计算机工程师分配一项任务，就无须告诉他如何做事的程序。他对大多数的问题，都能够自行解决或通过征询同事后得到解决。这是依靠职业标准来指导他的行为。有机式组织保持低程度的集权化，就是为了使职业人员能对问题作出迅速的反应；另一方面也因为，人们并不能期望高层管理者拥有作出必要决策所需的各种技能。

直线结构、矩阵结构、网络结构就属于有机型组织结构。

3. 影响组织结构的四大因素

（1）战略与结构

组织结构是帮助管理者实现其目标的手段。因为目标产生于组织的总战略，所以，使战略与结构紧密配合，这是顺理成章的。特别是结构应当服从战略。如果管理者对组织的战略作了重大调整，那么就需要修改结构以适应和支持这一调整变革。

对战略—结构关系的第一个重要研究是艾尔弗雷德·钱德勒对美国100家大公司进行的考察。在追踪了这些组织长达50年的发展历程，并广泛收集了如杜邦、通用汽车及西尔斯等公司的历史案例资料后，钱德勒得出结论，公司战略的变化先行于并且导致了组织结构的变化。具体地说，钱德勒发现组织通常起始于单一产品或产品线生产。简单的战略只要求一种简单、松散的结构形式来执行这一战略。这时，决策可以集中在一个高层管理人员手中，组织的复杂性和正规化程度都很低。当组织成长以后，它们的战略变得更有雄心，也更加复杂了。

从单一的产品线开始，组织通常采取合并供货者或者直接销售产品到顾客等办法，在既定的产业内扩大他们的活动范围。以通用汽车公司为例，它不仅装配整车，同时还拥有制造空调装置、电气设备及其他汽车配件的企业。这种纵向一体化战略使组织单位之间的相互依赖性增强，从而产生了对更复杂协调手段的要求。而这可以通过重新设计结构，按照所开展的职能来构建专业化的组织单位来取得。后来，公司进一步成长，进入产品多样化经营阶段，这时结构需要再次调整，以便取得高效率。这种产品多样化战略要求这样一种结构，它能够有效地配置资源，控制工作绩效并保持各单位间的协调。而组建多个独立的事业部，让每个部门对一特定的产品线负责，则能够更好地达到上述要求。总而言之，钱德勒建议，随着公司战略从单一产品向纵向一体化、再向多样化经营的转变，管理当局会将组织从有机式转变为更为机械的形式。

总体上说，近来的研究也证实了上述战略—结构关系。例如，追求探索者战略的组织必须以创新来求生存，因此有机式组织更好地适应这一战略，因为它很灵活，能保持最大的适应性。相反，防御者战略寻求稳定性和效率性，这需要一种机械式的组织才能更好地取得。

(2) 规模与结构

有足够的历史证据说，组织的规模对其结构具有明显的影响作用。例如，大型组织倾向于比小型组织具有更高程度的专业化和横向及纵向的分化，规则条例也更多。但是，这种关系并不是线性的，而是规模对结构的影响强度在逐渐减弱。也即随着组织的扩大，规模的影响愈益不重要。为什么是这样？从本质上说，一个拥有2 000名左右员工的组织，已经是相当机械式的了，再增加500名员工不会对它产生多大的影响。相比之下，只有300个成员的组织，如果增加500名员工，就很可能使它转变为一种更机械式的结构。

(3) 技术与结构

任何组织都需要采取某种技术，将投入转换为产出。为达到这一目标，组织要使用设备、材料、知识和富有经验的员工，并将这些组合到一定类型和形式的活动之中。比如，高校的教授在给学生授课时就使用多种方法，包括课堂讲授、小组讨论、案例分析以及利用有习题解答的教科书进行自学，等等。这每一种方法都是一类技术。

20世纪60年代初期，不列颠大学的琼·伍德沃德（Joan Woodward）提出，组织的结构因技术而变化。今天不少组织设计的研究者不赞成技术是决定结构的唯一因素的说法，但伍德沃德的观点仍不愧是一个重要的贡献。

琼·伍德沃德最早对技术作为结构的一个决定因素的关注，可以追溯到琼·伍德沃德的研究。她为了确定指挥统一和管理跨度这些传统原则与公司成功的关系程度，对英国南部的近100家小型制造企业进行了调查。她一直无法从所收集的数据中得出任何一种相关关系，直至她按生产进行的规模将这些企业划分为三种类型。这三种类型反映三种不同的技术，它们在技术复杂程度上渐次提高。第一类，单件生产是由进行定制产品（如定制服装和水力发电用涡轮机等）生产的单位或小批生产者组成。第二类是大量生产，包括大批和大量生产的制造商，它们提供诸如冰箱和汽车之类的产品。第三类，也是技术最复杂的一类，是连续生产，如炼油厂和化工厂这类连续流程的生产者。

伍德沃德的发现有：① 在这些技术类型和相应的公司结构之间存在着明显的相关性；② 组织的绩效与技术和结构之间的"适应度"密切相关。

比如，随着技术复杂性的提高，组织的纵向层次数目增加。单件、大量和连续生产企业的纵向层次中位数，分别是3、4和6。更重要的是，从效能的角度来看，每一类型企业的成功者都分布在其所属组别中位数的周围，但并不是所有的关系都是线性的。举个恰当的例子，在结构的总体复杂性和正规化程度上，大量生产企业就比单件生产企业和连续生产企业都来得高。因为规定规则条件，对于非常规技术的单件生产来说是不可能的，而对于高度标准化的连续生产则根本就不需要。

通过对其发现进行仔细的分析，伍德沃德得出这样的结论：这三种类型企业每一类都有其相关的特定结构形式，成功的企业是那些能根据技术的要求而采取合适的结构安排的企业。在每一类别中，最能够接近该类结构要素的中位数的企业是最有效能的。她发现，制造业企业的组织并不存在一种最好的方式。单件生产和连续生产企业，采用有机式结构最为有效；而大量生产企业若与机械式结构相匹配，则是最为有效的。

伍德沃德的技术分类法的一个主要缺陷是，它仅限于制造业组织。由于制造业企业只代表所有组织的半数不足，如果要使技术与结构关系的思想适用于所有的组织，就必须以一种更一般化的方式对技术作可操作性的研究。查尔斯·佩罗提供了这样一种研究方案。

佩罗将他的注意力放在知识技术而不是生产技术上。他提议从以下两个方面对技术进行考察：① 成员在工作中遇到的例外的数目；② 为寻找妥当解决例外问题的有效方法所采用的探索过程的类型。他将第一个因素称作任务多变性；第二个因素称作问题可分析性。

当第一个因素的例外情况较少时，工作就是高度常规化的。在日常活动中通常具有较少例外情况的工作，包括生产装配线上的工人及麦当劳店中的炸制厨师的工作等。这一光谱的一个极端是当工作具有许多变化时，它就会有大量的例外情况。这可以高层管理职位、咨询工作以及海上油井灭火工作等作为典型的例子。

第二类因素，问题可分析性是对探索过程的一种评估、一个极端，探索可以说成是高度确定的，人们可使用逻辑和推理分析来寻找问题的答案。如果一个学生平常得分都在良，突然在一门课程的头一回测试中得了个不及格，这时你可以对该问题作一理性的分析，找到克服的办法。比如，你是否花了足够的时间准备这次测验？你是否使用适当的教材？这次测试难度合理吗？其他好学生表现如何？循着这样的逻辑，你可以找到问题的根源，然后纠正它。一个极端是不确定性的问题。假如你是位建筑设计师，你接到的一项任务是，按照你以往从未采用过或听说过的标准和限定要求设计一幢建筑，这时你就没有任何正规的探索方法可供使用。你得根据先前的经验、判断和直觉找到答案。通过猜测和尝试失误，你可能会找到一个可接受方案。

佩罗使用这两维变量，以及任务多变性和问题可分析性，构建了一个 2×2 矩阵，如图 5-2 所示。该矩阵的四个象限代表四类技术：常规技术、工程技术、手艺技术和非常规技术。

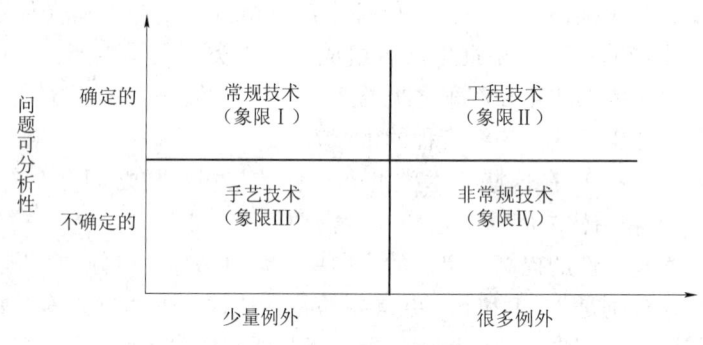

图 5-2　任务可变性

常规技术（象限Ⅰ）只有少量的例外，问题易于分析。用来生产钢铁和汽车或者提炼石油的大量生产过程，就属于这一类。工程技术（象限Ⅱ）有大量的例外，但可以一种理性的、系统的分析进行处理。桥梁建造属于这一类。手艺技术（象限Ⅲ）处理的是相对复杂、但少量例外的问题。制鞋和家具修补属于这一类。最后，非常规技术（象限Ⅳ）以诸多例外和问题难以分析为特征。这类技术可代表许多航天业务，比如罗克韦尔国际公司航天飞机的开发就采用了这类技术。

总之，佩罗认为，如果问题是可进行系统分析的，则适宜采用象限Ⅰ和Ⅱ的技术。问题只能以直觉、猜测和不能加以分析的经验来处理的，则需要采取象限Ⅲ和Ⅳ的技术。同理，如果经常出现新的、不平常的、不熟悉的问题，它们可能在象限Ⅱ或Ⅳ。而如果问题是熟悉的，则象限Ⅰ、Ⅲ更为合适。

这些结论对技术—结构关系意味着什么呢？佩罗主张，控制和协调方法必须因技术类型而异。越是常规的技术，越需要高度结构化的组织。反之，非常规的技术，要求更大的结构灵活性。这样，按照佩罗的观点，最常规的技术（象限Ⅰ）可以通过标准化的协调和控制来实现。这些技术应该配之以同时高度正规化和集权化的结构。另一个极端是，非常规的技术（象限Ⅳ）要求具有灵活性。一般地，组织应该是分权化的，所有成员间有频繁的相互作用，并以保持很低程度的正规化作为特征。介于两者之间的，如手艺技术（象限Ⅲ）要求问题以最丰富的知识和经验加以解决，这意味着组织需要分权化。而工程技术（象限Ⅱ），虽有许多例外情况，但具有可分析的探索过程，因此应当分散决策权限，并以低正规化来保持组织的灵活性。

结论：技术研究中的共同主题是，组织将投入转换为产出所使用的过程或方法，在常规化程度上是各不相同的。一般而言，技术愈是常规，结构就愈为标准化。技术愈是非常规，结构就愈应该是有机式的。我们期望，管理当局应当将机械式结构与常规技术相配合。

（4）环境与结构

研究表明，环境也是结构的一个主要影响力量。从本质上说，机械式组织的稳定的环境中运作最为有效；有机式组织则与动态的、不确定的环境最匹配。

环境—结构关系可以作为进一步的证据，帮助说明为什么现在许多管理人员将他们的组织改组为精干、快速和灵活的。全球的竞争，由所有竞争者推动的日益加速的产品创新，以及顾客对高品质和快速交货的愈来愈高的要求，这些都是环境因素动态性的表现。机械式组织并不适于对迅速变化的环境作出反应。因此，我们看到管理者们改组他们的组织，以便使它们变得更具有机性。

5.1.5 正式组织与非正式组织

非正式组织是指自发的无意识的，行动无规律，仅以感情、习惯、喜爱、相互依赖来满足个人不同的心理需要的群体。

正式组织是指人们按照一定的规则，为完成某一共同的目标，正式组织起来的人群集合体。我们一般谈到的组织都是指正式组织。维系正式组织的主要是理性原则。在正式组织中，其成员之间保持着形式上的协作关系，以完成组织目标为行动的出发点和归宿点。人们经常将"正式"与"不变"、"稳定"联系在一起。在实践中，正式组织在保持其相对稳定性的同时必须具有一定的灵活性，发现和使用人才，并根据组织环境的变化调整正式组织的结构。

"正式组织"是经过精心设计、计划而建立的个人地位和权责关系；非正式组织则是正式组织的副产品，亦为必然现象。非正式组织是由于人员间相互行为之下所产生的认同关系所形成的结果，凡是共同点愈多者其非正式组织的关系也愈密切，只要具备任何一项相同点即可促进人员之间的认同，而共同点愈多非正式组织成员愈团结。

1. 正式组织的特点

正式组织一般具有以下几个特点。

① 组织目标是具体的。

② 正式组织的权力具有强制性服从的特点，并且还有正统性、合法性和稳定性等特点。

③ 正式组织的结构一般具有层级式的等级特点。

④ 正式组织的信息沟通渠道是由组织规章提供的。

2. 正式组织的基本要素

社会系统学派的代表巴纳德认为正式组织有三个基本要素，即协作意愿、共同目标和信息沟通。这三个要素是正式组织产生的充分必要条件。

（1）协作意愿

按定义来说，没有人就没有组织。但是，正如我们强调指出过的，构成组织的应该是人的服务、行动、行为或影响。那就很明显，人们贡献努力的意愿是协作体系所不可缺少的。

同组织有关的日常用语中有许多词语用来指个人的协作意愿，其中主要的有"忠诚心"、"团结心"、"团队精神"、"组织力"。尽管这些词语不太精确，但都与"忠于事业"有关，并且一般都认为它们所指的是不同于个人贡献的有效性、能力或价值的某种事物。所以，"忠诚心"不一定同人的地位、阶层、名声、报酬或能力有关。它大致地被认为是组织的必要条件。

这种意义上的协作意愿意味着自我克制，对自己个人行动控制权的放弃，个人行为的非个人化。其结果是努力的凝聚、结合；其直接的原因是必须"结合"的意向。没有这种意向就不会有对协作做贡献的持久的个人努力。首先必须有把个人行为贡献于非个人的组织行为和个人放弃其行动的控制权的意愿，才能把人们的行动协调起来。

对某一具体的正式组织的贡献意愿的显著特点是，个人意愿的强度存在着极大的差异。如果按照贡献意愿的强度对一个组织的可能的贡献者加以排列的话，其等级将为：从强烈的贡献意愿逐步下降到没有贡献意愿，再下降到强烈的不愿意、反对或憎恨。现代社会的大多数人对任何一个现存的或可能成立的组织总是抱以否定的立场。可能的贡献者中只有一小部分有着积极的贡献意愿。这对大的国家、天主教会等极大且极复杂的正式组织来讲也适用。现存社会中的绝大多数人对任何一个组织或者是漠不关心，或者是积极反对。如果有较小的组织附属于这些大的组织，那么小组织中有积极贡献意愿的只是很小一部分，常常是微不足道的一部分人。

几乎同样重要的另一个特点是，任何个人的贡献意愿的强度都不可能维持不变。人在睡眠时很难说有什么贡献意愿。而当人疲劳、不愉快时，贡献意愿也会减退或消失，"心有余而力不足"这句话就很好地表现了这种状况。从以上两点得出的必然结论是，在任何一个正式组织中，有积极贡献意愿的人数，以及中立的或没有贡献意愿的人数是经常变动的。随之而来的推论是，在任何一个正式的协作体系中，可能的贡献者的贡献意愿总量是不稳定的。这是从所有的正式组织的历史中明显表现出来的事实。

积极的或否定的协作意愿是每个个人对在这个组织中和其他机会中经受到的，或者对预计的净满足或净不满足比较后的表现。其他机会可能是个人的机会或其他组织提供的机会。也就是说，协作意愿首先是诱因同相关的牺牲相比较的净结果；其次是同其他机会提供的实际可以得到的净满足相比较的结果。如果从逻辑上来考虑，需要决定的问题首先是，进行协作是否比独立行动对个人更为有利。如果更为有利，那么要考虑的问题是，目前的协作机会比其他协作机会所提供的利益是更大还是更小。这样，从个人的观点来看，协作意愿是个人愿望同厌恶的综合结果；从组织的观点来看，它是所提供的客观诱因同承受的负担的综合结果。而这个净结果的衡量则完全是个人的和主观的。因此，组织依存于个人的动机和满足个人的诱因。

（2）共同目标

除了要同别人联合这样一种模糊的感觉或愿望以外，必须有一个协作的目的，协作意愿才能发展起来。否则，就无法知道或预测要求于个人的是怎样的具体努力，在许多情况下也无法知道有些什么样的满足可以提供给个人。我们把这样一种目的叫做一个组织的"目的"。需要有一个目的的必要性是自明之理，是"系统"、"协作"、"协调"这些字眼中隐含之意。这是在许多协作体系中可以明显看到的，尽管它常常没有用文字规定下来，而且有时也无法规定。在这种情况下，所能观察到的是行动的方向或后果。从这些方向和后果中可以推导出目的来。

一个目的如果不被将要参加组织的人们所接受，是不会激起协作行为的。因此，目的的被接受同协作意愿是同时发生的。

重要的一点是要明确，对每一个参加协作的人来说，每个协作目的都有两个方面：① 协作的方面；② 主观的方面。

当把目的看成是一种协作行为的时候，它近似于独立观察者从一种特殊的观察立场、组织利益的立场来观察。它主要由组织的知识来决定，但由个人来加以解释，例如，当五个人协作把一块石头从 A 处搬到 B 处时，对这五个人的每一个人，从组织的观点来看，石头的移动都是不同的事。但是，请注意，问题不在于石头的移动对每一个人意味着什么，而在于他认为对于整个组织意味着什么。这包括着他认为作为协作的一个组成部分的他自己的努力的意义，以及所有其他参加协作的人的努力的意义，但它决不会涉及个人动机的满足。

当目的是获得简单的物的结果时，每一个独立观察者客观地观察到的目的，同作为参加协作行为的每一个人观察到的目的之间的差异，一般并不大或并不重要。参加协作的人的不同的协作观点也相应地是类似的。但是，即使在这样的情况下，有心的观察者也会发现导致争执、行动不协调等的观点差异，尽管这并不涉及个人利益。而当目的不太具体时，如宗教方面的协作，客观目的同每一个人从协作观点观察到的目的之间的差异，常常最终导致协作的瓦解。

只有当协作的参加者没有认识到他们对协作目的的理解存在着严重分歧的时候，这个目的才能成为协作体系的一个组成要素。如果客观地观察到的目的同从协作角度观察到的目的之间存在着重要的差异，当目的是具体的、有形的、物的目的时，这种差异很快就会显露出来；而当目的是一般性的、无形的、感情性的目的时，差异可能很大却没有被人们认识到。因此，能够作为协作体系基础的客观目的是贡献者（或可能的贡献者）相信为已决定的组织的目的。反复灌输存在着共同目的的信念是经理人员的一种主要职能。这就说明了为什么在政治组织、工业组织、宗教组织中进行着许多教育工作或所谓的思想工作。否则的话，这种情形常常难以解释。

再回到 5 个人移动石头的例子，我们讲过，"问题不在于石头的移动对每一个人意味着什么，而在于他认为对于整个组织意味着什么"。这里强调的区别是极为重要的。它表明这样一个事实：参加组织的每一个人可以被看成是具有双重人格——一个组织人格和一个个人人格。严格说来，一项组织目的对个人来说并没有直接的意义，对他有意义的是组织同他的关系：组织加给他的负担和给予他的利益。在讲到从协作观点来看的目的时，指的是个人的组织人格。在许多情况下，这两种人格的发展过程是很清楚的。可以明显地看出，在军事行动中，个人行为可能受到组织人格的严厉压制，以至于同个人动机的要求完全相反。同时，可以观察到许多人的自私的行为同他的公务行为是完全不一致的，尽管他们似乎根本没有意识到这一事实。常常还可以看到这样的事，政治组织、爱国组织或宗教组织的成员在他们的个人行为上可以接受屈辱性的待遇，包括承认他们的个人行为同组织义务不相符，但是，如果稍微对他们组织的主义或教理有所不敬，他们就会被激怒，尽管他们自己也承认对这些主义或教理并不理解。但是，另外还有无数的例子表明几乎不存在组织人格。这些情况是，个人同协作体系的关系是暂时的，或参加组织的意愿处于临界状态。

　　换句话说，我们已明确地区分了组织目的和个人动机。在考虑到组织的时候，人们常常假定共同目的同个人动机是统一的，或应该是统一的。但是，除了下面讲的例外情况以外，事情并不是这样。在现代社会的条件下，事情很少是这样的。个人动机必然是内在的、个人的、主观的事物，共同目的必然是外在的、非个人的、客观的事物，尽管个人对它的解释是主观的。这种普遍规律的一个重要例外是，在许多组织中，组织目的的实现本身成为许多人个人满足的源泉，成为个人的动机。这种情况尽管可能存在，但却很稀少。我认为只有在家庭、爱国组织和宗教组织中，在特殊条件下，组织目的才成为或可能成为唯一的或主要的个人动机。

　　最后应该指出，组织一旦成立以后，就会改变它们的统一的目的。组织试图使自己永远存在，在它们努力使自己持续下去的过程中，就可能改变它们存在的理由。

　　（3）信息沟通

　　实现共同目的的可能性和存在着愿意为这个共同目的做贡献的人们，是协作努力体系的两极，使这些可能性成为动态过程的是信息交流。共同目的显然必须被人们所共同了解，而要使人们了解就必须通过某些信息交流形式。除了某些例外，人们之间的信息交流是口头信息交流。同样，尽管在粗略和明白的程度上有所不同，对人们的诱因也依赖于对人们的信息交流。

　　信息交流方法的中心问题是口头语言或书面语言。更简单的形式是，具有明显意义的动作或行动也足以进行信息交流，尽管不是有意识的。在许多协作行为中，以各种方法发出信号，也是一种重要方法。另一方面，不论在原始文明和高度复杂的文明中，"以心传心"都是一种重要的信息交流方法（在集团行为中至少有一部分不是由"明显的"或口头的信息交流引起的，"以心传心"这个词语可以避免任何"神秘"的意义，它有心领神会的意思）。我认为它并没有被人们普遍地认识到。这种方法之所以必要，是由于语言作用的有限性和人们使用语言能力的差异。在专门训练和经验以及个人交往的持续方面，一个极为重要的因素是不通过语言而了解对方的能力——不仅了解环境和条件，而且了解对方的意图。

　　信息交流技术是任何一个组织的重要方面，而对许多组织来讲则是一个极为重要的问题。如果没有恰当的信息交流技术，就不可能采用某些目的作为组织的基础。信息交流技术使得组织采取某种形式并获得内部的经济性。只要我们想象一下以下的情况，这点就很清楚了。如果每个"成员"都讲着不同的语言，结果会是怎样呢？同样，如果没有特别的符号，工程和化学工作等技术职能也很难进行。组织理论说到底，信息交流占着中心的地位，因为组织的结构、广度和范围几乎全由信息交流技术所决定。

3. 非正式组织的特性

① 顺乎自然

非正式组织完全是人们自愿结合而成，故其为顺乎自然无人强迫，亦无人故意安排、设计，完全是由人们在组织之中的相互行为彼此了解、认同之下，产生感情后所自然结合而成的团体。

② 相互行为

人们在组织之中彼此往来、沟通、互相了解，因而形成非正式组织。这种互动过程即为相互行为。

③ 感情投入

因为人员的相互行为而使组织之中的人员彼此认识、了解，故非正式组织之中的情感较亲密。人员由于彼此之间亲密来往的结果，从心理上把各人在某些方面融合成一个整体，包括同情和相互之间的认同，因而以团体的情感作依据，所以其行为缺乏客观的标准。

④ 社会距离

在正式组织之中由于阶层节制或功能分工的关系，人员间多少存在一些社会距离；但在非正式组织之中，人员的结合是由于相同的背景，故彼此的距离就变短了。

⑤ 民主取向

非正式组织成员是自由结合，无法律限制、地位高低，成员于一种平等的原则之下彼此来往；任何的行为皆经众人同意而产生，充分表现民主气氛。

⑥ 用影响力来领导

非正式组织若有领导这件事，那就是靠影响力，全看其所发生的时机、性质而定。

⑦ 团体压力

非正式组织有团体公认的"行为规范"存在于每个成员心中，即为团体压力。

⑧ 附着力、统合力

非正式组织的存在主要是由于人员间有种共同的认知，此种"认同"的力量把大家紧密地团结在一起。正如人在外国比在自己的国内团结，因为人在外国产生认同的作用。

⑨ 成员的重叠性

正式组织之中的非正式组织数量不止一个，成员亦表现出重叠性。

4. 非正式组织的成因

① 满足友谊

人类会有友情的需求而去寻找友谊，建立社会关系乃是人的通性，人们既属于一个组织，其生活圈、社交活动范围自然让他们相互来往，最后就形成非正式组织。

② 追求认同

经由非正式组织人们可取得社会地位、得到认同、扮演角色，让人们产生同属感。

③ 取得保护

个人的力量是有限的，人们必须借助团体的力量以维持自身的利益，这种寻求集体力量防护自我的心理，亦促成非正式组织的产生因素，但此动机是消极的、防卫的。

④ 谋求发展

人们在组织之中还是要谋求发展、地位提升、影响力扩张，但是如果孤立无援就会难有发展，于是人们就要结合成团体，互相援引以达到升官发财的目的，此动机为积极的。

⑤ 彼此协助

人类是群居动物，也只有靠组织的力量方可达成人们的愿望，故人在组织中需要互助，为此非正式组织应运而生。

5. 非正式组织的功能

① 维护团体的价值观

非正式组织成员彼此抱持相同观念、价值，他们为此团结，人员的关系密切而增强团体的内聚力。

② 提供社会满足感

非正规组织能够给其成员地位的认同和与其他人联系的机会，尤其在现代大规模的组织之中，个人地位相对渺小，因此非正式组织应运而生给予成员归属感和地位的满足。

③ 有效沟通

非正式组织可以建立迅速传播消息的网状体系，让参与者可以了解管理当局所做的各项措施的意图。

④ 社会控制（团体拘束力）

此为一种约束成员的力量，包含。

a. 内在的控制，引导成员顺从文化价值的力量。

b. 外在的控制，非正式组织之外的团体所加诸其成员的力量，这种外在压力可促使非正式组织成员的团结。

⑤ 高度伸缩性

非正式组织几乎不受工作程序的约束，具备高度的弹性。对临时发生的危机，常可以循着非正式途径解决，故可保持组织的完整，不致因为人员盲目服从组织的政策、法规、程序，而让组织缺乏应变能力而瓦解。

⑥ 分担主管领导责任

主管成员如果和非正式组织保持良好关系，那人员必和主管采取合作，可以自动自发地工作，积极提供意见，这样可让主管不必事必躬亲，节省时间、精力成本，使主管可以有更多时间、精力专注于更重要的工作。

6. 非正式组织的缺点

① 反对改变

组织因技术改良或法律修改，不得不改变工作程序，这种改变常会影响到人员工作的调整，进而改变人员之间的来往关系。故非正式组织成员会为了保持现状而不愿改变。另外非正式组织成员受到组织中传统、习惯或文化影响，形成坚强的组织堡垒。因此凡是和传统、习惯、文化有所变异的事物，往往受到维持现状或惯性作用的抵制。

② 角色冲突

一个人在组织之中往往扮演多重角色，在正式组织之中其地位、角色是一种，而在正式组织又是另一种，在这种双重角色的关系之下常会让人员产生一种僵局。

③ 传播谣言

在非正式组织之中人员有频繁的沟通，一旦消息经过辗转相传往往失真成谣言，尤其在正式组织和非正式组织之间有冲突之处流传更快。

④ 顺适

由于非正式组织具备社会控制的作用，因此造成下列的不良现象。

a. 抹杀成员创始性。

b. 抹杀成员个性。

c. 让人员的行为脱离组织所需的行为形态。

⑤ 徇私不公

非正式组织成员因凝聚力特强，容易造成上司偏袒部属。

7. 非正式组织的划分

可以从"安全性"和"紧密度"两方面来考察非正式组织的划分。这里所谓"安全性"是与破坏性相对立的，凡是积极的、正面的、有益的活动都是"安全"的，比如满足成员归属感、安全感的需要，增强组织的凝聚力，有益于组织成员的沟通，有助于组织目标的实现等；凡是消极的、反面的、有害的都是"危险"的，比如抵制变革、滋生谣言、操纵群众、阻碍努力使高素质和高绩效员工流失等。所谓"紧密度"是与松散性相对立的，凡是有固定成员、有活动计划、有固定领导而小道消息又特别多的，都是"紧密度"高的；相反则是"紧密度"低的。在具体评价中，我们可以以"安全性"和"紧密度"这两项指标为横向和纵向坐标，做出如图5-3所示的四个区间的分类图。

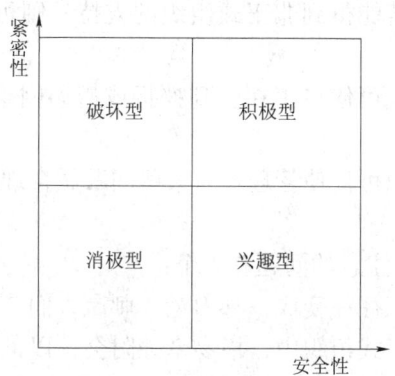

图5-3 非正式组织的划分

图5-3中，横轴表示"安全性"，纵轴表示"紧密性"。每项指标分为两段表示其程度，从左下角的原点向右和向上递增，可以把非正式组织分为四种类型。

消极型：既不安全，也不紧密。这种非正式组织是内部没有一个得到全部成员认可的领袖，分为好几个小团体，每一个团体都有一个领袖，同时某些领袖并不认同组织，存在个人利益高于组织利益的思想。

兴趣型：很安全，但不紧密。由于具有共同的兴趣、爱好而自发形成的团体，成员之间自娱自乐。

破坏型：很紧密，但不安全。这种非正式组织形成一股足以和组织抗衡的力量，而且抗衡的目的是出于自身利益，为谋求团体利益而不惜损害组织利益。同时，团体内部成员不接受正式组织的领导，而听从团体内领袖的命令。

积极型：既积极，又很紧密。一般出现在企业文化良好的企业，员工和企业的命运紧密地联系在一起。比如日本本田公司的QC小组，完全是自发成立，员工下班后聚到一起，一边喝咖啡，一边针对今天生产车间出现的生产问题和产品瑕疵畅所欲言，最后通过讨论找出解决问题的方法。

对于企业来讲，虽然一般的非正式组织中很少存在破坏型的，但是如果出现一定的内外部诱因，那么消极型、兴趣型和积极型非正式组织都有可能迅速地转化为破坏型非正式组织。作为组织的管理者需要对组织内存在的诸多非正式组织有一个清晰的界定。它是属于哪一种类型？它们的领袖是否具备良好的道德素养和职业素质？这些非正式组织中的核心成员有没有属于企业高层领导的，以及他们是否可以准确地强化自身正式组织的角色？考虑到这些问题就可以比较好地为监控和处理好非正式组织的"紧密化"和"危险化"奠定基础。

8. 非正式组织的作用及危害

"非正式"对许多管理者而言，常是一个头痛的名词，但它与正式的组织，有如一把剪刀的两部分，无论喜欢与否，只要有人必然有它的存在。

（1）非正式组织的作用

非正式组织虽有不良的作用，但管理者若能注意其存在而加以适当地运用，亦可产生以下的优良效果。

① 弥补不足。任意一个正式组织无论其政策与规章订得如何严密，总难巨细无遗，非正式组织可与正式组织相辅相成，弥补正式组织的不足。

② 协助管理。正式组织若能得到非正式组织的支持，则可提高工作效率而促进任务的完成。

③ 加强沟通。非正式组织可使员工在受到挫折或遭遇困难时，有一个发泄的通道，而获得社会的安慰的满足。

④ 纠正管理。非正式组织可促使管理者对某些问题做合理的处置，发生制衡的作用。

（2）非正式组织的危害

非正式组织在管理上值得注意的问题有4个：

① 抵制变革。非正式组织往往变成一种力量，刺激人们产生抵制革新的心理。

② 滋生谣言。谣言在非正式组织中，极易牵强附会，以讹传讹，信以为真。

③ 阻碍努力。工作人员在其工作上特别尽力，必受到非正式组织中其他成员的非议，从而使人不敢过分努力。

④ 操纵群众。有些人员居然成了非正式组织的领袖，常利用其地位，对群众施以压力从中操纵，容易在企业不景气的时候造成员工的流失率升高。

5.2 组织设计的基本概念

5.2.1 组织层次与管理幅度

1. 管理幅度

管理幅度又称"管理跨度"或"管理宽度"，指的是一名主管人员有效地监督、管理其直接下属的人数是有限的。当超过这个限度时，管理的效率就会随之下降。因此，主管人员要想有效地领导下属，就必须认真考虑究竟能直接管辖多少下属的问题，即管理幅度问题。换句话说，超过了管理幅度时，就必须增加一个管理层次。这样，可以通过委派工作给下一级主管人员而减轻上层主管人员的负担。如此下去，便形成了有层次的结构。但是，上级主管人员减轻这部分负担的同时，也带来了监督下一级主管人员怎样执行的工作负担，而监督也需要时间和精力。所以，增加管理层次节约出来的时间，一定要大于用于监督的时间，这是衡量增加一个管理层次是否合理的重要标准。

2. 组织层次

组织层次是指组织内部纵向管理系统所划分的等级数。

管理层次与管理幅度有关。较大的幅度意味着较少的层次，较小的幅度意味着较多的层次。这样，按照管理幅度的大小及管理层次的多少，就可形成两种结构：扁平结构和锥式结构。所谓扁平结构（flat structure），就是管理层次少而管理幅度大的结构；而锥式结构（tall structure）的情况则相反。扁平结构与锥式结构各有利弊，如图5–4所示。

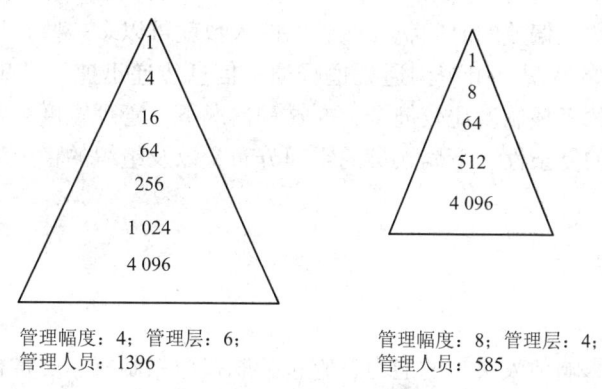

图5–4 组织层级与管理幅度的关系

① 扁平结构有利于缩短上下级距离，密切上下级关系，信息纵向流通快，管理费用低，而且由于管理幅度较大，被管理者有较大的自主性、积极性、满足感，同时也有利于更好地选择和培训下层人员；但由于不能严密地监督下级，上下级协调较差，管理宽度的加大，也加重了同级间相互沟通联络的困难。

② 锥式结构具有管理严密、分工明确、上下级易于协调的特点。但层次增多，带来的问题也越多。这是因为层次越多，需要从事管理的人员迅速增加，彼此之间的协调工作也急剧增加，互相扯皮的事会层出不穷。管理层次增多之后，在管理层次上所花费的设备和开支，所浪费的精力和时间也自然增加。管理层次的增加，会使上下的意见沟通和交流受阻，最高层主管人员所要求实现的目标，所制订的政策和计划，不是下层不完全了解，就是层层传达到基层之后变了样。管理层次增多后，上层管理者对下层的控制变得困难，易造成一个单位整体性的破裂；同时由于管理严密，而影响下级人员的主动性和创造性。因此，一般来说，为了达到有效，应尽可能地减少管理层次。

3. 影响管理幅度的因素

影响管理幅度的因素概括起来主要有以下几个。

① 主管人员与其下属双方的素质和能力。凡受过良好训练的下属，不但所需的监督比较少，而且不必时时事事都向上级请示汇报，这样就可以减少与其主管接触的次数，从而增大管理幅度。同样道理，素质和能力均较强的主管人员能够在不降低效率的前提下，比在相

同层次担负类似工作的其他主管人员，管辖较多的人员而不会感到过分紧张。

② 面对问题的种类。主管人员若经常面临的是较复杂、困难的问题或涉及方向性、战略性问题，则直接管辖的人数不宜过多。反之，若主管人员大量面临的是日常事务，已有规定的程序和解决方法，则管辖的人数可以较多一些。

③ 工作任务的协调。工作任务相似及工作中需协调的频次较少，则宽度可加大，组织层次也可减少。

④ 授权。适当的和充分的授权可以减少主管人员与下属之间接触的次数和密度，节约主管人员的时间和精力，以及锻炼下属的工作能力和提高其积极性。所以，在这种情况下，管辖的人数可适当增加。不授权、授权不足、授权不当或授权不明确，都需主管人员进行大量的指导和监督，效率不会高，因而宽度也不会大。

⑤ 计划的完善程度。事前有良好的计划，使工作人员都能明了各自的目标和任务，可减少主管人员指导及纠正偏差的时间，那么管辖的人数就可以多一些，反之则不然。

⑥ 组织沟通渠道的状况。组织沟通渠道畅通，信息传递迅速、准确，所运用的控制技术比较有效，对下属的考核制度比较健全，在这种情况下，管理宽度可考虑加大一些。

此外，工作对象的复杂性、下属人员的空间分布，以及组织的稳定程度等因素也影响着管理宽度。

5.2.2 职权与职责

1. 权力

所谓权力，就是影响他人决策的能力，它包括职权、强制权、奖赏权、专长权和个人影响力。

① 职权为制度设计所有，又称合法权；代表一个人在正式层级中占据某一职位所相应得到的一种权力。管理层拥有的发布命令，要求下属遵从执行的权力，是经由一定的正式程序赋予某一职位的一种权力。

职权的主要特征是与职位联系在一起，没有职位，也就没有权力。职权同担任该职位的管理者个人特征无关，无论是谁，只要进入该职位，就拥有该职位所应有的一切权力。同样，无论是谁，只要离开该职位，他的一切职权便不复存在。

② 强制权指通过使用某种手段来实现某种权力，这种权力依赖于惧怕的力量。强制权力由如下一些手段的使用或威胁使用来支撑。如肉体上的制裁，使之遭受苦痛；通过限制移动使人感到失意；或以生理上或安全上的基本需求的压力来进行控制等。比如持枪劫匪抢劫银行，他的权力基础就是强制。一支上了子弹的枪可以给持枪者带来权力，因为其他人害怕会失去他们最为宝贵的东西——生命。又如，一位有可能使他的上司在公众场合感到难堪的下属，如果他成功地使用这种权力取得了某种优势，他这就是在行使强制权力。新闻报道中常见的某人掌握某领导的一些隐私，就能迫使这些领导乖乖听命，也是强制权的体现。

③ 奖赏权指通过奖赏手段来施加影响，它跟强制权力实际上是相辅相成的一对。

④ 专长权指来自专长、特殊技能或知识而拥有的影响力。一个员工要是增加了他对工作小组操作至关重要的某种信息知识，而这些知识又不为其他人同程度地掌握，那么他的专家权力就可以增强。比如，某台进口数控设备是一单位生产制造工作中极为重要的设施，如

果一个维修工知道如何进行维修,而厂内没有其他人知道,那么,这一工作单位就有赖于该工人。假如该设备出现故障,该工人就可以使用他的专长来获得平时所达不到目的。在这种情况下,你自然希望该单位的领导能设法让一些人接受进口设备维修方面的培训,或者雇佣有这方面知识的新人,以便使目前维修工的权力得到抑制。因为当其他人能够替代他的专门技能时,他的专家权力也就消失了。这也说明了一个人为什么要有一技之长的意思。

⑤ 个人影响权,又叫感召权,其权力基础是对一个人所拥有的独特智谋或个人特质的一种确认。

2. 职责

为完成一项确定的任务所必须履行的义务。

3. 权力与职权的关系

图 5-5 中,中轴线表示组织权力的核心,纵坐标代表组织结构的纵向层次,圆锥的横截面表示同一层次中不同职能的职权范围。那么从图上看,清楚地说明了两个事实:一个是一个人在组织中晋升得越高(反映职权的提升),他与权力核心的距离就越近;第二个是未必需要有职权才能产生权力,因为一个人可以向权力核心的内圈作水平移动而不必往上升迁。如领导的秘书、司机、夫人等,他们基本上没什么职权,但他们对领导决策的影响力有时是很大的。这也说明为什么某些领导贪污腐败被双规后,往往坦言很多钱财都是别人通过夫人送来的,自己并不知情。因为夫人距离权力中心非常近。

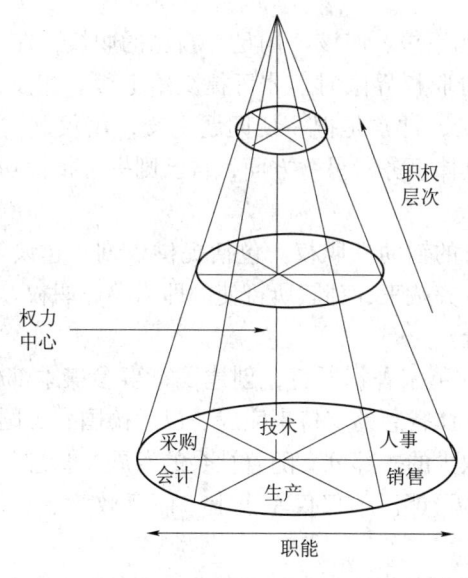

图 5-5 权力与职权

4. 权责对等

当一个人被授予一定的职权时,也应承担相应的职责。只授权而不担当职责就会造成职权的滥用和腐败;职责重大而职权过小也会使员工无法展开工作,例如,质量检查部门,如果没有权力,就无法行使检查的责任。

5.2.3　直线职权、参谋职权、职能职权

1. 直线职权

直线职权是直线人员所拥有的包括发布命令及执行决策等的权力,也就是通常所指的指挥权。直线主管指能领导、监督、指挥、管理下属的人员。很显然,每一管理层的主管人员都应具有这种职权,只不过每一管理层次的功能不同,其职权的大小及范围各有不同而已,例如厂长对车间主任拥有直线职权,车间主任对班组长拥有直线职权。这样,从组织的上层到下层的主管人员之间,便形成一个权力线;这条权力线被称为指挥链或指挥系统。在这条权力线中,职权的指向由上而下。由于在指挥链中存在着不同管理层次的直线职权,故指挥链又叫层次链。它颇像一座金字塔,通过指挥链的信息传递,由上而下,或由下而上地进行,所以,指挥链既是权力线,又是信息通道。在这个指挥链中,职权关系有两条必须遵循的原则。

① 分级原则。每一层次的直线职权应分明,这样才有利于执行决策职责和信息沟通。一位厂长在总结经验时曾说过这样一段话:"在我的厂,厂长的职权不容侵犯,令行禁止,不能违抗;厂长的责任也一丝一毫不容推卸。副手的权力,我也从不侵犯,该车间主任、科长管的事,我决不干预,我不是一个人说了算,而是在各自职权范围内,人人说了算。这样,生产才能有秩序地进行。如果大事小事都来找厂长,那就说明下属干部不负责任,厂长用人不当。"这是符合分级原则的。超越层次,越俎代庖,下级人员失去积极性、主动性,这是违背分级原则的。

② 职权等级原则。作为下级,应该"用足"自己的职权,在自己职权范围内作出决策,只有当问题的解决超越自身职权界限时,才可提交给上级。相反,惧怕担当风险的主管人员,或才能平庸的主管人员,常常是把一切问题上交,仅仅起"交换台"的作用。这样,一方面造成上级忙于应付具体事务;另一方面,自己则失去指挥功能,徒占其位。

2. 参谋职权

参谋职权是参谋所拥有的辅助性职权。包括提供咨询、建议等。在"田忌赛马"的故事中,孙膑为田忌献策而胜齐威王,孙膑所行使的即为参谋职权。近代组织中出现的参谋及其职权的概念来自军事系统。

1807年,普鲁士军事改革家香霍斯特,创建了军事参谋本部体制。所有军事统帅的决策过程,必须依赖参谋部集体智慧的支持来完成。以后德国、美国等军队也相继建立了参谋组织,并成为军队中不可缺少的一部分。随着社会的发展,管理问题的日益复杂,"多谋善断"由独自一人来完成已不可能。不仅仅军事上,而且政治、经济等部门都需要出谋划策的参谋人员。

参谋的种类有个人与专业之分。前者即参谋人员。参谋人员是直线人员的咨询人,他协助直线人员执行职责。专业参谋,常为一个单独的组织或部门,就是一般的"智囊团"、"顾问班子"。专业参谋部门的出现,是时代发展的产物,它聚合了一些专家,运用集体智慧,协助直线主管进行工作。

参谋和直线人员之间的界限是模糊的。作为一个主管人员,他既可以是直线人员,也可以是参谋人员,这取决于他所起的作用及行使的职权。当他处在自己所领导的部门中,他行使直线职权,是直线人员;而当他同上级打交道或同其他部门发生联系时,他又成为参谋人

员。例如医院院长在医院内是直线人员，但在卫生局进行计划或决策而征询他的意见时，他便成为参谋人员了。

3. 职能职权

职能职权是指参谋人员或某部门的主管人员所拥有的原属直线主管的那部分权力。在纯粹参谋的情形下，参谋人员所具有的仅仅是辅助性职权，并无指挥权，但是，随着管理活动的日益复杂，主管人员不可能是完人，也不可能通晓所有的专业知识，仅仅依靠参谋的建议还很难作出最后的决定，这时，为了改善和提高管理效率，主管人员就可能将职权关系作某些变动，把一部分本属于自己的直线职权授予参谋人员或某个部门的主管人员，这便产生了职能职权。

职能职权大部分是由业务或参谋部门的负责人来行使的，这些部门一般都是由一些职能管理专家所组成。例如，一个公司的总经理统揽全局管理公司的职权，他为了节约时间、加速信息的传递，就可能授权财务部门直接向生产经营部门的负责人传达关于财务方面的信息和建议，也可能授予人事、采购、公共关系等顾问一定的职权，让其直接向直线组织发布指示等。由此可看出，职能职权是组织职权的一个特例，可以认为它介于直线职权和参谋职权之间。

4. 处理好三种职权的关系

① 注意发挥参谋职权的作用。第一，参谋应能独立地提出建议，参谋人员多是某一方面的专家，应让他们根据客观情况，提出科学性的建议，而不应左右他们的建议；第二，直线主管不要为参谋所左右，参谋应"多谋"，而直线应"善断"，直线可广泛听取参谋意见，但永远要记住，直线是决策的主人。

② 适当限制职能职权。一要限制职能职权的使用范围，职能职权的运用常限于解决"如何做"（How）、"何时做"（When）等方面的问题，若无限扩大到"在哪儿做"（Where）、"谁来做"（Who）、"做什么"（What）等方面的问题，就会取消直线人员的工作；二要限制级别，职能职权不应越过上级下属的第一级，应当在组织中关系最接近的那一级。

5.2.4 集权与分权

1. 集权和分权的含义

集权就是把较多和较重要的权力集中在组织的高层或几个人手中，分权就是把较多和较重要的权力分散到组织的中下层去。实际上，集权和分权是相对的概念，没有绝对的集权，也没有绝对的分权，只有集权和分权的程度不同。即使是独裁的管理者也要给部下一定的权力，同时，即使是下级参与程度很高的组织，一些重要的权力也要掌握在高层领导人中。研究权力的分散程度，其目的是要研究适合组织发展的管理模式。

2. 集权制和分权制的特点

按照集权程度的不同，我们可以把组织的管理模式分为集权制和分权制两种。

集权制是集权程度较高的领导方式。其特点是：① 决策的主体是组织的最高领导者个人或最高领导层，决策的性质是指令性的，组织的下级部门是这种指令的单纯的接受者和执行者；② 对下级的控制较多，下级的决策多数要经过上级的审核；③ 对于企业来说采取的是统一经营和统一核算的管理模式。

分权制是分权程度较高的领导方式。其特点是：① 组织的重大决策仍在最高领导层手中，决策主体不仅是最高层，还包括下级部门，中下层有较多的决策权，组织上层的决策多为指导性的，组织各层级之间的决策关系是松散的；② 上级的控制较少，主要是控制目标和方向性的问题；③ 独立经营，独立核算，下级有一定的财务支配权。

3. 集权的利弊

集权的优点体现在：

① 使政策和行动保持一致；

② 减少因信息传递失误所造成的损失；

③ 便于控制。

集权的缺点体现在：

① 限制下属的主动性、创造性和积极性；

② 不能及时应对外部环境的变化；

③ 容易使下属形成等待命令的习惯。

4. 影响集权和分权程度的因素

集权与分权的程度，是随条件变化而变化的。影响集权与分权程度的有如下这些因素。

① 决策的代价。这里要同时考虑经济标准和诸如信誉、士气等一些无形的标准。对于较重要的决策、耗费较多的决策，由较高管理层作出决策的可能性较大。因为基层主管人员的能力及获取的信息量有限，限制了他们去决策。再者，重大决策的正确与否责任重大，因此往往不宜授权。

② 政策的一致性要求。组织内部执行同一政策，集权的程度较高。

③ 规模问题。组织规模大，决策数目多，协调、沟通及控制不易，宜于分权；相反，组织规模小，决策数目少，分散程度较低，则宜于集权。

④ 组织形成的历史。若组织是由小到大扩展而来，集权程度较高；若组织是由联合或合并而来，分权的程度较高。

⑤ 管理哲学。主管人员的个性与所持的哲理影响权力的分散程度。

⑥ 主管人员的数量和管理水平。主管人员的素质及数量，也影响着权力分散的程度。主管人员数量充足，经验丰富，训练有素，管理能力较强，则可较多地分权；反之应趋向集权。

⑦ 控制技术和手段是否完善。通信技术的发展、统计方法、会计控制以及其他技术的改进都有助于趋向分权。但计算机的应用也会出现集权趋势。

⑧ 分散化的绩效。权力分散化后的绩效如何，将会影响职权的分散与否。

⑨ 组织的动态特性及职权的稳定性。组织正处于迅速发展中，要求分权。原有的、较完善的组织或比较稳定的组织，一般趋向集权。有些问题的处理有很强的时间性，而且要随机应变，权力过于集中容易贻误时机，处理此类事项的权力应当分散，以便各管理环节机动灵活地解决问题。

⑩ 环境影响。如果组织的外部环境复杂、变化大、不确定因素多，靠集权管理就不能及时获得市场信息，也不能及时改变自己的策略，为此，组织就需要扩大分权，给下级部门较多的自主权，以增强组织的应变能力。反之，如果外部环境相对稳定，且不确定因素较少，组织则可以提高集权的程度。

5.2.5 授权

在组织中由一个人来行使所有的决策权是不可能的，随着组织的发展和管理层次的出现，就必须把职权授予下属。授权在外表上看来十分简单，但研究表明，许多管理人员由于不善于授权而失败了。要使一个组织存在下去，就有必要授权。正像没有一个人能在一个企业中把为完成一个集体目标所制定的必要的全部任务都担当起来那样，随着一个企业的发展，由一个人来行使所有的决策权这也是不可能的。管理人员能对其进行有效的监督，并且能对其作出决策的下属人员数量是有限的。一旦超越这个限度，就必须把职权授予下属，下属将在他们指定的职责范围内作出决定。

1. 授权的概念和原因

（1）授权就是委派工作和分配权力的过程，因此授权也叫委派。一般说来，一位上级将决策的自由决定之权授予下属，这种情况称为授权。

授权的过程包括：① 确定职位上的人员预期要获得的结果。即上级分配给下级一项任务或职责，指明下级该做什么工作；② 分配职位上人员的任务，即授予下级相应的职权去完成所分派的任务。例如，使用资金、指挥别人工作、对外代表公司等权力；③ 为完成这些任务进行授权，确定下级对上级应承担的责任；④ 安排人员担任负责的职位，以完成任务。

实际上以上过程是不可能分割的，因为期望一个没有职权的人去实现目标是不公正的，就像授权而不了解将使用这种权力是为了达到什么最终结果一样。此外，由于个人的职责是不能授予的，上司要求下属除了履行其职责外，实际上别无他法。

（2）授权的原因：① 如前所述，任何组织都不可能一个人独自控制，必须通过权力的分散来控制；② 职权和职责是相辅相成的，没有职权，下级就不能很好地完成任务；③ 只有授权，才能缓解压力，赢得时间。一个领导者如果事必躬亲或者下级事事向他请示，就会陷入烦琐的日常事务中无法自拔，更不用说考虑组织的全局问题和战略问题；④ 有效的授权可以增加下级的满意度和成就感，起到良好的激励作用。

2. 授权与有关概念的区别

（1）授权与分权的联系和区别。授权是一种管理行为，表现权力的授予和责任的建立。被授权者有多大的自主权，同授权者的水平、被授权者的能力，以及组织的内外部环境有很大关系。例如，两个同类企业的财务部门的经理，由于上述因素的影响，其权力可能不同。另外，授权的时间可长可短，授予的权力可随时收回，例如，某组织进行改组，把质量控制的权力从工程部门经理那里分出去，分派给新成立的质量控制经理，这就是把一部分权力从工程经理那收回来，而授予质量控制部门的经理。

授权往往有两种情况：一种是所分派的任务以执行决策为主，另一种是所分派的任务是以制定决策为主。当所分派的任务是制定决策，是让下属决定应该实施的工作内容，并且所授予的权力对全局有重要的影响时，这种授权就是分权。

分权是同集权相对的概念，分权往往同领导方式联系在一起，从这个角度讲，分权就是把较多的和较重要的权力授予下级。分权是权力的分散状态，并且这种权力能较长时间留在下属手中。总之，分权是一种管理模式，一种决策体制。

（2）授权和分工的区别。授权是从权力的角度看问题，是上下级监督和报告的关系。

分工是专业和协作的关系，分工后的各个部门之间无隶属关系。

（3）授权不等于授责。授权不是将责任分散下去，或者说，授权后授权者的责任丝毫没有减少。例如，当下属工作失误或者发生事故，仍要追究上级领导的责任。这是由于授权之后，上级领导仍然负有完成原有任务的使命，上级对下级的指挥和监控关系没有任何改变，被授权者出了问题，除了其本身的问题外，还说明授权者的委派和监督不力。

3. 授权的原则

① 明确具体。对下级的授权应具体明确，最好书面加以说明。说明应包括：主要目标和具体目标、可指挥的人员、可利用的资金和设备、被授权者的权力范围、应向谁汇报以及完成任务的时限等。这样可以使下属既能大胆作出决策，又不至超越规定的决策权限。

② 事前授权。授权应事前授予，而不是问题发生时授予，这样做有助于下级主动全面地考虑问题。

③ 选择合适的人授权。要"因事设人"，要根据职务的要求检查被授权人的技术和能力是否同任务的要求一致，要认真评估被授权人的经验和才能，尽量避免非理性因素的影响。

④ 不可越级授权。只能向直线下属授权，不能越级授权。越级授权必将破坏指挥链，影响统一指挥的原则。另外，越级授权必然使下属处于被动的境地，还会使部门间产生矛盾。

⑤ 授权适度。所谓授权适度包括两个方面：a. 下级的权责要对等，权力大于责任，容易产生滥用职权的现象；权力小于责任，就会影响任务的完成。b. 授权者应明了什么职权可以授予，什么职权不能授予，对于组织的战略目标、重要人事任免、重大政策和财务预算等问题，不可轻易授权。

⑥ 适度控制。授权后适当程度的监控是必要的。授权者应定期检查被授权者的工作情况，了解其工作进展，要求被授权者定期反馈有关信息。对被授权者出现的错误要及时纠正，遇到的困难要给予帮助，对取得的成绩要给予认可和奖励。控制的目的还在于了解自己的授权是否恰当，出现问题，有可能是任务说明有严重的缺陷，也有可能是被授权者本身的问题。

应当注意，不能把适度的控制发展为干预，干预会打乱下级的工作计划，使下级不能充分发挥自己的才智，甚至会使下级丧失自信心。

5.3 组织的部门化

古典组织理论认为，组织活动应该是通过劳动分工，并分成若干部门进行的。劳动分工使不同技术人员之间需要相互配合，而通过将这些同类技术人员放在一个部门由一个管理人员统一指挥，可以使他们更好地进行协作，这就是部门化产生的原因。

组织设计的一个重要环节就是部门设计，在部门设计中应遵循让组织适应任务的原则。我们通过一个例子来看。

假设某餐馆在开业初期规模很小，只有1张餐桌、6个餐位。在这样的规模情况下，它需要几个员工呢？它只要有3个就够了：1个服务员，1个收银员，1个厨师兼采购。它的主要业务流程如下：

① 服务员在门外做迎宾；

② 服务员带客人入座、点菜；
③ 服务员将菜单送给厨房；
④ 厨师洗菜、切菜、炒菜；
⑤ 服务员端菜给客人；
⑥ 服务员为客人提供其他服务；
⑦ 服务员将菜单拿到收银员处结账；
⑧ 送客人出门。

在这种情况下，该餐馆是否需要设立部门、建立繁杂的管理制度呢？不用，他们只要有基本的分工和大概的要求就可以了，遇到例外情况由大家协商解决。

再假设这个餐馆的业务发展很快，规模扩大10倍，有了10张餐桌、60个餐位，现在它需要多少个员工呢？用10个收银员、10个厨师吗？肯定不用，它只需要1个收银员、两个厨师、3个服务员就够了。它的主要业务流程也可以不变。从一张餐桌扩大到10张餐桌，业务规模扩大10倍，而员工数量没有增加10倍。这就体现了组织的效率。

好的架构设置和管理方法的采用，应当能够导致组织效率的提高。如果组织效率没有提高，那一定是我们的管理方式和业务策略不匹配。我们来看一下该餐馆在上述两个阶段的组织效率分别是多少。

在规模小的情况下，我们假设它只开中餐和晚餐。假设中餐只来6人，晚餐也只来6个人，并且人均消费都是A，那么一天的营业收入就是12A，人均效率就是12A/3人＝4A，也就是全体员工的人均日营业收入是4A。

在第二种情况下，规模扩大了10倍，人均效率是多少呢？我们同样假设中午来60个客人，晚餐也来60个客人，人均消费额同样是A，那么他们一天的营业收入就是120A，人均效率为120A/6人＝20A。

通过上面的简化计算，我们看到当组织的业务规模提高之后，如果组织架构设置合理的话，实际员工数只增加1倍，但人均效率增加5倍，业务收入提高10倍。

在该餐馆的第二个业务阶段，它需要设置部门吗？可设也可不设，它可以将人数比较多的同类岗位设为一组，比如三个服务员设为服务组，指定一个组长，协调其他两人的工作。

我们再假设该餐馆的业务量又扩大了10倍，有100张餐桌、600个餐位。这种情况下，按照餐馆行业的普遍要求，就一定要设置合理的组织架构了。比如要设置收银台，可能要两三个收银员。

而对客人的服务又需要多少人呢？按照一个服务员负责4张餐桌的工作量，需要25个服务员。在此情况下，分工又要细化了，要设专门负责传送菜的部门；要设前台接待，专门站在门口迎送客人；而厨房的环节里面，采购、洗菜、配菜、烧菜都要分得更细了。这时组织结构发生了一种质变，它不再是随着业务的规模简单地扩大了。它通过将业务流程按照专业进行了更细的分工并结构化。

从上述例子来看，组织架构的设置绝不是孤立的，如果我们真的做到组织架构是适合业务和业务变迁的，那么组织的效率会大大提高。

彼得·德鲁克曾经说过，管理部门不应追求那种正确的组织结构，而需要学会去寻找、发展、测试适合任务的组织形式。

5.3.1 什么是部门

部门是指组织中各类主管人员按照专业化分工的要求，为完成某一类特定的任务而有权管辖的一个特定的领域，它既是一个特定的工作领域，又是一个特定的权力领域。

为了实现特定的目的，人们通过各种联系形成了不同类型的组织。分工的出现和深化提高了组织的效率，并导致了管理的必要。而管理本身也存在分工，这种分工使得管理职能分化和专业化。管理劳动的分工包括横向和纵向两个方面。横向的分工，就是将组织活动分解成不同的岗位和部门的任务。其结果就是各种部门的设置，或称为部门化；纵向的分工就是根据管理幅度的限制，确定管理层次，并规定各层次管理人员的职责和权限，其结果就是管理权限的相对集中或分散。

5.3.2 影响部门划分的因素

劳动分工有利于提高效率和产出水平，劳动分工创造了专家，也对协调提出了要求。将相应的专家归并到一个部门中，在一个管理者指导下工作，可以促进这种协调。对企业来说，是否建立一个部门主要应根据以下 5 个方面的因素。

① 所开展工作的职能，包括经营职能和管理职能。例如，是计划工作还是财务工作？财务工作包括成本的核算、资金的组织、预算等，这就要求具备相应专业技能的人在一起开展工作，以有利于企业的财务管理。

② 所提供的业务和服务。业务不同对人员的要求不一样，为了提高效率和效益，就有必要将从事某一业务的人员集中到一起，从而形成一个业务部门。

③ 所设定的目标顾客或客户。

④ 所投入转换为产出、使用的过程。

⑤ 所覆盖的地理区域。

很明显，在部门设置或部门划分过程依据的因素不一样，就形成了不同的部门化方式，如职能部门化、顾客部门化、区域部门化等。

5.3.3 部门划分的方法

为达到组织的目标所必须进行的各项活动千差万别，这些活动的特征随着目标的不同而有显著的差异。部门划分或部门化是将工作和人员组织成可以管理的单位的过程，选择什么类型的部门化方法需要反映最有利于实现组织目标和各单位目标的要求。划分部门的常用方法有以下几种：

1. 人数部门化

这是一种最简单、最原始的部门划分方法，最初在军队中使用。这种方法完全按人数的多少来划分部门，如军队中的军、师、团、营、连、排的划分就是如此，它仅仅考虑人数的多少，由一定数量的人员简单集合成一个部门。

由于技术的发展和分工的深化，现代社会已经是一个高度专业化的社会，这种划分部门的方法日益显示出其局限性。因为随着人们文化水平和科学水平的提高，每个人都可能掌握某种专业技术，把具备某种专业技术的人员组织起来去做某项专门的工作，比单靠数量组织起来更有效率，特别是知识集约化已逐渐取代劳动集约化。单纯按人数多少划分部门的方法有逐渐被淘汰的趋势，即使是在军队中，按专业分工和组合组成部门的趋势也越来越明显。

2. 时间部门化

即在正常的工作不能满足连续生产、工作的需要时，按时间顺序划分工作部门的一种方法，如企业按早、中、晚三班的编制进行生产。按时间划分部门主要基于如下考虑：人的正常生理需要包括吃饭、睡觉、休息和娱乐，不可能一直连续工作；而有些工作需要很长时间，而且不能间断，如炼钢厂的钢炉只有在全部出炉后才能停止；有些工作出于经济和技术需要的考虑，必须连续不断地进行，如供电服务。此时正常的工作日无法满足这种需要。这种划分方法适用于最基础的组织。

3. 职能部门化

这是一种最常用的部门划分方法，即以组织的主要经营和管理职能为基础设立部门，凡同一性质的工作都置于同一个部门，由该部门全权负责该项职能的履行。它可以在各种类型的组织中得到应用，不同的只是反映组织目标和活动的具体职能发生变化。如企业中设置营销、财务、生产、人力资源等部门就是典型的按经营职能划分的。

职能部门化有利于提高管理的专业化程度，有利于提高管理人员的技术水平和管理水平。但是，由于各部门承担某一专门职能，因此各部门的管理人员可能会形成"隧道视野"，过分强调本部门工作的重要性，而缺乏协调与配合；同时各部门长期从事某种专门业务的管理，缺乏长远眼光，不利于全面、高级管理人才的培养。

4. 程序部门化

即以工作程序为基础组合各项活从而划分部门的一种方法。例如，在机械制造企业中，通常按照毛坯机械加工、装配的工艺顺序来分别设立部门。在银行内部，则按贷款申请、评估、审核、资产管理等相关环节来设置相应的部门。这种划分方式，在生产程序复杂、要求严格的情况下是必要的，它有利于加强专业程序管理，提高工艺水平和管理水平。

5. 业务部门化

指把业务系列的管理工作划归一个部门负责。在一些大型组织中，由于业务范围多元化，按业务来划分部门，有利于充分利用管理者的专业知识和技能，有利于组织专业化经营，有利于扩大服务工作。如在医院科室的划分中，划分内科、外科，再进一步划分为神经内科、神经外科等，就是按业务划分的。而一些大型企业的事业部，如空调事业部、手机事业部、冰箱事业部等，也是典型的按业务划分的部门。

6. 区域部门化

区域部门化是根据地理因素来设立管理部门，把不同地区的业务和职责划归不同部门全权负责。对于一个地域分布较广的货业务涉及区域较广的组织来说，按地区划分是必要的。有因为不同地区的政治经济形式、文化科学技术水平、人们的风俗习惯、对业务的要求等都有很大差别。按地区划分部门，有利于各部门因地制宜地制定政策和策略、进行决策，提高管理的适应性和有效性，对组织来说，可以更好地满足特定区域顾客的需要，还有利于培养独当一面的管理人才。对许多大型企业尤其是跨国公司来说，由于其业务和顾客遍布全世界，因此为了针对性地开展业务，往往按地区划分部门，如亚太事业部、欧洲事业部等。

一个组织究竟采用何种方式划分部门，应视具体情况而定，而且这些划分标准往往是不同的。如在企业内部，参谋机构一般都按职能划分，生产部门按程序或业务划分，而营销部门则可能按地区或顾客划分。

5.4 组织结构的基本形式

5.4.1 直线制组织结构

它是最早使用也是最为简单的一种结构，是一种集权式的组织结构形式，又称军队式结构。所谓"直线"是指在这种组织结构下，职权直接从高层开始向下"流动"（传递、分解），经过若干个管理层次到达组织最底层。其特点是：

① 组织中每一位主管人员对其直接下属拥有直接职权；
② 组织中的每一个人只对他的直接上级负责或报告工作；
③ 主管人员在其管辖范围内，拥有绝对的职权或完全职权。即主管人员对所管辖的部门的所有业务活动行使决策权、指挥权和监督权。

组织中各种职位都是按垂直系统排列的，各级行政领导人执行统一的指挥和管理职能，不设专门的职能机构。以企业为例，其组织结构如图5-6所示。

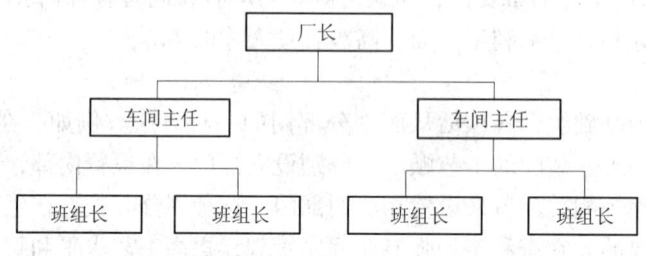

图5-6 直线制组织结构

在图5-6中，各车间分别从事不同的生产作业职能，在车间内生产作业职能进一步分解到工段以及班组。车间主任、工段长、班组长对所管辖领域（部门）的生产作业活动拥有完全职权。因此，在直线型组织结构下，作业职能存在水平分工。

车间主任、工段长、班组长均负责生产作业的管理，但其职权范围是不同的。他们的职权范围在纵向维度上经过逐层分解而趋向缩小。

厂长（或总经理）通常将采购、销售、财务、人事等经营活动的决策权、指挥权和监督权集中在自己手中，并行使对生产经营活动的监督权。因此，在直线型组织结构下，经营管理职能只存在垂直分工（职权范围大小），而不存在水平分工（采购、销售、财务、人事、安全等）。这种组织形式在某种意义上类似逐级承包体制，是一种集权式的组织结构形式。

这种组织结构的优点是结构比较简单、权力集中、权责分明、信息沟通方便，便于统一指挥、集中管理。其缺点是没有职能机构当领导的助手，所有的管理职能都集中由直线主管承担，容易产生忙乱现象；当组织规模扩大、管理工作复杂后，往往由于个人的知识和能力限制而感到难于应付。此外，每个部门只关心本部门的工作，造成部门之间的横向协调较差。

因此，一般地，这种组织结构只有在组织规模不大、组织成员不多、生产或作业及管理工作比较简单的情况下才适用。

5.4.2 职能型组织结构

又称"U型结构",它最早由美国人泰勒提出,并曾在米德维尔钢铁公司以职能工长制的形式加以试行。这种结构是根据按职能划分部门的方式建立起来的。其特点是组织内部除直线主管外还相应地设立一些职能机构,分担某些管理业务。这些职能结构有权在自己的业务范围内,向下级单位下达命令和指示。因此,下级直线主管除了接受上级的直线主管的领导外,还必须接受上级各职能机构的领导和指示。职能制组织的基本结构形式如图5-7所示。

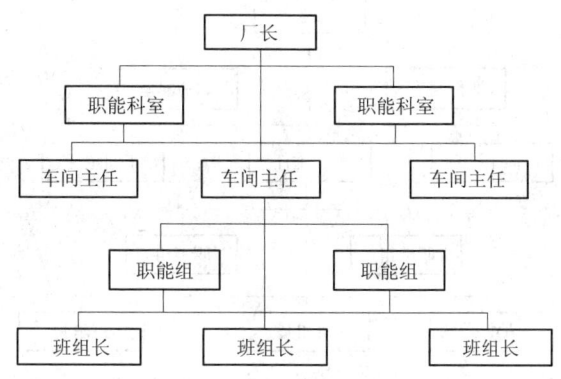

图5-7 职能型组织结构

这种组织结构的优点是能够适应现代组织技术比较复杂和管理分工较细的特点,客观职能部门任务专业化,避免人力和物质资源的重复配置,能够发挥职能机构的专业管理作用,减轻上级主管人员的负担。但是,它的缺点也很明显:各种职能部门各自为政,难于实现横向协调,不利于培养全面型的管理人才;特别是妨碍了组织必要的集中领导和统一指挥,形成了多头领导、多头指挥,使下级无所适从,不利于明确划分直线人员和职能科室的职责权限,容易造成管理混乱。

职能制实行的条件是:企业必须有较高的综合平衡能力,各职能部门按企业综合平衡的结果,为同一个目标进行专业管理。否则,就不宜采用职能制。因此,它通常在只有单一类型产品或少数几类产品面临相对稳定的市场环境的企业中采用。具体来说,在各种企业里,职能制结构主要适用于中小型的、产品品种比较单一、生产技术发展变化较慢、外部环境比较稳定的企业。具备以上特性的企业,其经营管理相对简单,部门较少,横向协调的难度小,对适应性的要求较低,因此职能制结构的缺点不突出,而优点却能得到较为充分的发挥。当企业规模、内部条件的复杂程度和外部环境的不确定性超出了职能制结构所允许的限度时,固然不应再采用这种结构形式,但在组织的某些局部,仍可部分运用这种按职能划分部门的方法。例如,在分权程度很高的大企业中,组织的高层往往设有财务、人事等职能部门,这既有利于保持重大经营决策所需要的必要的集权,也便于让这些部门为整个组织服务。此外,在组织的作业管理层,也可根据具体情况、程度不同的运用设置职能部门或人员,借以保证生产效率的稳定和提高。

5.4.3 直线职能制组织结构

直线职能制组织结构是把军队式的直线制和泰罗的职能制相结合起来而形成的,它最初是由 20 世纪法约尔在一家法国煤矿担任总经理时所建立的组织结构形式。这种组织结构的特点是:以直线为基础,在各级行政主管之下设置相应的职能部门(如计划、销售、供应、财务等部门)从事专业管理,作为该级行政主管的参谋,实行主管统一指挥与职能部门参谋—指导相结合。在直线职能型结构下,下级机构既受上级部门的管理,又受同级职能管理部门的业务指导和监督。各级行政领导人逐级负责,高度集权。因而,这是一种按经营管理职能划分部门,并由最高经营者直接指挥各职能部门的体制。如图 5-8 所示。

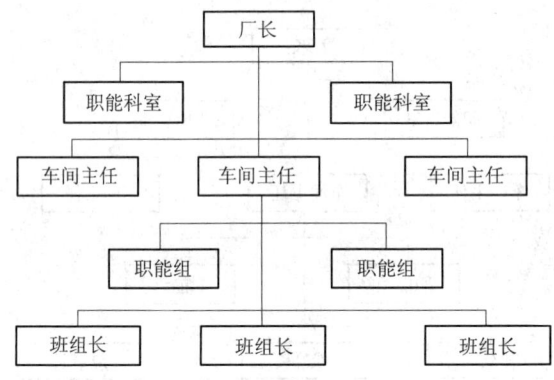

图 5-8 直线职能制组织结构

在这种结构中,除了直线人员外,还需要职能参谋人员提供服务——他们与直线人员共同工作。直线人员直接参与组织目标的实现;而职能参谋人员则是间接参与,他们为组织目标的实现提供服务。

对于生产性企业,它的主要目标有两个:生产和销售。作为组织目标实现的直接参与者,生产与市场人员构成了直线人员。区分组织中谁是直线人员和职能参谋人员的一个方法就是根据组织的目标,看谁直接为其作出贡献,谁间接为其作出贡献。在一个组织中,人事、工程、研究与开发、法规、财务及公共关系部门往往被认为是职能参谋部门。尽管在整个组织中这些部门是职能部门。

职能参谋部门拟订的计划、方案以及有关指令,由直线主管批准下达;职能部门参谋只起业务指导作用,无权直接下达命令。因此,职能参谋人员的服务本质上是建议性的,他们不能对直线人员行使职权。例如人事部经理只能向生产部门建议聘用新员工,他没有职权强迫生产经理接受他的建议。在组织最高层,职能参谋人员参与决策制定。除了这些特殊的职能参谋人员外,在组织中还有服务性质的职能参谋人员,包括办公室人员、速记员、维修人员以及其他类似人员。

这种组织结构是在综合直线制和职能制的优点、摒弃了两者缺点的基础上形成的,因而是最为常见的组织结构形式。它既保持了直线制集中、统一指挥的优点,又汲取了职能制发挥专业管理的长处,从而提高了管理工作的效率。直线职能制的产生使组织管理大大前进了一步。我国目前的许多组织,包括机关、学校、医院,尤其是许多中小型企业都采用这种组织结构。

直线职能制在管理实践中也有不足之处:① 权力集中于最高管理层,下级缺乏必要的自主权；② 各职能部门之间的横向联系较差，容易产生脱节和矛盾；③ 信息传递路线较长，反馈较慢，适应环境变化的能力较差。因此，它不适宜多品种生产和规模很大的企业，也不适宜创新性的工作。

直线职能制组织结构所存在的问题是经常产生权力纠纷，从而导致直线人员和职能参谋人员的摩擦。为了避免这两类人员的摩擦，管理层应明确他们各自的作用，鼓励直线人员合理运用职能参谋人员所提供的服务。

5.4.4 事业部制组织结构

事业部制组织结构也称"M 型组织"，最早是由美国通用汽车公司总裁斯隆于 1924 年提出的，故有"斯隆模型"之称，也叫"联邦分权化"，是一种高度（层）集权下的分权管理体制。当时，通用汽车公司合并收购了许多小公司，企业规模急剧扩大，产品种类和经营项目增多，而内部管理却适应不了这种急剧的发展而显得十分混乱。时任通用汽车公司常务副总经理的斯隆参考了杜邦化学公司的经验，以事业部制的形式于 1924 年完成了对原有组织的改组，使通用汽车公司的整合与发展获得了较大成功，成为实行事业部制的典型，因而事业部制又称"斯隆模型"。

事业部在最高决策层的授权下享有一定的投资权限，是具有较大经营自主权的利润中心，其下级单位则是成本中心。事业部制具有集中决策、分散经营的特点。集团最高层（或总部）只掌握重大问题决策权，从而从日常生产经营活动中解放出来。事业部本质上是一种企业界定其二级经营单位的模式。

事业部制的主要特点是"集中决策，分散经营"，即在集权领导下实行分权管理。具体地说，就是在总公司领导下，按产品或地区分别设立若干事业部，每个事业部都是独立核算单位，在经营管理上有很大的自主权。总公司只保留预算、人事任免和重大问题的决策权，并运用利润等指标对事业部进行考核和控制。在管理实践中，企业可依据产品、地区、顾客类型、销售渠道等划分事业部。如宝洁公司按产品类别进行划分，麦当劳公司按地理区域进行划分，而许多大型商业银行则通常以顾客类型进行划分。按这些方式进行设计的结果，就形成了自我包容的半独立性分部。事业部制组织结构如图 5-9 所示。

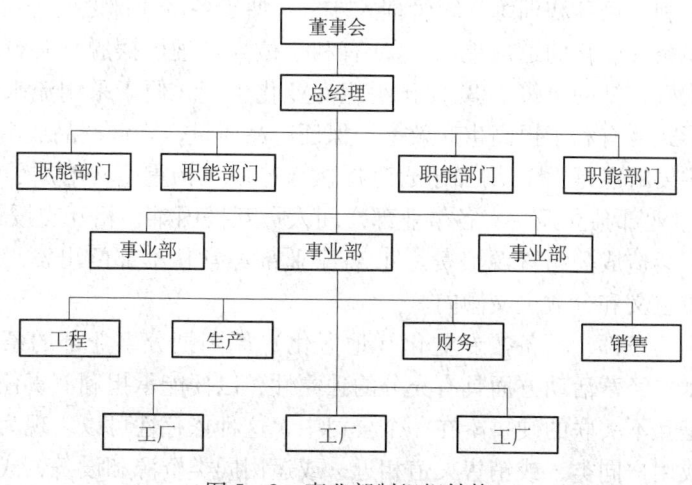

图 5-9　事业部制组织结构

事业部制是分级管理、分级核算、自负盈亏的一种形式，即一个公司按地区或按产品类别分成若干个事业部，从产品的设计、原料采购、成本核算、产品制造、一直到产品销售，均由事业部及所属工厂负责，实行单独核算，独立经营，公司总部只保留人事决策、预算控制和监督大权，并通过利润等指标对事业部进行控制。也有的事业部只负责指挥和组织生产，不负责采购和销售，实行生产和供销分立，但这种事业部正在被产品事业部所取代。还有的事业部则按区域来划分。

在事业部制组织设计中，重要的决策可以在较低的组织层次作出。因此，事业部制组织结构内部包含着职能型结构，与之相比较，它有利于以一种分权的方式来开展管理工作。事业部制组织结构一般适用于规模庞大，品种繁多，技术复杂的大型企业。这种组织结构就是在集团公司最高决策层的领导下，按产品、按地区、按顾客等来划分事业部，如宝洁公司按产品类别划分事业部；麦当劳公司按区域成立事业部；一些银行则以顾客类型为依据来划分事业部，各事业部具有相对独立的责任和权力。这种组织结构的基本原则是"集中决策、分散经营"，即重大事项由集团公司最高决策层进行决策，事业部独立经营。

事业部制组织结构模式的基本特点有以下几点：

① 针对特定的产品、地区及目标客户成立特定的事业部。

② 在纵向关系上，按照"集中决策，分散经营"的原则划分总部和事业部之间的管理权限。

③ 在横向关系方面，事业部为利润中心，实行独立核算。

④ 总部和事业部内部仍然按照职能制结构进行组织设计，这样就保证了事业部制组织结构的稳定性。

⑤ 事业部的独立性是相对的，不是独立的法人，只是总部的一个分支机构，对利润没有支配权，不能对外进行融资和投资。

按照上述的基本特点，组建的事业部应体现出集团公司3个中心的统一：集团分业务责任中心—事业部独立经营，保持所属产品市场竞争优势。

事业部制组织结构的主要优点表现在：① 提高了管理的灵活性和适应性。由于各事业部单独核算、自成体系，在生产经营上具有较大的自主权，这样既有利于调动各事业部的积极性和主动性，有利于培养和训练高级管理人才，又便于各事业部之间开展竞争，从而有利于增强企业对环境条件变化的适应能力。② 有利于最高管理层摆脱日常行政事务，集中精力做好有关企业大政方针的决策。③ 便于组织专业化生产，便于采用流水作业和自动线等先进的生产组织形式，有利于提高生产效率，保证产品质量，降低产品成本。

事业部制的主要缺点是：① 增加了管理层次，造成机构重叠，增加了管理人员和管理费用。② 由于各事业部独立经营，各事业部之间人员互换困难，相互支援较差。③ 事业部之间的过度竞争，会造成公司资源浪费。④ 各事业部经常从本部门出发，容易滋长不顾公司整体利益的本位主义和分散主义倾向。

事业部制采用的条件：具备按专业化（地区化）原则划分事业部的条件，并能确保事业部在生产、技术、经营活动方面具有充分的独立性，以便能承担利润责任。事业部之间应当相互依存而不是互不关联的硬拼凑在一个公司中，这种依存性可以表现为产品结构工艺功能类似或互补，或用户同类，或销售渠道相近，或运用同类资源和设备，或具有相同的科学技术理论基础等。

要保持控制事业部之间的适度竞争、相互促进，竞争可能使公司遭受不必要的损失。公司要有管理各事业部门的经济机制（如内部价格、投资、贷款、利润分成、资金利润率、奖惩制度等），尽量避免单纯使用行政手段。具有良好的外部环境，当世界经济景气，国内和行业经济呈增长势头时，企业可考虑采用事业部制。

事业部制的运作：事业部制的组织结构是以企业总部与中层管理之间的分权为特征，由作为投资中心的总部、作为利润中心的事业部与作为成本中心的工厂所组成，不同的管理层面承担不同的企业功能，为实现企业的目标而协调工作。每一个事业部作为利润中心拥有自己广泛的经营自主权，但只有在公司统一发展规划、发展战略的框架下，谋求自我发展，才是实行事业部制的目的所在。在企业的功能分配上，有些要由公司总部负责，有些要由事业部来负责。事业部共性的事项，设定一部门来完成。公司总部主要负责与企业长远有关的战略问题、事业部经理人选以及事业部经营的监督和控制。战略性的问题包括企业发展方向的选择、企业核心能力的培养、投资决策、产品开发、经营地域的界定、重大技术革新、全局性的新市场拓展、企业的财务资产结构、事业部业绩评定和奖惩等。而事业部在自己所属的市场或地区内，在企业的发展战略下，最大限度地占领市场，谋求自我发展，从功能上包括本事业部发展战略的制定、日常经营管理产品的实际销售、产品的质量控制滞销策略的制定和实施、产品的生产原材料的采购等。有些功能和资源由于其共性，各事业部可共享。如产品的开发，因其产品开发技术的关联，而由企业技术中心负责的一部分共同原材料的采购可由原料采购部负责，从而降低采购成本等。

由于事业部在生产、经营以及人事方面有相当大的自主权，同时也容易产生本位主义，所以对事业部进行监督和控制，以使与企业的发展战略相一致非常必要。事业部制的管理是以财务为中心的管理，在三个层次设有财务部门，财务负责人受双重领导，既受直接上司的领导，同时又受总部财务部的领导以利润指标和投资回报率作为对事业部的考核，以资金的利用情况来确定奖金的调配。为确保企业产品的质量，公司对质量也实行双重管理，即工厂的质检负责人由总部任命，质检负责人既受厂长的领导，同时也代表总部负责产品质量的把关。

各事业部之间的关系可以是互相独立的关系，但更多的是通过公司政策的调节与影响彼此的关系。例如，两个事业部间有交易关系，则一般有三种不同的价格转移形式：① 指令性成本定价，两个事业部之间按照公司指令进行交易，产品的成本决定交易价；② 指令性市场基础价，两个事业部之间的交易价按照市场价格进行；③ 自主交易，公司不要求事业部之间必须进行内部交易，可向外部购买或卖出。上述方式可根据企业的实际情况制定和不断调整。

总之，事业部制就是为了解决企业的集分权问题，以及如何在公司整体利益的前提下，增强各事业部的自主性、积极性，保持企业长期的活力和发展。

5.4.5 矩阵制组织结构

矩阵制组织结构是由纵横两套管理系统组成的组织结构。一套是纵向的职能领导系统，一套是为完成任务而组成的横向项目系统。具体地说，就是把按照职能划分和部门和按照产品或项目划分的专题小组结合起来，形成一个矩阵。项目小组是为完成一定的管理目标或某种临时性的任务而设置的，由具有不同专长技能、选自不同部门的人员组成。为了加强对项目小组的管理，每个项目在总经理或厂长领导下由专人负责。小组成员既受项目小组领导，又与职能部门保持组织与业务联系，受跨职能部门领导。因而形成纵横交错的矩阵结构，如图 5 – 10 所示。

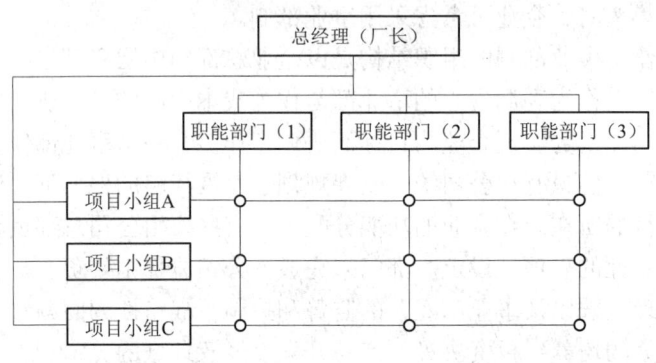

图 5 – 10　矩阵制组织结构

矩阵制组织是为了改进直线职能制横向联系差、缺乏弹性的缺点而形成的一种组织形式。它的特点表现在围绕某项专门任务成立跨职能部门的专门机构上，例如组成一个专门的产品（项目）小组去从事新产品开发工作，在研究、设计、试验、制造各个不同阶段，由有关部门派人参加，力图做到条块结合，以协调有关部门的活动，保证任务的完成。这种组织结构形式是固定的，人员却是变动的，需要谁，谁就来，任务完成后就可以离开。项目小组和负责人也是临时组织和委任的。任务完成后就解散，有关人员回原单位工作。因此，这种组织结构非常适用于横向协作和攻关项目。如咨询公司和广告代理商就经常采用矩阵组织设计，以确保每个项目按计划要求准时完成。

矩阵制组织结构的主要优点是：① 将组织的纵向联系与横向联系很好地结合起来，有利于加强各职能部门之间的协作与配合，及时沟通情况，解决问题；② 它具有较强的机动性，能根据特定需要和环境活动的变化，保持高度的适应性；③ 把不同部门具有不同专长的专业人员组织在一起，有利于互相启发，集思广益，攻克各种复杂的技术难题，更加圆满地完成工作任务。它在发挥人的才能方面具有很大的灵活性。

矩阵制组织存在的主要问题是：① 在资源管理方面存在复杂性；② 稳定性差，由于小组成员是由各职能部门临时抽调的，任务完成以后，还要回到原职能部门工作，容易使小组成员产生临时观点，不安心工作，从而对工作产生一定影响；③ 权责不清，由于每个小组成员都要接受两个或两个以上的上级领导，潜伏着职权关系的混乱与冲突，造成管理混乱，从而使组织工作过程容易丧失效率性。

矩阵结构适用于一些重大攻关项目。企业可用来完成涉及面广的、临时性的、复杂的重大工程项目或管理改革任务。特别适用于以开发与实验为主的单位，例如科学研究，尤其是应用性研究单位等。

5.4.6　多维立体组织结构

这种组织结构是由美国道 – 科宁化学工业公司（Dow Corning）于 1967 年首先建立的。它是矩阵型和事业部制机构形式的综合发展，又称为多维组织，是近年来随着环境变化而出现的一种新型的组织形式,是从系统的观点出发构建的一种复杂的结构形态。其结构分为三维:① 按产品划分的事业部,是产品利润中心;② 按职能划分的专业参谋机构,是专业成本中心;③ 按地区划分的管理机构,是地区利润中心。如图 5-11 所示。

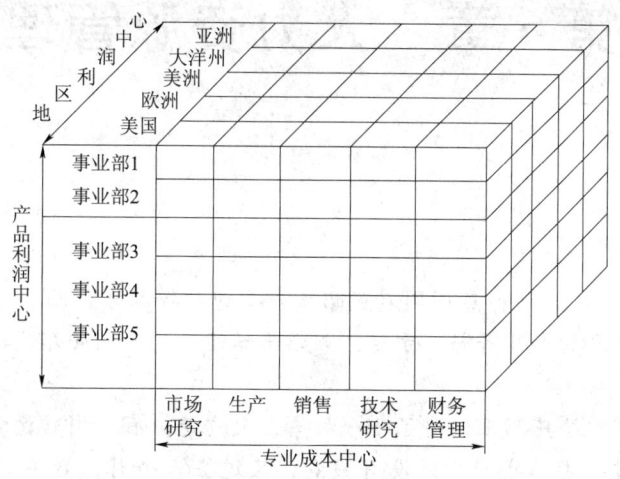

图 5-11 多维立体组织结构

通过多维的立体组织结构,可以使上述三个方面机构协调一致、紧密配合,为实现企业的总目标服务。多维立体组织结构适用于多种产品开发、跨地区经营的大型跨国公司,为这些公司在不同地区的不同产品增强市场竞争力提供组织保证。

在这种组织结构形式下,每一系统都不能单独做出决定,而必须由三方代表通过共同的协调才能采取行动。因此,多维立体型组织能够促使各部门从组织整体的角度来考虑问题,从而减少了产品、职能和地区各部门之间的矛盾。即使三者间有摩擦,也比较容易统一和协调。这种组织结构形式的最大特点是有利于形成群策群力、信息共享、共同决策的协作关系。这种组织结构形式适用于跨国公司或规模巨大的跨地区公司。

以上介绍的几种类型是典型的组织结构形式,需要指出的是这些类型基本上是对实际存在的组织结构形式的一定程度的理论抽象,仅仅是一个基本框架,而现实组织则要比这些框架丰富得多。此外,多数组织的组织结构并不是纯而又纯的一种类型,而是多种类型的综合体。随着社会生产力的发展和人们对管理客观规律认识的逐步深化,组织结构形式的类型也将得到进一步的完善和发展。

第6章 人力资源管理

引例

《战国策·燕策一》记载：燕国国君燕昭王一心想招揽人才，而更多的人认为燕昭王仅仅是叶公好龙，不是真的求贤若渴。于是，燕昭王始终寻觅不到安邦定国的英才，整天闷闷不乐。

后来有个智者郭隗给燕昭王讲述了一个故事，大意是：有一国君愿意出千两黄金去购买千里马，然而时间过去了三年，始终没有买到，又过去三个月，好不容易发现了一匹千里马，当国君派手下带着大量黄金去购买千里马时，马已经死了。可被派出去买马的人却用五百两黄金买来一匹死的千里马。国君生气地说："我要的是活马，你怎么花这么多钱弄一匹死马来呢？"

国君手下人说："你舍得花五百两黄金买死马，更何况活马呢？我们这一举动必然会引来天下人为你提供活马。"果然，没几天，就有人送来了三匹千里马。

郭隗又说："你要招揽人才，首先要从招纳我郭隗开始，像我郭隗这种才疏学浅的人都能被国君采用，那些比我本事更强的人，必然会闻风千里迢迢赶来。"

燕昭王采纳了郭隗的建议，拜郭隗为师，为他建造了宫殿，后来没多久就引发了"士争凑燕"的局面。投奔而来的有魏国的军事家乐毅，有齐国的阴阳家邹衍，还有赵国的游说家剧辛等。落后的燕国一下子便人才济济。从此以后一个内乱外祸、满目疮痍的弱国，逐渐成为一个富裕兴旺的强国。接着，燕昭王又兴兵报仇，将齐国打得只剩两个小城。

管理之道，唯在用人。人才是事业的根本。所以在组织明确目标，建立有效的、灵活的组织结构后，就必须将工作落实给具体的人，实现人员与岗位的匹配，并由他们来达成组织的目标。目前提出的人力资源是组织的第一资源，可以说，人力资源的质量与水平是组织完成既定目标及可持续发展的关键。人力资源管理的主要内容：选、育、用、留。

6.1 人力资源管理的任务与过程

6.1.1 人力资源概述

从经济管理的角度看，一切经济活动涉及的资源可概括为5类，即人力资源、物质资源、财力资源、时间资源和消息资源。与其他一切非人力资源相比，人力资源是最活跃，最具能动作用和最宝贵的资源。

人力资源（Human Resources），也称为劳动力资源，是指人口总体所具有的劳动能力的总和。或者说，指能够投入经济和社会发展活动的具有智力和体力劳动的人们的总和。它表现为劳动力数量和质量两方面的内容。人力资源的数量，从宏观上讲，是指一个国家或地区范围内具有劳动能力的人口数量；从微观上讲，是指一个组织所拥有的员工数量。人力资源的质量，包括人员的思想素质、文化素质、专业素质和身体素质等多方面，它相对于数量往往更为重要。因为人力资源质量提高了，才能更好地掌握现代科学技术，促进生产力发展和社会进步，提高组织的劳动效率和经济、社会效益。

要确切的理解人力资源的本质含义，需要注意以下几个主要特征。

① 能动性

能动性是人力资源最基本、最重要、最本质的特征。自然资源的载体是物质，而人力资源的载体则是劳动者的体力劳动和脑力劳动。劳动者在劳动过程中，能够有目的、有意识地进行各种活动，能对自身行为做出抉择，并能主动调节自身与外部的关系。

② 时效性

人是人力资源的载体，人力资源属于自身所有，具有不可剥夺性。而人有生命周期，人能从事劳动，能被开发利用的时间要受到个体生命周期的限制，人力资源如果不被及时开发利用，其价值会随着时间的流逝而降低。因此对人力资源必须适时开发，及时利用，讲究时效性。

③ 高增值性

在现代社会中，人力资源的智力价值，即掌握了知识、技能和经验的人所带来的投资收益率，已远远超过了其他形态的资本的收益率。因此，近几十年以来，人力资本理论、知识资本的提法，已脍炙人口。过去视人力为成本的观念，正逐渐为"人力是具有高增值性的宝贵资源"的新观念所取代，这是人力资本论的实质所在。

④ 再生性

人力资源是一种可以无限开发的资源，人力资源的消耗，有别于其他资源的耗费。因为人力资源是活的资源，具有主观能动性，在其自身的某一阶段的耗费过程中，会由于再生而得到补充乃至发展。

6.1.2 人力资源管理的含义

人力资源管理（Human Resources Management），顾名思义，是把人视为生产经营中的一种特殊的资源，从有效开发人力资源的角度进行组织的人事管理工作。人是生产力诸因素中最活跃、最积极的因素。人力资源是一切组织所拥有的资源中最宝贵的资源，如其他资源一样需要加以组合和利用，才能发挥作用。

一个组织的人力资源管理，实际指在兼顾社会、组织和劳动者个人三方面利益的基础上，采取多种有效的措施和手段，获取组织所必需的人力资源数量，挖掘人力资源潜力，提高人力资源质量，调整人力资源结构，改善人力资源组织和管理，从而取得尽可能好的效益，实现组织目标和计划的活动过程。

人力资源管理是从传统的人事管理发展起来的。人事管理是把人看做与物质资料一样，是需要企业耗费成本的生产要素，以"物"和"事"为中心，从这一点出发考虑如何通过对人的管理工作来提高对该要素的利用效率。与人事管理单方面地关注组织目标的实现不同，现代人力资源管理的根本出发点是"着眼于人"。人力资源管理力图将组织的目标与员工个人的目标有机的结合起来。人不仅仅是一种为组织提供劳动力的"手段"，而应是管理工作的"目的"本身，由此提出了"人本管理"的概念。将"以人为本"、"人高与一切"的价值观转化为实际管理行动，就形成了一套人力资源管理独特的原理、程序和方法。

从以物为中心的管理，转向以人为中心的管理，是人类管理史上的一个质的飞跃。

6.1.3　人力资源管理的任务

人力资源管理的核心任务有两个方面：培养和发展员工的能力；激发员工的奉献精神。第一方面解决员工能不能做事的问题；第二方面解决员工愿不愿去做的问题。在竞争日趋激烈的时代，对员工个人能力和积极性双重的要求比以往任何时候都更高，因而人力资源管理的任务就更为突出。

人力资源管理的具体任务可概括为以下几个方面。

① 通过选拔、招聘等方式，为组织补充所缺少的岗位人员，寻找和发现符合岗位要求的人选，保持一定数量和质量的劳动力和专业人才，满足组织发展的需要。

② 通过各种方式和途径，有计划地开展对现有员工的培训与开发，不断提高他们的劳动技能和业务水平、能力水平和绩效水平。

③ 结合每个员工的职业生涯、发展目标，对员工进行选拔、任用、考核和奖惩。做好人才管理工作，使每个员工保持良好的态度和积极性，尽量发挥每个人的作用，并谋求个人和组织的协调发展。

④ 协调劳动关系。运用各种手段，对管理者与被管理者、员工与雇主、员工与员工之间的关系进行协调，避免不必要的矛盾和冲突。同时，要考虑到员工的利益，保障员工的个人利益不受侵犯。

⑤ 对员工的激励与报酬。通过工作分析和制定岗位说明书，明确每个岗位的功能和职责，对承担这些职责的人的工作及时给予评价和报酬。同时要建立和健全激励机制，重视满足员工高层次需要的激励因素。

⑥ 对人力资源管理工作进行自我诊断与评估。利用诊断与评估技术，对人力资源状况和管理状况进行深入的检查和实事求是的评估，不断的改进和提高，促进人力资源工作目标与组织目标的协调一致，健康发展。

6.1.4　人力资源管理的过程

在现代组织中，规模较大的组织一般设有专门的人力资源管理部门和专职的管理者。在规模较小的组织中，人力资源管理可能由组织的领导者直接负责。

根据人力资源管理的任务，可以把人力资源管理过程概括为以下几个方面。

1. 人力资源环境的管理

人力资源环境的管理及其人力资源的管理，主要取决于组织的环境因素，对内部和外部环境要素的管理可以使员工把对组织的生产率和竞争力作出自己最大的贡献。因此，对组织所处环境的各种因素进行深入分析和研究，是人力资源管理的基本依据之一。

① 需要分析的外部环境因素主要包括：文化特征，如意识形态、历史背景、价值观和

社会准则；技术特征，指社会上科学与技术的发展水平及科学技术界发展和应用新技术的程度；教育特征，指居民的普遍文化水平，受过高等专业教育及专门训练的人所占的比例；人口特征，指可向社会提供的人力资源的数量、分布、年龄与性别，人口的集中或城市化是工业化社会的一个特征。

② 需要分析的内部环境因素主要包括：组织战略，将人力资源管理实践与组织的经营战略目标联系起来；组织文化，为组织成员的行为提供了某种标准，能够引导和塑造组织成员的态度和行为；员工及其对工作质量的要求，每个员工在能力、性格、业务水平、敬业精神等诸多方面都有差异，因此在选用管理中要了解每个员工的特性。通过工作设计来增强对员工的激励性，提高他们的满意度，同时力争实现服务、质量及生产率的最优化。

2. 人力资源的获取

在实际中，由于种种原因，组织的人力资源需求会发生变化。为此，管理者必须对完成组织目标所需的员工人数和类型进行预测，即确定人力资源需求，具体的工作就是进行人力资源规划。人力资源规划是根据组织的发展战略，预测组织在未来较长一段时间对员工种类、数量和质量的需求，据此编制人力资源供给计划，通过内部培养和外部招聘的方式来满足组织的人力资源需要；然后组织实施人力资源规划，确保组织战略目标的顺利实现。

3. 人力资源的培训

还要对获取的人力资源进行教育培训。对员工进行培训是为了使他们具有完成自己工作所必备的技能。在现代组织中，不仅新员工需要接受就业培训，而且在职员工也需要不断地接受再教育。对组织而言，对员工的培训既是一种投入，更是一种收获，它能够提高组织的应变和创新能力；对员工而言，培训不仅可以提高技能，从而增加自身的"可雇佣性"，而且可以丰富职业生涯和提高事业成就感。员工培训无论对组织还是对员工个人来说都是"进可攻、退可守"的战略武器。

4. 人力资源的评价与开发

作为管理人员应该对员工的工作绩效进行衡量，创造一种能够对组织和员工双方都有利的雇佣关系和工作环境。同时，管理者必须确保员工具有完成当前及未来工作所必须具备的各种技能，以及除了培训技能使其能完成当前的工作，还应该注意开发员工的潜能，使其在职业生涯中有更好的发展。

5. 人力资源的报酬

从管理的角度来看，薪酬是员工为组织付出劳动的回报，而且薪酬也是对员工贡献的一种承认。此外，薪酬和福利还被用来作为一种吸引新员工加入本组织的手段。如果员工对薪酬和福利水平不满或者认为组织的薪酬和福利分配不公平，他们对提高质量、提高生产率的积极性就会受到损害。因此应该创建合理的薪资制度，并为员工提供福利来回报员工对组织作出的贡献。

上述人力资源管理活动是相互联系、互相支持的，是一个紧密联系的整体。比如，人力资源环境分析是人力资源管理的基础，是人力资源规划、招聘选拔和培训都需要参考的信息，人力资源评价的结果又是薪酬、培训和选拔的依据，因此，我们必须将其作为一个整体来看待，而不能割裂各个部分之间的内在联系，只有这样才能真正发挥人力资源的功能，提高管理效率。

6.2 人力资源配备

6.2.1 人力资源计划

　　人力资源计划，又称人力资源规划（Human Resources Plan），是人力资源管理的第一阶段，是指为实施企业的发展战略，完成企业的生产经营目标，根据企业内外环境和条件的变化，运用科学的方法对企业的人力资源需求与供给进行预测，制定适宜的政策和措施，从而使企业人力资源供给与需求达到平衡，实现人力资源合理配置，有效激励员工积极性的过程。

　　为什么要进行人力资源计划呢？这是因为：① 人力资源不能随时购买，需要一个培养过程，因此要从长计议；② 外部环境变化要求企业不断调整人力资源数量和质量；③ 企业战略或目标的调整要求人力资源做出相应调整；④ 企业员工队伍本身的变动，如退休、离职，造成岗位空缺和人力资源缺乏，而人力资源从补充到适应需要一定时间；⑤ 企业现有人力资源分布可能不合理，需要有计划地调整；⑥ 人力资源供给和需求有一定刚性，因此需要进行预先规划。

　　人力资源计划作为企业对人力资源的需求与供给保持一致的过程，确保了企业在恰当的时间能保证恰当的人员在恰当的职位上。人力资源计划的重要性表现在以下几个方面。

　　① 从组织目标角度来看，是组织目标有效实现一个基本组成部分。
　　② 从战略管理角度来看，是战略计划的一个组成部分。
　　③ 从人力资源管理角度来看，是人员招聘、人员培训等工作的前提。

　　人力资源计划包括总体计划和专业计划。总体计划是有关计划期内人力资源开发利用的总目标、总政策、实施步骤及总体预算的安排。专业计划是一系列的计划，包括人员补充计划、人员使用计划、提升计划、教育培训计划、薪资计划、退休计划和劳资关系计划等。

　　人力资源计划由人力资源需求预测与人力资源供给预测组成。人力资源需求预测需要明确三方面任务：企业需求何种人员、需要多少及存在何种影响因素。人力资源供给预测包括内部人员供给预测和外部人员供给预测，它需要明确两方面问题：内部人员供给的稳定性程度及外部人员供给的不确定程度。人力资源计划是一个动态的过程，同时也是组织或企业的战略计划的有机组成部分。如图 6-1 所示，它必须服从于战略计划，是战略计划的一个组成部分。战略计划优于人力资源计划。战略计划是制定并实施企业目标的过程，它包括明确任务、制定目标、条件分析及战略制定等几方面。

　　人力资源计划的基本工具是供给需求分析。由人力资源需求与供给分析可确定人员净需求（净需求等于人力资源需求与人力资源供给之差）。

　　① 若净需求 =0，则企业不采取行动。
　　② 若净需求 >0，则实施人员招聘措施。
　　③ 若净需求 <0，则实施限制雇佣、解聘等措施。

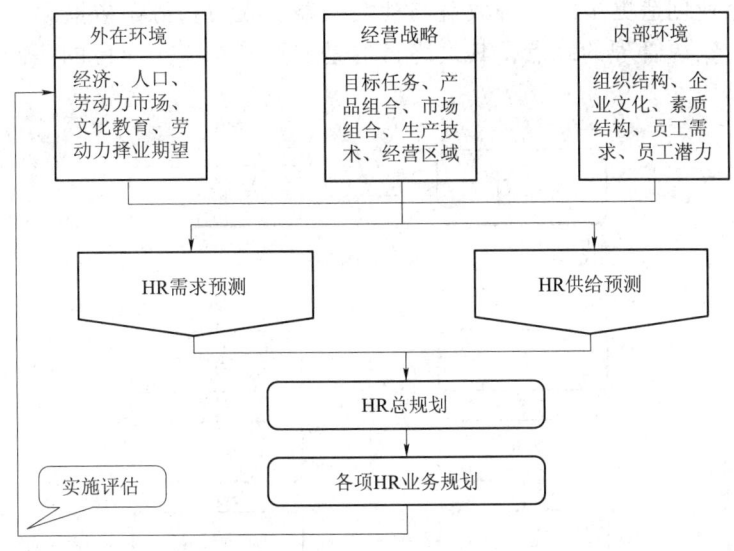

图6-1 人力资源规划流程

6.2.2 人力资源配备概念和作用

1. 人力资源配备概念

按照管理工作的逻辑顺序,确定目标、建立组织结构之后,就为各个职位和岗位配备人员,考评绩效及培训,这些属于人力资源配备,或称人员配备。人员配备是指为组织结构中的职位配备合适的人员,是对组织中全体人员的配备,即包括主管人员的配备和非主管人员的配备。两者所采取的基本方法、遵循的基本原理是相同的。

人员配备不仅仅是人事部门的职责,也是各个层次主管人员的共同责任。当组织人员短缺时,主管人员需要提出增加人员的申请;随后他还需要与应征者进行接触和面谈。主管人员还需要考核下级的工作,对他们的奖惩提出建议和意见。现代观点进一步认为,人员配备不仅仅包括选人(选聘)、评人(考评)和育人(培训),而且还包括有效地使用人员,增强组织内聚力来留住人员,这又和指导与领导工作紧密联系了起来。

2. 人力资源配备的重要性

首先,人员配备是组织有效活动的保证。人是组织最重要的资源。组织的一切活动都需要由人来控制或进行。尤其是在组织管理活动中,主管人员起着举足轻重的作用。各级主管人员配备恰当与否,关系到组织的兴衰存亡;其次,人员配备是组织发展的准备工作。组织是不断发展的,有效的人员配备能够满足组织未来发展对主管人员的需要,从而保持组织活动的稳定性、连续性,并使组织适应不断变化的环境状况。

6.2.3 人力资源配备的过程和原理

1. 人力资源配备过程

企业人力资源的配置过程如图6-2所示。人力资源配置,就是通过考核、选拔、录用和培训,把符合企业发展需要的各类人才及时、合理地安排在所需要的岗位上,使之与其他经济资源相结合,形成现实的经济运动,使得人尽其才,提高人力资源生产率,最大限度地为企业创造更多的经济效益与社会效益。人力资源配置既是人力资源管理的起点，又是人力资源管理的终点，其最终目的是要达到个人—岗位的匹配，提升组织的整体效能。

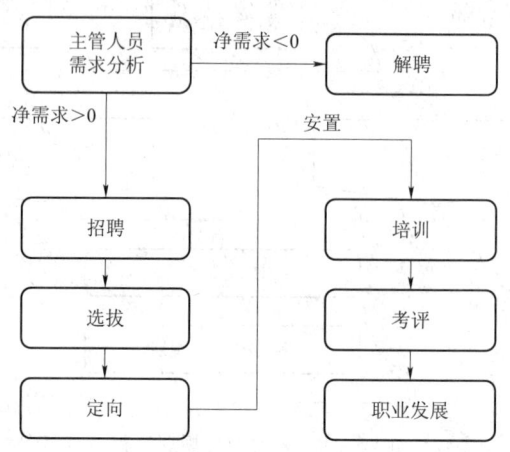

图 6-2　人力资源配备过程

人力资源配置效益的高低直接影响企业其他资源的合理利用和整体配置效益，它是决定企业能否持续、稳定、快速发展的关键因素。一般来讲，企业是根据岗位来进行人员配备的，而岗位效果与效率的产生，归根到底是由岗位上的员工创造的。因此，要剖析岗位效果与绩效的差异，就必须了解企业中人员配备的整个流程，从流程的角度来研究这种差别。

企业要实现自己的目标，实施既定的战略，就必然会进行人员配备，来充实各个岗位，以完成各项具体的工作。由此不难看出，企业中的人员配备是对既定的岗位挑选合适的人员加以配置，并采取有力措施，实现员工与岗位的有效结合，同时，面对可能出现的矛盾不断进行调整，进而实现岗位配备目标。

目前主要有以下三种人力资源配置形式。

① 人岗关系配置型

这种配置类型主要是通过人力资源管理过程中的各个环节来保证企业内各部门各岗位的人力资源质量。它是根据员工与岗位的对应关系进行配置的一种形式。就企业内部来说，目前这种类型中的员工配置方式大体有招聘、轮换、试用、竞争上岗、末位淘汰和双向选择等几种。

② 移动配置型

这是一种从员工相对岗位移动进行配置的类型。它通过人员相对上、下、左、右岗位的移动来保证企业内的每个岗位人力资源的质量。这种配置的具体表现形式大致有晋升、降职和调动三种。

③ 流动配置型

这是一种从员工相对企业岗位的流动进行配置的类型。它通过人员相对企业的内外流动来保证企业内每个部门与岗位人力资源的质量。这种配置的具体表现形式有安置、调整和辞退三种。

2. 人力资源配备原理

① 职务要求明确原理

明确职务，包括明确特定职位所承担的责任，是人员配备的基础。这一活动通常称为"职位分析"，其结果是产生"职位说明书"。职位说明书的内容包括：职位名称、职位地点、职位所在的部门名称等；对所执行的每一主要任务作简短而富有信息性的说明，并列举指定承担的一些次要职务；说明任职者工作上需要具备的精确度或决断范围；有关独创性、积极主动性、善于随机应变和创造性的特殊要求；对指派的职责要素如人、钱、设备、材料、方法、市场和记录等的说明等。

明确职务，还包括明确每一特定职位在组织整个职位体系中的相对重要性程度。这一过程被称为"职位评价"（Job evalution），职位评价的基本目的是确定职位工资或工资率。任何企业当雇佣两个或两个以上需要支付工资的人员时，就需要进行职位评价。雇主试图根据工薪的相对比率来衡量各个职位对企业总任务的分担份额及其对企业目标所贡献的价值的差异。

② 责权利一致原理

不同的能级应该有明确的责权利。责不交叉，各负其责；权要到位，责权相应；利与责权相适应，责是利的基础。要做到在其位，谋其政，行其权，取其利。

③ 能级层次原理

在人力资源管理中，能级层次原理指的是：具有不同能力层次的人，应安排在要求相应能级层次的职位上，并赋予该职位应有的权力和责任，使个人能力水平与岗位要求相适应。

④ 互补原理

所谓互补，指的是人各有所长也各有所短，以己之长补他人之短，从而使每个人的长处得到充分发挥，避免短处对工作的影响。互补是现代人力资源管理的要求，它要求一个群体内部各个成员之间应该是密切配合的关系。

⑤ 激励强化原理

激励强化指的是通过对员工的物质的或精神的需求欲望给予满足的许诺，来强化其为获得满足就必须努力工作的心理动机，从而达到充分发挥积极性，努力工作的结果。

⑥ 动态适应原理

动态适应原理是指人力资源的供给与需求要通过不断的调整才能求得相互适应；随着事业的发展，适应又会变为不适应，又要不断调整达到重新适应。这种不适应——适应——再不适应——再适应是循环往复的过程。

6.3 员工的选聘与考核

随着我国市场经济的发展及人事管理制度的改革，人才流动性越来越大，频率也越来越高。同时，企业对人才的需求也发生了很大的变化。企业为了谋求更大的发展，就必须从众多人才之中不断地招聘、吸纳所需人才，而越来越多的人才也将通过应聘的方式来获得理想的职位。因此，如何花最小的代价在市场上招聘到合适的人才就成为人力资源部门的一项重要任务。作为组织的领导，除了识别和管理现有的人员，如何吸收新的血液加入企业，就成为决定企业发展至关重要的因素。

人员招聘是"获取"人力资源的一个重要手段，也是人力资源管理的一项基本工作。现代企业人力资源管理中的人员招聘是指组织通过采用一些科学的方法去寻找、吸引那些有能力、又有兴趣到本组织来任职的人员，并从中选出适宜人员予以聘用的过程。西蒙曾指出，大量统计资料表明职工离职率最准确的预测指标是国家经济状况。工作机会充裕时员工流动比例高，工作机会稀缺时员工流动比例低。一个企业要想永远留住自己所需要的人才是不现实的，也不是人力资源管理手段所能控制的，再加上企业内部正常的人员退休、人员辞退及人员调动，所以人员招聘工作是企业人力资源管理经常性的工作。

组织要想吸引人才加入，其领导者首先要确定选择人才的条件，不同的组织，不同的职位，选择的条件会不一样。但是，只有一流的人才才会造就一流的公司。麦肯锡是世界一流的管理咨询公司，每年所吸收的全是世界一流的人才，从美国的斯坦福、哈佛，到英国的牛津、剑桥，日本的东京大学，韩国的汉城大学，中国的北大、台大等，精英人才还远远不够，这些人还必须具有谦虚、语言沟通及团队精神等各方面能力，吸引一流的人才造就了一流的公司在麦肯锡身上得到了充分的体现。

松下对于吸收人才却有不同的见解。其闻名的百分之七十求才法主张吸收中上等人才。不选择顶尖人才，也不选用太平庸的人。松下之所以这样做，是出于对一流人才的不信任。他认为这类人自负心强，不安心工作。如果是一个中上等人才，那么他便会踏踏实实、兢兢业业地努力工作。

6.3.1 招聘的意义

如果一个组织只在"缺人"时才想到招人，说明它还没有树立人力资源管理意识，还没有体会到招聘的意义所在。在任何一个组织中，用人是管理的核心问题，在市场竞争的锤炼下，"以人为本"的观念正在逐步树立，人力资源部门成为了现代企业中一个关键的部门，而招聘又是人力资源管理工作中的一项非常重要的工作。对于组织来说，招聘的意义可以从三个方面体现。

① 从组织内部来看，招聘关系到组织的生存和发展。组织的生存与发展必须要有高质量的人才，而如何获得高质量的人才对组织而言就显得尤为重要。员工招聘就是为了确保组织发展所必须的高质量的人力资源而进行的一项重要工作。在激烈竞争的社会里，组织如果没有较高素质的员工队伍和科学的人事安排，必然面临被淘汰的后果。一个组织只有招到合格的人员，并把合适的人安排到合适的岗位上，并在工作中注重员工队伍的培训和发展，才能确保员工队伍的素质。

招聘员工对一个组织来说是一件大事，除了其本身所起到的为组织招收新的人才作用外，它还将在一定程度上改变组织的结构，无论是对在职员工还是新职工来说，招聘都起到一定的激励效果。

一个组织是由人组成的，因此组织的结构可以用人员的组合来描述，当组织招聘人才时，这一结构便发生了相应的变动。因此，招聘是组织结构调整的一种重要手段。比如，公司招入一批营销人才，则营销部的实力大增，该部门在公司中的地位也就随之得到提升，显示出公司对营销的重视；又如新成立一个项目组，招聘了小组成员，意味着这方面的工作将启动。组织人员招聘工作再与组织的减员、缩编等措施结合起来就可以实现产业结构的调整，实现工作重心的转移。

② 从组织外部来看，招聘的意义体现在：一次成功的招聘活动，就是组织的一次成功的公关活动，就是对企业形象的绝好宣传，就是向竞争对手的无声宣言。

组织在招聘过程中，需要与人才市场、新闻媒体，各类应聘人员接触，有时还要与政府机关、高等院校、中介组织（比如人才测评机构）等打交道。一次成功的招聘活动就是一次成功的公关活动。通过招聘，不少组织与中介机构、高等院校、新闻媒体，甚至是猎头公司保持了良好的关系，这些外部力量将给予组织以强有力的支持，使得组织招聘人才时能有足够的回旋余地。

对组织而言，组织形象至关重要，招聘的全过程本身就是一次组织形象的宣传过程。从招聘信息的发布、招聘过程中的测试，一直到最终录用，它为公众提供了一次了解组织的机会和动力，尤其是对应聘人员，树立起来的组织印象将难以磨灭。组织开展公开招聘人才的做法能够产生人才的共生效应。其含义包括两个方面：一是指当组织招聘了一个杰出的人才时，可能会使四方贤才纷纷而至，进而逐渐形成一个人才群体。这是一条以人才养人才、吸引人才的规律。认识和运用这条规律，可为组织赢得巨大的效益。清朝康熙帝有诗云："但得一贤士，可以收群才"，概括了这一规律。二是指在一个人才荟萃的群体中，人才之间互相交流、信息传递、互相影响往往会极大促进人才与群体的提高，如英国的卡文笛实验室、美国的贝尔实验室等，在那里工作过的科学家先后有获诺贝尔奖的人。因此，我们从中可以得到这样一个启迪，组织的领导者应充分利用并不断强化人才的共生效应，形成一个吸引人才、利于人才成长与脱颖而出的群体。

③ 招聘具有激励的作用。通过员工招聘，从各种渠道吸收人力资源，不但可以为组织不断输入新生力量，弥补组织内人力资源供给不足，而且可以为组织注入新的管理思想，增添新的活力。外部招聘和内部招聘都是如此。公司从外部招聘了新的员工，职工可以感受到新的工作方式和工作风格，还可以发现自己的差距，激励自己不断学习，提高素质，努力工作。如果是通过内部提升的办法填补高层某一空缺，那么激励的效果更为强烈，它可以使员工认识到自己的发展前途。

当然，招聘对在职员工无疑也是一种压力，新员工的加盟是对原有系统的挑战，尤其外来的人员，通常有新的思路和工作手段，这会给在职员工造成不小的冲击，他们会意识到自己的职位有被优秀人才替代的危险。在招聘中充分估计到这种压力，并利用这种压力，有利于培养企业的竞争气氛、提高工作效率。

一个企业，要在残酷的市场竞争中生存下来并不断发展，取决于是否拥有优秀的人才，是否能够充分地利用市场。如果一个组织只在缺人时才想到招人，说明组织还没有体会到招聘的魅力所在。作为现代企业应该把人员招聘作为一项重要的管理内容，结合企业战略，由人力资源管理部门制订出招聘计划，通过招聘为企业的发展提供必要的人力资源支持，同时配合其他部门，发挥招聘的内部功能和外部功能，把招聘工作与组织形象塑造、组织公关活动、组织结构调整、内部员工激励、员工培训等结合起来，发挥招聘的作用。

6.3.2 招聘原则

在招聘中应该坚持以下原则。

1. 公开的原则

把招聘的单位、招聘的职位种类和数量、要求的资格条件及考试方法均向社会公开。这样做不仅可以大范围内广招贤才,而且有助于形成公平竞争的氛围,使招聘单位确实招到德才兼备的优秀人才。此外在社会的监督下,还可以防止不正之风。

2. 平等的原则

对待所有的应聘者应该一视同仁,不得人为地制造不平等条件。在我国的一些招聘启事中经常可以看到关于年龄、性别的明确限制,这在国外是违反法律规定的,有歧视的嫌疑,而在我国却是司空见惯的。招聘单位应努力为人才提供公平竞争的机会,不拘一格地吸纳各方面的优秀人才。

3. 竞争的原则

人员招聘需要各种测试方法来考核和鉴别人才,根据测试结果的优劣来选拔人才。靠领导的目测或凭印象,往往带有很大的主观片面性和不确定性。因此必须制定科学的考核程序、录用标准,才能真正选到良才。

4. 全面的原则

录用前的考核应兼顾德、智、体等诸方面因素。因为一个人的素质不仅取决于他的智力水平、专业技能,还与他的人格、思想等因素密切相关。近年来,人们对情商越来越重视,反映了基于这种观点的一种倾向。IBM公司在北京地区招聘院校毕业生时,不少毕业生对该公司招聘启事中不限专业的说法有些摸不着头脑,专业的计算机公司居然不限专业招聘,很是让人费解。当自以为准备充分的应聘者们发现拿到手的是一份综合性的测评试卷时,才恍然大悟,原来IBM看中的不是毕业生的某方面的专业知识,而是其在接受高等教育的过程中,培养起来的综合素质。

5. 量才的原则

招聘录用时,必须做到人尽其才、用其所长、职得其人。认真考虑人才的专长,量才录用,量职录用。有的招聘单位一味盲目地要求高学历、高职称,不根据拟招聘岗位的实际需求来考虑,结果花费了大量人力、物力招聘来的优秀人才,用不了多久就都"孔雀东南飞"了。要知道,招聘到最优的人才并不是最终目的,而只是手段,最终的目的是每一岗位上用的都是最合适、成本又最低的人员,达到组织整体效益最优。

6.3.3 招聘的程序及方式

招聘工作是一项严肃而重要的工作,其基础工作是人力资源管理中的职务分析。广义的招聘过程包括以下几个步骤。

1. 制订招聘计划

首先必须根据本组织目前的人力资源分布情况及未来某时期内组织目标的变化(比如,上新的生产线,或者开发新产品,或者由单一经营变为多元经营),来分析从何时起本组织将会出现人力资源的缺口,是数量上的缺口还是层次上需要提升。这些缺口分布在哪些部门,数量分布如何,层次分布是怎样的。根据对未来情况的预测和对目前情况的调查制订一个完整的招聘计划。正如计划为管理指明方向一样,一个完整的招聘计划往往能起到事半功倍的良好效果。完整的招聘计划应包括招聘的时间、地点、欲招聘人员的类型、数量、条件、具体职位的具体要求、任务,以及应聘后的职务标准和薪资等。

2. 建立专门招聘小组

对于许多企业,招聘工作是周期性或临时性的工作,因此应该有专人来负责此项工作,在每次招聘时成立一个专门的临时招聘小组。招聘小组的组成是否合理将决定招聘工作是否有效。该小组一般应由招聘单位的人事主管及用人部门的相关人员组成。专业技术人员的招聘还必须有有关专家参加，如果是招聘高级管理人才，一般还应有心理专家等相关方面的专家参加，以保证全面而科学地考察应聘人员的综合素质及专项素质。招聘工作开始前应对有关人员进行培训，使其掌握政策、标准及有关技巧，并明确职责分工，协同工作。

3. 确立招聘渠道

根据欲招聘人员的类别、层次及数量，确定相应的招聘渠道。一般可以通过有关媒介（如专业报刊杂志、电台电视大众报刊）发布招聘信息，或去人才交流机构招聘，或者直接到大中专院校招聘应届毕业生。

4. 甄别录用

一般的筛选录用过程是：根据招聘要求，审核应聘者的有关材料，根据从应聘材料中获得的初步信息安排各种测试，有笔试、面试、心理测试等，最后经高级主管面试合格，办理录用手续。在一些高级人员的招聘过程中，往往还要对应聘者进行个性特征、心理健康水平及管理能力、计算机情况模拟测试等，以期全面、公正、科学、有效地录用到合适的人才。

5. 工作评估

很多人可能认为将人才招聘进来就意味着招聘工作的结束，其实这是一种狭隘甚至是错误的观点。人员招聘进来以后，应对整个招聘工作进行检查、评估以便及时总结经验，纠正不足，评估结果要形成文字材料，供下次参考。此外，在新录用人员试用一段时间后，要调查其工作绩效，将实际工作表现与招聘时对其能力所做的测试结果作比较，确定相关程度，以判断过程中所使用的测试方法的信度和效度，为测试方法的选择和评价提供科学的依据。

6.3.4 招聘工作应该注意的问题

招聘人才是一项技术性极强的工作，不同类别、层次、专业的人才要选择不同的地点、不同时间招聘，招聘中的策略直接关系到工作的成败。

1. 招聘范围的确定

招聘范围的确定应该主要依据所需人才的分布规律和活动范围，同时考虑人才资源的供求关系和招聘成本。

2. 招聘时间的选择

招聘时间要基于两个因素的考虑：人才需求因素与人才供给因素。从人才需求的因素考虑：

$$招聘时间 = 用人时间 - 准备周期 - 培训周期 - 招聘周期$$

从人才供给角度考虑，向社会招聘人才，时间选择跨度大，要求不高，而招聘大中专毕业生，则时间选择是非常重要的。现在毕业生进入人才市场的时间已经提前到正式毕业前的8个月左右，并仍有继续提前的趋势。

6.3.5 员工招聘的渠道

组织在进行人员招聘之前必须首先确定招聘的渠道和方法，正确的招聘渠道的选择是对人力资源吸收质量的有力保证。一般情况下，招聘渠道可分为内部渠道和外部渠道两大类。从内部招聘人才，可以提高工作质量、员工士气和生产率；从外部招聘人才，则可以带来新的技术和新的观念，有利于增强组织的活力。因此，就组织的人力资源规划策略的角度来看，招聘必须里外兼顾，才能确保人才招聘的效率与质量。

1. 内部招聘

在组织内部公布求才信息，吸引其中具有相应资格且对有关职位感兴趣者提出申请。这是一种最经济、成本最低的方法，因为内部员工比较了解组织的情况，为胜任新的岗位所需要的指导和培训比较少，容易沟通和协调。甚至还可以由现有的在职员工来兼做这一职务，使该员工工作内容丰富化。除了鼓励员工申请调动外，还可通过员工引荐自己认识的同学、朋友、亲戚来应聘。由于在职员工对其所介绍的应聘者已经有所了解，所以录取率也比较高。

内部招聘应遵循公开、公正、择优的原则，让每一个员工都能够感到自己有一系列的晋升机会，从而调动员工的工作积极性和提高他们的工作绩效，发挥内部招聘的优势。同时，我们还要看到内部招聘本身的不足。第一，内部员工的竞争结果必然有胜有败，可能影响组织的内部团结；第二，组织内的"近亲繁殖"现象，可能不利于个体创新；第三，可能在组织中滋生"小集团"，削弱组织效能；第四，如果内部招聘不公正，可能会遇到员工的抵制，损伤员工的工作积极性。

2. 外部招聘

当内部招聘不能满足组织的需要，或组织需要引入新鲜血液时，就要进行外部招聘。外部招聘的优势主要表现在：一是外部招聘，组织可以选择的范围很大，有利于招聘到最优秀的人才，还可以节省一笔内部培养和培训的经费。二是组织从外部招聘人才可以给组织内员工一种危机意识，激发斗志和潜能。

外部招聘的不足之处主要在于：一是外聘员工需要花费较长时间来熟悉工作环境和进行培训；二是有可能会挫伤内部员工的积极性和自信心；三是外部招聘人员筛选难度大，成本高。

外部招聘经常采用校园招聘、委托中介机构负责招聘、广告招聘、人才交流大会和人才交流中心等方式。

6.3.6 人员甄选

人员甄选就是通过各种测试方法，从应聘者中选出符合组织需要的人。通过甄选能帮助组织剔除不合适的人选，节约雇佣成本。因而招聘人员往往都要采用一系列的方法对求职者进行甄选测试。下面介绍几种常用的甄选测试的方法。

1. 利用求职申请表进行筛选

通过求职申请表，招聘人员可以清楚地了解申请人的有关资料和个人情况，如学历、工作经历、薪酬期望、申请的职位及个人的兴趣爱好等信息。招聘人员将这些信息与企业及职位相比较，可以删除一些明显条件不符的申请人。通过初选的人才有机会进入后续的测试。一般来说，招聘的规模越大，应聘者越多，就越需要有一套规范的、有效的初步筛选程序和方法。

2. 笔试

通过笔试可以考察应聘者的专业知识和知识素养，了解应聘者是否掌握了必须具备的基础知识和专业知识。成绩合格者才能进入下一轮的测试。笔试是一种相对综合的方法，不少企业都喜欢采用这一方法来对后选人进行甄选。但是要想发挥好笔试的作用却并不容易，因为笔试命题的难易程度和恰当与否是很难把握的，过难或过易都不利于择优。

3. 面试

面试是实践中最常用的比较有效的甄选工具之一。面试是招聘者通过与面试者正式交谈，了解其业务水平、求职动机、工作经验、仪表风度、人际交往能力、反应能力等各种情况的方法。面试中招聘人员可以采用提问的方式对应聘者进行深入的考察，能掌握应聘者的综合情况，以便从中择优选出最合适的人才。但是出于时间和成本的考虑，该方法适用于候选人有限的甄选。

4. 测验

测验是通过系统的、标准化的测试，取得有关个人能力的资料。主要包括四个方面：能力测验、心理测验、人格及兴趣测验、工作样本测验。能力测验衡量一个人所具有或可能具有的取得知识和技能的特质，它预测一个人在未来工作上的表现。心理测验的目的是判断应聘者的心理素质和能力，从而考察应聘者对招聘职位的适应程度。人格及兴趣测验主要衡量一个人的性格、意向和喜好类型。工作样本测验是把工作中一些重要项目或行为，让应聘者在测验时试做，可以预测他在未来相同或类似的工作状况下的工作绩效。

6.3.7 员工绩效考核

绩效考核是组织人力资源管理的核心工作，也是难点问题。人力资源管理最直接的目的是选拔人才和使用人才，充分发挥人的潜能和积极性，为完成组织目标服务。而对员工的绩效考核结果，是选人、用人的依据，是升迁的依据，是奖惩的依据，与个人利益和组织利益都是息息相关的。因此，如何客观公正考核评价员工绩效，是人力资源管理的重要课题。

工作绩效是指员工履行职务或完成工作的表现及其结果。工作绩效考核就是为了客观确定员工的能力、工作状态和适应性，对员工的个性、资源、习惯和态度，以及对组织的相对价值进行有组织的、实事求是的评价。

1. 绩效考核的主要作用

① 绩效考核具有激励功能。绩效考核本身首先是一种绩效控制的手段，但因为它也是对员工绩效的评定与认可，能使员工体验到成就感、自豪感，从而增强其工作满意感。另一方面，绩效考核也是执行惩戒的依据之一，而惩戒也是提高工作效率，改善绩效不可缺少的措施。

② 绩效考核结果是薪酬管理的重要工具。依据按劳分配付酬原则，绩效考核之后便应论功行赏，而薪酬与物质奖励仍是激励员工的重要工具。健全的绩效考核制度与措施，能使员工普遍感到公平与心服，从而也增强其工作满意感。

③ 绩效考核结果也是员工提薪、奖金发放、升降、淘汰的重要标准。因为通过绩效考核可以考核员工对现任职位的胜任程度及其发展潜力。

④ 绩效考核对于员工的培训与发展有重要意义。通过考核，对员工现任职务的出色程度以及担任更高一级职务的潜能进行客观的评价，一方面，能发现员工的长处与不足，对他们的长处注意保护、发扬，对其不足则需施行辅导与培训；另一方面，了解员工的潜能，有利于帮助员工更深入地进行职业生涯的规划，促使其得到更好的发展。

⑤ 考核员工的实际工作表现往往要通过访谈、调查或其他渠道，并将结果向被评员工反馈，听取其反映、说明和申诉。因此，绩效考核具有促进上、下级间的沟通，了解彼此对

对方期望的作用。

2. 绩效考核的目的

绩效考核的目的是多方面的。首先，绩效考核具有重要的战略价值，因为考核对员工的观念和行为起着重要的牵引作用，通过考核不但可以促进企业战略方针的实施，而且可以将企业的文化理念落到实处；管理人员把绩效考核结果用于一般的人力资源决策，比如，人员晋升、调职、解聘等，都要以绩效考核结果为基础；绩效考核结果还可以用于确定培训和开发需求，可以确认员工当前不适应工作要求的能力或技能，以什么方法弥补；它们还可以用来作为人员招聘与员工开发计划有效性的标准；新聘员工干得好坏一看绩效考核结果就清楚了；同样，培训与员工职业生涯开发计划的有效性如何，也可以通过考察这些项目的参与者的绩效情况来作出考核；另外，组织的奖酬分配一般也可以以绩效考核结果为基础，根据绩效考核的结果来决定谁会获得晋升工资或其他报酬。

绩效考核在企业经营管理中是源头和核心，没有考核就难以激励员工，它不仅是正确的人事决策的基础，而且直接关系到企业的战略实施，因此，绩效考核的每一项功能都很重要，绩效考评的质量直接地反映了人力资源管理的科学化程度。

3. 绩效考核的内容

通常，人员考核的内容包括德、能、勤、绩四个方面。德，主要考核政治、思想表现和职业道德表现，具体包括政治思想、社会道德、职业道德遵纪守法等；能，主要考核业务技术水平，管理能力的运用发挥，业务技术的提高，知识的更新情况，具体包括体能、智能和技能；勤，主要考核工作态度，勤奋敬业精神和遵守劳动纪律情况，如出勤、纪律、责任心等；绩，主要考核履行职责情况，完成工作任务的数量、质量、效率，以及取得成果的水平及其社会效益和经济效益。

绩效考评制度的最基本部分是考核的内容。考核内容直接影响员工对工作的看法，它代表了组织对员工在某些工作方面的期望。由于组织的策略、文化和生产技术不同，考核内容也有所不同。一般来说，绩效考核包括行为考核和结果考核两部分。

行为考核主要回答"如何"工作的问题，工作态度是其主要内容。工作态度考核是考核员工是否达到了公司要求的基本工作标准，这个标准包括基本行为规范、责任心、敬业精神、奉献精神和团队精神等诸多方面。但由于工作态度的考核只考核员工是否努力，是否有干劲、有热情，是否忠于职守、服从命令等，它不能作为考核的主要内容。结果考核就是考核组织成员对组织的贡献，或者对组织成员的价值进行评价。结果考核是人力资源考核的首要内容，企业的经营目标能否完成，很大程度上要取决于员工的业绩水平。同时，因为衡量业绩可以有很多定量的指标，如产量、销售量、单位产出成本等，这样的指标容易做到客观、公正，减少了因考核者的主观判断而产生的误差。通过对绩效目标的设定，企业的目标就被有效地分解到各个业务单元和个人，从而使员工的发展与企业的发展结合起来。此外，绩效考核也是进行绩效管理的基础，只有在对员工业绩进行正确的分析和评估之后，才有可能提出改进绩效的建议。

4. 绩效考核的功能

① 考核与提薪、奖金

若考核体现的主要功能是以涨工资为主，则考核的内容侧重于"工作态度"；若考核主要以发奖金为主，则考核的内容侧重"工作业绩"，而"工作能力"不需考虑，因为，奖金主要是对过去工作结果的一种认可，跟一个人的能力并无多大关系，能力强不见得工作结果出色；当然，能力弱，也不见得工作结果必然差，这当中还存在着工作态度的作用，见图6-3。

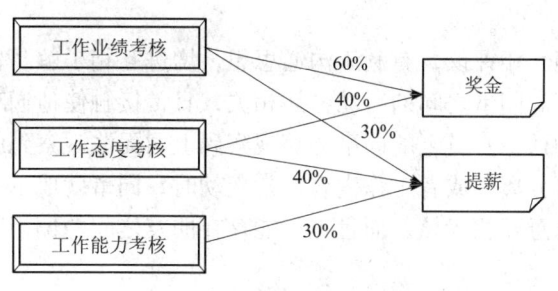

图6-3 奖金、提薪考核

② 考核与晋升

考核的主要目的是为了提拔、晋升，则考核应侧重被考察者的工作能力，见图6-4。

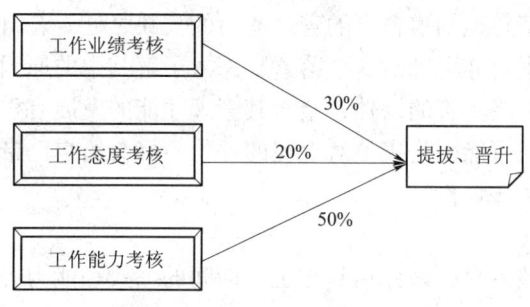

图6-4 提拔、晋升考核

5. 绩效考核的主体

谁来做考评？是绩效考核的一个重要问题。它直接关系到考核的可信度和有效度，也是维护考核的公正性和权威性的一个决定性因素。绩效考核是一个复杂的系统，要使绩效考核工作真实、精确，绩效考核的主体应该满足以下几个条件：首先，必须能够做到公平、客观，对事不对人，没有偏见；其次，必须对被考核者有足够的了解，应该有足够的时间和机会掌握被考核者的工作情况；第三，必须能够努力避免知觉上的种种差错，如晕轮效应、从众效应等，能深刻理解考核的重要意义，能与被考核者进行主动的沟通。

谁来评价员工的绩效？好像应该是员工的直接上司，在传统观念中，考核下属，是管理者的权力表现之一，因为管理者对下属的绩效负有责任。而实际上与员工有工作接触的对象都有可能成为潜在的评价者。

（1）直接上司

被评估者的工作目标主要是在与主管进行沟通之后设立的，因此员工的主管人员最有责任和权力对被评估者的目标完成情况进行评估。主管评估是实现管理的监督和控制职能的重要途径，同时主管人员通过绩效管理帮助被评估者提高工作能力和工作绩效。由于上述原因，员工的主管则是最常见的评估者。但是，在20世纪90年代，由于许多组织开始引入自我管理团队、电子通信和其他组织手段，拉长了上司与其下属之间的距离，使得直接上司对员工的绩效考核就不一定可靠了。同时，由于个人偏见、人际冲突、友情等原因，上司的评估并不能作为唯一的考核依据。为了弥补这一不足，许多企业在上司评估之后，还要求上司的上司进行审核，另外还建立了被考核者的申诉制度。

（2）同事

让组织内同事之间互相评议，有利于沟通思想，增进互相了解。包括本部门的同事和其他接触密切的部门同事。同事之间的行动密切相关，日常接触使他们对与自己一起工作的同事的绩效有一个全面的认识。员工的同事能够观察到上司无法观察到的某些方面，特别是在员工的工作场所与主管分离、或者工作内容经常变动时，同事就成了一个重要的评价源。但是，同事之间可能不愿意互相考核，而且也可能存在朋友之间的偏袒问题。

（3）直接下属

由下属来评价上司，这个观念在传统的人力资源管理中似乎有点不可思议。但随着知识经济的发展，越来越多的企业开始让员工评估其上级主管的绩效，此过程称为"向上反馈"（upward feedback）。直接下属考核能提供关于管理者行为的正确翔实的信息，因为考核者与被考核者的接触比较频繁。这种绩效评估的方式对上级主管的潜能开发特别有价值。管理者可以通过下属的反馈，清楚地知道自己的管理能力的欠缺之处。若自己对自己的评价与下属的评价有很大落差，则主管亦可针对这个落差，深入了解其中的原因。因此，一些人力资源管理专家认为，下属对上级主管的评估，会对其管理才能的发展有很大裨益。但是，这种方式所存在的问题是，员工可能因为害怕对上司的评价不好会给自己带来不利的影响，而不愿实事求是的对上司进行考核评价。

（4）自我考核

自我考核是指被考核者自己来评估其在工作期间的绩效和能力等，与自我管理和授权观念是一致的。当员工对自己作评估时，通常会降低自我防卫意识，从而反省自己的不足，进而可能加强和完善自己尚待开发或不足之处。有助于消除员工对考核过程的抵触情绪。能有效地刺激员工和他们的上司就工作绩效问题展开讨论。但是，员工自我考核的结果通常与上级主管或同事的评价相比，员工常会给予自己较高的评价，可能形成的双方立场的僵持，有关部门在使用之前应对此有充分的心理准备。因此，自我考核比较适用于员工的自我开发计划，而不适合于人事决策为目的的评价。

（5）客户

有时候，对于被考核者绩效的某些方面，上级主管可能并不是最了解的人，而被考核者的客户却更了解他们的绩效情况。在这种情况下，我们就可以通过客户评估的方法了解被考核者的绩效。例如，对于做产品售后服务的员工，可以根据客户对其服务态度、服务质量的评价作为考核的依据。客户的满意度就是其工作绩效的重要组成部分。

（6）全方位考核

最新的绩效考核方法是全方位考核法，也叫360度考核法。这种方法打破了前面几种方法考核主体的局限，员工日常工作中可能接触到的所有人，都可以成为考核者。无论是客户、上司、同事，还是下属或收发室人员。这种方法提供的绩效反馈比较全面，更为客观的反映了员工的贡献、长处和发展的需要。它比较适用于实习团队式工作、员工参与和全面质量管理的组织。

360度考核法的优点有以下几点。

① 打破了由上级考核下属的传统考核制度，可以避免传统考核中考核者容易发生"光

环效应"、"趋中趋势"、"个人偏见"等现象。

②一个员工想要影响多个人是困难的,管理层获得的信息更准确。
- 可以反映出不同考核者对于同一被考核者不同的看法。
- 防止被考核者急功近利的行为(如仅仅致力于与薪金密切相关的业绩指标)。
- 较为全面的反馈信息有助于被考核者多方面能力的提升。

360度考核法实际上是员工参与管理的方式,在一定程度上增强他们的自主性和对工作的控制,员工的积极性会更高,对组织会更加忠诚,提高了员工的工作满意度。

360度考核法的不足有以下几点。

①考核成本高。当一个人要对多个同伴进行考核时,时间耗费多,由多人来共同考核所导致的成本上升可能会超过考核所带来的价值。

②成为某些员工发泄私愤的途径。某些员工不正视上级及同事的批评与建议,将工作上的问题上升为个人情绪,利用考核机会"公报私仇"。

③考核培训工作难度大,组织要对所有的员工进行考核制度的培训,因为所有的员工既是考核者,又是被考核者。

360度考核需注意的问题有以下几个方面。

① 正确看待360度考核法的价值

就其目前的发展阶段来说,360度考核和反馈的最重要价值不是考核本身,而在于能力开发。其价值主要包括两个方面:a. 可以帮助人们提高对自我的洞察力,更加清楚自己的强项和需要改进的地方,进而制订下一步的能力发展计划;b. 可以激励人们不断改进自己的行为,尤其是当360度考核和反馈与个人发展计划的制订结合起来时效果更明显。360度考核法正是将这种差距明确地呈现给受评人,从而激发起他们积极向上的动力。

简单地将360度考核和反馈方法用于评估目的(无论是人才评估还是绩效考评),不仅不能给企业带来预期的效果,而且还有可能产生许多诸如人际关系矛盾、劳民伤财以及降低人力资源部和高层领导的威信等负面影响。

② 高层领导的支持

360度考核与反馈涉及组织中各个层面的人,甚至还包括组织外部的人员。因此,实施360度反馈只有得到高层领导的全力支持,才有可能真正顺利地开展起来,开展过程中出现的问题也能及时地得以解决。否则,就可能使员工之间的问题升级,影响员工正常工作绩效,甚至造成组织中不可控制的混乱局面。

③ 企业的稳定性

实施360度反馈的组织应该有一定的稳定性。因为事实上,这种新的工具本身很可能会成为一把双刃利剑,当企业面临重组、裁员或者合并时,员工的不安全感本身就比较高,这时采用360度反馈很可能加重这种体验,从而导致负面的影响。360度反馈对能力发展的作用也就无法体现。

④ 建立信任

通过操作细节和整个实施过程中的不断沟通,使员工建立起对上级的信任和对反馈中组织所承诺的程序公平的信任,从而对反馈保持开放接受的态度,克服对该技术的抵触情绪。

因此建议,刚开始实施360度考核时,最好只以能力开发为目的,不作为考核、晋升的依据。这样,员工能较容易地接受并认同这个方法。然后,再逐步将其应用领域(如考评、提升等人事决策）拓展。

6.4　员工培训

6.4.1　员工培训的意义

任何组织都有培养其员工、培育和造就大批新的人才的任务。这是科技进步、社会发展和组织自身发展的客观要求。优秀的组织及其管理者都非常重视人力资源的培训。20 世纪 90 年代初，美国摩托罗拉公司每年在员工培训上的花费达到1.2 亿美元，占工资总数的3.6%；联邦快递公司每年花费2.25 亿美元用于员工培训，占公司总开支的3%；美国总统克林顿在任期间，政府要求企业至少把工资总额的1.5% 用于培训。员工培训是组织进行的一种重要的人力资源投资，通过员工培训可以使组织员工明确自己的工作职责、任务和目标，提高知识和技能。在个人得到发展的同时为组织作出更大的贡献。有时候，我们也说员工培训与开发，在将组织目标与个人发展目标相结合时，培训与开发的目的和方向是一致的。稍有不同的是，开发主要着眼于提高员工适应未来工作的能力，我们常说开发潜能；而培训则主要着眼于提高员工完成当下工作的能力，所以常说培训技能。

在组织的发展进程中，由于各种原因，组织的员工队伍需要不断地更新与扩充。对新员工进行培养，不但要使他们尽快了解组织的性质、目标、业务特点和组织文化等，以便能够尽早的融入组织当中，而且对其需要掌握的知识和技能进行培训，使其能够尽快开展工作。对于组织现有员工仍然需要培养，因为随着科技进步、社会发展，以及组织采用新技术，开展新业务，他们的知识和技能需要不断的更新和补充，或者因为调职、晋升等，对他们的知识和技能提出了新的或更高的要求。无论出于什么原因，对现有的人员继续培养提高，都是组织维持生存和谋求发展的不可缺少的条件。

6.4.2　员工培训的目的

员工培训的主旨就是提高员工工作能力和素质。培训有两大基本目的：其一，使组织拥有更合格的员工，提高各方面的效率和效果；其二，促使员工不断得到成长，为其取得个人职业生涯的成功创造条件。具体地说，培训的目的有以下几个方面。

1. 实现组织目标

无论是通过培训给新员工传授完成工作的必要技能，使其很快适应新岗位的要求，还是通过培训来提高现有员工的工作能力，挖掘其潜能，目的都是提高工作效率，降低成本，从而提高组织的效益，实现组织目标。

2. 适应环境变化

当今时代，社会发展变化剧烈，组织所处的环境也在急剧的变化当中，为了跟上变化的形势，适应变化的环境，满足市场竞争的要求，就有必要通过培训使员工更新观念、增长知识、提高能力。否则，不但员工会被市场淘汰，组织也难逃被淘汰的命运。

3. 满足员工自身发展的需要

各类员工、各职务岗位所需的知识和技能有很大差别，每个员工的学历、专长、兴趣、背景也各有不同，因而他们有不同的主导需要，但就大多数人而言，都希望不断地完善自己，提高自己，使自己的潜力充分发挥出来。有更大作为，实现自我价值。通过培训，我们能够帮助员工实现再学习、再提高、再发展的愿望。满足其自身发展的需要。

6.4.3 员工培训的方式

组织员工培养的方式是灵活多样的，一般可以分为两类：一是兴办员工教育，组织各类员工参加培训学习；二是让员工在实际中接受锻炼，增长知识和才干。员工教育采取灵活多样的形式，可以联合办学，也可自己办学或送出去学习；可脱产学习，也可以在职学习。

1. 岗前培训

岗前培训就是对被录用员工，在上岗之前必须接受的培训。培训的内容包括一般内容和专业内容两大类。一般内容主要有组织概况、产品知识、规章制度、组织价值观等。专业内容包括业务知识和技能，管理实务等。岗前培训是基础性培训，是成为一名合格员工的基本条件。岗前培训是非个性化培训，培训的内容和目标是以组织的要求、岗位的任职条件为依据的，很少考虑到员工之间的个性化差异。员工参加岗前培训，一般要对其培训情况进行考试或考核，并以考试考核是否合格为依据颁发上岗证或上岗通知书。上岗证或上岗通知书是员工取得上岗资格的证明。

2. 在职培训

在职培训是指在不脱离工作岗位的情况下，对员工进行培训，也称为"在岗培训"、"不脱产培训"等。在职培训在所有员工中进行，且培训内容具有鲜明的针对性，同时培训内容与工作现场实际运作相结合，实践性很强。培训者往往由企业内部人员，如主管或由有一定资历和经验的员工担当。对于帮助员工提高技能和提高功效有着非常实际的意义。而且由于不脱产，不会给工作带来过多影响，这种方式对组织来说较为经济。在职培训的基本要求是培训员工具备一定的技能，达到完成工作的最低水平。在职培训中常用的方式有工作轮换，如适时地调换工作岗位；设置"助理"职务，在一些较高的管理层次增设助理职务，由培训的对象去担任；让有经验的员工作为新员工的指导老师，帮助新员工了解组织，并为其提供各种建议；解决问题会议，这类会议往往运用创造性思维展开对组织面临的某一问题的讨论，提出解决方案，可以培养员工分析问题和解决问题的能力；师徒制，这种方式在手艺人中最为常见，是培训新人最常用的方法。

3. 脱产培训

脱产培训是指受训者脱离工作岗位，专门接受培训。也称职业外培训，离岗培训。现在，技术进步日新月异，各种新技术、新知识、新信息层出不穷，要掌握运用，必须较为系统的、全面的学习，这就要求求知者集中精力和时间来学习。脱产培训常常借助社会的教育机构来实现，这种方式可以扩大视野，了解到其他组织生产经营的特点及组织状况，接触到各种最新的生产经营、管理、技术信息等手段和专门技能。常见的方式有高级管理培训，这是一种由知名大学的管理学院推出的面向中、高级管理人员的管理培训（如MBA）。这种培训往往需要参加者离开工作岗位一段时间，较为系统地学习新知识；学历教育项目，需要再学习的员工选择一些院校来继续受教育，不但学习知识，也能提高学历，如在职进修等；短期的研讨会，由一些研究机构、咨询机构、培训机构举办的短期研讨会。时间安排一般为一天至一周，内容广泛。这些研讨会有较强的针对性，内容安排紧凑，使参加者在较短时间内获得大量新的信息。

4. 网上学习

随着互联网技术的发展和普遍推广，网上学习已成为组织员工培训电子化的重要趋势，网上学习系统的引入和建立正在成为教育培训和人力资源部门的重点工作。网上培训有节省费用和培训时间的优点，特别是培训时间灵活机动，因而获得青睐。如西门子公司的技术性培训课程和 IBM 的经理人管理培训课程，都导入了大规模的网上培训。目前市场上已有许多网上学习的标准化产品，所以对于组织来说，只要清楚了解自身对网上学习系统的需要，在短时间内就能建制完备的网上学习环境。

6.4.4 员工培训的规划与实施

员工培训是组织管理工作的一部分，是实现组织经营目标和管理目标的保证。而培训活动的成本无论从时间、费用还是精力上来说都是不低的，因此必须精心设计和组织，做好员工培训的规划，使得培训工作的每一份投资都能取得良好的效果。员工培训规划主要有以下几个步骤和内容。

1. 确定培训需求

培训规划的第一步是培训需求调查。培训不是为了培训而培训，只有先明确了组织在人力资源开发方面的迫切需要，才能有的放矢，不致事倍功半，甚至劳而无功。确定培训需求就要对培训需求进行分析，可以从这几个方面展开：从组织的角度进行分析，以发展的眼光去确定需求，即预测本组织未来在技术上、市场上、战略上可能会发生什么变化。推测未来将需要哪些知识和技能，根据现有员工的能力，估计出哪些员工在哪些方面需要进行培训；工作分析，工作分析研究具体的工作者本人的工作行为与期望的行为标准，找出其间的差距，从而知道此人需要接受什么样的培训；个人分析，个人分析在具体的个别员工水平进行，分析员工的具体情况来确定其需求。如工作绩效不良或者是由于缺乏意愿与态度，如缺少了报酬、肯定等激励因素，或者是因为缺乏所需的知识和技能，都可以通过个人分析发现。

2. 培训方案规划

有了明确的需求之后，就可以开始拟定培训规划的操作。培训规划就是根据培训需求和既定目标，具体确认培训标准、确定培训的对象、培训内容、培训方法、配套学习措施等培训工作要点，如课程设置方案、教科书、任课教师、考核方式等。制定一个正确合理的培训规划必须兼顾许多具体的情景因素，如组织规模、客户要求、员工现有水平、技术发展水平及趋势、国家政策法规等。培训规划是培训组织实施的依据，完整的培训规划中还应包括培训资源规划及培训评估规划，由于组织资源有限，应该使资源得到最有效的利用，而且对培训工作本身，也应该设立标准来考核其绩效。

3. 培训活动的实施

世界各国企业对员工培训投入了大量的资金，大型企业往往设有专门的教育与培训职能的机构与人员。从职工技术学校、培训中心到职工大学，配备整套的专职教师与教学行政人员，有能力完成从低层次的技术工人培训到完整的全脱产的学位课程。现在越来越多的组织，通过与学校挂钩进行培训合作，来进行各类员工培训。如夜间大学、广播电视大学、函授等各类成人教育项目，或者是派送员工到正规高等院校进修等，都是组织用作员工培训的有效手段。在实施培训的过程中要注意下面几点：① 组织师资，是完成培训的关键，师资质量的高低，直接关系到员工培训工作质量的好坏；② 培训方式方法的选择，是培训效果好坏的一个重要因素，正确合理的方法有利于员工对培训内容的接受；③ 培训的考核方式，是确定受训人员是否达到培训目的的检验方法，同时对员工认真接受培训起到督促和激励的作用。

6.4.5 学习型组织

正像每个员工需要学习一样，组织也需要学习。学习型组织就是在发展中形成的持续的适应和变革能力的组织。学习型组织是现代组织重视培训、重视人力资源管理的产物，构建学习型组织，倡导组织学习，将使组织的人力资源管理发展到新的阶段。学习型组织的最本质特征就是善于不断学习，其中包含四点含义，即终身学习、全员学习、全过程学习和团队学习。对于学习型组织而言，单是适应与生存是不够的。为了适应竞争激烈的市场，它应该向别人学习，但这种学习必须与自我学习与自我完善相结合，才能让组织中的每个成员从工作中发现生命的意义。学习型组织就是通过保持学习的能力，使自己不断适应各种变化，不断突破成长的极限，从而保持持续发展的态势。

6.4.6 职业技能鉴定与职业资格证

1. 职业技能鉴定

（1）职业技能鉴定的概念和本质

职业技能鉴定是由政府和受政府委托的鉴定机构，为认证社会劳动者的职业资格，以职业标准要求的操作技能为主要内容，按照统一的标准和规范进行的鉴定和考核。通过职业技能鉴定的合格者可获得权威部门认证和颁布的职业资格证书，作为就业的凭证之一。

在我国，对工人技术等级进行考核及评聘工人技师，是职业技能鉴定的最初形式。随着劳动制度改革的深入发展，1993 年颁布实施职业技能鉴定规定和职业资格证书规定后，职业技能鉴定的形态趋于完整。职业技能鉴定是一个与现代社会劳动分工体系、现代劳动力市场体系和现代企业制度紧密相关的概念，从职业技能鉴定的目的来看，它是为测定劳动者是否具有从事某种职业的资格而进行的鉴定和考核。职业技能鉴定的范畴包含所有的社会公共职业或工种，职业技能鉴定的内容侧重于技能方面的鉴定和考核。职业技能鉴定与劳动力市场密切相关，并能够对一个国家的经济发展政策产生影响。

建立职业技能鉴定制度主要为满足企业职工自然更替和流动、职业培训、劳动力市场、劳动者自身、劳务出口、国家宏观管理等方面的需要。

建立国家职业技能鉴定制度的重要性主要表现在有利于国家对社会劳动力的宏观管理、有利于企业保持价值结构合理的人力资本、有利于劳动力市场的正常发育和完善、有利于劳动力合理流动、有利于提高人力资本投资的利用率等方面。

（2）职业技能鉴定的性质

职业技能鉴定制度的创建和推行，既是发展完善我国现行劳动制度的重要措施，也是我国市场经济健康发展的必然要求。从理论研究的角度来说，它也是我国考试科学面临的崭新课题。职业技能鉴定作为一种特殊领域的考试，其性质可以从四个角度进行概括。

① 从鉴定管理的隶属关系来看，职业技能鉴定是国家劳动和社会保障部统一管理，由省、市、自治区组织实施的国家考试。我们现在推行的国家职业技能鉴定制度分别从属于国

家劳动制度和国家考试制度。

② 从考试成绩的解释这一角度来讲，职业技能鉴定是目标参照性的水平考试，或者称为标准参照考试。

③ 从鉴定所使用的方式方法的角度来讲，职业技能鉴定是笔试和面试、团体与个体施测相结合的综合性考试，在它的实施中，需要有多种测试评价的方法和手段交替使用。因此，职业技能鉴定是一项政策性、科学性和技术性很强的工作，需要专家的参与。

④ 从职业技能鉴定的类属关系上看，它是社会性考试。

综上所述，职业技能鉴定是由国家统一颁布实施，以技术等级标准为参照，以劳动者职业知识技能水平为鉴定对象的标准参照考试。

国家职业技能鉴定制度与社会上现行的其他种类的考试相比，具有实施范围广泛、工种及等级繁多、内容复杂、方式方法多样等特点。

职业技能鉴定体系主要包括以下几个部分。

① 以全面系统的社会劳动分工和职业专业技术为基础的职业分类标准体系，它为把各类劳动力纳入科学、规范和有序的管理轨道奠定基础。

② 在科学的职业分类体系基础上，按社会经济发展的需要和各类职业专业知识和技能要求建立的国家职业标准和鉴定规范，它从政策法规和技术上保证鉴定的客观性、公正性和鉴定的质量。

③ 遵循教育测量理论和人才测评技术建立的国家职业技能鉴定题库及其运行系统，它为实施统一的标准化鉴定和考核提供技术手段和资料上的保证。

④ 按照考试的普遍规律和职业技能鉴定的特点，建立考务程序的控制管理系统，保证鉴定考核过程的标准化和规范化。

⑤ 根据信息控制论和数理统计规律建立的考试管理信息网系统，它为鉴定考核的全过程提供信息收集、整理、检索和加工的技术性服务。

2. 职业资格证书

（1）职业资格证书的概念和内涵

① 职业资格证书的概念

职业资格证书是反映劳动者具备某种职业所需要的专门知识和技能的证明。职业资格证书包括从业资格和执业资格。从业资格是指从事某一专业（工种）学识、技术和能力的起点标准。执业资格是指政府对某些责任较大、社会通用性强、关系公共利益的专业（工种）实行准入控制，是依法独立开业或从事某一特定专业（工种）知识、技能和能力的必备标准，如营销师、秘书、涉外秘书、公关员、人力资源管理师、物业管理师、注册会计师、注册税务师、注册资产评估师、律师等执业资格。

我国的职业资格分别由国务院劳动、人事行政部门通过学历认定、资格考试、专家评定、职业技能鉴定等方式进行评价，对合格者授予国家职业资格证书。

② 职业资格证书的内涵

职业资格证书的内涵体现在两个方面：从技术角度看，职业资格证书是社会按照一定的职业规范和标准对劳动力质量进行严格检测的结果；从经济角度看，职业资格证书是社会对劳动供给者拥有的劳动力产权的核定。通过职业资格证书制度，由社会来完成劳动力产权和质量的认证，不但有很高的可靠性和权威性，而且比由劳动力的需求方或者供给方自行检验认证所耗费的费用低得多。这样，就降低了劳动力市场运行的成本，为劳动力市场的低耗高效运转提供了良好条件。

(2) 实行职业资格证书制度的意义

在人才培养方面，我国长期推行的以单学历文凭为主的证书制度，造成了职业教育培训工作长期存在重理论知识、轻视操作技能；重学历文凭、轻视工作经验，脱离经济，脱离生产的倾向。而且，目前学校的教育体系已无法满足社会的需求，非学校教育获得的知识和技能时常会面对不被社会承认的尴尬局面，严重挫伤了求学者的学习积极性。完善的职业资格证书制度将为每一个求职者提供学习应聘岗位有关知识和技能的竞争环境，为求职者竞争保岗、转岗提供一个奋斗的机会和途径。职业资格证书将成为选拔人才的主要价值标准之一，它作为求职要件已变得越来越重要。

① 推行职业资格证书对于培育发展劳动力市场、强化政府对市场的宏观管理职责、提高市场运行效率、降低市场运作成本具有十分重要的意义。

② 推行职业资格证书将为建立更为完善的劳动者职业技能开发新体系铺平道路。

③ 推行职业资格证书制度有利于政府对劳动力市场进行监控管理。

④ 推行职业资格证书制度对减少生产事故，保证生产安全起到了积极作用。

⑤ 推行职业资格证书制度有利于扩大政府服务职能。

3. 我国推行职业资格证书制度的目标

我国自 1993 年推行职业资格证书制度以来，已初步建立起职业资格证书制度的法律、法规和工作体系。全国共有职业技能鉴定所（站）4 900 多个，工人考核组织 1 900 个，考评人员 7 万余人，形成了覆盖全国的职业技能鉴定网络。1998 年全国共有 320 万人参加职业技能鉴定，其中 280 万人获得相应的职业资格证书。

今后一个时期，我国推行职业资格证书制度的总体目标是：以全面提高劳动者素质，强化劳动者就业能力和工作能力为出发点，以"社会效益第一"和"质量第一"为基本原则，进一步完善职业技能鉴定社会化管理体系，使职业技能鉴定的覆盖面明显扩大，鉴定质量明显提高，职业资格证书的权威性在社会上明显增强，逐步实现职业资格证书与学历文凭并重，职业资格证书制度与就业制度相衔接。通过 3～5 年的努力，在技术复杂、通用性强、涉及国家财产和人民健康安全及消费者切身利益的职业（工种）中全面推行国家职业资格证书制度。

第7章 组 织 变 革

7.1 组织变革的必要性和影响因素

任何设计得再完美的组织，在运行了一段时间以后也都必须进行变革，这样才能更好地适应组织内外条件变化的要求。组织变革实际上是而且也应该成为组织发展过程中的一项经常性活动。也许正因为组织变革要经常进行的缘故，有人甚至指出，"组织"的准确名称其实应该叫"再组织"。组织变革是任何组织都不可回避的问题，而能否抓住时机顺利推进组织变革则成为衡量管理工作有效性的重要标志。

诱发组织变革的需要并决定组织变革目标方向和内容的主要因素有以下几方面。

7.1.1 战略

企业在发展过程中需要不断地对其战略的形式和内容作出调整。新的战略一旦形成，组织结构就应该进行调整、变革，以适应新战略实施的需要。结构追随战略，战略的变化必然带来组织结构的更新。

企业战略可以在两个层次上影响组织结构：一是不同的战略要求开展不同的业务和管理活动，由此影响到管理职务和部门的设计；二是战略重点的改变会引起组织业务活动重心的转移和核心职能的改变，从而使各部门、各职务在组织中的相对位置发生变化，相应地要求对各管理职务及部门之间的关系作出调整。

7.1.2 环境

环境变化是导致组织结构变革的一个主要影响力量。当今的企业普遍面临全球化的竞争和由所有竞争者推动的日益加速的产品创新，以及顾客对产品质量和交货期的愈来愈高的要求，这些都是环境动态性的表现。而传统的以高度复杂性、高度正规化和高度集权化为特征的机械组织，并不适于企业对迅速变化的环境作出灵敏的反应，适应新的环境条件要求。目前许多企业的管理者开始朝着弹性化或有机化的方向改组其组织，以便使他们变得更加精干、快速、灵活和富有创新性。

环境之所以会对组织的结构产生重大影响，是因为任何组织都或多或少是个开放的系统。组织作为整个社会经济大系统的一个组成部分，它与外部的其他社会经济子系统之间存在着各种各样的联系，所以外部环境的发展和变化必然会对组织结构的设计产生重要的影响。

7.1.3 技术

组织的任何活动都需要利用一定的技术和反映一定技术水平的特殊手段来进行。技术以及技术设备的水平，不仅影响组织活动的效果和效率，而且会对组织的职务设置与部门划分、部门间的关系，以及组织结构的形式和总体特征等产生相当程度的影响。比如，信息技术的推陈出新，在促进传统非程序化决策向程序化决策的转化以及组织组织内外部高强度的信息共享和交流时，使许多重大问题的决策趋于集权化而次要问题的解决可以分权化，这样使长期管理实践中被作为一项组织原则提出来，但很难实现的"集权与分权相结合"问题获得了解决的途径。

再从生产作业技术来看，组织将投入转换为产出所使用的过程和方法，在常规化程度上是各不相同的。越是常规化的技术，越需要高度结构化的组织。反之，非常规的技术，要求更大的结构灵活性。计算机手段在生产作业活动中的更广泛、更深入地应用，促使生产技术向非常规化演进，相应地也促使管理组织结构变得更具有柔性特征。

7.1.4 组织规模和成长阶段

组织的规模往往与组织的成长或发展阶段相关联。伴随着组织的发展，组织活动的内容会日趋复杂，人数会逐渐增多，活动的规模和范围会越来越大，这样组织结构也必须随之调整，才能适应成长后的组织的新情况。组织变革伴随着企业成长的各个时期，不同的成长阶段要求不同的组织模式与之相适应。例如，企业在成长的早期，组织结构常常是简单、灵活而集权的。随着员工的增多和组织规模的扩大，企业必须由创业初期的松散结构转变为正规的、集权的，其通常的形态就是职能型结构。而当企业的经营进入多元产品和跨地区市场后，分权的事业部结构可能更为适宜。企业进一步发展而进入集约经营阶段以后，不同领域之间的交流与合作以及资源共享、能力整合、创新力激发问题愈发突出，这样，以强化协调作为主旨的各种创新组织形态便应运而生。总之，组织在不同的发展阶段所适合采取的组织模式是各不一样的。管理者如果不能在组织步入新的发展阶段之际及时、有针对性变革其组织设计，那就容易引发组织发展的危机。这种危机的有效解决，必须依靠组织结构的变更。所以，哈佛大学葛雷纳教授指出，组织变革伴随着企业发展的各个时期，组织的跳跃式变革与渐进式演进相互交替，由此推动企业的发展。

7.2 组织变革的动力与阻力

7.2.1 组织变革面临两种力量的对比

在现代社会，越来越多的组织面临着一种复杂、动态的多变性。如果说以前的管理特点是长期的稳定伴随着偶尔的短期的变革，今天的情形正好相反，往往是长期的变革伴随着短期的稳定。在这种情况下，管理者必须比以往任何时候更加关注变革和变革管理，帮助员工更好地理解不断变革中的工作环境，并采取措施激发变革的动力，克服变革的阻力，使组织在变革中求得繁荣和发展。

组织变革时常面临着动力和阻力这两种力量的较量。对待组织变革所表现出来的推动和阻止这两种不同的态度及由此产生的方向相反的作用力量及其强弱程度的对比，会从根本上决定组织变革的进程、代价，甚至影响到组织变革的成功与失败。

组织变革的动力指的就是发动、赞成和支持变革并努力实施变革的驱动力。总地来说，组织变革的动力来源于人们对变革的必要性及变革所能带来好处的认识。比如，企业内外各方面客观条件的变化，组织本身存在缺陷和问题，各层次管理者（尤其是高层管理者）居安思危的忧患意识和开拓进取的创新意识，变革可能带来的权利和利益关系的有利变化，以及鼓励革新、接受风险、赞赏失败和容忍变化、模糊和冲突的开放型组织文化，这些都可能形成变革的推动力量，成为引发变革的动机、欲望和行为。

组织变革的阻力，则是指人们反对变革、阻挠变革甚至对抗变革的制约力。这种制约组织变革的力量可能来源于个体和群体，也可能来自组织本身甚至外部环境。组织变革阻力的存在，意味着组织变革不可能一帆风顺，这就给变革管理者提出了更严峻的变革管理任务。成功的组织变革管理者，应该注意到所面临的变革阻力可能会对变革成败和进程产生消极的、不利的影响，为此要减弱和转化这种阻力；同时变革管理者还应当看到，人们对待某项变革的阻力并不完全都是破坏性的，而是可以在妥善的管理或处理下转化为积极的、建设性的。比如，阻力的存在至少能引起变革管理者对所拟订变革方案和思路予以更理智、更全面的思考，并在必要时作出修正，以使组织变革方案获得不断地完善和优化，从而更好地取得组织变革效果。

7.2.2 组织变革阻力的主要来源

1. 个体和群体方面的阻力

个体对待组织变革的阻力，主要是因为其固有的工作和行为习惯难以改变、就业安全需要、经济收入变化、对未知状态的恐惧以及对变革的认知存有偏差而引起的。群体对变革的阻力，可能来自于群体规范的束缚，群体中原有的人际关系可能因变革而受到改变和破坏，群体领导人物与组织变革发动者之间的恩怨、摩擦和利害冲突，以及组织利益相关群体对变革可能不符合组织或该团体自身的最佳利益的顾虑等。

2. 组织的阻力

来自组织层次的组织变革的阻力，包括现行组织结构的束缚、组织运行的惯性、变革对现有权利关系和资源分配格局所造成的破坏和威胁，以及追求稳定、安逸和确定性甚于革新和变化的保守型组织文化等，这些都可能是影响和制约组织变革的因素。此外，对任何组织系统来说，其内部各部门之间以及系统与外部之间都存在着强弱程度不等的相互依赖和相互牵制的关系，这种联系是组织作为系统所固有的特征。然而，在一定时期内进行的组织变革，一方面出于克服和化解变革阻力的需要，另一方面也由于组织问题本身是错综复杂的，因而很难一蹴而就全部解决的缘故，这样具有一定广度和深度的组织变革就通常只宜采取分阶段有计划地、逐步推进地渐进式变革策略。在这种策略下，每一计划期内的变革都只能针对有限的一些组织问题，这就难以避免会导致系统内外尚未与变革的要素对现有计划范围内的变革构成一种内在牵制和影响力。这种制约力量需要变革管理者在设计组织变革方案时就实现予以周密的考虑，以便安排合适的变革广度、深度和进度。

3. 外部环境的阻力

组织的外部环境条件也往往是形成组织变革的一个不可忽视的来源。比如：与充分竞争的产品市场会推动组织变革相比，缺乏竞争性的市场往往造成组织成员的安逸心态，束缚组织变革的进程；对经理人员经营企业之业绩的考评重视不足或者考评方式不正确，会导致组织变革压力和驱动力的弱化；全社会对变革发动者、推进者的期待和支持态度及相关的舆论和行动，以及企业特定组织文化在形成和发展过程中所根植的整个社会或民族的文化特征，这些都是重要的影响企业组织变革成败的力量。

7.2.3 组织变革阻力的管理对策

组织变革过程是一个破旧立新的过程，自然会面临推动力与制约力相互交错和混合的状态。组织变革管理者的任务，就是要采取措施改变这两种力量的对比，促进变革的更顺利地进行。概括地说，改变组织变革力量及其对比的策略有三类：一是增强或增加驱动力；二是减少或减弱阻力；三是同时增强动力与减少阻力。有实践表明：在不消除阻力的情况下增强驱动力，可能加剧组织中的紧张状态，从而无形中增强对变革的阻力；在增加驱动力的同时采取措施消除阻力，会更有利于加快变革的进程。

7.3 组织变革的过程

成功而有效的组织变革，通常需要经历解冻、改革、冻结这三个有机联系的过程。

7.3.1 解冻

由于任何一项组织变革都或多或少会面临来自组织自身及其成员的一定程度的抵制力，因此，组织变革过程需要有一个解冻阶段作为实施变革的前奏。解冻阶段的主要任务是发现组织变革的动力，营造危机感，塑造出改革乃是大势所趋的气氛，并在采取措施克服变革阻力的同时具体描绘组织变革的蓝图，明确组织变革的目标和方向，以形成待实施的比较完善的组织变革方案。

7.3.2 改革

改革或变动阶段的任务就是按照所拟订变革方案的要求开展具体的组织变革或行动，以使组织从现有结构模式向目标模式转变。这是变革的实质性阶段，通常可以分为试验与推广两个步骤。这是因为组织变革的涉及面较为广泛，组织中的联系相当错综复杂，往往"牵一发而动全身"，这种状况使得组织变革方案在全面付诸实施之前一般要先进行一定范围的典型试验，以便总结经验，修正进一步的变革方案。在试验取得初步成效后再进入大规模的全面实施阶段。还有另一个好处，那就是可以使一部分对变革尚有疑虑的人们能在试验阶段便及早地看到或感觉到组织变革的潜在效益，从而有利于争取组织成员在思想和行动上支持所要进行的组织变革，并踊跃跻身于变革的行列，由此实现从变革观望者、反对者向变革的积极支持者和参加者转变。

7.3.3 冻结

组织变革过程并不是在实施变革行动后就宣告结束。涉及人的行为和态度的组织变革，从根本上说，只有在前面有个解冻阶段，后面又有一个解冻阶段的条件之下改革才有可能真正地实现。现实中经常出现组织变革行动发生之后，个人和组织都有一种退回到原有习惯了的行为方式中的倾向。为了避免出现这种情况,变革的管理者就必须采取措施保证新的行为方式和组织形态能够不断地得到强化和巩固,这一强化和巩固的阶段可以视为一个冻结或者重新冻结的过程。缺乏这一冻结阶段,变革的成果就有可能退化消失,而且对组织及其成员也将只有短暂的影响。

领 导

第 4 篇

领导是管理工作中的一项重要职责。无数的实践表明,成功的管理者往往是组织群体中的领导者,他们对企业生存和发展具有深远的影响。

第 8 章 领导概论

 引例

青蛙与国王

从前一群青蛙决定请求众神之王给他们派一个国王。众神之王感到很有趣。于是他把一根原木扔到青蛙住的湖里,"这就是你们的国王。"

青蛙吓得潜入水中。过一会儿,一只比较胆大的青蛙小心翼翼地游到水面上,看新国王。

"他好像很安静。"青蛙说,"也许他睡着了。"

木头在平静的湖面上一动不动,更多的青蛙浮上来看。他们越游越近,最后跳到木头上面去,完全把刚才害怕的情况忘记了。小青蛙把木头当跳水板;老青蛙蹲在木头上晒太阳;母青蛙在树皮上教蝌蚪基本摇摆式的跳跃运动。

有一天一只老青蛙说:"这个国王很迟钝,不是吗?我想,我们要一个使我们守秩序的人当国王。这个国王只知道躺在那儿,让我们随便活动。"

于是青蛙再次来到众神之王那儿,请求再派一个更有活动能力的人去当国王。

众神之王派了一只长腿鹳到湖里去。鹳给青蛙们留下了深刻的印象,他们带着敬佩的神情挤在周围。不过他们还没准备好欢迎词,鹳就把长嘴伸进水里吞食他看得见的青蛙了。

"这根本不是我们原来的意思。"青蛙喘着气潜入水中,钻到水底去。但这回众神之王不听他们的话了。

"我给你们的就是你们要求的。"他说,"这也许可以告诫你们,不要多抱怨。"

这个故事给我们的启示是,一个毫无威信的领导和一个令员工敬而远之的领导,都不是一个合格的领导。好的领导是能令员工服从,又能令员工处理好关系,使组织成为一个和谐的整体。

8.1 领导的内涵

8.1.1 领导和管理

"领导"有两种意思。一是名词性的,即"领导者"的简称;二是动词性的,即"领导行为"的简称。在这里所讲的领导,主要指动词性的领导。

那么,何谓"领导"?领导是一种影响力;是引导人们行为,从而使人们情愿地、热心

地实现组织目标的艺术过程。这个概念有三层含义，首先，揭示了领导的本质，就是影响力，这种影响力能够引导人们的行为；其次，明确指出领导是一个过程，是引导人们产生符合组织需要的行为的过程，并且还具备艺术特征；最后，指出领导的目的在于让人们心甘情愿地为实现组织目标而作出他们的贡献，这体现了领导工作的水平。

领导和管理有着密切的关系，两者既有联系又有区别。它们的共同之处在于：① 从行为方式看，都是通过协调，影响组织成员，实现组织目标；② 从权力上看，都是组织层级的岗位设置的结果。两者的不同之处在于：管理来自于合法的职位；领导除来自于合法的职位外，还有可能建立在个人影响权、专长权的基础上。

优秀的管理者一定是个好的领导者，而一个领导者不一定是一个有成效的管理者。管理者可以利用其职权迫使人们去从事某项工作，但不等于就是一个合格的领导者。有些人有职权但很少能影响他人的行为；有些人尽管没正式的职位、职权却能以个人身份去影响他人的行为。后者虽然不是一个管理者但却是一个领导者。

8.1.2　领导与权力

领导的本质就是影响力，即下属的服从与追随。而这种影响力的基础是权力。权力包括合法权、奖励权、惩罚权、专长权和个人影响权。其中粗略划分的话，可以把权力分成两大类：一类为职位赋予的权力，如合法权、奖励权、惩罚权（当然，奖励权、惩罚权不一定完全跟职位有关）；另一类为非职位权力，如专长权和个人影响权。一个领导的个人威信的建立，从权力上来看，"威"，取决于职位权力的影响，从而使下属不得不服从；而"信"则取决于非职位权力的影响，是领导个人的某种专有技术或人格魅力使下属心甘情愿地追随。

职位权力具有刚性，它的特征是见效快，但缺点是来得快，去得也快，一旦失去职位，权力立刻消失；非职位权力具有柔性，它的缺点是见效慢，但一旦拥有则影响力相当持久。现实中"人走茶凉"的现象就是很好体现了领导者在位的时候过于强调了职位权力的运用而忽视了非职位权力的结果。

因此，组织中的各级领导者只有正确地理解领导权力的来源，精心地营造和运用这些权力，才能成为真正有效的领导者。

8.2　领　导　理　论

8.2.1　领导品质理论

领导理论是研究怎样实施有效领导，提高管理效能的理论。有效领导是企业取得成功的一个重要条件，因此关于领导理论的研究成为行为科学研究的另一个重要领域。西方有理论认为领导的有效性（E）是领导者（L）、被领导者（F）以及环境（S）等三项变数的函数。

$$领导的有效性(E) = F[领导者(L), 被领导者(F), 环境(S)]$$

由于研究的角度和侧重点不同，有关领导理论的研究又分为领导品质理论、领导意识理论、领导方式理论和领导情势理论 4 类。

领导品质理论认为有效的领导取决于领导者自身所具有的某些物质，因此这一类理论的研究便围绕着有效的领导者所应具备的特质而展开。这一内容虽然在泰勒、法约尔等人的理论中都曾论及，但作为一门学说而进行专门的研究，是从行为科学开始的。

1. 早期领导性格理论

早期领导性格理论研究者把个人的天赋当做决定领导效能的关键因素，试图从林肯、罗斯福、马丁·路德·金等杰出的领袖人物身上找出领导者的天赋要素，甚至将他们的容貌、身高、体重、体型等也作为决定体领导效能的因素来加以考察，这种缺乏科学依据的研究当然不会取得什么成果。

后来，学者们的研究注意力集中到成功的领导者应具备的个性特征方面来，但其结论五花八门，莫衷一是。美国的吉普（Gibb）认为，天才的领导者应具备七种性格特征：善言辞；外表英俊潇洒；智力过人；具有自信心；心理健康；有支配他人的倾向；外向而敏感。美国的斯托格狄尔（R. Stogdill）认为有效的领导者应具有十一种性格特征：有良心；可靠；勇敢；责任心强；有胆略；力求革新与进步；胜任愉快；身体健康；智力过人；有组织力；有判断力。

美国的爱德温·吉赛利（E. Ghislli）的研究稍微深入了一步，他研究了有效领导的八种性格特征：才智、主动性、督察能力、自信、与下属关系密切、决断能力、性别、成熟程度，和五种激励特征：对工作稳定性的要求、对金钱奖励的要求、权力欲、自我实现的欲望、责任感与成就感。并指出了上述性格特征对决定管理效能的重要程度不同。吉赛利认为，成功的领导者最重要的性格特征是：督察能力、成就感、才智、自我实现欲望、自信、决断性，最不重要的特征是性别，其余的则是次重要的因素。

早期的性格理论虽然正确地指出某些领导者应具备的性格品质，但却因其难以摆脱的局限性和不合理性而不可能对管理实践产生积极的指导作用。首先，性格理论把成功的管理完全归结于领导者个人所具备的性格因素，既忽略了被管理者的作用，又忽略了环境和客观条件的影响，而后两个因素在有效的管理过程中恰恰是不容忽视并起着重要作用的。其次，传统性格理论把成功的领导者所具有的性格特征归结为天赋，这不仅使其在理论上陷入唯心主义，而且使其在实践中失去普遍指导意义。第三，性格理论所研究的性格特征多达几十种，甚至上百种，而且还有继续增加的可能。而各种研究的结果往往互相矛盾，这种个性特征无止境的罗列和不可避免的自相矛盾，恰恰从结果上证明了性格理论研究出发点的错误。

2. 现代领导品质理论

与早期性格理论不同，现代领导品质理论把领导者所应具备的性格品质特征作为有效领导的必要条件而不是决定因素，同时指出这些性格特征不是先天赋予的，而是后天形成的，可以学习、训练和培养，并在领导活动中不断完善。

美国普林斯顿大学教授鲍莫尔（W. J. Baumol）提出的"十条件论"认为，企业家应具备的十项性格品质特征是：合作精神、决策才能、组织能力、精于授权、善于应变、勇于负责、敢于求新、敢担风险、尊重他人、品德超人。

日本企业界公认的领导者应具备性格品质特征是十项品德：使命感、责任感、依赖感、积极性、忠诚老实、进取心、忍耐性、公平、热情、勇气。十项能力：思维决定能力、规划能力、判断能力、创造能力、洞察能力、劝说能力、解决问题能力、培养下级能力、调动积极性能力。

8.2.2 领导意识理论

领导意识理论认为，有效的领导来源于领导者对被领导者的正确看法和估计，即取决于正确的领导意识，以及由此而决定的领导行为，因此他们研究的重点集中于领导者应如何看待和评价被领导者。这类理论中最著名的是麦格雷戈的X—Y理论、莫尔斯和洛希的超Y理论、阿吉里斯的不成熟—成熟理论。其中X—Y理论将在后面详细论述。

8.2.3 领导方式理论

领导方式理论认为领导的有效性取决于能够在领导者与被领导者之间形成相互作用的适当方式，为此他们研究的重点集中在各种不同领导方式下，领导者与被领导者相互关系及其与领导效绩相关性的比较与分析上。这类理论中比较有代表性的是坦南鲍姆和施密特的领导连续模型理论、利克特的管理模式理论、俄亥俄州大学的领导四分图理论、布莱克和穆顿的领导方格理论、大内的Z理论等。

1. 坦南鲍姆和施密特的领导连续模型理论

领导连续模型是坦南鲍姆（R. Tangnanbaum）和施密特（W. H. Schmidt）于1958年提出的一种领导方式理论。这一理论认为，领导方式的基本要素是经理运用权威的程度和下属制定决策的自由权限，在以领导者为中心的专制式领导和以下属为中心的民主式领导的两极之间，存在着以上两个要素各种不同程度组合的多种领导方式，是一个连续模型，如图8-1所示。

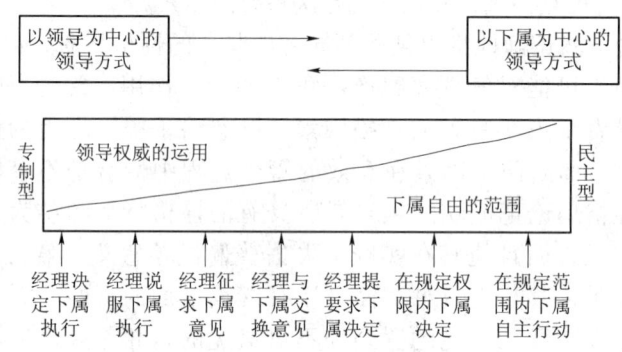

图8-1　坦南鲍姆和施密特的领导连续模型

领导连续模型左端是专制型领导，即由上级自行决定一切，对下级实行严密的控制，要求他们完全按照上级的命令行事。这种领导方式无视下属的意见和要求，使下属几乎没有任何自由，很难调动下属人员的积极性，但却能保证领导意图不折不扣地贯彻执行。连续模型右端是民主型领导，即领导很少行使权利直接控制下属，在一定范围内，由下属自行决策并自主行动。这种领导方式能使下属获得较大满足，但不一定会取得较高的生产率。领导连续模型理论认为，在专制型领导与民主领导之间，有多种选择，并非非此即彼，有效的领导者应该根据自己的能力、下属的能力、工作的性质和任务要求等因素，灵活选择最为适当的领导方式。这种思想为以后的情势理论所发展。

1973年，坦南鲍姆和施密特重新研究其领导连续模型时，又在连续模型外围加上圆圈，以表示领导方式还要受组织环境和社会环境的影响，这样一来，影响领导方式的最重要因素变成了三个：一是领导者的行为力量；二是影响领导者行为的下属力量；三是情势的力量。这一修改，着重强调了领导方式与环境力量的相关性，为此，有人将这一理论归入情势理论。

2. 利克特的管理模式理论

美国密西根大学社会研究所的利克特（R. Likert）以数百个组织机构为对象，经过多年的研究，在1961年出版的《管理的新模式》一书中，提出了他的管理模式理论。利克特把领导方式归纳为4种基本模式。（见表8-1）

表8-1 利克特的管理模式

模式一	模式二	模式三	模式四
专制式的集权领导	温和式的集权领导	询商式的民主领导	参与式的民主领导

模式一：权力高度集中，下属无任何发言权，上级只对下级发号施令，从无交流与沟通，相互间存在着互不信任的情绪。

模式二：权力仍集中在企业最高领导层，但在有限的范围内，允许下级发表意见并作出决定。上下级之间表面上关系融洽，实际上上级对下级虽然谦和，却并不真正信任，下级对上级仍有畏惧心理，处处小心翼翼，缺乏主动性。

模式三：重要问题由企业高级管理层决定，一般问题授权中下层处理，上级对下级有信任感，上下级之间有较多的联系和沟通，彼此能互相支持。

模式四：采取分权式管理，由企业中下层人员直接参与决策，上下级之间有良好的双向沟通，相互信任并保持友谊，齐心协力完成组织目标。

利克特对数百个组织机构的研究结果表明，高成就的领导大都是模式四的领导方式，模式三次之，而模式一的领导效果最差。

3. 俄亥俄州大学的领导四分图理论

领导四分图理论也叫二元理论，是美国俄亥俄州大学研究小组在大量调查研究的基础上，于1954年提出的一种领导方式理论。他们在研究过程中，将1 000多种描述领导行为的因素最终归结为对人的关心——体谅和对组织效率的关心——主动状态两大类。领导的体谅行为主要表现为尊重下属意见，重视下属的感情和需要，强调建立互相信任的气氛。领导的主动状态行为主要表现为重视组织设计，明确职责关系，确定工作目标和任务。这两类行为的不同组合，就构成了四种不同的领导方式，如图8-2所示。

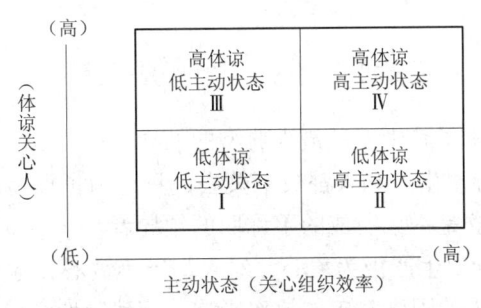

图8-2 俄亥俄州大学的领导四分图

Ⅰ型领导既不关心人,又不重视组织效率,是最无能的领导方式。Ⅱ型领导对组织的效率,工作任务和目标的完成非常重视,但忽视人的情绪和需要,是以工作任务为中心的领导方式。Ⅲ型领导对人十分关切,对组织效率却漠不关心,是以人为中心的领导方式。Ⅳ型领导把对人的关心和对组织效率的关心放在同等重要的地位,既能保证任务的完成,又能充分满足人的需要,是最为理想的领导方式。

俄亥俄州大学研究小组的研究结果表明,不同的领导方式对工作效率和职工情绪有直接影响。在研究中,他们把不同管理者在体谅和主动状态两个项目中的得分与其管理效率相对比,发现生产部门的效率与主动状态成正比,与体谅成反比,最有效的工长主动状态得分最高,体谅最低。在非生产部门情况恰好相反,这与我们前面介绍的莫尔斯与洛希的试验结果一致。同时,他们还发现,无论在生产部门还是非生产部门,高主动状态低体谅的领导方式都会造成职工的不满情绪和对立情绪,从而无故旷工、事故、职工转厂的现象也较严重,因此从长远的观点来看,这并非是种有效的领导致方式,这一结果再次证实行为科学对以泰勒制为代表的科学管理理论的责难。

4. 布莱克和穆顿的管理方格理论

美国得克萨斯州的布莱克(R. R. Blake)和穆顿(J. S. Mouton)在领导四分图的基础上做了进一步的研究,于1964年出版的《管理方格》一书中提出了管理方格理论,并在1978年再版的《新管理方格》一书中,对这一理论作了进一步的补充和完善,布莱克和穆顿把领导行为归结为对人的关心和对生产的关心两类,二者在不同程度上互相结合便形成了多种不同的领导方式。他们以横轴表示对生的关心,以纵轴表示对人的关心,每根轴分成9格,这样构成的81个方格便代表了对人和生产关心程度不同的81种领导方式这就是管理方格图,如图8-3所示。

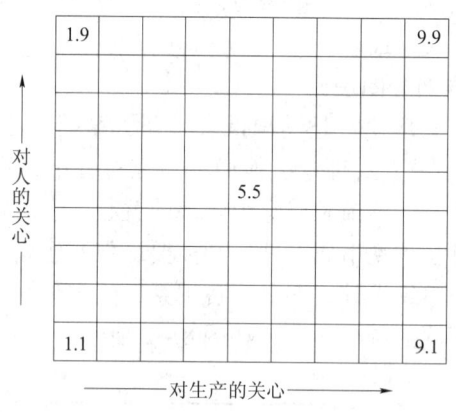

图 8-3 布莱克和穆顿的管理方格图

布莱克和穆顿具体分析了其中五种最为典型的领导方式。

1.1 贫乏型:这类领导对生产和人都极不关心,只是为了保持现有地位,而以最小的努力去做必须做的事。显然这是一无所成的不称职的领导者。

9.1 任务型:这类领导对生产极为关心,对人却极不关心,他们把全部精力集中在取得最高的产量上,极为排斥人的因素对工作效率影响,用强制性的权力来控制其下属。这种领导方式在短时期内可能取得较高的生产率,但是常此以往,它的副作用却会使生产率下降。

1.9 乡村俱乐部型：这类领导极端重视人的因素，却完全忽视了生产因素，放在首位的增进同事和下级对自己的良好感情，并不考虑这样做是否有益于工作任务的完成和生产效率的提高。这种领导方式下的生产效率无论在长期或短期都不可能高。

5.5 中间型：这类领导对生产和人都有中等程度的关心，既希望有说得过去的生产效率，又希望维持较好的人际关系，为此他们善于折中，回避风险，不愿创新，满足于维持现状。这种领导方式虽非上策，却为相当数量的管理者所奉行的中庸之道的领导方式。

9.9 协作型：这类领导对人和生产都极为关注，重视目标，并力求通过大家参与、承担义务和解决矛盾，在目标一致、相互依存、相互信任和尊敬的基础上，取得高产量、高质量的成果。这种领导主方式无疑是最为有效的方式。

布莱克和穆顿不仅对以上5种典型的领导方式做了详细的分析和评价，而且设计了一套能使企业管理者测试自己的领导方式属于哪一种类型的问卷，和培养其成为9.9型领导的"六阶段管理发展计划"，并亲自主持了这方面的试验，使得这一理论成为培养有效管理者的有用工具，在企业界和管理学界均产生较大影响。

5. 威廉·大内的Z理论

Z理论是美国加利福尼亚大学日裔美籍管理学教授威廉·大内（W. G. Ouchi）在对日本与美国的企业管理方式做了大量比较研究的基础上，于1981年所著《Z理论——美国企业怎样迎接日本的挑战》一书中提出的。大内选定日、美各12家典型企业在本国和对方开设的子公司共有48例，做了大量调查对比，发现日本企业的管理方式使企业具有同质性、稳定性和集体主义状态，大内称其为T型组织，美国企业管理方式使企业具有异质性、流动性和个人主义状态，大内称其为A型组织。大内的研究结果表明，日本的企业管理方式普遍较美国效率高。大内认为，虽然民族的传统文化对企业管理思想和管理方式具有深刻的影响，但是从经济组织具有相似任务这一点来看，日本企业成功的管理要素可以移植到美国的企业管理中来。他把借鉴日本企业管理经济所构造出来的具有高效率的理想管理模式称为Z型组织，并对Z型组织进行了系统研究，提出了"Z理论"。

Z理论认为，企业生产率的基础是企业中人与人之间的信任、微妙性和亲密性，有效的管理方式必须从这3个基本点出发，利于人们之间的相互信任；巧妙地利用人们之间的微妙关系；尽可能地在组织中形成亲密联系。基于这种认识所构造的Z型组织，是以平等主义为核心，具有高度一致性的亲密的社会团体或称工业氏族。A型、T型、Z型管理方式的特征对比，见表8-2。

表8-2 A型、T型、Z型管理方式的特征比较

A型	T型	Z型
短期雇佣	终身雇佣	长期雇佣
迅速地评价和升级	缓慢的评价和升级	缓慢的评价和升级
专业化的经历道路	非专业的经历道路	半专业化的经历道路
明确地控制	含蓄地控制	含蓄地控制、明确地控制
个人的决策过程	集体的决策过程	集体的决策过程
个人负责	集体负责	个人负责
局部关系	整体关系	整体关系

大内的 Z 理论受到各国管理界和管理学者的注意。他不仅为我们提供了可供借鉴的管理方式，而且为我们提供了结合本国传统文化和企业管理等特点，创造性地吸收，融合他国成功经验为我所用的科学思想方法和卓有成效的研究方法。

8.2.4　领导情势理论

领导情势理论认为，有效领导不仅是由领导者自身的个性和领导方式决定的，更重要的是取决于领导者所处的客观环境及领导方式与客观环境是否相适应，因此他们把研究的重点放在决定领导效能的环境因素及怎样使领导方式与之相适应上。这一理论的代表有费德勒的有效领导权变模式、伊凡斯和豪斯的途径——目标理论、费罗姆和耶顿的领导——参与模型、卡曼的领导生命周理论等。

1. 费德勒的有效领导权变模式

费德勒（F. Fiedler）是第一个把领导方式与环境因素有机联系起来研究领导效率的心理学家。从 1951 年开始，经过 15 年的调查研究，提出了他的有效领导权变模式理论。这一理论认为，领导行为的效果如何，不仅取决于领导者采用什么样的领导方式，而且取决于领导者所面临的客观情势。费德勒指出，影响领导效果的情势因素有三个方面：一是领导者与被领导者的关系；二是任务结构是否明确；三是领导人所处地位的固有权利及取得各方面支持的程度。将这三个变数都分好坏两种情况，则可组合成 8 种领导情势。费德勒通过对 1 200 个团体的调查分析得出结论，在上述三个条件都具备的最有利的情势下和上述的三个条件都不具备的最不利的情势下，采取以任务为中心的指令型领导方式效果较好，而在某些条件不具备的中间状态的环境中，则采取以人为中心的宽容型领导方式效果最佳，如图 8-4 所示。

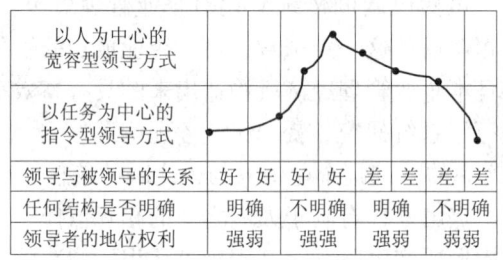

图 8-4　费德勒有效领导权变模式

根据费德勒模式，提高领导有效性的途径有二，一是改变领导方式以适应情势；二是改确良变情势因素，以适应领导方式。费德勒指出，有效的领导者应该是具有适应能力的人，能够根据不同的情势采取不同的领导方式。同时，他还提出了改变情势的建议，如通过改组下属人员组合来改善领导与下属的关系；通过加强对工作任务限定使其定型化或减少这种限定使其非定期型化来改变任务结构。

2. 伊凡斯和豪斯的途径——目标理论

途径——目标理论是由加拿大多伦多大学教授伊凡斯（M. G. Evans）于 1986 年提出的，并由其同事豪斯（R. J. House）作了进一步的补充和发展。这一理论以期望理论和领导四分图理论为基础，指出有效的领导能够帮助下属在达成企业目标的同时，也达成个人目标，包括报酬目标和成就目标，即在完成工作任务的同时，得到满足和激励。为此，领导者的责任是：为下属明确达到目标的途径，即说明工作的意义、方向、内容、任务等；帮助下属排除实现目标途径上的障碍，即解决工作中遇到的问题；支持下属为实现目标所做的努力；在工作中给下属以多种多样满足需要的机会，使他们感到满意，从而顺利地通过途径到达目标。其中说明途径和排除障碍需要的是以任务为中心的领导方式：即领导四分图中的主动状态；支持下属和使职工获得满足感则要求以人为中心的领导方式，即四分图的高体谅。但这并不等于说有效的领导方式就一定是高主动状态和高体谅的组合。豪斯通过实验和研究认为，究竟采取什么样的领导方式最为有效，应该考虑环境因素，当工作任务模糊不清，职工无所适从的时候，他们希望有高主动状态的领导，为他们做出明确的规定和安排。而对于例行性的工作或内容已经明确的工作，他们则希望高体谅的领导，使他们的需要得到满足，此时若领导者还在喋喋不休地发布指示，不仅毫无意义，还会使人感到厌烦。

途径——目标理论指出，领导者是使下属获得更好的激励、更高的满足程度和工作成效的关键人物，领导者的效率取决于他能激励下属达成组织目标的能力，和使职工在工作中得到满足的能力。该理论列出了四种可供选择使用的领导方式：指令式——向下属发布明确的指示；支持式——从各方面关心，支持下级的工作；参与式——决策时征求并采纳下级的意见；成就目标导向式——给下级提出挑战性目标，并相信他们能够达到目标。与费德勒理论不同，途径——目标理论认为，上述领导方式是由同一个领导者不同情况下所采用的。

3. 领导生命周期理论

该理论由美国管理学家保罗·赫赛和肯尼斯·布兰查德提出的，他们补充了另外一种因素，即领导行为在确定是任务绩效还是维持行为更重要之前应当考虑的因素——成熟度。

赫赛和布兰查德把成熟度定义为：个体对自己的直接行为负责任的能力和意愿。它包括工作成熟度（下属完成任务时具有的相关技能和知识水平）和心理成熟度（下属的自信心和自尊心）。

生命周期理论组合成四种具体的领导方式，如图8-5所示。

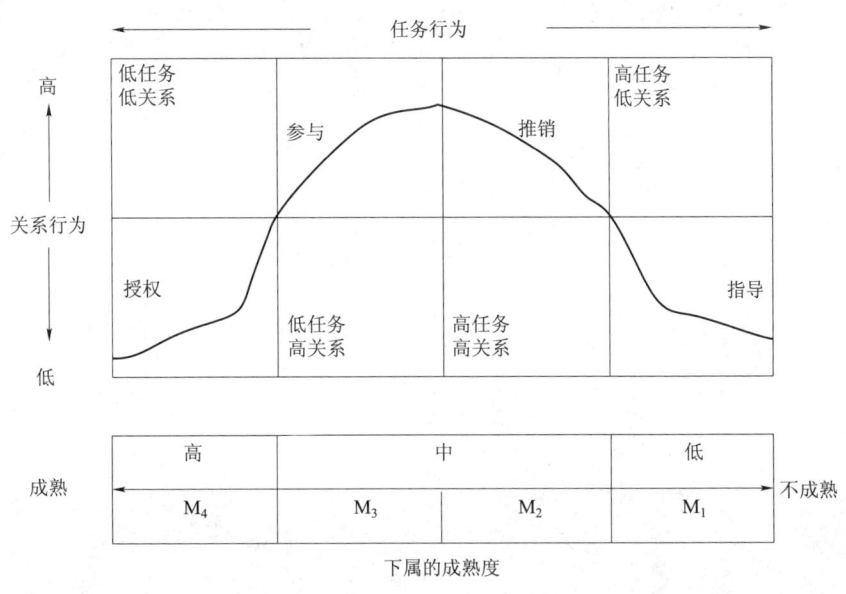

图8-5 生命周期理论组合成四种领导方式

（1）指导型（高任务—低关系），领导者定义角色，告诉下属应该做什么，怎么做以及在何时何地做。

（2）推销型（高任务—高关系），领导者同时提供指导行为和支持行为。

（3）参与型（低任务—高关系），领导者与下属共同决策，领导者的主要角色是提供便利条件和沟通。

（4）授权型（低任务—低关系），领导者提供不多的指导和支持。

赫赛和布兰查德把领导方式和员工的行为关系通过成熟度联系起来，形成一种周期性的领导方式。当下属的成熟度水平不断提高时，领导者不但可以减少对活动的控制，而且还可以不断减少关系行为。

以上介绍的几种情势理论，虽因其研究的着眼点不同而得出不同的结论，但它们的共同特点是，将领导的有效性与领导的对象和环境因素相联系，摆脱了以往领导理论研究中的片面性和简单化、模式化，使之对企业管理的实践具有更大的实用性和更为广泛的指导意义。

第 9 章 激 励

引例

有位秀才第三次进京赶考，住在一个经常住的店里。考试前两天他做了三个梦，第一个梦是梦到自己在墙上种白菜；第二个梦是下雨天，他戴了斗笠还打伞；第三个梦是梦到自己跟心爱的表妹脱光了衣服躺在一起，但是背靠着背。这三个梦似乎有些深意，第二天，秀才就赶紧去找算命的解梦。算命的一听，连拍大腿说："你还是回家吧。你想想，高墙上种菜不是白费劲吗？戴斗笠打雨伞不是多此一举吗？跟表妹都脱光躺在一张床上了，却背靠背，不是没戏吗？"

秀才一听，心灰意冷，回店收拾包袱准备回家。店老板非常奇怪，问："不是明天才考试吗？怎么今天你就回乡了？"

秀才如此这般说了一番，店老板乐了："哟，我也会解梦的。我倒觉得，你这次一定要留下来。你想想，墙上种菜不是高中吗？戴斗笠打伞不是说明你这次有备无患吗？跟你表妹脱光了背靠背躺在床上，不是说明你翻身的时候就要到了吗？"

秀才一听，觉得更有道理，于是精神振奋地参加了考试，居然中了个探花。

管理的本质就是通过影响他人的能力，激发他们为组织提供有益贡献的工作热情，来实现组织制定的目标。所以，成功的管理者必须知道用什么样的方式有效调动下属的工作积极性。

9.1 激励原理

9.1.1 需要

定义：在一定的生活条件下，生命有机体对客观事物的需求。

9.1.2 动机

定义：是鼓励和引导一个人为实现某一目标而行动的内在力量。动机是推动人们的原动力，产生于需求，是行为的直接原因。

9.1.3 行为

定义：是人的主观对客观作出的可以观察的反应，例如，行动、运动、表情、工作，但不包括纯意识的思想反应过程。

需求会引起一个人的紧张，引起满足需要的欲望，这种欲望在内外因的诱导下会产生一种有目的的行为。但行为的结局可能发生两种情况：① 实现了目的，满足了需求，这会产生一个反馈，告诉此人原有的需求已得到满足，于是在新的刺激下，又会产生新的需求。② 行为没有实现目的，也会有反馈，引起了挫折感，这时又可能产生两种行为：一是他可能采取建设性行为，以继续实现目的；二是他可能采取防御性行为，放弃原有的目的。

图9-1清楚地表明，人的行为是由需求引起的，而行为的目的是为了满足需求。如果我们能够满足人的需要，并使人们看到满足需求的可能性，那么我们就可以激励行为。实际上，激励就是一种使人产生行为动机的过程，一方面，激励可以产生有目的的行为去实现目的；另一方面，激励又可以减少防御性行为，增加建设性行为。各种激励理论就是研究这个过程所得出的结论。对人的认识，其目的就是较准确地了解组织中每个成员，借此确定主管人员的管理方式，以达到施加影响的功效。

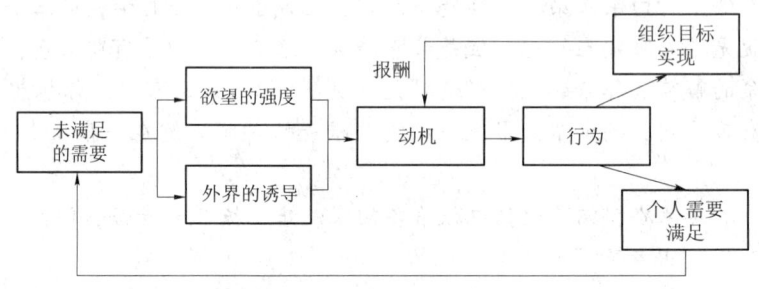

图9-1　激励原理图

9.1.4　人性假设

对组织中人的不同假设，将直接影响到主管人员的管理行为。道格拉斯·麦格雷戈美国著名行为科学家，在他的代表作《企业的人性方面》（1957），提出了著名的X—Y理论；美国的心理学家和行为科学家谢恩归纳分类了人性的四种假设，即经济人、社会人、自我实现人和复杂人的假设。在此基础上我们结合西方其他一些行为学家关于人性的论述进行归纳，大致可以分为以下4种人性假设。

1. "经济人"的假设

"经济人"又称为"理性——经济人"，也称为实利人。这种理论认为人的一切行为都是为了最大限度的满足自己的利益，工作的动机是为了获取经济报酬。

麦格雷戈提出的X理论就是对经济人假设的概括。其基本观点如下。

① 多数人天生是懒惰的，他们总是尽可能地逃避工作。

② 多数人没有雄心大志，不愿意负任何责任，而心甘情愿地接受别人的指导。

③ 多数人的个人目标与组织目标是相矛盾的，因此，必须用强制、惩罚的方法才能迫使他们为了达到组织的目标而工作。

④ 多数人干工作都是为了满足基本的生理需要和安全需要，只有金钱和地位才能鼓励他们努力工作。

⑤ 人大致可以分为两类，多数人是类似上述设想的人；另一类是能够自己鼓励自己，能够克服感情冲动的人，这些人才能负起管理的责任。

基于以上的人性假设，X 理论认为应采取的管理措施有以下内容。

① 管理工作的重点是在提高生产率，完成生产任务方面。而对于人的感情和道义上的责任不是管理者考虑的问题。管理的就是计划、组织、经营、指挥、监督和控制等。

② 管理工作是少数人的事，工人只能听从管理者的指挥而无权参与管理。

③ 制定具体、严密的规章规范及技术规程要求员工执行，严格制定定额，实行计件工资，以金钱报酬换取员工的服从；同时对消极怠工者采用严厉的惩罚措施。即采取"胡萝卜加大棒"的管理方式。

基于上述假设，管理者必须采取"命令与统一"、"权威与服从"的管理方式，把被管理者看成物件一样，忽视人的自身特征和精神需要，只满足他们的生理需要和安全需要，把金钱作为主要的激励手段，把惩罚作为有效的管理方式，采用软硬兼施的管理办法。

2. "社会人"的假设

"社会人"的理论基础是人际关系学说，这是梅奥教授在霍桑实验中得出的实验总结。社会人的基本假设就是：从根本上说，人是由社会需求而引起工作动机的，并且通过与同事的关系而获得认同感。

① 工业革命与工作合理化的结果，使工作本身失去了意义，因此只能从工作上的社会关系去寻求意义。

② 员工对同事们的社会影响力要比管理者所给予的经济诱因及控制更为重视。

③ 员工的工作效率随着上司能满足他们的社会需求的程度而改变。

在管理措施上，"社会人"的假设重视以下几方面。

① 管理人员不应只注意完成生产任务，而应把注意重点放在关心人，满足人的需要上。

② 管理人员不能只注意指挥、计划、监督、控制和组织等，而应更重视员工之间的关系，培养和形成员工的归属感和整体感。

③ 实行奖励时，提倡集体的奖励制度，培养集体精神。

根据这一理论，美国的一些企业曾提倡劳资结合，利润分享。除了建立劳资联合委员会、发动员工提建议之外，还将超额的利润按原工资比例分配给职工，以谋取良好的人际关系。

3. 自我实现人的假设

自我实现人是马斯洛提出来的。所谓自我实现，指的是人都需要发挥自己的潜力，表现自己的才能，只有人的潜力充分发挥出来，人的才能充分表现出来，人才会感到最大的满足。麦格雷戈总结借用了这个名词，总结并归纳了马斯洛与其他类似的观点，提出了 Y 理论。

① 工作于人而言可能是种享受，也可能是种惩罚，因此，人并非天生一定就不喜欢工作，而是要看环境而定。

② 没有人喜欢外来控制和惩罚，人们希望实行自我管理和自我控制。

③ 人在解决组织难题的时候，大都充满活力、想象力和创造性。

④ 在适当的条件下，一般人不仅不逃避责任，反而会谋求重任。

⑤ 人和组织的目标在适当的机会，会融合为一，有自我实现需求的人往往以达到组织目标作为自己致力于实现目标的最大报酬。

因此，Y 理论条件下管理人员应采取的管理方式如下所述。

① 创造使人发挥才能的工作环境,使员工在为实现组织的目标贡献力量时,能实现自己的个人目标。

② 管理者的角色是辅助者、帮助者、训练者。

③ 激励方式:给员工更多的信任、更多的职责和自主权,实行员工的自我控制,自我管理、参与决策、分享权力。

使用这种理论进行管理要求管理者重视人的自身特点,把责任最大限度地交给工作者,相信他们能自觉地完成任务。外部控制、操作、说服、奖罚,不是促使人们努力工作的唯一办法,应该采用启发、诱导、信任的方式对待每一位工作人员。Y 理论强调人的主观因素,注意发挥人的主观能动作用,适应于工业化社会经济发展的需要,在西方很流行,在管理中应用也很广泛。

4. 复杂人的假设

约翰·莫尔斯和杰伊·洛希在 1970 年发表《超 Y 理论》对上述三种假设的总结,提出了复杂人的假设。上述三种假设虽说各有一定的合理性,但是不能适用于一切人。因为人是复杂的,不仅因人而异,而且一个人本身在不同的年龄、地点、时期也会有不同的表现。人的需求随各种变化而改变,人与人之间的关系也会改变。复杂人的假设认为。

① 人的需要是多种多样的,而且这些需要随着人的发展和生活条件的变化而发生改变。每个人的需要都各不相同,需要的层次也因人而异。

② 人在同一时间内有各种需求和动机,它们会发生相互作用并结合成为统一的整体,形成错综复杂的动机模式。

③ 人在组织中的工作和生活条件是不断变化的,因而会产生新的需要和动机。

④ 一个人在不同的组织或同一个组织的不同部门工作,会产生不同的需要。

⑤ 由于人的需要不同,能力各异,对不同的管理方式会有不同的反应,因此没有适合于任何组织、任何时间、任何个人的统一的管理方式。

根据这种假设,对不同的人和不同的情况应采取不同的管理方式。

9.2 激励的需要理论

9.2.1 马斯洛的需求层次论

马斯洛的需求层次论见表 9-1。

表 9-1 马斯洛需求层次论

需求的层次	追求的目标	管理策略
生理需要	工资 各种福利	待遇、奖金 住房
安全需要	职业保障 意外事故的防止	劳保制度 退休金制度
社会需要	友谊 组织的认同	团体活动计划 教育培训制度

续表

需求的层次	追求的目标	管理策略
尊重需要	地位、名次、荣誉 权力、责任	晋升、表彰制度 选拔进修制度
自我实现需要	能发挥个体特长的环境 具有挑战性的工作	决策参与制度 提案制度、革新小组

1. 基本内容

各层次需要的基本含义如下。

① 生理上的需要。这是人类维持自身生存的最基本要求,包括饥、渴、衣、住、性等方面的要求。如果这些需要得不到满足,人类的生存就成了问题。在这个意义上说,生理需要是推动人们行动的最强大的动力。马斯洛认为,只有这些最基本的需要达到维持生存所必需的程度后,其他的需要才能成为新的激励因素,而到了此时,这些已相对满足的需要也就不再成为激励因素了。

② 安全上的需要。这是人类要求保障自身安全、摆脱事业和丧失财产威胁、避免职业病的侵袭、接触严酷的监督等方面的需要。马斯洛认为,整个有机体是一个追求安全的机制,人的感受器官、效应器官、智能和其他能量主要是寻求安全的工具,甚至可以把科学和人生观都看成是满足安全需要的一部分。当然,当这种需要一旦相对满足后,也就不再成为激励因素了。

③ 社交上的需要。这一层次的需要包括两个方面的内容。一是友爱的需要,即人人都需要伙伴之间、同事之间的关系融洽或保持友谊和忠诚;人人都希望得到爱情,希望爱别人,也渴望接受别人的爱。二是归属的需要,即人都有一种归属于一个群体的感情,希望成为群体中的一员,并相互关心和照顾。感情上的需要比生理上的需要来得细致,它和一个人的生理特性、经历、教育、宗教信仰都有关系。

④ 尊重的需要。人人都希望自己有稳定的社会地位,要求个人的能力和成就得到社会的承认。尊重的需要又可分为内部尊重和外部尊重。内部尊重是指一个人希望在各种不同情境中有实力、能胜任、充满信心、能独立自主。总之,内部尊重就是人的自尊。外部尊重是指一个人希望有地位、有威信,受到别人的尊重、信赖和高度评价。马斯洛认为,尊重需要得到满足,能使人对自己充满信心,对社会满腔热情,体验到自己活着的意义和价值。

⑤ 自我实现的需要。这是最高层次的需要,它是指实现个人理想、抱负,发挥个人的能力达到最大程度,完成与自己的能力相称的一切事情的需要。也就是说,人必须干称职的工作,这样才会使他们感到最大的快乐。马斯洛提出,为满足自我实现需要所采取的途径是因人而异的。自我实现的需要是在努力实现自己的潜力,使自己越来越成为自己所期望的人物。

2. 基本观点

① 5种需要像阶梯一样从低到高,按层次逐级递升,但这样次序不是完全固定的,可以变化,也有种种例外情况。

② 一般来说,某一层次的需要相对满足了,就会向高一层次发展,追求更高一层次的需要就成为驱使行为的动力。相应地,获得基本满足的需要就不再是一股激励力量。

③5种需要可以分为高低两级，其中生理上的需要、安全上的需要和感情上的需要都属于低一级的需要，这些需要通过外部条件就可以满足；而尊重的需要和自我实现的需要是高级需要，他们是通过内部因素才能满足的，而且一个人对尊重和自我实现的需要是无止境的。同一时期，一个人可能有几种需要，但每一时期总有一种需要占支配地位，对行为起决定作用。任何一种需要都不会因为更高层次需要的发展而消失。各层次的需要相互依赖和重叠，高层次的需要发展后，低层次的需要仍然存在，只是对行为影响的程度大大减小。

马斯洛的需要层次理论，揭示了人类心理发展的一种普遍特性。但也存在着一些不足之处，例如满足的含义不够明确，一种需要得到满足后很难预测哪种需要会成为下一个必须满足等。虽然如此，该理论仍不失为一种重要的激励理论，对管理工作具有重要的指导作用。从马斯洛的需要层次理论，我们可以得到启示，如果要激励员工，就要了解员工目前所处的需要层次，然后通过给予适当的协助，帮助他们满足这一层次或更高层次的需要，在此过程中不断激励他们的士气和热忱。

掌握员工的需要层次，满足员工不同层次的需要，管理措施具体分析见表9-2。

表9-2 员工需要层次分析

需要的层次	一般激励因素	管理措施
1. 生理的需要	食物、住所等	基本的工作、住宅设施、福利设施
2. 安全的需要	职位的保障、意外的防止	安全的工作条件、雇佣保证、退休金制度、健康保险、意外保险
3. 社交的需要	友谊、爱、团体的接纳	和谐的工作小组、同事的友谊、团体活动制度、互助制度、娱乐制度、教育培训制度
4. 尊重的需要	地位、权力、责任、尊重、认可	考核制度、晋升制度、奖金制度
5. 自我实现的需要	成长、成就	挑战性、创造性工作、工作成就、相应决策参与制度

9.2.2 双因素理论

双因素理论如表9-3所示。

表9-3 双因素理论

激励因素 （与人们满意情绪有关的因素）	保健因素 （与人们不满情绪有关的因素）
成就 晋升 工作表现机会 由于工作成绩而得到奖励	公司政策 工资水平 工作条件 劳动保护

激励因素——保健因素理论是美国的行为科学家弗雷德里克·赫兹伯格（Fredrick Herzberg）提出来的，又称双因素理论。赫兹伯格曾获得纽约市立学院的学士学位和匹兹堡大学的博士学位，以后在美国和其他三十多个国家从事管理教育和管理咨询工作，是犹他大学的特级管理教授。他的主要著作有：《工作的激励因素》（1959，与伯纳德·莫斯纳、

巴巴拉·斯奈德曼合著)、《工作与人性》(1966)、《管理的选择：是更有效还是更有人性》(1976)。双因素理论是他最主要的成就，在工作丰富化方面，他也进行了开创性的研究。

20世纪50年代末期，赫兹伯格和他的助手们在美国匹兹堡地区对200名工程师、会计师进行了调查访问。访问主要围绕两个问题：在工作中，哪些事项是让他们感到满意的，并估计这种积极情绪持续多长时间；又有哪些事项是让他们感到不满意的，并估计这种消极情绪持续多长时间。赫兹伯格以对这些问题的回答为材料，着手去研究哪些事情使人们在工作中快乐和满足，哪些事情造成不愉快和不满足。结果他发现，使员工感到满意的都是属于工作本身或工作内容方面的；使员工感到不满的，都是属于工作环境或工作关系方面的。他把前者叫做激励因素，后者叫做保健因素。

保健因素的满足对员工产生的效果类似于卫生保健对身体健康所起的作用。保健从人的环境中消除有害于健康的事物，它不能直接提高健康水平，但有预防疾病的效果；它不是治疗性的，而是预防性的。保健因素包括公司政策、管理措施、监督、人际关系、物质工作条件、工资、福利等。当这些因素恶化到人们认为可以接受的水平以下时，就会产生对工作的不满意。但是，当人们认为这些因素很好时，它只是消除了不满意，并不会导致积极的态度，这就形成了某种既不是满意、又不是不满意的中性状态。

那些能带来积极态度、满意和激励作用的因素就叫做"激励因素"，这是那些能满足个人自我实现需要的因素，包括：成就、赏识、挑战性的工作、增加的工作责任，以及成长和发展的机会。如果这些因素具备了，就能对人们产生更大的激励。从这个意义出发，赫兹伯格认为传统的激励假设，如工资刺激、人际关系的改善、提供良好的工作条件等，都不会产生更大的激励；它们能消除不满意，防止产生问题，但这些传统的"激励因素"即使达到最佳程度，也不会产生积极的激励。按照赫兹伯格的意见，管理当局应该认识到保健因素是必需的，不过它一旦使不满意中和以后，就不能产生更积极的效果。只有"激励因素"才能使人们有更好的工作成绩。

赫兹伯格及其同事以后又对各种专业性和非专业性的工业组织进行了多次调查，他们发现，由于调查对象和条件的不同，各种因素的归属有些差别，但总的来看，激励因素基本上都是属于工作本身或工作内容的，保健因素基本都是属于工作环境和工作关系的。但是，赫兹伯格注意到，激励因素和保健因素都有若干重叠现象，如赏识属于激励因素，基本上起积极作用；但当没有受到赏识时，又可能起消极作用，这时又表现为保健因素。工资是保健因素，但有时也能产生使员工满意的结果。

赫兹伯格的双因素理论同马斯洛的需要层次论有相似之处。他提出的保健因素相当于马斯洛提出的生理需要、安全需要、感情需要等较低级的需要；激励因素则相当于受人尊敬的需要、自我实现的需要等较高级的需要。当然，他们的具体分析和解释是不同的。但是，这两种理论都没有把"个人需要的满足"同"组织目标的达到"这两点联系起来。

有些西方行为科学家对赫兹伯格的双因素理论的正确性表示怀疑。有人做了许多试验，也未能证实这个理论。赫兹伯格及其同事所做的试验，被有的行为科学家批评为是他们所采用方法本身的产物：人们总是把好的结果归结于自己的努力而把不好的结果归罪于客观条件或他人身上，问卷没有考虑这种一般的心理状态。另外，被调查对象的代表性也不够，事实上，不同职业和不同阶层的人，对激励因素和保健因素的反应是各不相同的。实践还证明，高度的工作满足不一定就产生高度的激励。许多行为科学家认为，不论是有关工作环境的因素或工作内容的因素，都可能产生激励作用，而不仅是使员工感到满足，这取决于环境和员工心理方面的许多条件。

但是，双因素理论促使企业管理人员注意工作内容方面因素的重要性，特别是它们同工作丰富化和工作满足的关系，因此是有积极意义的。赫兹伯格告诉我们，满足各种需要所引起的激励深度和效果是不一样的。物质需求的满足是必要的，没有它会导致不满，但是即使获得满足，它的作用往往是很有限的、不能持久的。要调动人的积极性，不仅要注意物质利益和工作条件等外部因素，更重要的是要注意工作的安排，量才录用，各得其所，注意对人进行精神鼓励，给予表扬和认可，注意给人以成长、发展、晋升的机会。随着温饱问题的解决，这种内在激励的重要性越来越明显。

双因素理论也有一些不足之处，最主要的是赫兹伯格所调查的对象代表性不够。在美国，工程师和会计师的工资、安全、工作条件等方面都比较好，因此这些因素对他们自然不会起激励作用，但这并不能代表一般员工的情况。实际上，对于激励因素和保健因素，人们的反应是不一样的，对一个人起激励作用的因素，对另一个人可能起保健作用，反之亦然。因此，在实际工作中要根据各人的不同情况，具体分析。

尽管赫兹伯格的双因素理论由于存在缺陷而受到批评，但其在激励理论中仍占有重要的地位。尤其双因素理论揭示了内在激励的作用，它对管理者如何更好地激励员工提供了新的思路，具有重要的指导价值。如管理者应注意以下几方面。

1. 注重对员工的内在激励

由双因素理论可以知道，消除了工作中的不满意因素并不一定能使员工得到激励而表现出最佳的工作积极性，但可消除员工的消极不满。要想真正激励员工努力工作，就要注重激励因素（例如提供有兴趣的工作），通过这些因素的运用，才能满足员工较高层次的需求，才可能把员工的感受提升到满意阶段。因此，管理者若想更有效、更持久地激励员工，就必须注重工作本身对职工的激励。管理中可从以下方面加以考虑。

① 重新设计工作任务，使员工的工作内容丰富化，从而使员工能在工作中得到责任、成长和成就感等高层次需求的满足。

② 对管理层员工及技术人员可实施目标管理，减少过程控制，扩大其自主权和工作范围，并提供富于挑战性的工作任务，使其能力得到充分发挥。

③ 对员工的成就及时给予肯定、表扬，使其感到自己受到重视和信任。

2. 正确处理保健因素与激励因素的关系

在对员工的激励中，不应忽视保健因素，但也不应过分注重改善保健因素。由双因素理论可知，满足员工的保健因素，只能防止不满，而并没有形成有效激励。赫茨伯格通过研究还发现，对于保健因素，当员工达到某种满意程度后其激励作用将会放缓，在饱和点以后将会出现衰减。

因此，同其他企业相比，提供有竞争力的报酬对维持员工的积极性、消除不满情绪是有效的，但过高的报酬，并不一定能得到相应的工作效率的提高。

管理中还要善于把保健因素转化为激励因素。保健因素和激励因素是可以转化的，不是一成不变的。例如，员工的工资、奖金，如果同个人工作业绩相联系，就会产生激励作用，变为激励因素。如果两者没有联系，奖金发得再多，也构不成激励，一旦停发或少发，还会造成员工的不满。因此，有效的管理者，既要注意保健因素，以消除员工的不满，又要努力使保健因素变为激励因素。

9.2.3 成就需求理论

麦克莱兰阐明三类基本的激励需要，对理解激励作出了贡献。他把这些需要分为权力的需要、归属的需要和成就的需要。对检验人们关于这三类需要的方法，已经作了大量的研究，特别在成就的需要方面，麦克莱兰和他的同事们已经作了实质性研究。

所有这三种动力——努力需要、归属需要和成就需要都与管理紧密相关，因为人们必须认识了这三类需要以后，才能使一个组织起来的企业运作良好。因为任何组织起来的企业和企业的任何部门，都是为实现某些目标而在一起工作的个人所组成的集体，所以成就的需要就有首要的意义。

权力的需要：指渴望影响或控制他人、为他人负责以及拥有高于他人的职权的权威。

麦克莱兰和其他一些研究者发现，具有高度权力需要的人对发挥影响力的控制都特别重视。这种人一般都追求得到领导的职位，他们往往是健谈者，还常常是好议论的；他们是性格坚强者，敢于发表意见，头脑冷静和敢于要求的；而且他们爱教训别人和公开讲话。

归属的需要：指渴望结成紧密的个人关系、回避冲突及建立亲切的友谊。

有高度归属需要的通常从受到别人喜爱中得到乐趣，并往往避免被社会集体所排斥而带来痛苦。作为个人，他们既能关心并维护融洽的社会关系，欣赏亲密友好和理解的乐趣；也能随时可以抚慰和帮助处境困难的人，并且乐意同别人友好交往。

成就的需要：指渴望完成困难的事情、获得某种高的成功标准、掌握复杂的工作及超过别人。

有高度成就需要的人，既有强烈的求得成功的愿望，也有同样强烈的失败的恐惧，他们希望受到挑战，爱为自己设置一些有适度困难（但不是无法达到）的目标，并对风险采取现实态度；他们不可能是投机商人，但更喜欢分析和评价问题，能为完成任务承担个人责任，喜欢对他们怎样进行工作的情况得到明确而迅速的反馈，往往不爱休息，喜欢长时间地工作，假如遭到失败也不会过分沮丧，并且喜欢独当一面。

9.2.4 X—Y理论

X—Y理论，是由美国心理学家道格拉斯·麦格雷戈1960年在其所著《企业中人的方面》一书中提出来的。这是一对基于两种完全相反假设的理论，X理论认为人们有消极的工作原动力，而Y理论则认为人们有积极的工作原动力。即：麦格雷戈的人性假设与管理方式理论。

X理论是麦格雷戈对把人的工作动机视为获得经济报酬的"经济人"的人性假设理论的命名。主要观点有以下几类。

① 人类本性懒惰，厌恶工作，尽可能逃避；绝大多数人没有雄心壮志，怕负责任，宁可被领导骂。

② 多数人必须用强制办法乃至惩罚、威胁，使他们为达到组织目标而努力。

③ 激励只在生理和安全需要层次上起作用。

④ 绝大多数人只有极少的创造力。

因此企业管理的唯一激励办法，就是以经济报酬来激励生产，只要增加金钱奖励，便能取得更高的产量。所以这种理论特别重视满足职工生理及安全的需要，同时也很重视惩罚，认为惩罚是最有效的管理工具。麦格雷戈是以批评的态度对待 X 理论的，指出：传统的管理理论脱离现代化的政治、社会与经济来看人，是极为片面的。这种软硬兼施的管理办法，其后果是导致职工的敌视与反抗。

他针对 X 理论的错误假设，提出了相反的 Y 理论。Y 理论指将个人目标与组织目标融合的观点，与 X 理论相对立。Y 理论的主要观点有以下几点。

① 一般人本性不是厌恶工作，如果给予适当机会，人们喜欢工作，并渴望发挥其才能。
② 多数人愿意对工作负责，寻求发挥能力的机会。
③ 能力的限制和惩罚不是使人去为组织目标而努力的唯一办法。
④ 激励在需要的各个层次上都起作用。
⑤ 想象力和创造力是人类广泛具有的。

因此，人是"自动人"。激励的办法是：扩大工作范围；尽可能把职工工作安排得富有意义，并具挑战性；工作之后引起自豪，满足其自尊和自我实现的需要；使职工达到自我激励。只要启发内因，实行自我控制和自我指导，在条件适合的情况下就能实现组织目标与个人需要统一起来的最理想状态。

X 理论把人的行为视为机器，需要外力作用才能产生，Y 理论把人视为一个有机的系统，其行为不但受外力影响，而且也受内力影响。这是两种截然不同的世界观价值观。

当然并无证据证实某一种假设更为有效，也无证据表明采用 Y 理论联系的假设并相应改变个体行为的做法，更有效地调动了员工的积极性。现实生活中，确实也有采用 X 理论而卓有成效的管理者案例。例如，丰田公司美国市场运营部副总裁鲍勃·麦格克雷就是 X 理论的追随者，他激励员工拼命工作，并实施"鞭策"式体制，但在竞争激烈的市场中，这种做法使丰田产品的市场占有份额得到了大幅度的提高。

所谓 X 理论，反映的是经理人对员工的不信任，主张对员工严加看管。而 Y 理论却认为员工都是善良的，完全可以通过激励的方式使其自觉地为企业工作。属于 X 理论的经理认为，企业目标和员工个人目标不可能是同一的，企业要求员工刻苦工作，而人天生都是好吃懒做的，因此在公司上班都容易讨厌工作，尤其是逃避艰苦困难的工作。因此，要想企业各项工作得以完成，唯有对员工制定严格的纪律，采取强制、监管、惩罚等措施。在这种氛围中，俯首帖耳、老老实实工作的员工便是好员工。信奉 X 理论的管理者对属下的行动非常警觉，对他们的一言一行都非常敏感。他们更倾向于采取军队的管理方法，要求属下对上级的指令一味地服从，否则就要对他们实行责罚。

Y 理论跟中国古代认为"人之初，性本善"的观点很是相似，认为人都是有良心和自觉性的，只要条件合适，员工一般会卖力地工作。要求员工很好地工作，不能仅靠苛刻的管理制度和惩罚措施。如果企业能够采取正确的激励措施，员工不仅能够在工作中约束自己，自觉地完成所分配的工作任务，而且还会发挥自己的潜能。持有这种信念的管理者往往采用松散诱导的管理方式，通过与员工一起制定目标的方式，促使员工参与管理，从而达到完成工作任务的目的。

Y 理论在近几十年中越来越受到管理者的重视和应用。日本推行的美国学者戴明的全面质量管理方法就是建立在 Y 理论的基础之上的。从表面上看，Y 理论和 X 理论是相互对立的，但实际上它们是同一个问题的两个侧面，而不是互不兼容的必选其一的对立关系，一位地强调一个方面显然是片面的。

也可以说，X 理论和 Y 理论是统一价值杠杆上的两个不同终端。我们从两者之中可以看出，不管你怎样看待员工，对员工提出目标并进行管理是完全必要的，既要尊重员工，诱导他们自觉地工作，又要制定科学严谨的管理制度，对员工进行一定的纪律约束。在这个价值杠杆上，左端是 X 理论式管理，而右端是 Y 理论式管理，管理的标点应根据员工素质、公司管理基础和工作特点等条件灵活机动地进行滑动。在员工素质比较差、公司管理基础比较薄弱、生产力低下的公司，管理标点应该滑向左端，反之应向右端滑动。优秀的管理者应该根据企业的实际状况和员工的素质特点，善于运用这个杠杆，讲究管理艺术，将员工管理维持在一个高水平上。

9.3 激励的过程理论

9.3.1 公平理论

它是美国行为科学家亚当斯（J. S. Adams）在《工人关于工资不公平的内心冲突同其生产率的关系》、(1962，与罗森鲍姆合写)、《工资不公平对工作质量的影响》(1964，与雅各布森合写)、《社会交换中的不公平》(1965) 等著作中提出来的一种激励理论。该理论侧重于研究工资报酬分配的合理性、公平性及其对员工生产积极性的影响。

公平理论的基本观点是：当一个人做出了成绩并取得了报酬以后，他不仅关心自己所得报酬的绝对量，而且关心自己所得报酬的相对量。因此，他要进行种种比较来确定自己所获报酬是否合理，比较的结果将直接影响今后工作的积极性。

一种比较称为横向比较，即他要将自己获得的"报酬"（包括金钱、工作安排、培训以及获得的赏识等）与自己的"投入"（包括教育程度、所作努力、用于工作的时间、精力、工作态度和其他无形损耗等）的比值与组织内其他人作社会比较，只有相等时，他才认为公平，如下式所示。

$$O_p/I_p = O_c/I_c$$

其中：O_p——自己对所获报酬的感觉；

O_c——自己对他人所获报酬的感觉；

I_p——自己对个人所作投入的感觉；

I_c——自己对他人所作投入的感觉。

当上式为不等式时，可能出现以下两种情况。

(1) $O_p/I_p < O_c/I_c$。在这种情况下，他可能要求增加自己的收入或减小自己今后的努力程度，以便使左方增大，趋于相等；第二种办法是他可能要求组织减少比较对象的收入或者让其今后增大努力程度以便使右方减小，趋于相等。此外，他还可能另外找人作为比较对象，以便达到心理上的平衡。

(2) $O_p/I_p > O_c/I_c$。在这种情况下，他可能要求减少自己的报酬或在开始时自动多做些工作，但久而久之，他会重新估计自己的技术和工作情况，终于觉得他确实应当得到那么高的待遇，于是产量便又会回到过去的水平了。

除了横向比较之外，人们也经常做纵向比较，即把自己目前投入的努力与目前所获得报偿的比值，同自己过去投入的努力与过去所获报偿的比值进行比较。只有相等时他才认为公平，如下式所示。

$$O_p/I_p = O_h/I_h$$

其中：O_p——自己对现在所获报酬的感觉；

O_h——自己对过去所获报酬的感觉；

I_p——自己对个人现在投入的感觉；

I_h——自己对个人过去投入的感觉。

当上式为不等式时，也可能出现以下两种情况。

（1）$O_p/I_p < O_h/I_h$。当出现这种情况时，人也会有不公平的感觉，这可能导致工作积极性下降。

（2）$O_p/I_p > O_h/I_h$。当出现这种情况时，人不会因此产生不公平的感觉，但也不会觉得自己多拿了报酬，从而主动多做些工作。

调查和试验的结果表明，不公平感的产生，绝大多数是由于经过比较认为自己目前的报酬过低而产生的；但在少数情况下，也会由于经过比较认为自己的报酬过高而产生。

一般情况下，人们使用横向比较为多。

尽管公平理论的基本观点是普遍存在的，但在实际运用中很难把握。因为个人的主观判断对此有很大的影响，人们总是倾向于过高估计自己的投入，而过低估计自己所得的报酬，对别人的投入和所得报酬的估计则与此相反。因此，管理者在运用该理论时应当更多地注意实际工作绩效与报酬之间的合理性，同时应帮助当事人正确认识自己与别人的投入和报酬。

西方的许多企业，依据公平理论，为了避免职工产生不公平感，往往采取各种手段，在企业中造成一种公平合理的气氛，使职工产生一种主观上的公平感。或采用秘密的单独发奖金的办法，使职工相互不了解彼此的收支比率，以免职工互相比较而产生不公平感。

亚当斯的公平理论表明，一个人所得的相对值比绝对值更能影响人的工作积极性。所以管理者需更多地注意实际工作结果与个人所得之间的公平合理性。但是这在实际运用中又比较难以把握，因为人们总是倾向于过高估计自己的付出，而过低估计自己的所得，对别人的付出与所得的估计则正好相反。所以管理者除了制定公平的奖酬体系外，还要及时体察员工的不公平心理，并认真分析、教育员工正确认识、对待自己和他人。

公平理论对我们有着重要的启示。

首先，影响激励效果的不仅有报酬的绝对值，还有报酬的相对值。

其次，激励时应力求公平，使等式在客观上成立，尽管有主观判断的误差，也不致造成严重的不公平感。

再次，在激励过程中应注意对被激励者公平心理的引导，使其树立正确的公平观，一是要认识到绝对的公平是不存在的，二是不要盲目攀比，要多看到自己的不足。

最后，在评估绩效时，要平衡兼顾结果和过程。做出成绩，有好的结果固然重要，但获得成绩的过程、方法也不容忽视。

9.3.2 期望理论

弗鲁姆提出的期望理论的基础是：人之所以能够从事某项工作并达成组织目标，是因为这些工作和组织目标会帮助他们达成自己的目标，满足自己某方面的需要。弗鲁姆认为，人们采取某项行动的动力或激励力取决于其对行动结果的价值评价和预期达成该结果可能性的估计。换言之，激励力的大小取决于该行动所能达成目标并能导致某种结果的全部预期价值乘以他认为达成该目标并得到某种结果的期望概率。用公式可以表示为：$M = V \cdot E$

其中：M——激励力量，是直接推动或使人们采取某一行动的内驱力。这是指调动一个人的积极性，激发出人的潜力的强度。

V——目标效价，指达成目标后对于满足个人需要其价值的大小，它反映个人对某一成果或奖酬的重视与渴望程度。

E——期望值，这是指根据以往的经验进行的主观判断，达成目标并能导致某种结果的概率，是个人对某一行为导致特定成果的可能性或概率的估计与判断；显然，只有当人们对某一行动成果的效价和期望值同时处于较高水平时，才有可能产生强大的激励力。

弗鲁姆的期望理论辩证地提出了在进行激励时要处理好三方面的关系，这些也是调动人们工作积极性的3个条件。第一，努力与绩效的关系。人们总是希望通过一定的努力达到预期的目标，如果个人主观认为达到目标的概率很高，就会有信心，并激发出很强的工作力量，反之如果他认为目标太高，通过努力也不会有很好的绩效时，就失去了内在的动力，导致工作消极。第二，绩效与奖励的关系。人总是希望取得成绩后能够得到奖励，当然这个奖励也是综合的，既包括物质上的，也包括精神上的。如果他认为取得绩效后能得到合理的奖励，就可能产生工作热情，否则就可能没有积极性。第三，奖励与满足个人需要的关系。人总是希望自己所获得的奖励能满足自己某方面的需要。然而由于人们在年龄、性别、资历、社会地位和经济条件等方面都存在着差异，他们对各种需要要求得到满足的程度就不同。因此，对于不同的人，采用同一种奖励办法能满足的需要程度不同，能激发出的工作动力也就不同。

对期望理论的应用主要体现在激励方面，这启示管理者不要泛泛地采用一般的激励措施，而应当采用多数组织成员认为效价最大的激励措施，而且在设置某一激励目标时应尽可能加大其效价的综合值，加大组织期望行为与非期望行为之间的效价差值。在激励过程中，还要适当控制期望概率和实际概率，加强期望心理的疏导。期望概率过大，容易产生挫折，期望概率过小，又会减少激励力量；而实际概率应使大多数人受益，最好实际概率大于平均的个人期望概率，并与效价相适应。

比如家长为了鼓励孩子努力学习，在期末考试中取得好成绩，向孩子提出：如果在期末考试中每门课都考90分以上，就给其一定的奖励。此时，孩子是否会因此而努力学习呢，这取决于孩子对以下三个问题的主观判断。

① 我平时成绩怎样？或者说我能不能做到？如果平时成绩很差，根本做不到，则再多再好的奖励也与我无缘；如果平时成绩比较好，有可能达到这个目标，那么是否努力要看对以下两个问题的判断。

② 给我什么奖励？奖励的是不是我想要的东西？如果考到90分以上，奖励是3支铅笔2块橡皮，那意义不大；如果是我最想要的东西，例如手机，那下一番工夫是值得的。

③ 父亲说话算不算数？如果父亲说话向来是不算数的，那么所谓的奖励大概也是假的，考到90分以上也不会兑现；如果父亲向来说话算数，那么为了得到奖励我得努一把力。

9.3.3 强化理论

美国心理学家斯金纳认为，无论是人还是动物，为了达到某种目的，都会采取一定的行为，这种行为将作用于环境，当行为的结果对他或它有利时，这种行为就会重复出现，当行为的结果不利时，这种行为就会减弱或消失。这就是环境对行为强化的结果。

① 正强化，就是奖励那些符合组织目标的行为，以便使这些行为得以进一步加强，重复出现从而有利于组织目标的实现。是用某种有吸引力的结果对某一行为进行奖励和肯定，以期在类似条件下重复出现这一行为。

② 负强化，是预先告知某种不合要求的行为和不良绩效可能引起的后果，从而减少和削弱不希望出现的行为。

③ 自然消退。取消正常强化，对某种行为不予理睬。

④ 惩罚。惩罚是用某种带有强制性的，危险性的结果来消除某种行为重复发生的可能性。

强化理论具体应用的一些行为原则如下。

① 经过强化的行为趋向于重复发生。所谓强化因素就是会使某种行为在将来重复发生的可能性增加的任何一种"后果"。例如，当某种行为的后果是受人称赞时，就增加了这种行为重复发生的可能性。

② 要依照强化对象的不同采用不同的强化措施。人们的年龄、性别、职业、学历、经历不同，需要就不同，强化方式也应不一样。如有的人更重视物质奖励，有的人更重视精神奖励，就应区分情况，采用不同的强化措施。

③ 小步子前进，分阶段设立目标，并对目标予以明确规定和表述。对于人的激励，首先要设立一个明确的、鼓舞人心而又切实可行的目标，只有目标明确而具体时，才能进行衡量和采取适当的强化措施。同时，还要将目标进行分解，分成许多小目标，完成每个小目标都及时给予强化，这样不仅有利于目标的实现，而且通过不断地激励可以增强信心。如果目标一次定得太高，会使人感到不易达到或者说能够达到的希望很小，这就很难充分调动人们为达到目标而做出努力的积极性。

④ 及时反馈。所谓及时反馈就是通过某种形式和途径，及时将工作结果告诉行动者。要取得最好的激励效果，就应该在行为发生以后尽快采取适当的强化方法。一个人在实施了某种行为以后，即使是领导者表示"已注意到这种行为"这样简单的反馈，也能起到正强化的作用，如果领导者对这种行为不予注意，这种行为重复发生的可能性就会减小以至消失。

⑤ 正强化比负强化更有效。在强化手段的运用上，应以正强化为主；同时，必要时也要对坏的行为予以惩罚，做到奖惩结合。

强化理论只讨论外部因素或环境刺激对行为的影响，忽略人的内在因素和主观能动性对环境的反作用，具有机械论的色彩。但是，强化理论有助于对人们行为的理解和引导。这并不是对员工进行操纵，而是使员工有一个最好的机会在各种明确规定的备择方案中进行选择。因而，强化理论已被广泛地应用在激励和人的行为的改造上。

9.4 激励实务

在激励理论的指导下,领导者需要选择有效的激励方法,提高员工接受和执行目标的自觉程度(提高认识),激发被领导者实现组织目标的热情(端正态度),最终达到提高员工行为效率的目的。常用的激励方法可以归纳为如下几种。

9.4.1 个人需求激励

在维护组织利益的前提下,尽可能满足组织成员的个人需求,可以产生激励。

例:西南航空公司的总裁赫佰·凯勒对谩骂或威胁他的员工的顾客绝不屈服。凯勒坚决主张公司不需要这类顾客。更重要的是他认为如果他站在骂人的顾客一边,就忽略了员工们的权利和尊严,这种降低员工地位的信息将使员工受不了。你可以想象这种合理拒绝顾客的决定会提高员工们多少服务积极性。

(注:满足下属尊严的需求可以产生意想不到的激励)

例:电脑制造商惠普公司从建立之日起,就鼓励创意、冒险和允许光荣的失败。在该公司执行制度中有一项:我们全体员工保留犯错误的权利。

(注:给员工一个可以失败的机会,他会更努力工作)

例:丽兹·卡尔顿旅馆公司对第一线营业人员授权2 000元。任何员工只要能解决顾客对公司的不满,可动用2 000元以下金额来处理,否则必须请示。

(注:企业充分肯定员工,留有展现其才能的空间)

例:最简单和最有效激励员工行动的方法,可在总部设在西雅图的百货连锁店诺特斯特朗公司找到,他们闻名世界的服务质量是通过特斯特朗规则建立的。下面是规则的全部。规则第一条:在所有场合运用你的判断力。其他规则没有了。

(注:就是这么简单的一句话,而恰恰就是这句话使他们在销售和服务方面都处于领先地位)

9.4.2 评比、竞赛、竞争激励

竞争是市场经济的重要特点之一,组织中经常开展必要的评比、竞赛、竞争,能使员工的情绪保持紧张,提高士气,克服惰性。同时,通过评比竞赛,能使劳动者的业绩得到公正合理的评价,促使他们为企业作出更大的贡献。

评比、竞赛、竞争激励,满足展示自我才能的需求。

① 组织内横向进行比较,评定出销售状元予以奖励。

② 组织纵向进行业绩比较,评定后任业务员与前任业务员的业绩,增加或减少提成或奖金额度。

③ 业务人员当月完成的业绩与当月目标相比较,完成越多,奖励越高。

9.4.3 机会激励

培养和重用,满足机会不断的需求。

① 在组织架构设计上,留有晋升空间。

② 创造公平、平等竞争的环境。
③ 业绩突出者可以重点培养和重用。

9.4.4 目标激励

通过在企业中全面推行目标管理（MBO），加强员工对组织管理的参与意识和行动。目标管理的核心是目标加自我控制，员工围绕企业的总目标，制定和落实个人目标和完成任务的措施，从而可以大大加强他们实现组织目标的责任感和积极性。树立雄心计划，满足达成目标的需求。

① 与下属沟通，了解下属人生的目标。
② 帮助下属分析环境，分析机会。
③ 个人目标与组织目标相一致，帮助其树立雄心计划、鼓舞斗志、坚定实现计划的信心。

9.4.5 关怀激励

领导与下属保持不断的沟通，满足下属的"需要尊重的需求"。尤其是高级主管对下属的关怀，激励作用更为显著。

例：创业90年，职工近8万人的日本东芝公司，曾一度陷入困难。此时，由土光敏夫出任董事长。土光敏夫上任后，经常不带秘书，一个人前往一线，与业务员、工人聊天，听取他们的意见。身为大公司的董事长，身处一线已大不寻常，更令人惊讶的是，他常常提着酒去慰劳一线员工。土光这种不摆架子，慈祥关怀的姿态，赢得了公司的上下好感。员工们反映，土光董事长和蔼可亲，有人情味，善待我们，我们更应该努力，竭力效忠。因此，他上任后不久，情况大为改善，两年内便把一个亏损严重、日暮途穷的公司重新支撑起来，使"东芝"成为日本最优秀的公司之一。

（注：您可能有些质疑吧，但关怀激励的力量可以激活一个公司）

9.4.6 纪律激励

纪律激励法就是用纪律和制度来约束和规范执行者行为的激励方法。它是一种负激励法，表现为只罚不奖，因为遵守纪律是理所应当的，而不遵守当然应该受到制裁和处罚。

例：詹尼在1959年接管国际电报公司（ITT）时，ITT公司是一个由设在49个国家，100个企业及海外分支机构组成的大企业。当时业绩平平，不仅公司总部的员工毫无生机，那些主管海外事业部的人更是饱食终日，无所事事。经过调查，詹尼决定从严明纪律入手，在所有分公司负责人工作会上宣布了3条纪律。第一，任何分支机构必须不折不扣地执行总公司命令。第二，每月向总公司汇报自己的预算、营业收入和支出情况。第三，定期汇报自己的经营环境、竞争态势和市场情况。为了保证纪律的执行，总公司授权检查组：发现不称职或不执行命令者，有权撤换，同时，凡在此期间被解职的人，一律不发退休金。这一系列的纪律措施，使整个公司为之大振，迅速使ITT走向正轨，并辅以其经营之道，ITT公司又恢复了昔日在国际舞台的地位。

纪律激励应注意：

① 纪律内容要合乎情理。反之，会有负效果。
② 遵守纪律是应该的，只罚不奖。如果对遵守者奖励，就起不到激励作用。

9.4.7 行为激励

行为激励即所谓"上行，下效"。作为领导者，无论在生活上、工作上、态度上都应起到表率作用，激励你的下属为之效仿，才能起到正向的作用。

例：某家企业的营销总监，有一个月正逢产品销售淡季，又加上该月资金紧张推广费很少。于是，他决定推广费一分不取，靠鼓舞士气来完成目标。在经理会上宣布了3条决定：第一，本月推广费为零，要靠我们的人力和智慧完成目标。第二，所有干部下基层，所有干部扛目标。即：营销总监亲自拜访公司级 A 级客户，完成公司目标的40%；经理亲自控制辖区 A 级客户，完成辖区目标40%；主管完成辖区目标40%。第三，未完成目标者，取消全年奖金并公开检讨。结果，该月不但完成了目标，而且还超额了350万元。

9.4.8 适时激励

适时激励的关键在于"赏不逾时"即及时性，切忌口头许诺，画饼充饥。

例如：美国一家公司刚开始创业时，一次在新品开发上遇到了难题。一天晚上，公司总裁正在冥思苦想时，一位技术总监闯进他的办公室，阐述了他的方案。总裁听后，觉得其构想确实非同一般，便想立即给予嘉奖。他在抽屉中翻找了好一阵，最后拿着一件东西躬身递给这位技术总监说："这个给你！"这东西非金非银，而仅仅是一只香蕉。这是当时他所能找到的唯一奖品了，而技术总监很感动。因为这表示自己的成果得到了上级领导的承认。

从此以后，该公司便授予攻克重大技术难题的技术人员一支金制"香蕉别针"。

9.4.9 榜样激励

榜样激励的核心是在组织中树立正面典型和标兵，以他们良好的行为鼓舞员工，创造业绩。从心理学的观点看，任何人（特别是青少年）都有强烈的模仿心理，榜样的力量是无穷的。从20世纪50年代以来，我国在各条战线上树立过像雷锋、李向群等一大批英模人物，产生过巨大的影响，对精神文明与物质文明的建设都作出了巨大的贡献。但"榜样"的树立，应当坚持实事求是，不要"虚构"和"夸张"，以免引起员工的逆反心理。

9.4.10 强化激励

强化激励就是运用斯金纳的强化理论，来实施对员工的行为改造。领导者应该经常运用表扬、奖励（包括物质奖励和精神奖励）等正强化手段，鼓励员工，巩固和强化他们为组织创造更大的业绩。同时，辅助以批评、警告、惩罚等负强化手段削弱某些员工的不良行为。在强化手段的运用上，要坚持以表扬和奖励为主的方法，避免由于惩罚过多所带来的负面效应。

9.4.11 领导行为激励

领导行为激励强调领导者对下属的示范作用。人们常说身教重于言教，领导者作为企业各层次的主体，对其下属有巨大的影响力。从权力的概念分析，领导行为表现就是其专长权和个人影响权的具体体现。在我国，党和国家的好干部如焦裕禄、孔繁森等，他们工作中的出色成绩与深远影响都与自身的行为和修养有着密不可分的联系，这充分证明了领导行为激励的重要性。

9.4.12 员工持股激励

员工持股激励是在市场经济条件下，对员工激励的最根本的方法之一，在某些西方国家已经相当普遍，其出发点是实行产权多元化，鼓励员工在企业持股，利润共享。1993年在美国已有一万家公司的1 000万名员工参加了员工持股，著名的威尔顿钢铁公司过去长期亏损，由全厂7 000多名员工用3.8亿美元买下了公司的全部资产，当年就实现扭亏增盈4 800万美元。其原因就在于员工持股增加了他们对企业的认同感，迸发出巨大的工作热情和责任感，促使了企业效益的提高。

9.4.13 危机激励

危机激励的实质是树立全体员工的忧患意识，做到居安思危。无论是在企业顺利还是困难的情况下，都永不松懈，永不满足，永不放松对竞争对手的警惕。日本学者小山秋义把这种激励方法称为"怀抱炸弹经营"、"置之死地而后生"。唤醒全体员工的危机意识，从长远观点看，能确保企业立于不败之地。

9.4.14 企业文化激励

企业文化是指一个企业全体成员所共有的信念和期望模式，推行企业文化有助于建立员工共同的价值观和企业精神，树立团队意识。美国、日本有许多企业全面推行企业文化，取得了非常成功的经验。不但增加了员工对企业的凝聚力和自豪感，而且提高了企业素质和整体实力。优良的企业文化也是组织必不可少的激励手段。

9.5 激励的黄金法则

1. 激发他人的动力，我们首先必须激发自己的动力

如果你自己的积极性没有被调动起来，激发别人的动力是不可能的。英国一家大上市公司召开有200多个高层经理参加的会议。这个会议是公司为采用新的管理模式，启动新的管理策略而召开的第二次会议。但是新的体制没有得到大家的完全理解，一些高层执行官对新体制缺乏热情；结果发现，缺乏动力和热情的根源在于一个人身上。负责执行这个计划的经理在召开第一次会议之后不久，就被公司解雇了，然后公司又邀请他回来，和他签订一个6个月的短期合同，仅仅是为了让他负责与其他部门交流这个计划，以便执行。可以想象，他本人对这件事有何热情。

2. 动力需要一个目标

如果没有一个明确具体的目标，任何人、团体或组织的积极性都不可能被激发出来。激发动力是朝着未来努力，没有目标，就缺乏意志和决心。

3. 动力激发容易，持续激发不容易

这个法则来自于对管理的错误估计。每年，一个组织会有很多的会议，这些会议的主要目标之一就是把大家聚集在一起，传达有关以往表现的信息，告诉他们一些消息，制定未来的目标和计划。会议的总目标是让与会者和代表充满动力，充分调动他们的积极性。大部分会议的确实现了这样的目的。

但是动力和温暖的感觉是不能持久的，有点像给气球打气，如果不给气球打个结，空气会跑出来。激发动力应该是一个持续的过程，不应该是一年一度的事。

4. 认可——激发动力的利器

这是个非常有效的法则。认可有许多种不同的形式：从赐予地位到一封感谢信。从你介绍某人的方式到对鲜花安排的欣赏，从一份证书到加入委员会的邀请函等。

为了获得认可，人们会尽自己最大的努力去奋斗，认可比人生中其他的事情都重要。认可是一种称赞。如果你已身为父母，你肯定有过这样的经历，孩子带着自己在学校完成的作品回家，这可能是一幅孩子画的画，作为父母，你欣赏那幅画，然后拿给其他家庭成员看，最后把它挂在墙上。你会注意到，这样的结果是，孩子不仅非常高兴，而且还会画出更多的画来。

真心地称赞是认可的一种形式，只有考虑周到的人才会再给予他人称赞。心胸狭隘的人不可能认可他人的成绩。

在公司举行表扬大会，赞扬员工的表现、取得的成绩、表现出的忠诚等。在进行表扬时，任何一个人都不应该被遗忘，这是一条黄金法则。

5. 参与——激发动力的重要因素

通常，与人们在工作中被对待的方式相比，人们在工作中被使用的方式，更能激发人们的动力。如果人们觉得他们是一项试验或者一个项目的一部分时，他们的积极性会更高。

所以让人们参与，能够创造出一个更加积极的个人和团体。

许多管理者不和他们的员工分享他们的计划，他们不想让员工体验开拓精神。有一次，一家公司的经理正在进行两天的销售课程。到达宾馆与一些成员见了面，发现有一组成员意志消沉、垂头丧气。经过沟通，得知他们的高层管理者发生了变动。这个销售队伍觉得他们受到新任管理者的任意摆布，不再有人听取他们的意见，不再有人重视他们，他们没有参与到决策的过程中。第二天该经理与他们的管理者进行了两个多小时的面谈，这个新任的管理者在和经理面谈之前，根本没有和他的销售员沟通过。所以管理者不仅要告诉员工你的观点，而且要推销你的观点并让他们接受。

6. 看见自己进步能够激发我们的动力

如果我们看到我们自己的进步、已经前进的距离、取得的成就，我们的动力就会很大。如果我们看到自己在后退，我们就会丧失动力。

在我们看到自己取得进步时，我们肯定干劲十足，这是人类的一个特点。不管是工作还是个人生活，不管是我们的爱好、喜欢的运动，还是我们的兴趣，在我们看到自己不断地前进时，我们希望百尺竿头，更进一步。

7. 只有在看到成功希望的时候，挑战才能激发人们的动力

管理者要切记，不要把目标制定得太高，要实际一点。麻烦的是，一些人认为高目标可以激发人们的动力，因为高目标是一种挑战。如果多数人认为这是不可能，结果将是大家对此都缺乏积极性。比赛、竞争和挑战是非常有效的，它们的确可以鼓舞人们取得更大的成就。但是那些参与者必须有一个信念，他们有机会获得成功。

8. 找到每个人都有的动力导火线

这条法则是指每个人都可以被调动起来。一个人可能会从拥有动力到灰心丧气，却不知道这个动力导火线将于何时被点燃，如果找不到动力导火线，却在继续努力激励别人，想让他取得更大成绩是不可能的。

9. 团队归属感能激发人们的动力

这条法则强调了归属感的重要性。归属的团体越小，忠诚、动力和努力的程度越高。

在有些情况下，为了产生归属感，可能会赋予团队名称。例如，用这个团队领导者的姓作为这个团队的名称。在其他组织，团队是在部门内形成的，如生产部、市场营销部等。如果团队的归属感形成了，一个善于激励员工的管理者会举办工作以外的活动，把他的下属团结在一起。这些活动包括举行夏日烧烤会，去郊游或定期召开团队会议等。要相信团队归属感能够激发人们的动力。

第 10 章 沟 通

引例

美国知名主持人林克莱特一天访问一名小朋友,问他说:"你长大后想要当什么呀?"小朋友天真地回答:"我要当飞机的驾驶员!"林克莱特接着问:"如果有一天,你的飞机飞到太平洋上空所有引擎都熄火了,你会怎么办?"小朋友想了说:"我会先告诉坐在飞机上的人绑好安全带,然后我挂上我的降落伞跳出去。"当在现场的观众笑得东倒西歪时,林克莱特继续注视这孩子,想看他是不是自作聪明的家伙。没想到,接着孩子的两行热泪夺眶而出,这才使得林克莱特发觉这孩子的悲悯之情远非笔墨所能形容。于是林克莱特问他说:"为什么要这么做?"小孩的答案透露出一个孩子真挚的想法:"我要去拿燃料,我还要回来!"

你真的听懂了手下的话了吗?你是不是也习惯性地用自己的权威打断手下的语言?我们经常犯这样的错误:在手下还没有来得及讲完自己的事情前,就按照我们的经验大加评论和指挥。反过头来想一下,如果你不是领导,你还会这么做吗?打断手下的语言,一方面容易做出片面的决策,另一方面使员工缺乏被尊重的感觉。时间久了,手下将再也没有兴趣向上级反馈真实的信息。反馈信息系统被切断,领导就成了"孤家寡人",在决策上就成了"睁眼瞎"。与手下保持畅通的信息交流,将会使你的管理如鱼得水,以便及时纠正管理中的错误,制定更加切实可行的方案和制度。

10.1 沟通概述

10.1.1 沟通含义

所谓沟通是指信息从发送者到接受者的传递过程,它是一种有目的、有意义的互动过程。

所谓沟通是指将某一信息(或意思)传递给客体或对象,以期取得客体作出相应反应效果的过程。根据这一概念,沟通包含着以下 3 个含义。

(1) 沟通是双方的行为,而且要有中介体。其中"双方"既可以是"人",也可以是"机"。这里主要阐述"人"与"人"的交流形式,并把着重点放在组织内部的信息沟通上。这是领导工作的重要组成部分。

(2) 沟通是一个过程。沟通过程指的是信息交流的全过程。人际之间的沟通过程可以分为六步:信息发出者把所要发送的信息按一定程序进行编码后,使信息沿一定通道传递,接收者收到信息后，首先进行译码处理，然后对信息进行解读，再将收到信息后的情况或反应发回信息发出者，即反馈。

（3）编码、译码和沟通渠道是有效沟通的关键环节。用语言、文字表达的信息，往往含有"字里行间"和"言外之意"的内容，甚至还会造成"言者无意，听者有心"的结果。而如果沟通渠道选择不当，往往会造成信息堵塞或信息失真现象，这些因素必须在沟通时加以注意。

10.1.2 沟通的过程

沟通的过程，一般包括7个部分，即沟通信息源、编码、信息、通道、解码、接受者和反馈，见图 10-1。

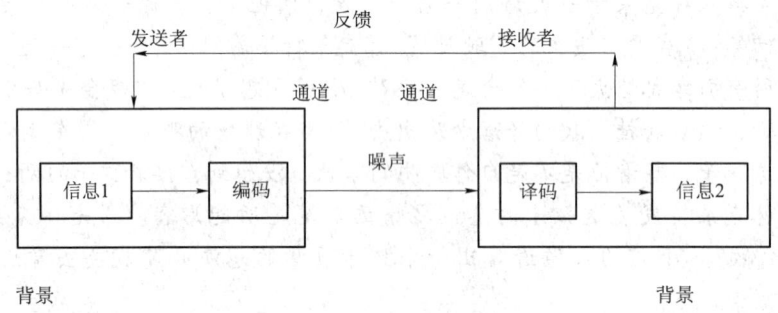

图 10-1 管理沟通过程图

① 发送者必须向接受者传达信息或者需要接受者提供信息；
② 发送者将这些信息翻译成接受者可以理解的一系列符号；
③ 将上述符号传递给接受者；
④ 接受者接受这些符号；
⑤ 接受者将这些符号翻译成具有特定含义的信息；
⑥ 接受者理解信息的内容；
⑦ 发送者通过反馈来了解他想传递的信息是否被对方准确接收。

10.1.3 沟通的作用

沟通不仅是一个人获得他人思想、感情、见解、价值观的一种途径，而且是一种重要的、有效的影响他人的工具和改变他人的手段。在以人为本的管理中，沟通的地位越发重要，管理者所做的每一件事都需要有信息沟通。

沟通的作用可以从信息、情绪表达、激励和控制4个方面去理解。

① 收集信息，使决策能更加合理和有效。沟通的过程实际上就是信息双向交流的过程，主管人员需根据信息作出决策。任何组织的决策过程，都是把信息转变为行动的过程。准确可靠而迅速地收集、处理、传递和使用信息是决策的基础。

② 改善人际关系，稳定员工的思想情绪，统一组织行动。沟通是人际交往的重要组成部分，它可以解除人们内心的紧张等不良情绪，使人感到愉悦。在相互沟通中，人们可以增进了解，改善关系，减少不必要的冲突。

③ 沟通可以通过下面的途径来激励员工。使组织成员明确形势，告诉他们做什么，如何来做，没有达到标准时应该如何改进。目标设置和实现过程中信息的持续反馈和沟通对员工都有激励作用。在沟通的过程中，信息的接收者接受到并理解了发送者的意图之后，一般来讲会作出相应的反应，改变自身的行为。这时沟通的激励作用就体现出来了。

④ 沟通对组织成员的行为具有控制作用。组织的规则、章程、政策等是组织每一个成员都必须遵守的，对成员的行为具有控制作用。而成员是通过不同形式的沟通来了解、领会这些规则、章程、政策的，因此说，沟通对组织成员的行为具有控制作用。

10.2 沟通的类型

10.2.1 按照沟通的表现形式分类

1. 口头沟通

人们最经常采用的信息传递方式就是通过口头交谈。包括开会、面谈、电话、讨论等形式。它的优点是用途广泛、交流迅速，有什么问题可直接得到反馈。缺点是事后无依据，也容易忘记，当一个信息要经过多人传递时，由于每一个人以自己的方式传递信息，到最后信息会失真。

2. 书面沟通

书面文字形式沟通信息的优点是有文字为依据，信息可长久地被保存；若有有关此信息的问题发生，可以进行检查核实；可以更准确地表达信息内容；它可使许多人同时了解到信息，提高了信息传递速度和扩大了信息传递范围。它的缺点是需要花一定的时间来形成文字，用十分钟可讲完的事可能要花半小时才能写好；写得不好会词不达意，影响信息的理解；由于缺乏反馈机制，书面传递难以确知信息是否送达，接受者是否能正确理解。

美国心理学家戴尔（T. L. Dahle）通过比较研究，认为兼用口头与书面沟通的沟通方式效果最好，其次是口头沟通，再次是书面沟通。

其实，口头沟通与书面沟通，各有优缺点。口头沟通的优点在于：比较灵活，简便易行，速度快，有亲切感；双方可以自由交换意见，便于双向沟通；在交谈时可借助于手势、体态、表情来表达思想，有利于对方更好理解信息。但它也有缺点，如受空间限制，人数众多的大群体无法直接对话，口头沟通后保留的信息较少。书面沟通的优点在于：具有准确性、权威性，比较正式，不受时间、地点限制；信息可以长期保存；便于查看，反复核对，倘有疑问可据以查阅，可减少因一再传递、解释所造成的失真。它的缺点是：一上了书面，不易随时修改，有时文字冗长不便于阅读，搞成书面也较为费时。

在管理中，口头沟通与书面沟通都是必不可少的，但用得更多的是口头沟通。通常，传递重要的、需要长期保存的信息，宜用书面沟通。传递一般性的、暂时性的、有关例行工作的信息，以口头沟通更为简便。在班组、科室中，一般来说成员不多，工作场地较为集中，担负的大多是执行性任务，因此，应特别重视口头沟通。

3. 非语言性沟通

有一些沟通既不是通过口头交谈，也不是通过书面文字形式进行的，它们采取的是非语言的形式。身体语言、姿势语及手势等都是非语言沟通的形式。例如通过电子媒体沟通，这种方式可迅速提供准确信息，计算机和录像还可以用很小的空间保存大量的信息。但它的缺点是它的高成本，另外，某些电子媒介如录像等不能提供信息反馈。

语言沟通与非语言沟通通常是交织在一起的，这两个方面配合得越好，沟通的效果也越好。因此在沟通时，要注意保持两者在意义上的一致性，否则，如怒气冲冲地表扬人，嬉皮笑脸地批评人，怒目而视地抚摸，板着脸孔与人打招呼，都会因信息模糊而使对方难以捉摸，影响沟通效果以致招来误会，带来麻烦。

10.2.2　按照沟通的方向分类

1. 上行沟通

上行沟通主要是指团体成员和基层管理人员通过一定的渠道与管理决策层所进行的信息交流。它有两种表达形式：一是层层传递，即依据一定组织原则和组织程序逐级向上反映；二是越级反映。这指的是减少中间层次，让决策者和团体成员直接对话。上行沟通的优点是：员工可以直接把自己的意见向领导反映，获得一定程度的心理满足；管理者也可以利用这种方式了解企业的经营状况，与下属形成良好的关系，提高管理水平。其缺点是：在沟通过程中，下属因级别不同造成心理距离，形成一些心理障碍；害怕"穿小鞋"，受打击报复，不愿反映意见。同时，上行沟通常常效率不佳。有时，由于特殊的心理因素，经过层层过滤，导致信息曲解，出现适得其反的结局。

就比较而言，下行沟通比较容易，居高临下，甚至可以利用广播、电视等通信设施。上行沟通则困难一些，它要求基层领导深入实际，及时了解情况，作细致的工作。一般来说，传统的管理方式偏重于下行沟通，管理风格趋于专制。而现代管理方式则是下行沟通与上行沟通并用，强调信息反馈，增加员工参与管理的机会。

上行沟通一般存在于民主参与式管理的组织中。

2. 下行沟通

管理者通过下行沟通的方式传送各种指令及政策给组织的下层，其中的信息一般包括：有关工作的指示；工作内容的描述；员工应该遵循的政策、程序、规章等；有关员工绩效的反馈；希望员工自愿参加的各种活动等。下行沟通的优点是，它可以使下级主管部门和团体成员及时了解组织的目标和领导意图，增加员工对所在团体的向心力与归属感。它也可以协调组织内部各个层次的活动，加强组织原则和纪律性，使组织机器正常的运转下去。下行沟通的缺点是，如果这种方式使用过多，会在下属中造成高高在上、独裁专横的印象，使下属产生心理抵触情绪，影响团体的士气。此外，由于来自最高决策层的信息需要经过层层传递，容易被耽误、搁置，有可能出现事后信息曲解、失真的情况。

下行沟通一般在实行专制式领导的组织中较突出。

3. 平等沟通

平等沟通指的是在组织系统中层次相当的个人及团体之间所进行的信息传递和交流。在企业管理中，平等沟通又可具体地划分为4种类型：一是企业决策阶层与工会系统之间的信息沟通；二是高层管理人员之间的信息沟通；三是企业内各部门之间的信息沟通与中层管理人员之间的信息沟通；四是一般员工在工作和思想上的信息沟通。平等沟通可以采取正式沟通的形式，也可以采取非正式沟通的形式。通常是以后一种形式居多，尤其是在正式的或事先拟定的信息沟通计划难以实现时，非正式沟通往往是一种极为有效的补救方式。平等沟通具有很多优点：第一，它可以使办事程序、手续简化，节省时间，提高工作效率；第二，它可以使企业各个部门之间相互了解，有助于培养整体观念和合作精神，克服本位主义倾向；第三，它可以增加职工之间的互谅互让，培养职工之间的友谊，满足职工的社会需要，使职工提高工作兴趣，改善工作态度。其缺点表现在，平等沟通头绪过多，信息量大，易于造成混乱；此外，平等沟通尤其是个体之间的沟通也可能成为职工发牢骚、传播小道消息的一条途径，造成涣散团体士气的消极影响。

10.2.3 按照组织的结构分类

1. 正式沟通

指在组织系统内，依据一定的组织原则所进行的信息传递与交流。例如组织与组织之间的公函来往，组织内部的文件传达、召开会议、上下级之间的定期的情报交换等。另外，团体所组织的参观访问、技术交流、市场调查等也在此列。

组织和群体中正式的沟通网络存有 5 种基本形式，它分别是：轮式沟通、Y 式沟通、圆式沟通、链式沟通和全方位式沟通。这 5 种正式沟通形态如图 10-2 所示。

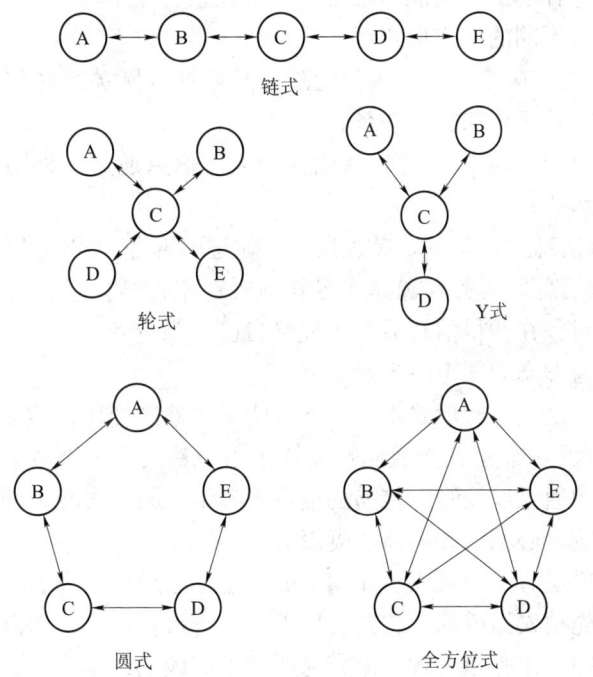

图 10-2 5 种沟通形态图

① 轮式沟通表现出沟通的层次较少，并形成一个沟通网络的中心。因此，位于沟通中心的人物表现出较强的权力特征，通常是组织和群体的领导或管理者。

② Y 式沟通增加了沟通的层次，它集中表现了组织的结构特征。

③ 链式沟通更加突出了沟通的层次性。因此，它除了强调沟通过程中的权力特征外，几乎没有什么益处。

④ 圆式沟通的最大特点是沟通网络中成员的平等属性。

⑤ 全方位式沟通是最为民主、最为畅通的沟通方式。

圆式沟通和全方位式沟通的沟通速度快，由于能获得大量的信息，在处理复杂问题时比其他形式的信息沟通快且失误少。链式、Y式和轮式沟通一般沟通准确性比较好，在处理简单的问题时速度快且失误少。轮式沟通有利于管理者控制各项活动，圆式沟通和全方位式沟通则能较好地满足成员的社交需求。

正式沟通的优点是，沟通效果好，比较严肃，约束力强，易于保密，可以使信息沟通保持权威性。重要的信息和文件的传达、组织的决策等，一般都采取这种方式。其缺点是由于依靠组织系统层层的传递，所以较刻板，沟通速度慢。

2. 非正式沟通

指的是正式沟通渠道以外的信息交流和传递，它不受组织监督，自由选择沟通渠道。例如团体成员私下交换看法，朋友聚会，传播谣言和小道消息等都属于非正式沟通。非正式沟通是正式沟通的有益补充。在许多组织中，决策时利用的情报大部分是由非正式信息系统传递的。同正式沟通相比，非正式沟通往往能更灵活迅速地适应事态的变化，省略许多烦琐的程序。并且常常能提供大量的通过正式沟通渠道难以获得的信息，真实地反映职工的思想、态度和动机。因此，这种动机往往能够对管理决策起重要作用。

非正式沟通有4种不同的传递形式：

① 单线式，一个人传递给另一个人，通过一长串的人际关系来传递信息，而这一长串的人之间并不一定存在着正规的组织关系；

② 偶然式，每一个人都是随机地传递给其他人。信息通过一种随机的方式传播。道听途说就是其中的一种形式；

③ 流言式，是指信息发送者主动寻找机会，通过闲聊等方式向其他人散布信息；

④ 集束式，是指信息发送者有选择地寻找一批对象传播信息，这些对象大多是一些与其亲近的人，而这些对象在获得信息后又传递给自己的亲近者。

这4种非正式沟通形态如图10-3所示。

非正式沟通的优点是，沟通形式不拘，直接明了，速度很快，容易及时了解到正式沟通难以提供的"内幕新闻"。非正式沟通能够发挥作用的基础，是团体中良好的人际关系。其缺点表现在，非正式沟通难以控制，传递的信息不确切，易于失真、曲解，而且它可能导致小集团、小圈子，影响人心稳定和团体的凝聚力。

此外，非正式沟通还有一种可以事先预知的模型。心理学研究表明，非正式沟通的内容和形式往往是能够事先被人知道的。它具有以下5个特点：第一，消息越新鲜，人们谈论的就越多；第二，对人们工作有影响者，最容易招致人们谈论；第三，最为人们所熟悉者，最多为人们谈论；第四，在工作中有关系的人，往往容易被牵扯到同一传闻中去；第五，在工作上接触多的人，最可能被牵扯到同一传闻中去。对于非正式沟通这些规律，管理者应该予以充分注意，以杜绝起消极作用的"小道消息"，利用非正式沟通为组织目标服务。

现代管理理论还提出了一个新概念，成为"高度的非正式沟通"。它指的是利用各种场合，通过各种方式，排除各种干扰，来保持他们之间经常不断的信息交流，从而在一个团体、一个企业中形成一个巨大的、不拘形式的、开放的信息沟通系统。实践证明，高度的非正式沟通可以节省很多时间，避免正式场合的拘束感和谨慎感，使许多长年累月难以解决的问题在轻松的气氛下得到解决，减少了团体内人际关系的摩擦。

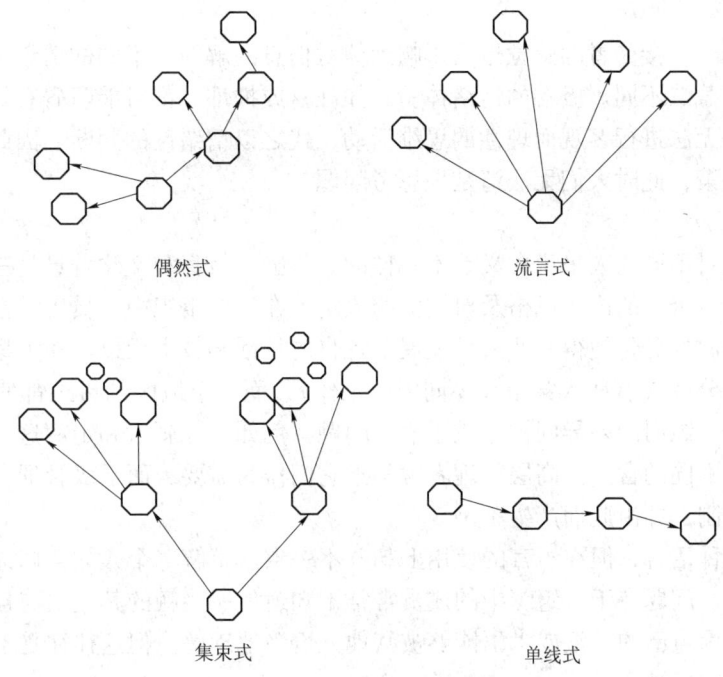

图 10-3 4 种非正式沟通形态

非正式沟通是非正式组织的副产品,它一方面满足了员工的需求,另一方面也补充了正式沟通系统的不足。非正式沟通带有一种随意性与灵活性,并没有一个固定的模式或方法,只有靠管理者在处理日常人际关系时灵活运用即可。

10.3 沟通管理

10.3.1 有效沟通的障碍

1. 过滤

指故意操纵信息,使信息显得对接受者更为有利。例如,管理者所告诉上司的信息都是他想听到的东西,这位管理者就是在过滤信息。

过滤的程度与组织结构的层级和组织文化两个因素有关。在组织等级中,纵向层次越多,过滤的机会也就越多。组织文化则通过奖励系统或鼓励或抑制这类过滤行为。如果奖励越注重形式和外表,管理者便越有意识按照对方的品位调整和改变信息。

2. 选择性知觉

在沟通过程中,接受者会根据自己的需要、动机、经验、背景及其他个人特点有选择地去看或去听信息。解码的时候,接受者还会把自己的兴趣和期望带进信息之中。如果一名面试主考认为女职员总是把家庭的位置放在事业之上,则会在女性求职者中看到这种情况,无论求职者是否真有这种想法。他们不是看到事实,而是对他们所看到的东西进行解释并称之为事实。

3. 情绪

在接收信息时，接受者的感觉也会影响到他对信息的解释。不同的情绪感受会使个体对同一信息的解释截然不同。极端的情绪体验，如狂喜或抑郁，都可能阻碍有效的沟通。这种状态常常使人们无法进行客观而理性的思维活动，代之以情绪性的判断。因此最好避免在很沮丧的时候作决策，此时人们无法清楚地思考问题。

4. 语言

同样的词汇对不同的人来说含义是不一样的。年龄、教育和文化背景是三个最明显的因素，它们影响着一个人的语言风格及对词汇的界定。在一个组织中，员工常常来自于不同的背景。另外，横向的分化使得专业人员发展了各自的行话和技术用语。在大型组织中，成员分布的地域十分分散（有些人甚至在不同国家工作），而每个地区的员工都使用该地特有的术语或习惯用语。纵向的差异同样造成了语言问题。例如，像刺激和定额这样的词汇，对不同的管理层有着不同的含义。高层管理者常常把它们作为需要，而下级管理者则把这些词汇理解为操纵和控制，并由此而产生不满。

可能同说一种语言，但在语言的使用上却并不一致。了解每个人如何修饰语言将会极大地减少沟通障碍。问题在于，组织中的成员常常不知道他所接触的其他人与自己的语言风格不同，他们自认为自己的词汇或术语能够被其他人恰当地理解。但这往往是不正确的，而且导致了不少沟通问题。

5. 非言语提示

非言语沟通是信息传递的一种重要方法。非言语沟通几乎总是与口头沟通相伴，如果二者协调一致，则会彼此强化。例如，上司的言语告诉你他很生气，他的语调和身体动作也表明很愤怒，于是你推断出他很恼火，这极可能是个正确的判断。但当非言语线索与口头信息不一致时，不但会使接受者感到迷茫，而且信息的清晰度也会受到影响。如果上司告诉你她真心想知道你的困难，而当你告诉她情况时，她却在浏览自己的信件，这便是一个相互冲突的信号。

6. 听而不闻和判断草率

有些人喜欢在别人谈话当中突然插进一些不相干的话题，原因之一是这些人脑子里正在想着自己的问题，如维护以我为中心的地位，或者使别人对自己有个好印象，等等，而根本没在听别人的谈话内容。

聆听别人谈话需要注意力集中和自我约束。也就是说，要避免过分急于对别人的话作出评价。一般的倾向是急于要对别人的话作出判断，表示赞同或反对，而不是设法了解谈话者的基本观点。然而，不带评判地聆听别人的谈话有时却能提高组织的效能。例如，以同情的态度聆听别人的谈话，可以更好地加强职能部门之间的了解（像销售人员能够更好地了解生产人员的问题）。

10.3.2 有效沟通的原则

信息的生命在于传递。因此，要有效地管理信息沟通，必须在信息沟通过程中遵循以下原则。

1. 信息传递要贯彻多快好省的原则

所谓多，是就数量而言，即在单位时间内传递的信息数量要多。快是就速度而言，即信息传递要迅速、及时，一条很有价值的信息，如果传递速度过慢，就可能变得毫无价值。好是就质量而言，即要消除信息传递中的种种干扰，保持信息的真实性。省是就效益而言，要求在较短的时间内，花较少的费用，传递尽可能多的信息。在信息传递中，这几方面互相联系，互相制约，要加以协调。

2. 传递信息要区分不同的对象

这一方面是指在传递信息时的目的性，另一方面又指信息传递的保密性。信息是有价值的，但是，价值的大小却因人而异，同一信息对不同的人价值不同。因此，要注意信息传递的目标，确保信息的效用。要研究不同对象的不同需要，追踪信息接受者的视线所向，保证信息传递的质量，减少无效劳动。此外，在提高信息传递的针对性时，也要注意信息的适用范围，考虑到信息的保密度，防止信息大面积扩散、泛滥，给员工造成不必要的心理负担，影响团队士气。

3. 要适当控制信息传递的数量

在管理中，由于分级主管部门的角色不同，每个团体成员所考虑的问题不同，因此，在信息传递时，要适当注意量的控制。这就是说，应该让下级知道的信息必须尽快传递，适用范围有限的信息则力求保密。在这方面，要注意两种倾向：一种是信息过分保密的倾向。同行各企业、各部门或同班组的员工之间相互保密，妨碍了彼此了解和相互协调。有些本应共有的信息材料，由于人为地保密，结果没有向下级部门及时传达，从而使信息阻塞，出现了无端猜疑，影响了个人社会需求的满足；另一种是随意扩散信息的倾向。在传递信息时，不考虑信息的保密程度，不选择信息传递的对象，将所收集的信息随意扩散，导致信息混乱。对于管理者来说，也要注意信息的审查与清理，不能将所有信息全部捅到会议上，增加会议负担，引起心理疲劳。总之，这两种倾向都会导致谣言和小道消息，不利于组织的团结，影响团队士气和工作效率。

4. 要控制使用直接传递与非正式渠道

所谓直接传递就是越级传递，撇开管理信息系统，使沟通双方直接对话。在管理中，不能过多采用这种方式，但在某些特殊情况下可以控制使用。例如：第一，为了迅速处理管理中的重大问题；第二，由于上级主管部门官气严重，会妨碍时效；第三，时效性特别强的信息需要立即向决策者汇报；第四，涉及个人隐私，需要保密的材料等。有些企业设立总经理接待日、总经理信箱就是为了减轻沟通者的心理压力，以便对信息传递进行控制。对于向下沟通渠道来说，有些管理者往往坚持把信息直接送达需要它的部门，并实行"反馈"制度。对于非正式沟通，也应实施有效的控制，因为虽然在一些情况下，非正式沟通往往能够达到正式沟通难以达到的效果，但是，它也可能成为散布谣言和小道消息的渠道，产生副作用。对信息沟通的控制是一门管理艺术，也是改善经营管理的重要一环。管理者要提高管理水平，必须做好信息沟通的控制和管理。

5. 在信息加工处理过程中也需要信息反馈

这是确保信息准确性的一条可靠途径。这种反馈要求是双向的，即下级主管部门经常给上级领导提供信息，同时接受上级领导的信息查询。上级领导也要经常向下级提供信息，同时对下级提供的信息进行反馈，从而形成一种信息环流。一般来说，无论什么信息，在加工处理时，都需做出反馈，只是方式可以不同。有实际价值的信息可以进行决策，采取行动；没有实际价值或暂时用不上的信息必须及时答复，加以反馈。一条简单有效的控制办法是要把信息加工处理的情况定期反馈给信息提供者。这样做，一方面可以提高针对性，减少信息提供部门的盲目性，另一方面可以加强信息发送者和接收者之间的心理沟通，提高团队士气，调动员工参与管理的积极性。

10.3.3 做好沟通管理

1. 管理人员应先塑造自己的管理威信

一个值得信赖与尊重的管理者，无疑会在沟通过程中去除先天的障碍。

2. 尊重组织伦理

一个组织犹如一个人的身体，各部门各就各位，各司其职，不越权，不推责，沟通困难时以大局为重。

3. 构建沟通管道

组织在人数不多时，领导可以用感情在日常工作中与员工维持关系，但是等到组织规模日益扩大，员工愈多，上级领导与所属员工的距离愈来愈远，此时应以沟通来代替维系，除了应用现有的组织渠道外，也应适当地应用组织之外的沟通渠道。

① 组织渠道：部分主管应扮演起部门老板的角色，经常与所属员工亲近。

② 组织：公司设置员工意见箱。员工反映可不通过正式组织，直接投诉"员工意见箱"。

4. 建立工作感情

部门内、部门间平时相互关心、相互协助，自会建立工作感情，遇事须协调沟通时，一沟即通，毕竟"沟通并非谈判。"

5. 沟通技巧

（1）能听话：不随意打断对方的话，要听懂别人的想法。

（2）能赞美：沟通对象的话，有道理的地方，应适度予以赞美。

（3）能心平气和：沟通双方遇到意见不一的时候如无"平心静气"的心理准备，沟通起来就易于"斗气"。

（4）能变通：解决事情的方案绝对不止一个。

（5）能清楚说明：例如，"某地块有一英亩"，听的人不见得清楚，再加以解说，一英亩大约等于一个足球场，从来没去过足球场的人可能还不清楚，那就再举例说好像我们会议室的多少倍大。

（6）能幽默：有一次，美国总统里根打电话给众议院议长，他说："依神的旨意，你我为敌，只能到下午六点，现在是下午四点，我们就把它假装现在是六点，好不好？"一句话，就解决了彼此沟通的障碍，多高明啊！

（7）语言的注意点

① 要用描述性的语言而不用判断性的语言。

判断性的语言：你怎么做出这么愚蠢的事情来。

描述性的语言：你能解释一下为什么会这样吗？

用描述性语言的管理者显示出分析问题和解决问题的愿望，而不是找一只替罪羊，也不是要机会来贬低员工。

② 采取支持性的态度而不是权威性的态度。

权威性的态度：我们要这样做才能准时完成任务。

支持性的态度：要准时完成任务，你建议我们做些什么？

这种做法使双方都能更好地倾听彼此的看法，而且让员工感受到这样一种氛围：这里不但可以接受不同的看法，而且还欢迎不同的看法。

③ 谈话要反映平等而不是优越

显露优越性的语言：在你出生以前我就是这样做的。

体现平等性的语言：我们一直都这样做，但是我想听听你的意见，看我们怎样才能做得更好。

人们更愿意与他们分享看法，与愿意征询他们意见、倾听他们看法的人进行交流。

④ 接受他人的建议，而不是独断专行

独断专行的语言：这是最好的解决方法。

接受意见的语言：这是我所能想到的最好的解决方法，你看还有什么别的办法吗？

若采取独断专行的态度等于告诉对方根本没必要听取他们的意见和建议；等于告诉对方说事情早就已经决定好了，使得本来有些想法和想要做得更好的人丧失士气。

10.4　组织冲突

10.4.1　组织冲突的一般原因

组织冲突的诱因：

1. 组织结构因素

① 专业化：当工作高度专业化时，员工们都成为某项任务的专家。如，在一个软件公司里，有一位数据专家，一位统计程序包专家和一个负责专家系统的专家。高度专业化的分工可能导致冲突，因为人们几乎不了解其他人完成的工作。

一个经典的专业化冲突是销售人员与工程师之间的冲突。工程师是技术专家，负责产品的设计和质量。销售人员是营销专家，负责联络顾客。工程师经常抱怨他们无法按照销售人员向顾客承诺的送货期完成工作。因为关于如何设计现实可行的送货期限，销售人员缺乏必要的技术知识。

② 相互依赖：有相互依赖性的工作，要求群体或个体在另外一个群体或个体完成目标的基础上继续自己的工作。如果工作流程顺利，那么以他人的工作行为为基础来展开工作是很好的。但如果出现问题，那么当事人会容易指责对方，这样就会产生冲突。例如，在一个制衣工厂中，如果裁剪布料的工作落后了，缝衣服的工人也会被耽搁。缝纫机前的工人，看到裁剪工的缓慢节奏耽误了他的工作，就会感到万分沮丧。

③ 共用资源：任何时候，多个个体或群体都要共用一些资源，这也有可能产生冲突。当共享的资源比较稀缺时，这种可能性就更大了。秘书是经理们共享的一种资源。一位秘书同时服务 10 个或更多经理的现象非常普遍。这些经理都认为自己的工作是最重要的。这就会给秘书们制造压力，就会导致在工作的优先安排上产生冲突。

在企业中，竞争的资源主要有以下几种。

金钱——这是目前争夺最激烈的一种资源。例如工资、奖金、福利、投资额、贷款，等等。

物质——例如设备、原材料、工具、汽车,等等。

空间——例如厂房、办公室、住房,等等。

时间——主要指高层管理人员的时间,因为这是个常数,许多中下层管理人员和员工为了争夺高层管理人员的时间而引起冲突不在少数,谁争夺的时间多,谁就受到重视。

人才——这是企业未来争夺的重点,谁拥有人才,谁就能立于不败之地。但是人才的定义在不同组织中会有变化,因此人才的争夺会更加复杂多变。

④ 目标差异:当工作群体具有不同目标时,这些目标可能是不一致的。如,在某个有线电视公司,销售人员的目标是尽可能多地销售新型装置。这样就会增加服务部门的负担,因为他们的目标是及时地安装这些装置。随着销售额的增加,服务部门的工作量翻倍,许多订单被延迟。这些冲突的产生,都是因为个体不了解其他部门的目标。

⑤ 职权关系:传统的老板—员工关系让人们想起等级式的结构,或是让人们感觉到老板比员工优越。对于大多数员工来说,这种关系是一种不舒服的关系。因为其他个体有权力命令他做什么或不做什么。有些人讨厌权威甚于其他人。很明显,这就会导致冲突。此外,有些老板比一般人还要独裁,这也有可能导致关系冲突。当组织朝着团队或授权的方向发展时,职权关系导致的冲突的可能性就会下降。

⑥ 地位矛盾:在有些组织中,管理人员和非管理人员之间存在着明显的地位差异。管理者享受着某些特权,如弹性的工作时间、个人电话及较长的午餐时间。但是,非管理人员是无法享受这些待遇的,这有可能导致怨恨和冲突。

⑦ 管辖权限的模糊:在一个组织内部,责任界限不清楚,当发生了一件无法界定责任的事情时,员工们就会倾向于"推卸责任",或者避免接触这一问题。这样,关于问题的责任就产生冲突。

2. 个人因素

(1) 技术和能力:员工队伍是由具有不同技能水平的个体构成的。技能的多样化对于组织来说,可能是一种积极的因素,但是也具有冲突的可能性,特别是当相互间有较强的依赖性时。熟练的、胜任的员工会发现,他们很难与那些缺乏技能的新员工一起工作。刚从大学毕业的新老板,只知道如何管理员工,却一点也不熟悉员工工作所需要的技术。对此,员工也会感到不满。

(2) 个性:当员工走进工厂大门时,他们并不会把他们的个性留在门外。个性冲突在组织中是非常现实的。你也许会有这样的期望,你将会喜欢所有的同事,所有同事也将会喜欢你。这样的想法是非常幼稚的。如果许多人都感觉无法适应某人的个性,那么这种个性就是使人讨厌的。使人讨厌的人会忽视工作的人际关系方面,会忽视同事的感觉。这类个体通常是成就导向型的,他们通常会努力工作。但是,他们的完美主义和批判的风格使别人感觉不到自己的重要。这种风格制造了紧张和压力。

(3) 观念:观念的差异也会导致冲突。管理者所接受的观念,不一定能够激励员工。就人员激励来说,如果管理者与员工之间没有共同的观念,那么报酬体系就会产生冲突。通常,管理者认为员工需要什么,他们就向员工提供什么。但是,那不一定就是员工所希望的。

(4) 价值观与道德观:价值观与道德观的差异也是冲突的根源。如,老员工非常看重对公司的忠诚度。他们即使真的生病了,也不会休病假。新员工则追求流动性。他们喜欢"心理健康日"这些概念,他们会打电话请病假,逃避工作。也许并非所有的员工都是如此,但这至少说明,价值观的差异可以导致冲突。

在企业中,由于价值观与利益的差异而引起的冲突也屡见不鲜。这些差异主要发生在以下群体之间。

① 职能部门之间

例如:工程部门希望有高质量的产品,而生产部门主要考虑以低成本来制造产品;生产部门希望有高质量的原材料,而采购部门主要考虑预算够不够;销售部门希望有好产品使客户满意,而产品设计部门主要考虑是否合算。

② 管理当局与员工之间

例如:管理当局希望多生产优质产品、增加销售量、提高利润率。使本公司股票增值,吸引更多的股东来投资;而员工主要考虑提高工资、增加福利待遇,降低劳动强度。

③ 员工之间

老工人与年轻工人、中国员工与外国员工、本地员工与外地员工、男员工与女员工、高层员工与基层员工、高学历员工与低学历员工、白领员工与蓝领员工,在价值观和利益方面都有许多差异,进而会引起冲突。

(5) 情绪:其他人的情绪也可能是工作中冲突的来源。家庭中的问题也可能波及工作场所。这样的情绪,别人可能很难应付。

(6) 沟通障碍:诸如空间距离和语言这些沟通障碍,可能导致信息的误解,也可能导致冲突。另一种沟通障碍是价值判断。听众在接受一条信息之前,他就会进行价值的判断。假设某个团队成员是一个持续性的抱怨者。当这位员工走进管理者的办公室,在他还没有发出信息时,管理者可能已经贬低了这条信息的价值,于是冲突产生了。许多其他类型的沟通障碍也会导致冲突。

(7) 文化差异:通常,这种冲突是因为对其他文化缺乏理解。

我们对冲突发生原因的分析从3个方面来解释。

3. 相互依赖性——冲突形成的客观基础

相互依赖性指的是两个主体之间的一种相互作用,其中一方任务的完成依赖于另一方任务的成功进行。它也反映了在任务完成过程中,某个人依赖于或受其他人支持的程度。研究人员认为,当任务间的相互依赖加强时,必然会相应地增加了相互间的协作、信息沟通和保证行动的相互调整,而这些又会导致大量的不确定性因素。

相互依赖性是专业化和社会分工的结果。越来越复杂的社会环境和高精技术要求,使得人们几乎不可能独立地发挥作用完成组织的目标要求,而只能扮演分工以后的较为专业化的某一具体的角色。于是组织目标的实现,乃至本职工作的完成都是大家相互合作、协调行动的结果,即为了实现自己的目标,大家彼此之间必须相互依赖。如销售人员为了满足顾客的购买欲望,必须依赖于生产人员及时交付高质量的产品,这是组织内部各团体间的依赖性;企业为了生产出优质低价的产品,又必须依赖于原材料供应商提供合格优质的原材料,这是组织之间相互依赖的关系。正是这种相互依赖性提高了对对方行为进行控制的可能性,使冲突的发生成为可能。

相互依赖性之所以成为冲突的基础,是因为相互间的依赖即意味着对对方拥有一定的权力（从定义就可以看出），如正式的职权、对某项资源的控制权、某方面的专业知识或其他的权力等。而冲突是与权力分不开的。从组织的角度来看，冲突的产生往往是一方滥用权力的结果，或者是在采用手段方面滥用权力，或者是在欲达到的目的方面滥用权力。

我们可以按照双方相互依赖的程度，把组织中的依赖关系分为3种形式。

① 间接依赖

间接依赖是指双方之间没有直接关系，而是通过第三者的作用才发生的依赖关系，如双方共同依赖于竞争性资源，一定的共同目标，一定的人力、财力、物力、时间等，于是，双方都不具有对对方的权力。例如，某一公司设在两个不同地区的销售部门或分支机构，彼此之间似乎没有任何联系，但组织的兴旺需要双方的共同努力，而且双方共同依赖于组织的资源，于是双方通过第三者——组织的资源和目标发生了依赖关系。如果双方通过组织的目标发生依赖，那么双方的利益具有一定的一致性，引起冲突的可能性就比较小，当然也不排除因使用手段上的分歧而发生冲突；如果双方共同依赖于组织的资源，则必然引起分配性矛盾——总量一定时，分配比例此消彼长，那么冲突发生的可能性就比较大，也难于管理。

② 单向依赖

所谓单向依赖是指某一方单方面地依赖于另一方，或者是其中一方的产出是另一方的投入。如果为了实现自己的目标，甲方单方面地依赖于乙方，而乙方对甲方又无所求，这时双方极易发生冲突。因为乙方对甲方有绝对的权力，而甲方没有任何权力，权力的不对等是单向依赖的最大特点。例如，某些工厂的质量控制系统就是如此，生产工人高度依赖于质检员——质检员具有对其工作进行评价的权力，而质检员却无求于工人，于是工人极易产生反抗情绪，甚至发生冲突。组织中的单向依赖通常表现为：① 作业过程中后一环节对前一环节在时间、业务上的依赖——顺序依赖，如工厂中装配车间对零部件车间的依赖；② 对前道工序质量的依赖——质量上的工作依赖，如彩印工厂里成品车间对其前道工序（印刷车间）在质量上就存在着一种依赖关系；③ 对某方面具有专长的专家的依赖——知识依赖，如管理人员对参谋人员和有关法律顾问的依赖等。一般来说，单方依赖更容易引起冲突，对它的管理得视不同的情况选择不同的办法。

③ 双向依赖

双向依赖是指双方之间存在着一种逻辑循环的关系，即双方的产出互为对方的投入。于是，双方在权力上是对等的，可以互相影响控制对方的行为。可见，权力的对等性是双向依赖的最大特征。如生产人员与销售人员之间的关系，一方面销售人员为了满足顾客的需要，必须依赖于生产人员及时生产出高质量的产品；另一方面生产人员又依赖于销售人员适时地提前拿到订单，以作好生产计划安排。双向依赖引起的冲突潜力最大，但它同时又具有减少冲突的趋势——双方为了各自的利益在相互作用过程中存在着进行协调的可能性。双向依赖导致冲突的管理关键在于在以上两种趋势之间求得一种平衡，充分利用其共同利益的一面，相互作用，共同努力，以形成一种"良性循环"，实现共同兴旺的目标。

相互依赖关系暗示，一个人行动的结果会受到其他人的影响。正是这种相互依赖性充当了冲突的催化剂，如果一方的行动妨碍了另一方的目标的实现，那么冲突就会产生。但是，并不是说相互依赖性就一定会导致不可避免的冲突发生。事实上，相互依赖性不直接引起冲突，只是引起组织冲突的必要条件，而不是充分条件，冲突是否发生还得取决于其直接原因——彼此差异性。

4. 彼此间的差异性——冲突形成的直接原因

冲突产生的直接原因可以归为彼此之间的差异性。具有一定的相互依赖关系的双方，差异性越大（彼此之间对于要做什么、由谁来做和怎么做等问题），越难达成一致的协议。但由于相互依赖的关系的存在使得双方又不能置彼此之间的差异性于不顾，于是这些彼此间的差异性必然伴随着一定的意见、分歧，导致冲突的最后发生。

组织中主要存在以下几种差异性。

（1）信息差异。

信息差异是指双方所获得的信息、了解的事实之间的差异。任何一项决策或选择活动都要经过信息的收集、可行方案的设计和方案的选择几个阶段。其中，信息的收集是决策活动的第一步，它将为整个决策过程提供各种有用的信息，整个决策活动就是建立在信息搜集的基础之上的。但由于各种原因双方获得的信息可能存在差异：

① 信息来源的渠道不同。组织中的信息有不同的来源渠道，有自上而下的信息，也有从下往上的信息，还有同级之间传递的信息。有正式渠道的信息，也有非正式渠道的信息等。不同的来源渠道的信息会有很大的差异，如果双方不进行沟通、交流，信息差异就永远存在。

② 信息的非对称性。指双方中有一方掌握着某些"私有信息"，这些信息只有他自己了解，而另一方则不了解。其"私有信息"可能是由于一方的特殊地位所致，也可能是由于一方具有某方面的专业知识、技术专长而获得。

③ 信息传递过程中的偏差遗漏。信息在传递的过程中往往要经过较多的层次，每个层次的领导都会对信息进行一定的筛选、解释，难免会发生一定的偏差和遗漏现象。

④ 信息处理方式的不同。在组织中传递的信息有时只是一个简单的事实，人们必须对它进行一定的处理，但由于处理方法、手段选择上的差别，也会导致信息差异，特别是有的处理方式只停留在表面，没有透过现象看清本质。

（2）认识的差异。

即使收集的信息完全相同，双方由于各种原因也会有不同的结论，因为双方存在认识上的差异。

① 双方的背景不同。团体中的成员都有着不同的背景——受教育程度、家庭出身、价值观念等，当他加入某一团体时，原来的背景不可避免地会影响他考虑问题的方法，导致认识上出现差异。

② 各个部门的文化不同。在长期的共同生活中，组织中的不同部门会形成自己独立的相同的文化观念、标准，即部门文化，而不同部门对同一问题的认识必然会受到其部门文化的影响。

③ 双方的地位的不同。双方所处的不同的地位使双方看问题的角度不同，人们通常认为，高层管理者是从全局、整体利益出发，各部门管理者往往从各自的、局部的利益出发考虑问题，作出判断。

④ 不同的观念。由于个人的经验和期望的不同，每个人看或想问题的方法就不同。因为他们的观念对他们是真实的，而且他们认为自己的观念与别人的观念是平等的，没有认识到其他可能对同一事物或事件持相反的观念。如果员工没有学会从其他人的角度来看问题，那么冲突就会发生。

(3) 目标要求的差异。

相互依赖的双方各自的目标有时不一致，存在一定的差异，其原因主要有以下几点。

① 由企业组织结构决定的。企业通过一定的横向和纵向的分工形成了一定的组织结构，处于组织结构中的不同位置的部门执行不同的职能，就有着不同的目标和任务。如生产部门负责产品的生产，销售部门保证销售等，这种由专业化和分工形成的不同部门有着不同的目标是天经地义的事。

② 各部门的本位主义使得次级单位目标内化。为了保证组织整体目标的实现，人们给各个部门确定了不同的次级目标。但有的部门从自己的利益角度出发，片面强调自己的目标，而忽视了组织的整体目标和其他部门的目标，致使次级单位目标内化，于是造成与其他部门间目标的差异。

(4) 角色差异。

组织中不同的角色有不同的任务，而不同的任务往往就埋藏着冲突的根源。在一般企业中，以下的角色相互之间较易引起冲突。

① 生产—销售

生产部门和销售部门之间的角色不同会引起很多矛盾与冲突。生产部门指责销售部门销售乏术，生产出来的产品销不掉，要货时又不提前通知。销售部门指责生产部门生产出来的产品质量低劣，顾客要的产品不生产，生产出来的产品顾客又不需要。

② 财务—其他

财务部门在许多企业中几乎扮演着警察的角色，当一些部门花钱太多、预算不合理、报销不符合手续，财务部门都会提出警告或干脆抵制。因此，财务部门和其他部门很容易发生冲突，甚至有些领导者认为，如果财务部门和其他部门没有冲突，则说明中间有问题了。

③ 生产—质检

生产部门和质量检验部门也是一对众所周知的"死对头"。生产部门老是埋怨质检部门太挑剔，故意过不去，而质检部门老是指责生产部门只重视产量，不重视质量。

④ 销售—市场

销售部门和市场部门关系很密切，但冲突也很多。有时销售部门责怪市场部门是吃干饭的，每年花了大量资金但对销售没一点帮助。而市场部门则指责销售部门员工素质太低，不懂销售技巧。

⑤ 一线—后勤

一线部门和后勤部门也常常容易引起冲突。一线部门指责后勤部门服务不周到，工作太轻松。而后勤部门则责怪一线部门要求太苛刻，看人挑担不吃力。

组织中的个人都充当着不同的角色，并按照角色的要求而行动；但是个人的角色差异也会引起冲突。

(1) 角色期望与个人能力相矛盾。由于任务的错误指派、角色要求不足或过度等原因，使组织中角色的要求会同个人的个性、能力、要求等相矛盾，即个人承担了不合适的角色，于是导致个人遭受挫折，感到压力，形成严重的个人思想斗争——内心冲突。

(2) 角色期望与个人行为相矛盾。角色期望说到底就是对充当某一角色的人的行为的期望，但充当角色的人的行为有时与期望严重不符，特别是当一方一味地以自己的价值观和愿望来期望对方的行为时，不可避免地会产生一种冲突力。这种期望与行为间的矛盾在组织与组织、组织与个人之间也存在。

（3）角色期望不相容。角色期望不相容有两种情形：一种情形是角色期望互相排斥，如工厂里处在夹层里的班组长，上级管理人员对他的角色期望是严格管理，提高工作效率，而以前的同伴——现在的工人对他的角色期望是关心其生活，大家和气一团，显然这两种角色期望是不相容、互相排挤的；另一种情形是角色不能同时实现，如企业的一个领导者往往有着人际关系方面、信息方面、决策方面的多种不同角色，但其时间是有限的，显然这些角色期望不能同时实现。可见，对时间的竞争是角色期望不能同时实现的最大特征。

从上面的分析可知，具有相互依赖关系的个体，在上述差异存在并达到一定程度时，必然会导致组织冲突。

5. 内在机制不完善——冲突形成的推动力

（1）信息沟通不善。

彼此间存在差异，而又相互依赖的主体之间，如果能够顺利地进行信息交流，相互理解，那么相互冲突的机会就比较少。然而，在任何组织里都存在大量的不利于信息沟通的因素，如选择性注意、信息过分负载、参考框架的差异、职位的差异、聆听技巧贫乏等，这些因素无形中增加了相互之间产生冲突的可能性。

（2）资源的稀缺性。

任何组织都必须依靠外部环境所提供的资源而存在，由于资源具有稀缺性的特点，所以，组织的活动必然会受其制约，当两个或两个以上的主体同时依赖于组织的稀缺资源时，双方之间极有可能因为如何分配资源而发生一些冲突。

（3）内部奖励制度不当。

为了激发员工的积极性，组织内部往往会制定一定的奖励或惩罚制度，把员工的行为与组织最终绩效结合起来。但是，这种看似天经地义的制度有时却充当了冲突产生的推动力之一，特别是当奖励制度针对个人努力而不是整体绩效，针对个别团体而非整个组织时，在客观上更容易导致冲突的产生。因为，这时个体行为被看作是完全独立的，而事实上，团体的行为都是相互依赖、相互联系的。所以，一个群体往往会认为，在必要时，可以牺牲其他群体的利益来实现自己的目标，当大家都这么做时，必然会导致冲突的产生。

（4）作为激励手段的竞争机制。

很多管理者认为，在工作中必须引入大量的竞争，只有这样才能刺激员工努力工作，其基本原理是：人在有压力时将会生产出更多的产品，即劳动效率更高。于是，在现代企业里，几乎每个部门、每个岗位都让人感受到了一定的竞争压力，似乎自己随时都会有被解雇的可能，那么，这种做法是否合理呢？研究表明，群体之间的竞争常常导致群体间冲突的增加，生产率却没有明显的提高；更为严重的是，两个相互依赖的群体之间的竞争反而会使效率下降。

（5）外部环境发生变化。

外部环境的变化也会促进组织内部冲突的发生。随着环境的不确定性和复杂性的增加，以及竞争的日趋激烈，组织及其中的各个部门的压力也越来越大，必然在组织中产生一定的冲突。此外，在全球化的大趋势下，国际环境对企业的影响已经越来越重要，文化差异引起的冲突已经不容忽视。

（6）特定的事件——引发冲突的导火线。

冲突，特别是非现实性冲突的发生，往往与特定的事件有关，这特定通常称为"导火线"。引发冲突的导火线可能是一件微不足道的琐事,也可能仅仅是一句话,但它反映了冲突双方在长期的相互作用过程中积累下来的被忽视的紧张或敌意猛烈爆发。

(7) 职责不清

在许多企业中,由于没有工作分析,或工作分析进行得不好,常常容易出现职责不清的情景,这时就容易产生冲突。

① 互相推诿

由于职责不清,许多工作没人做,一旦出了事故则互相推诿。例如:送传真件,平时门卫老章送过,办公室小林送过,其他人也送过。但是有一天,一份重要传真件遗失了,使公司失去一笔很大的生意。经理找老章,老章说,可能是小林送的;经理找小林,小林说,可能是其他人送的。冲突由此而起。

② 互相插手

由于职责不清,许多工作大家抢着干;决定由一个人或一个部门去干时,其他人或其他部门则愤愤不平。冲突也产生了。例如:公司要组织一次促销活动,经费100万元。销售部门说是他们的事,该由他们来组织;市场部门说是他们的事,该由他们来组织。结果总经理决定由市场部门去干,但造成的冲突使销售部门不好好配合,结果这次促销活动成效甚微。

10.4.2 冲突的影响作用

由上述冲突在组织中所引起的个人的、部门之间的各种变化,以及冲突双方所采取的各种行动,我们可以知道冲突对组织的影响可能是积极的,也可能是消极的,前者被称为建设性功能,后者则被称为破坏性功能。

1. 冲突的积极影响作用

可以说,勒维斯·科塞是第一个真正意识到并对冲突的积极影响作用进行详细论述的社会学家,他的《社会冲突的功能》一书重点讨论的就是冲突的潜在积极作用。

科塞认为组织内的冲突具有以下一些积极作用。

(1) 对社会和群体具有内部整合功能。

关于冲突对群体的聚合功能,科塞的论述集中在如下几个方面。

① 冲突有助于建立和维护社会或群体的身份和边界线,并维护社会或群体与周围社会环境的界限。也就是说,一旦冲突发生,社会学者关注的我们就与其他群体明显地区别开来。

② 群体间发生冲突时,可以促进群体内部的团结。这时,群体对内部的纠纷与分裂的容忍可能会减少,而对于遵从与一致的强调可能增强。群体内的异己分子不再被容忍,如果他们不能与群体保持一致的话,他们就可能被驱逐或受到严格控制。群体的内部团结和整合程度随着对外群体的敌视和冲突程度的增加而增强。反之,当群体间没有冲突威胁时,群体内就可能减少凝聚力与一致性。这种功能,往往被有意识地加以利用。例如,种族偏见,就是利用群体间冲突加强群体内团结的一种做法。民族间的战争,通常能激起高度的民族主义与爱国热情。有些群体就依靠同外群体的冲突来维持自身的存在及其界限。

③ 虚构的"冲突"对群体具有"聚合"的功能,即通过反对外部或内部"威胁"使社会或群体"聚合"起来。托马斯曾经提出一个著名的论断:如果人们假定他们的处境是真实的,他们就能得到相应的实际结果。如果人们认为一种威胁是实在的,虽然现实中可能很

少或根本没有,这种威胁对他们的后果来说也是真实的,这些后果之一便是群体团结的增强。科塞的这一论述,在历史上有很多实例。

④ 不断与外部发生冲突的群体往往不容忍内部冲突。他们不能容忍超出对群体统一的有限背离。这种群体往往有着类似宗教团体的性质:他们根据特殊的品质选择成员,他们要求成员全面参与群体活动。他们的社会团结取决于群体生活所有方面的共同参与,并通过坚持群体一致反对持异议者而加强这种团结。他们解决意见不一致的唯一方法,是使持异议者自愿或被迫退出群体。

(2) 对社会和群体具有稳定的功能。

冲突增加社会结构的灵活性,有利于提高社会系统的适应能力。社会如果没有冲突就会僵化与停滞不前。对社会结构平衡的威胁不是来自这种冲突,而是来自僵化本身,它使敌对情绪日积月累,一旦这种敌对意识在冲突中爆发,就可能使社会结构解体或崩溃。而使冲突制度化的社会比僵化的社会更稳定,整合程度更高。科塞指出,这种社会系统允许对立的要求迅速而直接地表达出来,因此能够通过消除不满的根源而不断加强自身的结构。它们所经历的多种冲突有助于消除分裂的原因,重建统一。这些系统通过容忍冲突,把冲突制度化,使自身具备了一种重要的稳定机制。

冲突对社会关系具有重新统一的功能。科塞指出:冲突可能有助于消除某种关系中的分离因素并重建统一。在冲突能够消除敌对者之间紧张关系的范围内,冲突具有安定的功能,并成为关系的整合因素。然而,并不是所有的冲突都对群体关系有积极功能,而只是那些目标、价值观念、利益及相互关系赖以建立的基本条件不相矛盾的冲突才有积极功能。结构松散群体和开放社会由于允许冲突存在,这样就对那种危及基本意见一致的冲突形成保护层。从而把产生有损核心价值观念的分歧的危险减少到最低程度。对立群体的互相依赖和这种社会内部冲突的交叉,有助于通过互相抵消而把"社会体系缝合起来",这样就阻止了沿着一条主要分裂线的崩溃。

(3) 对新群体与社会的形成具有促进功能。

这一功能简要的表述,即冲突创造了新的联合与联盟。当不同群体对付共同的敌人的时候,这些群体间的对抗在某些情况下可能得到克服。这叫"冲突唤起同盟"。在美国社会中,一个人往往有限地或部分地投入几个不同的利益群体或有限数目的组织。这样,群体间的冲突,就具有互相交叉与混合的性质。结果,通过互相交叉的有限的冲突,使社会更紧密地结合起来。科塞指出,与共同敌人的对抗可以在两方面成为联合的因素:一是导致带有不同边界线、意识形态、忠诚和公共价值观的新团体的形成;二是为了终止这种对抗,导致对付共同威胁的暂时的工具性联合,即通过暂时的联盟保护它们共同的利益。

暂时的联盟不能向更持久的团体转变。它们是从冲突中产生出来的最简单的联合形式,因为它们包含一个不能再缩小的最低限度的联合基础。长久的契约需要立约者放弃一定的行为自由以实现团体的利益。而联盟把这种行为自由的牺牲限制在实现直接的防御或攻击目标范围内。因此,双方都不愿意在其他方面放弃他们的自由。但是,有时在共同斗争中产生了共同的价值与规范。在这种情况下,同盟或联盟会慢慢地转化为较持久的组织。

联盟的威胁性影响具有社会学的意义,因为对这种联盟形成的反抗本身就创造了新的联盟。这种联盟的行为,即使是初级水平的联盟或工具性的联盟,也会使得那些感到这一联盟威胁的团体和个人建立某种联盟。

(4) 对新规范和制度的建立具有激发功能。

科塞从三个方面论述了这一功能的产生：第一，冲突可能导致法律的修收和新条款的制定；第二，新规则的应用会导致围绕这种新规则和法的实施而产生的新的制度结构的增长；第三，冲突还可能导致竞争对手们和整个社会对本已潜伏着的规范和规则的自觉意识。

作为规范改进和形成的激发器，冲突使与已经变化的社会条件相对应的社会关系的调整成为可能。冲突创造新的规范和价值观念，矫正权力与权威中具有破坏性的因素，引起一定的变革。变革常常是作为冲突的结果而出现的。冲突经历了一定的时期，双方之间的社会联系就会发展，就可能逐步建立起调整冲突方式的准则与步骤。

(5) 冲突是一个社会中重要的平衡机制。

科塞从斯密尔的论述中引申出一个重要观点：最有效的抑制冲突的力量，是展示相对力量，即冲突较量。例如罢工参与方与资方都在比较双方的资源，估计得与失。一旦双方在冲突中表明了相对实力，就可能达成和解，建立新的关系。科塞从以下 3 方面说明了冲突的平衡机制：① 冲突创立与修改了那些对于双方都非常必要的公共规范；② 冲突导致一定的力量均等的环境条件，每一方都宁愿对方具有同样的组织结构与状况；③ 冲突使相对权力的再估计成为可能，这样冲突作为一个平衡机制而服务于社会，有助于社会的维持和巩固。

上述是冲突的积极影响，但我们必须知道这些积极影响是有条件的，并不是任何形式的冲突的影响都是积极性的。冲突的积极影响往往取决于冲突产生的原因、冲突的性质以及对冲突处理的态度和方式。

2. 冲突的消极影响作用

如果组织冲突处理方式不当，或者是其产生原因及性质具有危害性，那么组织冲突会带来一些消极性的影响。

① 冲突会给人一种情绪上的压力，影响其精神健康。

从前面个体的变化可以看出，处于冲突中的个人，其情绪上会产生巨大的压力，从而影响了对事物的认知，进而导致个人行为的不稳定。有时还会引起个人层次的不必要的敌意的冲突，组织成员相互之间的信任度逐渐降低，所有这些不仅影响着组织的效率，还影响着个人的身心健康。

② 当冲突问题不能很好解决时，冲突就意味着一种浪费。

冲突的另一个严重后果是，冲突双方将时间和努力用于在冲突中取胜而不是实现组织的目标。当战胜对手成为最重要的目标时，组织成员的努力就偏离了组织的方向，这样轻则造成组织资源的大量浪费，特别是宝贵的时间和资金，重则导致各种违法的破坏性活动。如果冲突问题本来是可以避免的，那么对这种冲突进行处理更是一种浪费。

③ 冲突双方为了在冲突中取得胜利，会采取各种各样的措施增强自身的实力，这些措施不可避免地对组织产生了一些影响，特别是一些负面影响。

冲突双方用于增强实力的策略中，有的可能会促进双方之间的合作，而更多的是加强了双方之间的竞争，企图以牺牲另一方利益为代价。这种做法不仅损害了冲突双方的利益，而且还会导致组织整体实力的下降。

④ 工作满意度和绩效会下降，工作过程中的责任感和忠诚度易受到影响。

实验证明，在高水平的冲突条件下，组织的秩序一片混乱，成员之间只有较少的联系。于是，组织成员的工作责任感和忠诚度会受到严重的影响，其工作满意度更低，更不会去考虑组织目标的实现，所有这些必然导致整体绩效的下降。

由是观之，社会冲突既有其建设性的影响，也有其破坏性影响。社会系统要从冲突中获益的关键在于：使其破坏性影响减少到最小，而使其建设性影响增加到最大。作为组织成员必须明确如何才能导致建设性功能，一般来说，符合以下4个判断标准，则冲突具有建设性影响。

① 组织成员之间的关系牢固，彼此之间能够在工作中很好地相互影响和相互配合。
② 组织成员互爱和互相信任。
③ 组织中的所有有关人员对冲突的结果满意。
④ 组织成员提高了解决未来冲突的能力。

10.4.3 冲突管理策略

1. 常用的冲突管理方法

① 斗争：当双方发生冲突（尤其是有形冲突）时，最容易想到的方法就是通过"武力解决"，特别是双方实力悬殊时更是如此，即凭借各自的力量进行一番较量，决一雌雄。这时，力量强大的一方，往往会在冲突中获利。但是，实践中表现出的结果也不完全是这样。有时，实力较弱的一方凭着自己的聪明才智，使用各种手腕也能打败对手。如不少实力弱小的一方会采取游击战，与其他团体或个人结盟，甚至采取讹诈的手段，以求与对手一争高低。

② 吸收：有时，我们会发现在实力悬殊的两个团体或个人之间发生的冲突，并不总是通过斗争来解决的。这也许是实力强大的一方出于长远利益的考虑（因为武力解决只能做到口服而心不服），也可能是双方都对自身的实力没有十分的把握，所以，不少冲突却是以强大的一方吸收弱小的一方而告终，即采用怀柔的政策，把双方的利益结合起来。如为了有效地解决工作中工人与管理当局之间的冲突问题，不少企业的董事会中专门设有工人董事的席位，这就是吸收方法的典型例子。

③ 回避：即不问冲突的原因而允许冲突有控制地存在下去，其目的只是缓和冲突，使矛盾不致激化。具体做法可以是将冲突双方人为隔离或只允许双方有限制地进行接触，使双方感到冲突并未发生；或者是对发生了的冲突漠然视之，似乎冲突从来没有发生过。事实上，当冲突达到一定的程度就无法回避了。尽管回避法对处理冲突问题似乎没有帮助，但它至少在以下两种情况下还十分有效：一是冲突问题是微不足道的，根本没有必要引起管理者的注意；二是冲突是某些更为本质的问题的反映，简单地解决表面冲突不足以解决实质问题。

④ 上诉：正如两个孩子之间发生争吵时经常找父母一样，组织中的人们也习惯于把个人之间、群体之间发生的各种冲突交给上一级领导来裁决，因为上一级领导拥有处理问题的行政权力。据西方一位学者对一些典型的企业主管人员进行的研究表明，企业组织冲突的解决，通常不是靠娓娓道来的说理，而是诉诸权力的赏罚功能。

⑤ 协商、调解、仲裁：由冲突的双方通过谈判、协商达成一定的协议来解决彼此间的冲突，也是常用的方法之一。协商时双方公开自己的观点，阐明各自的意见，把冲突因素明朗化，共同寻找解决冲突问题的途径。但是通过协商来处理冲突，只能使冲突问题暂时得到缓解，其根源依然可能再次出现。当协商无效时，可以由双方都信赖的、具有一定权威的第三方人士出面，对双方的冲突进行调解，调解无效时进行裁决；或者是完全依靠法规来解决冲突。但仲裁法容易使输掉的一方感觉到心理受挫，有一种被强迫的感受，当然，这正是仲裁法的优势所在——强制性。

2. 通用的冲突管理策略

通用的冲突管理策略如图 10-4 及表 10-1 所示。

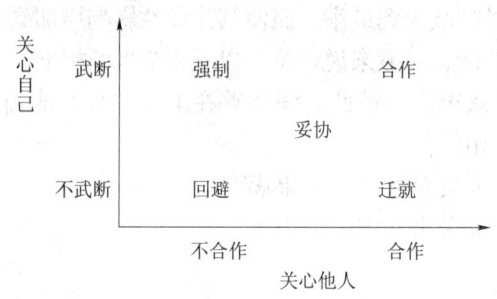

图 10-4

表 10-1

冲突方式	优　点	缺　点
强制	快、效率高	没有真正解决问题
回避	有利于减少冲突升级的可能性	实质是矛盾的积累
迁就	速度快	没解决问题，只是满足一方的要求
妥协	照顾双方利益，及时解决问题	没有彻底解决问题
合作	彻底解决问题	成本高

3. 冲突管理策略的有效性

冲突管理策略的有效性如表 10-2 所示。

表 10-2

管理风格	有效的情景	无效的情景
合作方式	问题很复杂 为了得到更好的解决办法，双方的合作是必要的 为了成功的实施，另一方承担一定的义务是必需的 时间上允许彻底解决问题 一方不可能单独解决问题 为了解决共同的问题，需要利用双方拥有的资源	问题或任务很简单 要求迅速作出决策 另一方不关心最终结果 另一方没有解决问题的技巧
迁就方式	你相信自己是错的 问题对另一方更为重要 愿意放弃某些利益以从另一方获取一定的未来收益 从处于劣势的角度出发解决问题 维持双方的关系非常重要	问题对你很重要 相信自己是对的 另一方是错误的或不道德的
强制方式	问题很琐碎 必须尽快作出决策 有必要征服固执己见的对方 对你来说，另一方作出的不受欢迎的决策成本太高 问题对你很重要 下属缺乏作出技术性决策的能力	问题很复杂 问题对你并不重要 双方实力相当 并不要立即作出决策 下属的能力很强

续表

管理风格	有效的情景	无效的情景
回避方式	琐碎的问题 与对方对抗的潜在破坏性超出了问题得到解决的收益 需要一定的"冷处理"的时间	问题对你很重要 作出决策是你的责任 双方都不愿意拖延,问题必须马上解决
妥协方式	双方的目标是排他的 双方的实力相当 双方之间不可能达成一致 合作或强迫方式都不可能成功 需要一种解决问题的临时方案	一方更有实力 问题复杂到需要通过"解决问题"的方式来解决

① 回避:是一种低固执性和低合作性的风格。它是一种别有用心的决策,对于冲突不采取任何行动,或者是置身于冲突之外。在某些情况下回避冲突可能是正确的。例如,当参与各方都非常生气时,需要有一段时间让双方冷静下来,这时最好使用回避方式。但是,使用回避的风格也有潜在的危险。研究表明,过度使用这种风格会导致来自工作中其他人的否定性评价。

② 迁就:关心对方的目标,而相对不关心自己的目标的冲突管理风格被称为调和,这是一种合作但不固执的风格。适于使用调和的条件包括:当你发现你错了的时候;当你给对方让步是为了让他今后也同样对待你的时候;当双方的关系很重要的时候。过分依赖调和是有危险的。如果管理者经常迁就别人,别人就可能不再尊重他。此外,进行调和的管理者可能会有挫折感,因为他自己的需要无法得到满足,而且他可能失去自尊。

③ 竞争:竞争是一种非常固执且不合作的风格。你希望满足你自己的利益,并且不惜以牺牲对方利益为代价。在紧急情况下,或者在你知道自己是正确的时候,坚持你的立场可能是合适的。例如,在经历过苦涩的"与壳牌一起下地狱"的运动之后,环境迫使壳牌石油公司放弃了在特拉华州建立炼油厂的计划。完全依靠竞争战略是危险的。采取这种风格的管理者会不愿意承认他们的错误,而且还会发现周围的人都不敢反对他们。

④ 妥协:妥协是在固执性和合作性方面都进行折中的一种风格。因为只有双方都做出一些让步才能够解决冲突。在工会与管理当局的谈判过程中,如果时间紧张,那么总会在最后时候做出妥协。如果争取合作的努力不能够成功的话,妥协是一种有效的备选方案。妥协不是最佳的解决方案,认识这一点是非常重要的。妥协意味着为了达成协议而放弃自己的部分立场。通常,当人们做出妥协时,他们会在开始的时候夸大他们的需要。这种解决方案可能只是暂时性的。而且,妥协通常无助于改善冲突双方的关系。

⑤ 合作:合作是一种双赢的风格,其固执性和合作性都比较高。追求合作的过程包括,对冲突进行开放和全面的讨论,达成一个令双方都满意的解决方案。合作在下面这些情况下是有效的:当双方都需要对一个最终结果负责的时候,或者是各种不同的观点可以整合为一个解决方案的时候。为了双方共同的利益,合作要求公开和信任的行为,要求共享信息。从长期来看,它有助于改善双方的关系。

对这5种冲突管理风格的研究表明,虽然大多数管理者会偏好某种风格,但是他们有能力根据情境的需要而改变自己的风格。

10.4.4 冲突管理的具体方式

1. 冲突双方自己处理冲突问题

根据管理人员的研究，冲突双方可以自己独立地解决冲突问题。冲突双方可以通过回避冲突问题，任其自由发展；采取非正式磋商的方式，进行相互沟通，消除彼此之间的误会来处理冲突；也可以进行正式的谈判，经过一番讨价还价使冲突问题得到解决；当然，也不排除冲突双方通过武装械斗等超越规则或法律范围的方式解决冲突的可能性。但其中运用最多，也是研究得最多的方法就是谈判。

谈判是两个或多个以上的、既有冲突又有一致利益的个体，相互公开意见，就某些重大问题进行磋商以求达到可能的协议的行为。谈判的结果有不同情况：胜——胜，胜——负或胜负均衡，其关键在于谈判双方的力量和态度。冲突双方之间能进行谈判，则意味着双方承认彼此间有一种依赖关系，并且冲突结束以后依赖依然存在，因此自愿地从敌对转为合作——谈判。谈判有2种不同形式。

① 分配性谈判。这是一种典型的"分配馅饼"的"胜——负"情境，即一方所得的增加即为另一方所得的减少。通常情况下，分配性谈判是因为经济问题（如奖金等）而发生的。谈判双方只进行谨慎的交流，不完全信任对方，甚至欺骗、威胁对方。总之，双方从事的是一场紧张的冲突。当然，无论如何双方之间的固有关系没有改变。

② 整合性谈判。整合性谈判注重于共同问题的解决，即共同"做大馅饼"，使双方利益都能得到满足。于是双方表现出足够的信任，公开讨论彼此的问题、要求，评价各种选择，共同寻求新的解决办法，以求对双方都有利。

所有的谈判都可以归结为分配性谈判，因为像泰罗所说的："使盈余增加到使如何分配盈余的争论成为不必要。"实在是过于理想化。不论共同的资源，盈余增加到何等程度，最终都得确定一定的比例进行分配，那么整合性谈判就转化成了分配性谈判了。而且双方谈判的态度也可以在分配性谈判和整合性谈判之间相互转化，因此谈判中双方的实力仍然是最重要的。不过，分配性谈判同样需要双方的信赖、合作，才能确定最佳分配比例，使双方满意，不要使谈判成为一场决定胜负的斗争，而应该使它成为一种解决问题的程序。

2. 由第三方来管理

当冲突双方自己处理冲突的努力以失败而告终，或者外部的其他方（特别是作为冲突双方共同的上司）认为有必要时，就可以由第三方来管理冲突。由第三方进行的冲突管理通常有两类具体方法。

（1）以个人身份介入的第三方。

当冲突双方谈判失败，或谈判中遇到困难时，中立的第三方的介入是有必要的。调解者并不是要判断双方的是非曲直，而是要让双方了解其相互依赖的关系，由敌对态度转化为合作，即进行真诚的谈判。通常组织中冲突调解的第三者会由双方共同的上级充当。充当调解的第三者说起来容易做起来却难，因为有效的调解需要足够的经验和技巧。首先，调解者要能洞悉、明察组织冲突问题，特别是了解其根源和本质；其次，调解者必须知道如何在适当的时候介入，并打破僵局；最后，调解者必须为双方所接受，并使其调解结果有保障。鉴于此，为了使双方进行合作，调解者的主要作用有以下几点：

① 保证双方有良好的动机，使双方把注意力转移到问题的解决上来；
② 使双方在冲突中保持权力的平衡。如果双方地位不平等，那么公开的交流、信任和合作是很困难的；
③ 使双方共同对冲突而努力；
④ 增加双方之间的透明度，并使双方在高透明度下不会受到对方的伤害。
（2）冲突管理系统。

作为以个人身份来管理的第三方的替代，组织也可以作为第三方来管理组织中的冲突问题，这时，组织往往要设计一定的冲突管理系统。

民事法庭是我们生活中最常见的一种冲突管理系统，无论发生何种纠纷——邻里之间的财产纠纷，夫妻之间的婚姻纠纷，企业之间的债务纠纷等，都可以诉诸法律以求得公正的解决。当然，也有人更愿意采取其他的管理系统来处理冲突问题：一方面是因为他们希望以简单的方式来处理问题；另一方面是他们认为法律体系已经变得如此官僚，以至于不再相信法律的公正。例如，很多企业为劳资冲突问题设置了专门的申诉制度，也有的设置了一些巡视官听取来自雇员和顾客的意见。所有这些都已经形成制度，并融入到组织的规章制度、政策或作业程序之中。与以个人身份进行的第三方管理不同，在一定冲突管理系统下的冲突管理者必须遵循一定的程序、规则，他们不能自作主张，任意行动，以免损害了他们的合法性、可信度及组织的声誉。

组织内的冲突管理系统有时会改变双方之间产生冲突问题的基础——相互依赖关系，特别是针对团体之间产生的冲突更是如此。常用的管理方法有以下几种。

① 改变奖励制度。改变奖励机制可以把必须由相互依赖的双方共同努力实现的目标作为奖励的标的，即奖励针对更多的成员，而不是只给予其中某一部门或某个人。但是奖励范围的扩大有一定限度，如果过大，大家会认为自己的力量过于渺小，在组织目标的实现中是微乎其微的，进取心、责任感就会降低。

② 设置一定的缓冲物。同怀特设计的"轴形传送器"一样，我们可以在容易发生冲突又不得不相互依赖的双方之间设置一定的缓冲物。如，用增加流动资金，让每个部门自己控制一定的资源的方式减少双方对资源的争夺；用引进定量缓冲存货的方式，减少有业务顺序依赖关系的双方在操作时间上发生的冲突等，降低相互间依赖程度，减少发生冲突的可能性。

③ 重新设计组织结构。重新设计组织结构是为了彻底消除产生冲突的根源，是最有利于解决团体之间的冲突。如常见的矩阵组织结构就是一个很好的例子，其中既有横向的职能分工而形成的职能部门，又有纵向的按项目划分而形成的项目小组。矩阵制很好地协调了各职能部门间的关系，因为其成员不但有能力而且有动力搞好彼此间的协调，不会存在狭隘的局部利益观点。但是重新设计组织结构是不可轻易使用的，因为其涉及面广，波及影响大，风险也大。万一处理不当，将给组织带来灭顶之灾，所以没有充分的准备是不可轻易提出重新设计组织机构。

3. 管理团体间冲突的方法

管理团体间冲突的方法见图 10-5。

（1）正式的权力。

正式的权力意味着为了重新解决或控制冲突而使规章制度和合法权力生效的高级管理。

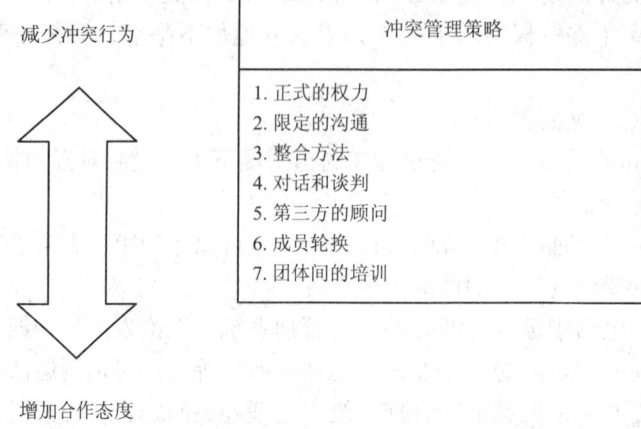

图 10-5

例如,广告部和销售部可能对广告策略不一致。销售一方可能希望以直接邮送为基本的策略,而广告部则更喜欢利用广播和电视。这种类型的冲突可以通过将问题交给负责市场营销的副总裁来解决,他可以通过合法的权力来解决冲突。上层管理者利用正式权力促使广告部门和销售部之间取得合作。两个部门的合作极大地改善了这种方法的不利之处在于它并不能改变对合作的态度,可能只是处理即时的问题。当成员们对某种特定冲突的解决方案没能实现一致意见时,正式权力的方法在短期内是有效的。

(2) 限定的沟通。

在冲突的部门中鼓励某种沟通可以避免对其他部门的能力、技术和特点的错误感知。当部门之间处于激烈的冲突时,可以利用控制的相互作用来解决冲突。一般情况下相互作用的方法可以集中于部门的共同目标问题。共同的目标使得部门必须要进行交流与合作,至少为了实现共同的目标。例如,在 Datapomt 公司的研发部门和生产部门间经常发生冲突,位于同一城市的事业部高级管理者安排了一个会议用来解决分歧。在"顶级会议"中管理者可以提出异议来讨论和解决。通过这种方式解决了关于在新楼进行研究开发的安全问题的争议。这种方法可能会给态度的转变带来一点影响。

(3) 整合方法。

可以通过团队、项目组和超出边界的项目经理来进行整合、从解决共同问题的团队中将冲突着的部门代表结合到一起是减少冲突的一个有效方法,因为代表们愿意理解彼此的观点。有时需要一个专职整合员通过与各个部门的成员会面和交流信息来实现合作和协调。该整合员必须要懂得各团体的问题,必须能够提出双方都可以接受的解决方法。

作为团队和任务组的进一步发展,今天许多组织正在重新构造成为永久的、多重约束的、自我管理的工作团队,他们更加注重横向过程而不是职能。他们通过将来自于不同职能部门的雇员,如设计部、工程部、生产部、销售部、供应部和财务部的雇员组织到一起的方式消除了各部门间的界线。团队和任务团体减少冲突促进合作,因为它们将不同部门的人们整合到一起。

(4) 对话和谈判。

当冲突双方直接相互接触以解决分歧时,便会有对话。在对话的过程中双方互讲条件的过程就是谈判,它使双方有条不紊地找到解决问题的办法。通过这些方法从各部门中将指定的代表组织到一起以解决严重的争端。

对话和谈判都有某种风险。不能保证讨论集中在某项冲突,也不能保证双方都能够控制住情绪。但是,如果人们能够在面对面讨论的基础上解决冲突,他们就会发现彼此间新的一面,进一步的合作也就变得容易了。通过直接的谈判可能会开始相对持久的态度转变过程。例如,公司利用的一个方法就是让各部门的领导每个月和另外部门的领导彼此间面对面地会见一次,并且列出对对方部门的希望。讨论和谈判之后,部门领导要在清单上签下对所要履行的服务的承诺。经常地接触提高了管理者的技能,并使他们渴望通过自己来解决冲突和问题。

当管理者施行的是"双赢"策略时,对话便是成功的方法。双赢的意思是说部门双方都采取肯定的态度,并试图通过使彼此受益的方式解决冲突。如果谈判变成输赢策略,也就是说,每个团体都想击败另一方,对话就无效了。高级管理可以促使团体成员努力实现双方都可接受的结果。表10-3表示了谈判中双赢策略和输赢策略的差别。双赢策略将问题确定为中立的、公开交流的和避免威胁的,双方随着争端的解决得到相互的理解。

表10-3 谈判的策略

双赢策略	输赢策略
将冲突看做是双方的问题	将冲突看做非输即赢
追求共同的结果	追求自己团体的结果
创立使团体双方都满意的协议	强调另一个团体的顺从
公开地、诚恳地、准确地沟通团体的需要、目标和建议	对团体的需要、目标和建议进行虚假的、不正确的、误导性的沟通
避免威胁	利用威胁以迫使顺从
观点立场的自由交流	在交流中固守自己的观点

(5) 第三方的顾问。

当冲突激烈并且持续时间较长时,部门的成员就会多疑并且不合作,这时可以由组织的外部引进第三方的顾问来与双方部门的代表会面。这些顾问应该是人类行为的专家,他们的建议和措施应该得到两个团体的认可。第三方的顾问可以很大程度地促进建立合作的态度并且减少冲突。

有时这种方法被称为"现场调解"。随着公司认识到激烈的现场冲突所带来的损失,利用第三方顾问解决问题变得越来越多。

第三方顾问的典型活动如下。

① 在团体之间重新建立已经断裂的沟通线路。

② 充当解释的角色,以保证团体之间的消息能够被正确地理解,而不受偏见的影响。

③ 针对一个团体或另一个团体的固有做法进行挑战并公开化。使固有做法曝光经常会促使其瓦解。

④ 提高对其他团队的积极行动和影响的认可。这会促使一个团队重新评价另一个团队的立场观点。

⑤ 确定、集中和解决冲突的特定来源。

(6) 成员轮换。

轮换的意思就是说,在临时的或永久的基础上,个人可以被安排从一个部门到另一个部门工作。其好处就是个人的价值观、态度、问题和目标可以和其他部门的相渗透。另外,他们可以将原先部门的问题和目标解释给他们的新同事。这使观点和信息的交流坦诚而准确。通过岗位轮换来减少冲突的速度很慢,但就改变促使冲突的根本态度和感知而言,这种方式是很有效的。

(7) 团体间的培训。

这种培训要求部门的成员离开他每天面对的工作而到其他工作场所。培训的工作场所要持续几天,并会有各种活动。这种方法的成本较高,但它能够培养全公司范围的合作态度。

控 制

第 5 篇

【引例】

在某大型电子零件批发公司的一家连锁商店里,刚出任经理的 A 正为一些事搞得心烦意乱。店里两位售货员,每天上午轮流去隔壁的自助餐厅喝咖啡、吃甜点。因为少了一位售货员,顾客们在店里等候服务已经司空见惯。更令人头疼的是,这家零售商店的营业额一直达不到公司的平均水平。当 A 对售货员们谈及这两件事时,他们不屑一顾地答道:"你看看公司付给我们多少工资!你还能要求什么?"

A 对他们回答道:"在我们讨论工资的事并且谈出点眉目来之前,有一件要紧的事,就是你们明确知道我对你们的工作有什么要求。让我们来确定三件事,第一,在安排好的上班时间内,谁也不可以离开商店。当然,在你们的午餐时间里,你们爱干什么都行。第二,如果这家商店还要营业,不搬到别处去的话,我们每天的平均销售额应该是 1 000 美元。总公司的记录表明,每位顾客大约购买 5 美元的货,那就是说,一天要接待 200 位顾客。我们是两位售货员当班,平均一下,我要求你们每人每天接待 100 位顾客。第三,就是你们怎样来接待顾客,我希望你们做到一丝不苟,礼貌周到。他们想了解什么,你们要有问必答。这三件事你们清楚了吗?如果是这样的话,让我们来瞧一瞧你们的工资袋,看看出了什么毛病,想一想根据我们对这项工作提出的要求,应该干点什么事来跟那工资袋相称。你们考虑考虑。"

在这则例子中,顾客服务和营业收入都未能达到预期水平,而员工却在抱怨公司付给他们的工资太少了。到底哪一方面出了问题?有效的控制需要预先订立并让当事人明确所要求他们的绩效标准是什么,可是这家电子零件批发商店的前任经理却一直没有做到这一点。A 接任后对员工说的三件事,使员工认识到了自己行为的差距,从而为其工作绩效的改善奠定了基础。没有标准,控制工作就很难取得理想的效果。

第 11 章　控制工作概述

11.1　控制工作的含义

控制工作是指为实现组织目标，以计划为标准，由管理者对被管理者的行为、活动进行的检查、监督、调整等管理活动。控制工作一直都被管理学家们认为是最重要的管理职能，不可能为其他职能所取代。在现代管理活动中，控制工作既是一次管理循环的终点，是保证计划得以实现和组织按既定的路线发展的管理职能，又是新一轮管理循环的起点。

与控制工作关系最为密切的管理职能是计划，有些管理学家认为，计划和控制只不过是同一个问题的两个方面而已。实际上，控制与计划既有区别，又相互紧密联系。控制职能旨在按计划标准来衡量所取得的成果并纠正所发生的偏差，以保证计划目标的实现。如果说计划是谋求一致、完整而又彼此衔接的实现目标的计划方案，那么管理控制则是使一切组织活动都按计划正确地进行。

计划和控制工作构成了一个问题的两个方面。它们之间的关系不仅仅表现为计划为控制提供标准，控制为计划实现提供保证，而且还表现在以下 3 个方面。

① 有些计划本身就已经具有控制的作用，例如政策、程序和规则等，它们在规定人们的行为准则的同时，也在制约着人们的行为。至于计划的重要组成部分——预算和工作进度表等，本身就是一些有效的控制工具。

② 有效的控制系统的设计和控制方法的选择，必须考虑计划的要求，如何控制，控制到什么程度等。计划本身越明确、全面和完整，控制系统的设计和控制方法的选择依据就越充分。

③ 广义的控制职能实际上包含了对计划的修订。计划在执行过程中产生偏差，其原因除了执行过程本身的问题外，还有可能是当初制订计划时对内部条件或外部环境的估计有误，造成目标设定不当，或是计划执行过程中的内外部环境条件发生了重大变化，导致目标脱离现实。如果出现上述问题，就需要重新制订计划，确定新的目标和控制标准。从这个意义上说，控制不仅是实现计划的保证，而且可以积极地影响计划。

11.2　控制工作的地位及步骤

1. 控制工作的目的及作用

在管理实践中，人们都深切地体会到，没有控制就很难保证每个计划的顺利执行，而如果每个计划都不能顺利进行，那么组织的目标就无法实现，因此控制工作在管理活动中有着非常明确的目的，起着非常重要的作用。

在现代管理活动中,无论采用哪种方法来进行控制,要达到的第一个目的是要"维持现状",即在变化着的内外环境中,通过控制,随时将计划的执行结果与标准进行比较,若发现有超过计划容许范围的偏差时,则及时采取必要的纠正措施,以使系统的活动趋于相对稳定,实现组织的既定目标。

控制工作要达到的第二个目的是要"打破现状"。在某些情况下,变化的内、外部环境会对组织提出新的要求,主管人员对现状不满,要改革,要创新,要开拓新局面。这时就势必要打破现状,即修改已定的计划,确定新的现实目标和管理控制标准,使之更先进、更合理。

基于上述的目的,控制工作在管理活动中的地位和作用是显而易见的,它主要体现在以下3个方面。

① 控制工作是其他管理职能的重要保障

控制工作通过纠正偏差的行动与其他几个职能紧密地结合在一起,使管理过程形成了一个相对封闭的系统。在这个系统中,计划职能选择和确定了组织的目标、战略、政策和方案以及实现它们的程序。然后,通过组织工作、人员配备、指导与领导工作等职能去实现这些计划。为了保证计划的目标能够实现,就必须在计划实施的不同阶段,根据由计划产生的控制标准,检查计划的执行情况。这就是说,虽然计划工作必须先于控制活动,但其目标是不会自动实现的。一旦计划付诸实施,控制工作就必须穿插其中进行。它对于衡量计划的执行进度,揭示计划执行中的偏差及指明纠正措施等都是非常必要的。同时,要进行有效的控制,还必须制订计划,必须要有组织保证,必须要配备合适的人员,必须给予正确的指导和领导。所以说,控制工作存在于管理活动的全过程中,它不仅可以维持其他职能的正常活动,而且在必要时,还可以通过采取纠正偏差的行动来改变其他管理职能的活动。虽然有时这种改变可能是很简单的,例如在指导中稍作些变动即可;但在许多情况下,正确的控制工作可能导致确立新的目标,提出新的计划,改变组织机构,改变人员配备以及在指导和领导方法上作出重大的改革。

② 控制工作是提高组织效率的有效手段

控制工作可能提高组织的效率。其主要表现是:第一,控制过程是一个纠正偏差的过程,这一过程不仅仅能够使计划执行者回到计划确定的路线和目标上来,而且还有助于提高人们的工作责任心,防止再出现类似的偏差,这就有助于提高人们执行计划的效率;第二,控制对计划的调整和修正,既可使执行中的计划更加符合实际情况,又可发现和分析制订的计划所存在的缺陷以及产生缺陷的原因,发现计划制订工作中的不足。从而使计划工作得以不断改进;第三,控制过程中,施控者通过反馈所了解的不仅仅是受控者执行决策的水平和效率,同时他也可了解到自己的决策能力和水平、管理控制的能力和水平,这都有助于决策者不断提高自己的决策、控制等管理活动的水平。

③ 控制工作是管理创新的催化剂

控制不等于管、卡和压。控制不仅要保证计划完成,并且还要促进管理创新。施控过程要通过控制活动调动受控者的积极性。这是现代控制的特点。如在预算控制中实行弹性预算就是这种控制思想的体现。特别是在具有良好反馈机制的控制系统中,施控者通过接受受控者的反馈,不仅可及时了解计划执行的状况,纠正计划执行中出现的偏差,而且还可以从反馈中受到启发、激发创新。

2. 控制工作的步骤

无论在什么类型的组织中，无论控制对象是人，还是财或物，控制的基本过程都包括以下三个步骤，如图 11-1 所示。

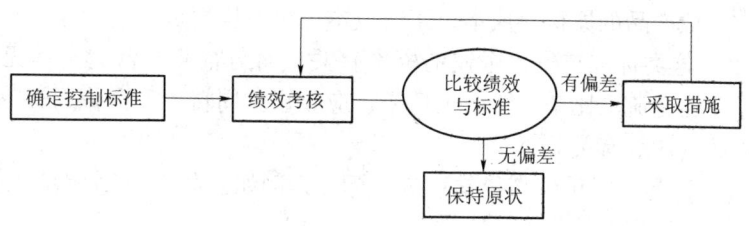

图 11-1 控制的基本过程

（1）确定控制标准

控制的目的是确保计划目标的实现，计划是控制的依据。从逻辑上讲，控制的第一步应当是制订计划，再以计划作为控制的标准。但是，由于组织中计划所包含的内容、项目很多，涉及的范围也可以很广，各种计划的详尽程度和复杂程度各不相同，因此在大多数的组织活动中，主管人员没有精力、也不可能直接以计划作为控制的标准，来对整个计划执行的全部过程进行全面、具体的控制。所以需要拟订具体的控制标准。标准应当是从整个计划方案中选出的，是对工作绩效进行评价的关键指标，或者是对计划目标的实现发挥关键作用的项目。有了这样的标准，主管人员不必去考察计划执行中的每一个步骤或细节，就能够了解整个计划执行的进展情况，从而使控制起到保证计划目标实现的作用。

为保证有效控制，控制标准应满足如下几个方面的要求。

① 控制标准应尽可能数量化，具有可操作性，这样在控制过程中，施控者和受控者心中都有明确的行动界线和标准，有助于发现行动中出现的偏差。受控者由此可自觉地、主动地纠偏。模棱两可，解释起来主观随意性大的控制标准是不利于控制的。

② 控制标准应尽量简洁明了，不仅能为控制者所了解、所掌握，更要能为全体执行人员所掌握，所了解。

③ 控制标准体系应协调一致。一个组织内的活动是多种多样的，各职能管理部门都会制定出各自的控制标准，这些标准应该协调一致。形成一个有机整体。不能互相矛盾，否则会使计划执行者陷入两难困境或管理真空地带中。

在一个组织中，标准的类型有多种。最理想的标准是把可考核的目标直接作为标准。但更多的情况则往往是需要将某个计划目标分解为一系列的标准。在实际工作当中，按照不同的依据，可以将标准分为不同的类型。例如可以分为实物标准和财务标准，财务标准中又分为费用标准、资金标准和收入标准等。还可以分为有形标准和无形标准，或者定量标准和定性标准，再如根据标准规定的内容，可以通俗地将一个组织的标准分为管理标准、工作标准、技术标准等。无论采用哪类标准，都必须按照控制对象来决定。

① 实物标准。这是一类非货币标准，普遍适用于使用原材料、雇佣劳动力、提供劳务或产品等的操作层。这些标准反映了定量的工作成果，常用的有：单位产量工时、单位台时产量、货运量的吨公里、日门诊人数等。实物标准也可以反映产品的质量，例如轴承面的硬度、公差的精密度、飞机上升的速率、纺织品的耐久性和颜色牢度等。在某种程度上，实物

标准是计划的基石,也是控制的基本标准。

② 成本标准。这是一类货币标准,也是普遍适用于操作层,这些标准是用货币值来衡量经营活动的代价。常用的成本标准有:单位产品的直接成本和间接成本、单位产品或每小时的人工成本、单位产品的原材料成本、工时成本、单位销售成本、单位销售费用等。

③ 资本标准。这类标准与投入企业的资本有关,而与企业的营运资本无关,最常用的就是投资报酬率,还有流动比率、资产负债率、应收账款周转率、存货周转率,等等。这类标准主要是与资产负债表有关。

④ 收益标准。这是用货币值衡量销售量的标准,例如公共汽车每乘客/公里的收入、既定市场范围内的人均销售额等。

⑤ 无形标准。这是一类既不能用实物又不能用货币来衡量的标准。主管人员能够以什么样的标准来确定下属的才干?又能够用什么标准来确定一项广告策划是否符合组织的短期目标或长期目标?怎样才能判断出下属人员是否忠诚于组织目标?要为这类目标确定控制标准是非常困难的,因为既无法用明确的定量标准也无法用明确的定性标准来描述它们。

⑥ 直接以目标为标准——定量目标和定性目标。定量目标大多采用是上述各种标准的量化表达形式,它是可以准确考核的。定性目标虽然也可考核,但却不能与定量目标一样准确考核,不过,我们可以采用详细说明计划或其他具体目标的特征和完成日期的方法来提高其可考核的程度。

标准的设立应当具有权威性。常用的拟定标准的方法有以下 3 种。

① 统计方法,相应的标准称为统计标准。它是根据企业的历史数据记录或是对比同类企业的水平,运用统计学方法确定的。

② 经验估计法,它是由有经验的管理人员凭经验确定的,一般是作为统计方法和下面将要提到的工程方法的补充。

③ 工程方法,相应的标准称为工程标准。它是以准确的技术参数和实测的数据为基础的。

(2) 绩效考核

绩效考核就是对计划执行的实际情况进行实地检查,并做出判断。绩效考核是控制的中间环节,也是工作量最大的一个环节。在这个阶段,施控者可发现计划执行中所存在的缺陷,有什么样的及程度多大的偏差,它们是由什么原因引起的,应采取什么样的纠正措施。可见,该环节的工作影响着整个控制效果。

做好绩效考核工作主要应注意以下几个方面。

① 必须深入基层,踏踏实实地了解实际情况,切忌只凭下属的汇报作判断,也要防止检查中走过场、搞形式,工作不踏实,走马观花,点到为止。

② 绩效考核工作必须制度化。通过制度建设,管理者可及时、全面地了解计划执行的情况,以便从中发现问题,迅速纠正,尽可能地将重大偏差消灭至萌芽状态,检查无制度,随心所欲,就可能等到出现了大问题,才手忙脚乱地仓促应付。

③ 绩效考核的方法应科学。考核应根据所确立的标准考核,对计划执行中存在的问题,不夸大、不缩小、实事求是反映情况。这些方法包括个人观察、统计报告、口头报告或书面报告、抽样检查等。

绩效考核的目的是对计划执行状况做出判断,更进一步讲,要判断是否存在偏离计划路线和目标的现象的工作。实际计划执行中的偏差有两种,一种可称之为正偏差,通俗地讲就是超额完成计划的情况。在大多数人的思想上,一直存在着这样一种意识:超额完成计划是好的,应该鼓励。其实,超额完成计划并非都是有利的。有些正偏差会加剧结构失衡。所以,在绩效考核中发现存在着正偏差,也必须全面分析,然后再做出结论。另一种是负偏差,即没有完成计划和偏离计划的情况,显然,负偏差是不利的,施控者必须深入分析产生负偏差的原因,并及时采取对策加以纠正。

(3) 采取措施

这一步是控制的关键,它体现了控制的目的,同时,通过纠正偏差的行动,将控制和其他管理职能结合在一起。

通常人们认为,如果制定的标准反映了组织的目标和实际情况,也就是在实际的衡量中,通过用该标准与计划的执行情况进行比较,能够找出对产生偏差的"责任人",那么就能对偏差做出迅速纠正。主管人员能够根据组织结构准确地知道必须在什么地方采取纠正措施。然而,尽管已经找出偏差,但采取纠正措施,通常并不那么简单,甚至要困难得多。

这是因为,采取纠正措施,纠正偏差是通过消除产生偏差的原因实现的,而不简单地纠正现象。而偏差可能是由多种复杂的原因引起的。主管人员必须花大力气找出造成偏差的真正原因,而不能仅仅是头痛医头,脚痛医脚。例如,销售收入的明显下降,无论是用同期比较的方法,还是用年度计划目标来衡量都很容易发现问题,但引起销售收入下降的原因,却不那么容易一下就找准,到底是销售部门营销工作中的问题或是对销售部门授权不够,还是制造部门制造质量下降和不能按期交货,还是技术部门新产品开发进度太慢致使产品老化,竞争力下降,或是由于宏观经济调控造成的。再比如组织运行过程中,问题经常发生在具体的操作岗位,即"做事儿"的人身上,而原因在哪里呢,实践证明,80%的原因是由于管理系统有问题。管理控制过程中,每一种可能的原因与假设都不可能通过简单的判断确定下来。而对造成偏差的原因判断得不准确,纠正措施就会是无的放矢,不可能奏效。

另一方面,在查明原因后,纠正偏差的工作可能涉及一些主要的管理职能。纠正偏差产生的原因:主管人员可能采用重新制订计划或修改目标的方法来消除偏差;也可能利用组织手段来进一步明确职责、补充授权或是对组织机构进行调整;还可能用撤换责任部门的主管或是增配人员的办法来纠正偏差;此外,他们还可能通过改善领导方式如采用精神奖励和物质奖励相结合等办法来纠正偏差。

需要注意的问题有以下几点。

① 使纠偏方案双重优化

使纠偏方案双重优化的第一重优化,是指考虑纠偏工作的经济性问题。如果管理人员发现纠偏工作的成本大于偏差可能带来的损失,管理人员将放弃纠偏行动。若要纠偏,应使纠偏的成本小于偏差可能带来的损失。第二重优化是在此基础上,通过对各种纠偏方案的比较,找出其中追加投入最少、成本最小、解决偏差效果最好的方案来组织实施。

② 充分考虑原先计划实施的影响

由于对客观环境的认识能力提高,或者由于客观环境本身发生了变化而引起的纠偏需要,可能会导致对部分原先计划、甚至全部计划的否定,从而要求对企业活动的方向和内容进行重大的调控。这种调整类似于"追踪决策"的性质。

追踪决策是相对于初始决策而言的。初始决策是指所选定的方案尚未付诸实施,没有投入任何资源,客观对象与环境尚未受到决策的影响和干扰,因而是以零为起点的决策。进行重大战略调整的追踪决策则不然。企业外部的经营环境或内部的经营条件已经由于初始决策的执行而有所改变，是"非零起点"。因此，在制定和选择追踪决策的方案时，要充分考虑到伴随着初始决策的实施已经消耗的资源，以及这种消耗对客观环境造成的种种影响和人员思想观念的转变。

③ 注意消除组织成员对纠偏措施的疑虑

控制人员要充分考虑到组织成员对纠偏措施的不同态度，特别是要注意消除执行者的疑虑，争取更多的人理解、赞同和支持纠偏措施，以避免在纠偏方案实施过程中可能出现的人为障碍。

总之，对计划执行过程中出现的偏差进行纠正，说明管理是一个连续的过程。控制职能与其他管理职能的交错重叠，则说明了主管人员的职能是一个统一的完整的系统。

11.3 控制与其他管理职能的关系

1. 控制与计划的关系

控制工作意旨按计划、标准来衡量所取得的成果并纠正所发生的偏差，以保证计划目标的实现。如果说管理的计划工作是谋求一致、完整而又彼此衔接的计划方案，那么，管理的控制工作则是使一切管理活动都能按计划进行。

计划和控制是一个问题的两个方面。计划是基础，它是用来评定行动及其效果是否符合需要的标准。计划越明确、全面和完整，控制的效果也就越好。控制职能使管理工作成为一个闭路系统，如图 11 - 2 所示。在多数情况下，控制工作既是一个管理过程的终结，又是一个新的管理过程的开始，它使计划的执行结果与预定的计划相符合，并为计划提供信息。

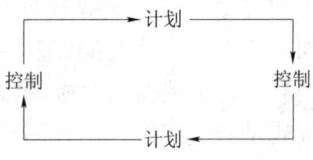

图 11 - 2 控制与计划的关系

2. 控制与组织的关系

组织职能是通过建立一种组织结构框架，为组织成员提供一种适合默契配合的工作环境。因此，组织职能的发挥不但为组织计划的贯彻执行提供了合适的组织结构框架，为控制职能的发挥提供了人员配备和组织机构，而且组织结构的确定实际上也就规定了组织中信息联系的渠道，为组织的控制提供了信息系统。如果目标的偏差产生于组织上的问题，则控制的措施就要涉及组织结构的调整、组织中的权责关系和工作关系的重新确定等方面。

3. 控制与领导的关系

领导职能是通过领导者的影响力来引导组织成员为实现组织的目标而作出积极的努力。这意味着领导职能的发挥影响组织控制系统的建立和控制工作的质量，反过来，控制职能的发挥又有利于改进领导者的领导工作，提高领导者的工作效率。

总而言之，控制工作中的纠偏措施可能涉及管理的各个方面，要把那些不符合要求的管理活动引回到正常的轨道上来。

第 12 章　控制工作原理与类型

12.1　控制工作的原理

无论采用什么类型的控制，也无论是对什么对象进行控制，都必须遵循控制的基本原理，满足特定的要求。

任何一个负责任的主管人员，都希望有一个适宜的、有效的控制系统来帮助他们确保各项活动都符合计划要求。但是，主管人员却往往认识不到他们所进行的控制，是必须依据计划要求、组织结构、关键环节和下级主管人员的特点来设计的。他们往往不能全面了解设计控制系统的原理。因此，要使控制发挥有效的作用，在建立控制系统时必须遵循一些基本的原理。

1. 反映计划要求原理

这条原理可表述为：控制是实现计划的保证，控制的目的是为了实现计划，因此，计划越是明确、全面、完整，所设计的控制系统越是能反映这样的计划，则控制也就越有效。

一方面，每一项计划、每一种工作都各有其特点，它们所产生的信息也各不相同。所以，为实现每一项计划和完成每一种工作所设计的控制系统和所进行的控制，尽管基本过程是一样的，但在确定什么标准、控制哪些关键点和重要参数、收集什么信息、如何收集信息、采用何种方法评定绩效，以及由谁来控制和采取纠正措施等方面，都必须按不同计划的特殊要求和具体情况来设计。例如，质量控制系统和成本控制系统尽管都在同一个生产系统中，但二者之间的设计要求是完全不同的。

另一方面，我们也要认识到，虽然某些控制技术，例如预算、定额工时、定额费用及各种财务比率等，在各种不同情况下得到了广泛的运用，但是绝不能认为，这些得到广泛运用的任何一种方法在任何一种情况下都是适用的。主管人员必须经常了解计划及其在实施过程中要加以控制的关键因素，注意利用对他们适用的方法和信息。

此外，由于控制有确保计划实现的作用，因而必然同计划有关。这实际上意味着，不仅应当迅速报告偏离计划的实际执行情况，而且主管人员还应当有一个能预告可能出现偏差的系统，以便能有采取措施的时间，而这个系统的建立，也必须根据计划的特点和要求来建立。

2. 组织适宜性原理

控制必须反映组织结构的类型。组织结构既然是对组织内各个成员担任什么职务的一种规定，因而，它也就成为明确执行计划和纠正偏差职责的依据。因此，组织适宜性原理可表述为：若一个组织结构的设计越是明确、完整和完善，所设计的控制系统越是符合组织机构中的职责和职务的要求，就越有助于纠正脱离计划的偏差。例如，如果产品成本不按制造部门的组织机构分别进行核算和审计，如果每个车间主任都不知道该部门产出的产成品或半成品的目标成本，那么他们就既不可能知道实际成本是否合理，也不可能对成本负责任。这种情况下是谈不上成本控制的。

因此，控制除了要能及时地发现执行过程中发生偏离计划的情况外，还必须知道发生偏差的责任和采取纠正措施的责任应当由谁来承担。组织结构作为明确组织中人们权责的主要工具，提供了哪些部门要对计划的实施及计划执行中的偏差负责的主要线索，因此，拟定的控制系统和方法必须要考虑组织结构。同样道理，控制技术和控制系统也应当考虑职位的情况。无可否认，控制越是能够反映组织机构中的负责采取措施的职位职责，就越有利于纠正偏离计划的情况。

组织适宜性原理的另一层含义是，控制系统必须切合每个主管人员的特点。也就是说，在设计控制系统时，不仅要考虑具体的职务要求，还应考虑到担当该项职务的主管人员的个性。在设计控制信息的格式时，这一点特别重要。送给每位主管人员的信息所采用的形式，必须分别设计。例如，送给上层主管人员的信息要经过筛选，要特别表示出与设计的偏差、与去年同期相比的结果及重要的例外情况。为了突出比较的效果，应把比较的数字按纵行排列，而不要按横行排列，因为从上到下看要比横看数字更容易得到一个比较的概念。此外，还应把互相比较的数字均用统一的足够大的单位来表示，甚至可将非零数字限制在两位数或三位数。

3. 控制关键点原理

控制关键点原理是控制的一条重要原理。这条原理可表述为：为了进行有效的控制，需要特别注意在根据各种计划来衡量工作绩效时有关键意义的那些因素。对一个主管人员来说，随时注意计划执行情况的每一个细节，通常是浪费时间精力和没有必要的。他们应当也只能够将注意力集中于计划执行中的一些主要影响因素上。事实上，控制住了关键点，也就控制住了全局。

控制效率的要求，则从另一方面强调了控制关键点原理的重要性。所谓控制效率是指控制方法如果能够以最低的费用或其他代价来探查和阐明实际偏离或可能偏离计划的偏差及其原因，那么它就是有效的。对控制效率的要求既然是控制系统的一个限定因素，自然就在很大程度上决定了主管人员只能在他们认为是重要的问题上选择一些关键因素来进行控制。

4. 控制趋势原理

这条原理可表达为：对控制全局的主管人员来说，重要的是现状所预示的趋势，而不是现状本身。控制变化的趋势比仅仅改善现状重要得多，也困难得多。一般来说，趋势是多种复杂因素综合作用的结果，是在一段较长的时期内逐渐形成的，并对管理工作绩效起着长期的制约作用。趋势往往容易被现象所掩盖，它不易觉察，也不易控制和扭转。例如，一家生产高压继电器的大型企业，当年的统计数字表明销售额较去年增长6%，但这种低速的增长却预示着一种相反的趋势，因为从国内新增的发电装机容量来推测高压继电器的市场需求，较上年增长了8%，因而，该企业的相对市场地位实际上是在下降。同样是这个企业，经历了连续几年的高速增长后，开始步入一个停滞和低速增长的时期。尽管销售部门做出了较大的努力，但局面却仍未根本扭转。这迫使企业的上层主管人员从现状中摆脱出来，把主要精力从抓销售转向了抓新产品开发和技术改造，因而从根本上扭转了被动的局面。

通常，当趋势可以明显地描绘成一条曲线，或是可以描述为某种数学模型时，再进行控制就为时已晚了。控制趋势的关键在于从现状中揭示倾向，特别是在趋势刚显露苗头时就敏锐地觉察到，这也是一种管理艺术。

5. 例外原理

这一原理可表述为：主管人员越是关注一些重要的例外偏差，也就是说越是把控制的主要注意力集中在那些超出一般情况的特别好或特别坏的情况，控制的效率就越高。

质量控制中广泛地运用例外原理来控制工序质量，工序质量控制的目的是检查生产过程是否稳定。如果影响产品质量的主要因素，例如原材料、工具、设备、操作工人等无显著变化，那么产品质量也就不会发生很大差异，这时我们可以认为生产过程是稳定的，或者说工序质量处于控制状态中。反之，如果生产过程出现违反规律性的异常状态时，应立即查明原因，采取措施使之恢复常态。

过程质量控制中广泛采用"控制图"，就是用于发现异常原因，来判断工序质量是否处于控制状态的一种方法。其基本原理是：引起过程输出结果产生波动的原因有两类，一类是正常、随机的原因，一类是异常的、特殊的原因，在过程控制中，随机因素是无法采取纠正措施的，只有针对异常原因或例外因素，才能采取有效的控制措施。控制图利用概率统计的原理设计控制点，使得只有当出现异常原因时，控制图的模式才出现异常。

应当指出的是，在管理中，只注意例外情况是不够的。在偏离标准的各种情况中，有一些是无关紧要的。而另一些则不然，某些微小的偏差可能比某些较大的偏差影响更大。例如说，一个主管人员可能对利润率下降了一个百分点感到非常严重，而对"合理化建议"奖励超出预算的 10% 却不以为然。

因此，在实际运用当中，例外原理必须与控制关键点原理相结合。仅仅立足于寻找例外情况是不够的，我们应把注意力集中在关键点的例外情况的控制上。这两条原理有某些共同之处。但是，我们应当注意到它们的区别在于，控制关键点原理强调选控制点，而例外原理则强调观察在这些点上所发生的异常偏差。

6. 直接控制原理

直接控制，是相对于间接控制而言的。一个人，无论他是主管人员还是非主管人员，在工作过程中常常会犯错误，或者往往不能觉察到即将出现的问题。这样，在控制他们的工作时，就只能在出现了偏差后，通过分析偏差产生的原因，然后才去追究其个人责任，并使他们在今后的工作中加以改正。如前所述，这种控制方式，我们称为"间接控制"。显而易见，这种控制的缺陷是在出现了偏差后才去进行纠正。针对这个缺陷，直接控制原理可表述为：主管人员及其下属的素质和工作质量越高，就越不需要进行间接控制。这是因为主管人员对他所负担的职务越能胜任，也就越能在事先觉察出偏离计划的误差，并及时采取措施来预防它们的发生。这意味着任何一种控制的最直接的方式，就是采取措施尽可能地保证主管人员的素质。

12.2 控制工作的类型

控制工作实质上是一个"信息反馈"的过程。根据反馈信息采取纠正措施，无疑会存在"时间延迟"，这不利于实现控制的目的。为了克服这个问题，人们寻求采用实时信息，乃至超前性的预测信息，实施控制。这样纠正措施可以在过程运行的不同阶段来实现，相应地出现了不同的控制原理和类型。

12.2.1 前馈控制（事前控制）、同期控制（事中控制）、反馈控制（事后控制）

魏文王问名医扁鹊说："你们兄弟三人，哪位最善于医术？"

扁鹊答复说："长兄最佳，中兄其次，我最差。"

魏文王说："为什么会是这样呢？你能说明白一些吗？"

扁鹊答复说："我长兄治病，是消除病症于未发生之前。别人根本察觉不到病症，所以他的名气只有我们家才知道，根本传不出去。我中兄治病，是治于病情初起之时。一般人以为只是小病，所以他的名气不大，只有本地人才知道他。至于我扁鹊治病，是治于病情严重之后，别人看到我割肉切骨、皮膏敷上毒药等大动作，因此闻名于天下。比起我长兄中兄，我的医术是最差的。"

魏文王说："你说得很有道理。"

在这个故事中可以看到，扁鹊的长兄属事前控制；扁鹊的中兄属事中控制；扁鹊属事后控制。从故事中得到的启示是：事后控制不如事中控制，事中控制不如事前控制。

1. 前馈控制

仅仅用系统的输出作为反馈信息的缺点是，只有当输出量偏离目标时，纠正作用才能开始产生。这是一种事后控制。特别是对于系统最终成果的反馈控制，由于系统存在延时，所以待偏差出现之后，再采取纠正措施，在许多情况下，可能造成的损失已是既成事实，无法挽回了。主管人员更需要这样的控制系统——能够在还来得及采取纠正措施时就告诉主管人员信息，使他们知道如再不采取措施就会出问题了。"防患于未然。"不仅是对计划的要求，也是对控制的要求。

所谓前馈控制，就是观察那些作用于系统的各种可以测量的输入量和主要扰动量，分析它们对系统输出的影响关系，在这些可测量的输入量和主要扰动量的不利影响产生以前，通过及时采取纠正措施，来消除它们的不利影响。工程中广泛地利用前馈控制的优点，将其与反馈控制结合在一起，构成复合控制系统，以改善控制的效果。

在管理初期，前馈控制是主管人员运用所能得到的最新信息，包括上一个控制循环中所产生的经验教训，反复认真地对可能出现的结果进行预测，然后将其同计划要求进行比较，从而在必要时调整计划或控制影响因素，以确保目标实现。

前馈控制可以大大改善控制系统的性能，但是要切实实施前馈控制，一般应满足以下几个必要条件。

（1）必须对计划和控制系统做出透彻的、仔细的分析，确定关键的输入变量。

（2）建立前馈控制系统的结构模式。

（3）要注意保持该模式的动态特性，也就是说，应当经常检查模式以了解所确定的输入变量及其相互关系是否仍然反映实际情况。

（4）必须定期地收集输入变量的数据，并把它们输入控制系统。

（5）必须定期地估计实际输入的数据与计划输入的数据之间的偏差，并评价其对预期的最终成果的影响。

（6）必须有措施保证。前馈控制的作用同任何其他的计划和控制方法一样，其所能完成的工作就是向人们指出问题，显然还要采取措施来解决这些问题。

实行前馈控制的优越性在于可以使主管人员及时得到信息以便采取措施，也能使他们知道如果不采取措施就会出现问题。它克服了反馈控制中由于时滞所带来的缺陷。

前馈控制的特点：① 优点：防患于未然，不易造成面对面的冲突；② 缺点：管理者对信息及时、准确地掌握较困难。

2. 同期控制

这类控制的纠正措施是作用于计划正在执行的过程。它是一种主要为基层主管人员所采用的控制方法。主管人员通过深入现场亲自监督检查、指导和控制下属人员的活动。它包括的内容有以下几点。

（1）向下级指示恰当的工作方法和工作过程。

（2）监督下级的工作以保证计划目标的实现。

（3）发现不符合标准的偏差时，立即采取纠正措施。

在计划的实施过程中，大量的管理控制，尤其是基层的管理控制都属于这种类型。同期控制是控制的基础。一个主管人员的管理水平和领导能力，常常会通过这种工作表现出来。

在同期控制中，主管人员借助组织机构所授予的职权，来使用经济的和非经济的手段来影响其下属。控制活动的标准来自计划所确定的活动目标和政策、规范和制度。控制的重点是正在进行的计划实施过程。控制的有效性取决于主管人员的个人素质、个人作风、指导的表达方式及下属对这些指导的理解程度，其中，主管人员的"言传身教"具有很大的作用。例如，工人的操作发生错误时，工段长有责任向其指出并做出正确的示范动作帮助其改正。

在进行同期控制时，要注意避免单凭主观意志进行工作。主管人员必须加强自身的学习和提高，亲临第一线进行认真仔细的观察和监督，以标准为依据，服从组织原则，遵从正式的指挥关系，统一指挥，逐级实施控制。

同期控制的重点是在计划实施过程中所涉及的各种因素。

同期控制的前提条件有：① 完善的计划；② 严密的组织；③ 精良的队伍；④ 有效的指导；⑤ 充分的激励；⑥ 通畅的沟通。

同期控制的特点。① 优点：指导职能，有助于员工提高工作和自控能力。② 缺点：受制于管理者的能力；易造成双方对立情绪。

3. 反馈控制

这类控制主要是分析工作过程的输出结果，将它与控制标准相比较，发现已经发生或即将出现的偏差，分析其原因和对未来的可能影响，及时拟定纠正措施并予以实施，以防止偏差继续发展或防止其今后再度发生。

由此可见，反馈控制是一个不断提高的过程。它的工作重点是把注意力集中在历史结果上，并将它作为未来行为的基础。

这类控制方法的特点是：主管人员根据输出的结果与标准比较的信息进行控制。例如进行产品质量控制，往往是预先制定出产品的质量标准，再统计所生产出的产品检验结果，与标准进行比较，然后采取相应的行动。统计结果是计划执行过程的反馈信息，它属于延时信息，因为获得的统计结果是通过计划执行一段时间后经过收集、分析和整理，耗费一定时间后才能得到的信息，通过统计结果与预先制定的标准比较，才能发现产品生产过程中有无偏差产生，如出现偏差才能进一步采取纠正和控制措施。所以，反馈控制是根据计划执行的结果来进行控制的，而结果通常包含两种可能：一是达到或超过预期目标；二是未达到目标。

例如上面所说的产品质量控制，如果依据对产品检验的结果发现很多产品质量不合格，那么在采取新的纠正或控制措施之前，已生产出的不合格产品已经给企业造成了损失。所以反馈控制实际是一种"亡羊补牢"式的控制方法，其作用仅在于避免已发生的偏差继续发展或今后再度发生。

显然，反馈控制并不是一种最好的控制方法，但目前它仍被广泛地使用，因为在管理工作中主管人员所能得到的信息，大量的是需要经过一段时间后才能得到的延时信息。在控制中为减少反馈控制带来的损失，应该尽量缩短获得反馈信息的时间，以弥补反馈控制方法的这种缺点，使造成的损失减少到最低程度。

我们看到，随着科学技术的发展，尤其是自动控制技术的发展和电子计算机的广泛运用，使一些传统控制方法如反馈控制，得到了很大的改进，使得到的反馈信息在时滞上几乎可以做到忽略不计的程度。例如医院对一些重症患者使用自动监护系统，一旦监护对象病情出现变化，监护系统立即显示出变化的情况，并能自动调节给药量或启动氧气机及时采取治疗措施。至于目前许多企业所运用的计算机集成制造系统（CIMS）、物料需求计划（MRP）系统、企业资源计划（ERP）系统等，不仅使得控制达到一个新的水平，而且还能够使得整个组织的管理水平得到很大的提高。

反馈控制既可用来控制系统的最终成果，例如产量、销售收入、利润、利润率等，也可用来控制系统的中间结果，例如新产品样机、生产计划、生产过程、工序质量、在制品库存量等。前者称为端部反馈，后者称为局部反馈。局部反馈对于改善管理控制系统的功能起着重要作用。通过各种局部反馈，可以及时发现问题，排除隐患，避免造成严重的后果。例如工序质量控制、月度检查、季度检查等，就属于局部反馈。它们对于保证最终产品的质量和保证年度计划的实现无疑起着重要的作用。局部反馈与端部反馈之间是一种多重嵌套关系，这种结构是复杂的动态系统的一个主要特征。

当然，科学技术的进步、控制方法和手段的改进，可以使某些控制达到一个新的水平。但是，在管理控制并非都可以依靠科学仪器、设备来进行控制，如对改造人员的工作态度、一些用定性标准来考核的项目、随机因素影响较多的控制对象等，就不能完全依赖新技术去解决，大量的控制还需要传统的反馈控制方法，而且尽管在很多情况下都可以迅速地收集到计量绩效的数据，但把这些数据同标准进行比较，分析产生偏差的原因，制订和执行纠正偏差的计划，却仍然需要较长的时间。

目前在组织中应用最广泛的反馈控制方法有4种：财务报告分析；标准成本分析；质量控制分析；工作人员成绩评定。其中最重要又是最困难的是"工作人员成绩评定"，因为任何组织中最关键的资源是人，而评定工作之所以很困难，首先是因为绩效标准很难是客观而且简短明了的。许多管理的和非管理的任务不宜用数值或其他客观标准来衡量，因此，相当大的一部分评定过程几乎完全是根据主管人员的主观判断来进行的。

反馈控制的重点是对输出的劳动成果进行计量、检验和筛选。

反馈控制的前提条件：① 明确的计划目标，包括进度目标、最终目标和各种单项目标；② 有效的检验手段和检验方法；③ 科学的偏差分析技术；④ 快捷的信息传递通道；⑤ 有力的纠偏手段；⑥ 善于对总的计划实施情况进行概括和总结。

反馈控制的特点：① 优点是避免问题重复发生，提供员工奖惩依据；② 缺点是损失后果已产生。

12.2.2　间接控制、直接控制

从另一个角度来看，控制工作又可以分成以下两类：① 着眼于发现工作中出现的偏差，分析产生的原因，并追究其个人责任使之改进未来的工作，这可以称之为"间接控制"；② 着眼于培养更好的主管人员，使他们能熟练地应用管理的概念、技术和原理，能以系统的观点来进行和改善他们的管理工作，从而防止出现因管理不善而造成的不良后果。这可称之为"直接控制"。

1. 间接控制

所谓"间接控制"是基于这样一些事实为依据的即人们常常会犯错误，或常常没有察觉到那些将要出现的问题，因而未能及时采取适当的纠正或预防措施。他们往往是根据计划和标准，对比和考核实际的结果，追查造成偏差的原因和责任，然后才去纠正。实际上，在工作中出现问题，产生偏差的原因是很多的。所订标准不正确固然会造成偏差，但如果标准是正确的，则不肯定因素、主管人员缺乏知识、经验和判断力等也会使计划遭到失败。所谓不肯定因素包括了不能肯定的每一件事情。例如，一个制造活塞计划的成功与否，不仅取决于已知的各项前提条件，而且还取决于这样一些不肯定因素：未来的世界状况；已知的和尚未发现的金属材料的竞争；以及会把现有最好的活塞发动机淘汰掉的新的动力技术的发展，等等。对于这些不肯定因素造成的管理上的失误是不可避免的，故出现这种情况时，间接控制技术不能起什么作用。但对于由于主管人员缺乏知识。经验和判断力所造成的管理上的失误和工作上的偏差，运用间接控制则可帮助其纠正。同时，间接控制还可帮助主管人员总结吸取经验教训，增加他们的经验、知识和判断力，提高他们的管理水平。

当然，间接控制还存在着许多缺点，最显而易见的是间接控制是在出现了偏差，造成损失之后才采取措施，因此，它的费用支出是比较大的。此外，间接控制的方法是建立在以下5个假设之上的。

① 工作成效是可以计量的。
② 人们对工作成效具有个人责任感。
③ 追查偏差原因所需要的时间是有保证的。
④ 出现的偏差可以预料并能及时发现。
⑤ 有关部门或人员将会采取纠正措施。

然而这些假设有时却不能成立。

① 有许多管理工作中的成效是很难计量的。例如，主管人员的决策能力、预见性和领导水平是难以精确计量的；对完成计划起关键影响作用的部门的工作成效是不能和非关键部门的工作成效相比拟的，即便是前者的工作成效大，也不能说明后者的工作难度一定低于前者。

② 有许多偏离计划的误差并不能预先估计到或及时发现，而往往是发现太迟以致难以采取有效的纠正措施。

③ 有时虽能够发现偏差并能找到产生的原因，却没有人愿意采取纠正措施，大家互相推卸责任，或者即使能把责任确定下来，当事的主管人员却固执己见，不愿纠正错误。

由此看来，间接控制并不是普遍有效的控制方法，它还存在着许多不完善的地方。

2. 直接控制

控制工作所依据的是这样的事实,即计划的实施结果取决于执行计划的人。销售额、利润率、产品质量等这些计划目标的完成情况,主要取决于直接对这些计划目标负责的管理部门的主管人员。因此,通过遴选、进一步的培训、完善管理工作成效的考核方法,等等,以改变有关主管人员的未来行为,是对管理工作质量进行控制的关键所在。

(1) 直接控制是相对于间接控制而言的,它是通过提高主管人员的素质来进行控制工作的。直接控制的指导思想认为,合格的主管人员出的差错最少,他能觉察到正在形成的问题,并能及时采取纠正措施。所谓"合格",就是指他们能熟练地应用管理的概念、原理和技术,能以系统的观点来进行管理工作。因此,直接控制的原则也就是:主管人员及其下属的质量越高,就越不需要进行间接控制。

(2) 这种控制方法的合理性是以下列 4 个较为可靠的假设为依据的。

① 合格的主管人员所犯的错误最少。

② 管理工作的成效是可以计量的。

③ 在计量管理工作成效时,管理的概念、原理和方法是一些有用的判断标准。

④ 管理基本原理的应用情况是可以评价的。

(3) 进行直接控制的优点。

① 在对个人委派任务时能有较大的准确性。同时,为使主管人员合格,对他们经常不断地进行评价,实际上也必定会揭露出工作中存在的缺点,并为消除这些缺点而进行专门培训提供依据。

② 直接控制可以促使主管人员主动地采取纠正措施并使其更加有效。它鼓励用自我控制的办法进行控制。由于在评价过程中会揭露出工作中存在的缺点,因而也就会促使主管人员努力去确定他们应负的职责并自觉地纠正错误。

③ 直接控制还可以获得良好的心理效果。主管人员的质量提高后,他们的威信也会得到提高,下属对他们的信任和支持也会增加,这样就有利于整个计划目标的顺利实现。

④ 由于提高了主管人员的质量,减少了偏差的发生,也就有可能减轻间接控制造成的负担,节约经费开支。

第 13 章 控制方法与技术

13.1 预算控制

预算是以数量形式表示的计划。预算的编制是作为计划过程的一部分开始的，而预算本身又是计划过程的终点，是一种转化为控制标准的数量化的计划。预算是数字化的计划，更具体一点说，即预算是用财务数字来表明的组织的预期成本或收入。

1. 预算的性质与作用

预算就是用数字编制未来某一个时期的计划，也就是用财务数字（例如在财务预算和投资预算中）或非财务数字（例如在生产预算中）来表明预期的结果。

（1）预算是一种计划

从而编制预算的工作是一种计划工作。预算的内容可以概括为以下几点。

① "多少"——为实现计划目标的各种管理工作的收入（或产出）与支出（或投入）各是多少。

② "为什么"——为什么必须收入（或产出）这么多数量，以及为什么需要支出（或投入）这么多数量。

③ "何时"——什么时候实现收入（或产出），以及什么时候支出（或投入），必须使得收入与支出取得平衡。

（2）预算是一种预测

它是对未来一段时期内的收支情况的预计。作为一种预测，确定预算数字的方法可以采用统计方法、经验方法或工程方法。

（3）预算主要是一种控制手段

编制预算实际上就是控制过程的第一步——拟定标准。由于预算是以数量化的方式来表明管理工作的标准，从而本身就具有可考核性，因而有利于根据标准来评定工作绩效，找出偏差，并采取纠正措施，消除偏差。无疑，编制预算能使确定目标和拟定标准的计划得到改进。但是，预算的最大价值还在于它对改进协调和控制的贡献。当为组织的各个职能部门都编制了预算时，就为协调组织的活动提供了基础。同时，由于对预期结果的偏离将更容易被查明和评定，预算也为控制中的纠正措施奠定了基础。所以，预算可以导致出更好的计划和协调，并为控制提供基础，这正是编制预算的基本目的。

2. 预算的种类

按预算的内容，预算可分为以下几种。

① 经营预算。是指企业日常发生的各项基本活动的预算。它主要包括销售预算、生产预算、直接材料采购预算、直接人工预算、制造费用预算、单位生产成本预算、推销及管理

费用预算等。

② 投资预算。是对企业的固定资产的购置、扩建、改造、更新等，在可行性研究的基础上编制的预算。它具体反映在何时进行投资、投资多少、资金从何处取得、何时可获得收益、每年的净现金流量为多少、需要多少时间回收全部投资等。由于投资的资金来源往往是任何企业的限定因素之一，而对厂房和设备等固定资产的投资又往往需要很长时间才能回收，因此，投资预算应当力求和企业的战略以及长期计划紧密联系在一起。

③ 财务预算。是指企业在计划期内反映有关预计现金收支、经营成果和财务状况的预算。它主要包括"现金预算"、"预计收益表"和"预计资产负债表"。必须指出的是，前述各种经营预算和投资预算中的材料，都可以折算成金额反映在财务预算内。这样，财务预算就成为各项经营业务和投资的整体计划，故亦称为"总预算"。

按预算控制的力度，预算可以分为以下几种。

① 刚性预算，指在执行进程中没有变动余地的预算，执行人在执行中无变动余地。一般来说，刚性预算不利于发挥执行人的积极性和不适应环境变化。刚性预算也就只能在重点项目上采用。常见的刚性预算是控制上限或控制下限的预算。如严格要求的财政支出预算和财政收入预算等。

② 弹性预算，指预算指标有一定的调整余地，执行人可灵活性地执行的预算。这种预算的控制力度稍弱，但有较强的环境适应性，能较好地适应控制的要求，在预算控制中弹性预算比较常见。

3. 预算方法：零基预算法

美国得克萨斯仪器公司的彼德·菲尔于1970年提出了"零基预算法"。该法提出之后，由于它的优越性，很快为许多组织所采纳。

零基预算法的基本思想是：在每个预算年度开始时，把所有还在继续开展的活动都看做是从零开始的，预算也就以零为基础，由预算人员在从头开始的思想指导下，重新安排各项活动及各个部门的资源分配和收支。实行零基预算法的预算人员需要在如下4个方面重新考虑预算。

① 组织的目标是什么，预算要达到的目标又是什么？

② 这项活动有没有必要，不开展行不行，开展这项活动应取得什么样的成果？

③ 开展这项活动的可选方案有哪些，目前执行的方案是不是最好的？

④ 这项活动需要多少资金，资金从什么地方获取，按目前的方案使用是否合理？

与传统预算管理相比较，零基预算的优点是预算比较科学，有利于资金分配和控制支出，存在的缺点是预算编制的工作量大，费用高。另外需要指出的是，零基预算与其说是一种预算编制方法，倒不如说是一种预算控制思想更为准确。因为它的核心是预算工作人员不要盲目接受过去的预算支出的结构和规模，一切都应重新考虑。零基预算法的程序如下。

① 建立预算目标体系

在审查预算前，主持这一工作的主管人员首先应明确组织的目标，并将长期目标、中期目标、近期目标划分清楚，将可量化的目标量化，建立起一套完整且明确的目标体系。

② 逐项审查预算

以一切活动都是重新开始的思想来审查每一个预算项目：凡是在下一年度继续进行的活动或续建的项目，负责人都要提交详细的计划执行情况报告；凡是新增加的项目都要提交可行性分析报告,所有要继续进行的活动都必须向专门的审验机构证明其活动确有继续开展的必要;所有申请预算的项目和部门都必须提交下一年度的计划,说明各项开支要达到的目标和效益。

③ 排定各项目和各部门的优先顺序

在确定了需要开展的项目的范围之后,由计划部门对所有的项目进行排序,列出重点优先项目,非重点一般项目。如果资金有限,先保证重点优先项目的预算。

④ 编制预算

由预算编制人员根据审查的最终结果对预算资金进行分配。形成具体的预算。

采用零基预算法应注意以下几个问题。

① 零基预算法的思想应贯彻到每一个预算编制工作人员和部门。项目负责人的意识中,只有每一个有关的人了解了零基预算法,掌握了零基预算法,支持零基预算法,零基预算法才能发挥其优势。

② 零基预算的主持者必须对组织目标有足够的了解。这样才能把握哪些活动是必需的,哪些是可进行的或可不进行的,哪些是要保证的重点项目,哪些是必须兼顾的一般项目,以便正确地分配资源。

③ 发扬创新精神,从零开始本身就是隐含着创新要求的。实行零基预算法,无论是负责人,还是一般工作人员,都必须具备创新思想,那种既能够提高效益又能够降低成本的方案并不存在于现行的方案中,只有依靠创新才能产生。

零基预算法在实行过程中,另一个需要注意的问题是应防止搞形式主义。名义上是从零开始,实际上是一切依旧,新瓶装旧酒。对此,主要领导人必须有较高的警惕,特别是最后审批预算的主要领导人要亲自主持参加项目的评价过程。真正使那些过去一直在进行却不能提供效益或效益极低的活动能够停下来,将资金用于最高效益的项目和活动上。这需要权威,又需要艺术,也要求能力,它往往会使一些领导者望而却步。但若想取得成就,就必须面对困难,努力去克服困难。

13.2 非预算控制

1. 监督与检查

监督与检查可以说是一种最古老、最常见、最直接的控制方法。其具体形式是上级对下级执行计划、命令的过程和状况进行实地检查,进行评价,发现问题并立即采取措施予以纠正。这是一种直接的、面对面的控制它是管理控制中不可缺少的控制方式。

监督与检查的第一个优点是直接,由于是面对面地实施控制,有助于监控人员获得第一手信息。如在生产控制中,通过现场监督与检查,可以使主管人员直接了解诸如产品质量、生产条件、生产者的责任心、原材料供应状况、均衡生产状况等方面的信息。由于这些信息是第一手掌握的,具有相当高的真实性和及时性,有助于控制者针对问题采取措施,有的放矢。

监督与检查的第二个优点是容易做到迅速解决问题。因为是面对面地直接控制,监控人员一旦发现问题,就可以立即做出判断,制订解决问题的方案,并尽快地付诸实施。由于监督检查解决问题及时,可以防患于未然,将一些问题消灭在萌芽状态,以免造成更大的损失。

监督与检查的第三个优点是有助于施控者与受控者之间的沟通，鼓励下属士气，及时排除困难，为下属完成任务创造条件，从而激励下属积极工作。当然，如果监督检查未能为下属所理解，也可能被下属看做是上级对自己的不信任，自尊心受到伤害而产生消极情绪。

做好监督与检查控制，发挥其积极作用，应注意这样几个方面问题。

一是要抓住重点进行监督检查，特别是高层主管人员的现场检查，一定要抓住重点环节和重点部门。

二是要深入细致，上级的检查不能走马观花，不能浮于表面，更不能主观臆断，搞长官意志。

三是要有反馈，对下级反映的情况，在检查中所发现的问题，要采取措施，给予答复，对存在的问题尽快予以解决。

四要形成制度，切忌心血来潮刮一阵儿风，一会儿热、一会儿冷。监督检查制度化有助于控制充分发挥作用。

2. 报告制度

报告是用来向负责实施计划的主管人员全面地、系统地阐述计划的进展情况、存在的问题及原因、已经采取了哪些措施、收到了什么效果、预计可能出现的问题等情况的一种重要方式。控制报告的主要目的在于提供一种可用作纠正措施依据的信息。

对控制报告的基本要求是必须做到适时、突出重点、指出例外情况、尽量简明扼要。通常，运用报告进行控制的效果，取决于主管人员对报告的要求。管理实践表明，大多数主管人员对下属应当向他报告什么，缺乏明确的要求。随着组织规模及其经营活动规模的日益扩大，管理也日益复杂，而主管人员的精力和时间是有限的，从而，定期的情况报告也就越发显得重要。

负责计划实施的上层主管人员，为了实施控制，通常需要报告以下4个方面的情况。

① 投入程度——主管人员需要确定他本人参与的程度，他需要逐项确定他应在每项计划上花费多少时间，应介入多深。

② 进展情况——主管人员需要获得哪些应由他向上级或向其他有关单位（部门）汇报的有关计划进展的情况，例如：我们的进度如何；怎样向我们的客户介绍计划进展情况；在费用方面我们做得如何；如何向客户解释费用问题等。

③ 重点情况——主管人员需要在向他汇报的材料中挑选哪些应由他本人注意和决策的问题。

④ 全面情况——主管人员需要掌握全盘情况，而不能只是了解一些特殊情况。

为了满足上级主管人员的上述4项要求，一个有效的报告制度通常规定需要报告的内容。以通用电器公司为例，报告主要包括计划执行情况、上层主管人员决策和采取行动需要的关键信息，具体有以下8个方面的内容。

① 客户的意见及上次会议以来外部的新情况。这方面报告的作用在于使上级主管人员判断情况的复杂程度和严重程度，以便决定他是否要介入及介入的程度。

② 进度情况。这方面报告的内容是将工作的实际进度与计划进度进行比较，说明工作的进展情况。通常，拟定工作的进度计划可以采用"计划评审技术"。对于上层主管人员来说，他所关心的是处于关键线路上的关键工作的完成情况，因为关键工作若不能按时完成，

那么整个工作就有可能误期。

③ 费用情况。报告的内容是说明费用开支的情况。同样,要说明费用情况,必须将其与费用开支计划进行比较,并回答实际的费用开支为什么超出了原定计划,以及按此趋势估算的总费用开支(或超支)情况,以便上级主管人员采取措施。

④ 技术工作情况。技术工作情况是表明工作的质量和技术性能的完成情况和目前达到的水平。其中很重要的问题是说明设计更改情况,要说明设计更改的理由和方案,以及这是客户提出的要求还是我们自己作出的决定等。

⑤ 当前的关键问题。报告者需要检查各方面的工作情况,并从所有存在的问题中挑出三个最为关键的问题。他不仅要提出问题所在,还须说明对整个计划的影响,列出准备采取的行动,指定解决问题的负责人,以及规定解决问题的期限,并说明最需要上级领导帮助解决的问题所在。

⑥ 预计的关键问题。报告的内容是指出预计的关键问题。同样也需要详细地说明问题,指出其影响,准备采取的行动,指定负责人和解决问题的日期。预计的关键问题对上层主管人员来说特别重要,这不仅是为他们制定长期决策提供选择,也是因为他们往往认为下属容易陷入日常问题而对未来漠不关心。

⑦ 其他情况。报告的内容是提供与计划有关的其他情况。例如,对组织及客户有特别重要意义的成就,上月份(或季、年)的工作绩效与下月份的主要任务等。

⑧ 组织方面的情况。报告的内容是向上层领导提交名单,名单上的人员可能会去找这位上层领导,这位领导也需要知道他们的姓名。同时还要审查整个计划的组织工作,包括内部的研制开发队伍,以及其他的相关机构。

美国通用电气公司的报告制度是针对该企业的经营体制制定的,并不一定适合于我国的企业和其他的经济组织。但它给了我们一个启示,报告要全面和重点相兼顾。其实,我国企业和非企业组织已经根据各自的组织目标和实际情况形成了一套报告制度,有的运行了十几年、几十年,不少规定十分科学、有效。在新的形势下,只要我们结合新的客观实际认真总结经验,建立起完善的报告制度是不困难的。

3. 程序控制

(1) 实行程序控制的必要性

程序是一个组织中对某种活动处理流程的一种描述、计划和规定。凡是比较常见,具有重复性,由多个环节构成的管理活动都可以为其制定程序,以便管理者可按既定的程序来处理这些重复发生的活动。组织中常见的程序很多,如决策程序、报告程序、施工管理程序、会计核算程序、费用报销程序等。

制定程序,有助于管理活动规范化。在一个组织中,发生最为频繁的是例行的事情。处理这些事情,在规定了程序之后,管理人员就可以照章办事,不必事事请示,主管人员也就不必事必躬亲了,只要检查下级人员是否按程序办事就可以了。

制定程序,有助于节约管理活动的开支,提高管理活动的效率。程序中一般都明确了处理某项工作,要涉及哪些部门和人员,按什么路线办理,各自有什么权责。这些明确之后,各个管理人员的责任也就清楚了,谁不履行职责,延误了事情就由谁负责。按既定的原则办理事情,自然有助于提高管理活动的效率。

制定程序,有利于提高下属的积极性。在管理过程中,规定了程序也就规定了所涉及的办事人员的权责。在既定的权责范围内，管理人员可以自主地处理各项事情。事情办得好，圆满完成了任务，是其功劳，可以得到褒奖；反之，则会受到批评惩罚。程序所规定的管理人员的自主权，有助于管理人员发挥自己的主观能动性。

（2）管理程序的制定

管理程序是在管理过程中处理例行事情的规范或计划。制定管理程序，应遵守如下几条原则。

① 尽量精简的原则。从管理过程来看，程序越多，越复杂，信息传递所要经过的环节也就越多。它会增加组织的管理费用，包括各个环节上设置管理机构和人员的费用；信息传递整理的费用及延时费用、协调费用等。因此，在不失去控制或不影响控制效率的前提下，程序应尽可能精简。

② 稳定性原则。程序代表着一种规范，要求人员适应，在某种意义上与灵活性是相对的。程序一旦确定下来，就应保持一定的稳定。但程序稳定的前提是程序要制定得科学。只有科学的程序才能保证一定的稳定性。

制定程序，要认真分析管理工作的性质，管理工作的环节及其各个环节的重要性，然后确定管理的具体程序。其步骤可分为以下4个。

① 分析工作过程。明确制定与控制的要求，确定重点与关键环节。

② 确定每一个关键环节的管理范围。明确权利责任及其对各环节管理人员的奖惩标准。

③ 进行讨论、修改、完善程序。在这一个环节中，要注意充分发动群众参与讨论，鼓励民主评论，使程序尽可能科学、完善。

④ 颁布程序，试执行。做好记录、评价，特别是程序在控制和处理活动中的效率评价。

4. 比率分析法

比率分析法，通过比率分析企业的一些实际情况，如流动比率可以反映一家公司的偿债能力和经营风险程度，存货周转率可反映企业存货周转速度，投资报酬率反映企业运用投资的效果等。比率可以简单明了地反映企业的各种活动，可以利用比率作为控制的一种手段。

除了以上这些方法，比较有效的控制方法还有很多，例如生产运作中的计划评审法、盈亏平衡法、库存控制和线性规划及质量管理中的过程控制（SPC）、工序能力指数等。

第 14 章 控 制 实 务

控制是一种功能，它使管理周期完满运转，循环往复。它是个驾驶盘，把前述的组织、配置、指挥功能与规划的目标连接在一起，而且一旦需要，它的能动性就是当即启动新的计划和目标，使它们与企业的资源、环境更加符合。控制过程设立了各种标准，以此测量进程，在计划与实际进程之间差距过大时，它会及时纠正。在从资源到成果这一转化过程的前前后后，以至每一个转化环节上都需要控制。尤其是有选择地实施于成败在此一举的节骨眼上，控制是最为有效的。在实际中，控制主要考虑 3 点因素：运作、财务与人力资源。具体控制手段有如下几种。

14.1 设置标准，控制运行

管理上的控制是系统地设置标准，以此对照进程，必要时采取矫正措施，将工作纳入规划和预期的轨道。我们早已看到，控制是管理过程中最后一项功能。它以监视是否确定达到规划好的目标来完成这一循环。如果目标一一如愿以偿，管理过程可以畅通无阻地继续下去；一旦不是，就要采取纠正措施，将其纳入正轨。控制过程有 4 个步骤，现表述如下。

1. 设置工作标准

这些标准由目标派生而来，目标早在规划时就已确立了。标准应该是具体的，可以测量的。如果一个目标是"将部门的产量提高 10%"，那么，就应该具体化为一项工作标准："每个职工每班生产 110 个部件。"

2. 测量实际工作

要测量实际工作，基本条件是搞出一套经济而可靠的方法。因此，一个职工完成一个部件，可以由计数器自动记录，并转而存入计算机系统。

3. 将实际工作与标准作比较

人们往往是把它制成一张电脑化了的每日报表，它向部门经理提供了一份记录：每个职工当天生产的全部情况，还并排列出各项标准。

4. 采取纠正措施

如果偏差是在规定的"容限"之内，管理人员便让一切照常运转，无须更改；如果偏差是严重的，管理人员必须作出改变，将工作挪回标准线之内。

工作不尽如人意，就需要纠正，需要改变。改变的目标是多方面的，也许购进的材料是次品，也许职工培训不当或者他们心不在焉，也许设备需要修理，或者是它们的性能不足以达到标准的速度与准确性，也许是工作程序应该重新设计，或者生产进度上欠协调。

原定的目标太雄心勃勃是常有的事，应该适当降下来。也可能是标准设得不够准确。种种与标准不符的差异并不总是低于标准的，它们也许显示工作的成绩可能超过标准。如果是这样的话，纠正的措施应该是要么充分利用这意料之外的有利条件，要么提高目标与标准，因为它们可能定得太低了。

● **实例分析**

情形：航空公司对客舱保养员工的工作十分不满意，他们在航班交替之际把客舱打扫得并不干净，而且按一般规定，他们每天要清洁 50 架次飞机，可他们只收拾了 40 架次。

问题：李敏是保养客舱的管理员，她怎样才能更好地控制这项操作？

答案：保养客舱的管理员可以从 3 个不同的角度来处理这一问题。

（1）侧重于职工表现。她可以试图在挑选、培训、指导和激励员工上做得更好些。

（2）侧重于标准。有以下两项重要标准应该重审一下。

① 工作量标准。它们是能够达到的吗？李敏怎么知道的呢？是根据历史记录和工时的研究，还是参照情况类似的其他人的工作量？如果都不是，就必须把他们的工作量标准降下来，定个可以达到的水准，比如说每天清扫 45 架次。

② 质量标准。它们是否具体明确，是否可以测定？什么叫"质量合格"呢？所有的垃圾都扫掉了，客舱也洗过了，椅套弄干净了，椅座背后口袋里的备用品更换一新，如此等。

标准总是应该反映成本支出（例如员工人数）、工作量多少及可以接受的质量水平。

（3）侧重于计划、政策与工作程序。那批员工在航班交替之际是否有足够的时间打扫干净？航空公司应该提倡哪项政策——是低成本加上差劲的服务呢，还是一尘不染、窗明几净？对完成任务来说，规定的清扫程序和现有的清洁工具是否最有效率？如果不是的话，可以做哪些改进？

14.2 控制有选择地实施于战略要点

成败在此一举的关键时刻，有选择地实施控制是最经济有效的。就时间的选择而论，在一个典型的转化过程的任何阶段上，运用控制总是十分有效的。然而，控制应该有选择地使用。太多的控制不但花费大，而且延缓了工作过程，职工的情绪也会受到影响。

1. 控制的轨迹

以运用控制的时间、地点及其目的来谈这一问题是最适合不过的了。

（1）预备控制或预防控制

它们是在转化过程之前使用的。举例来说，为了确保生产过程不至于延误，应该检查和清点原材料；审核资金，以保证手边有足够的现金随时付各种账单；检查机器，看看它仍是否处于良好的运行状态。

（2）同步控制或操舵控制

顾名思义，它们是在转化过程中使用的。检测设备中的温度与压力，使其符合规定的条件；在装配流水线上，检验生产中的部件；文件打印之前，在文字处理机上校对错别字。管理人员和操作工一样，是否要采取纠正措施，取决于偏离标准多少（或者说差距）。

有些同步控制，采用一种"肯定—否定"或"通过—不通过"的形式，要么生产程序可以继续下去，要么它必须停下来检修，直到它恢复正常。一个产品要么过关了，要么打发掉。

另一些同步控制则是一种"操舵式的"变种。生产程序不必中断，而是根据偏差的程度，逐渐调整到正规上来。这有点像在大风呼啸的公路上驾驶一辆汽车，开车人不断地调整方位，让它沿着中道行驶。

（3）反馈控制或追加控制

所有的控制都与某种程度的反馈有关，在这一点上它们彼此是相似的，这就是说，只有在经过了比较，查明了偏差，信息反馈到了操作工或管理人员那里之时，才会采取纠正措施。然而，这里指的是，在某项运作结束之后进行更大规模的测定和比较，以便指导未来的计划、目标、投入及工作程序的设计。

2. 要点（战略）控制

即便是通过自动化系统或程控系统来实施控制，安装与保养的代价也是昂贵的。更不用说，当程序操作工或管理人员面临太多的纠正决策时，这套系统会在"控制过度"中遭了灾。因此，通行的法则是应该从战略上安排控制。其一是在它们无法纠正（要么"通过"，要么"不通过"）之前，把控制安排在最可能探明情况的地方。其二是安排在对工作成败有重大影响的那些要点上。这就是要点（战略）控制一词的由来。

一般来说，这些要点是在一家公司业务范围的三大领域之内。

① 财务状况

控制侧重于盗取资本、资本结构、年度总收入、总支出及现金管理。

② 经营状况

控制侧重于供应物资、存货盘存、生产进度表、生产标准、成本标准、产品及业务质量。

③ 人力资源

控制主要考虑职工人数、工资成本、缺勤与迟到、职工申诉及职工工作表现。

◉ 实例分析

情形：一家生产慢跑、网球等运动鞋的公司发现它的一些主要竞争对手在和它进行一场价格大战。为了弥补降低了的销售收入，公司经理安排了削减成本的计划，由三部分组成。主要目标是减少原材料成本的10%、生产成本的15%及销售成本的5%。

问题：公司打算用哪种控制手段来达到这些目标？

答案：公司可能会采用下列的控制手段。

（1）预备控制，公司以降低原材料的进价（或称预算）为目标，因此，采购部门可能尽力以加大批量多的折扣来达到它。

（2）同步控制，提高生产部门的产量标准，降低它的成本标准。对销售部门来说，是增加销售的新标准（或称定额），紧缩广告费用，降低运输费用（或称预算）。对生产部门要每天监控，而对销售部门是每星期一次。

（3）反馈控制。为了向公司高层管理表明在那些选定的领域里实施的其他控制手段是否有效，或者最好是实施于别的例如设计规格上，或者换个思路，最好是提高销售水平从而在生产和销售上都获得规模效益——对所有这些，反馈控制总是非常有用的。

14.3　财政控制靠收支预算来施行

财务控制致力于资金的积累，它是维持一个企业所必需的。着重于资金的妥善支配，以确保企业的生存与发展。

财政控制已大大超出了财务主任和会计的职权范围。虽然这些行家里手为财务控制打下了不错的基础，但完成这项任务的，主要是靠企业里从上到下的各级管理人员。

1. 资本结构和财务报告

预备控制和追加控制是财务主管们独领风骚的领域。举例来说，他们为企业的资本结构设立目标及其标准：以长期借贷、短期债务或者以产权资产价值来筹措资金的限度。

财务人员们也为公司的财务操作设置目标与标准，并加以控制。这种主要的追加反馈控制，主要有以下3种财务报告，它们至关重要。

（1）资产负债表

它是定期审核一个企业在特定时刻的财务结构，它必须特别指明企业的资产、负债与业主权益。

从资产负债表中，派生出几个众所周知的控制"比率"，比如债务—资产比率、流动比率和速动比率。

（2）收益表

它报告了一家公司在一个时期内的业务成绩，表明它在这个时期内的收入、开支及两者之间的差额（是盈利，还是亏损）。

从收益表中或者把它和资产负债表结合在一起，派生出几个十分有用的控制比率，其中包括销售利润率、投资回收率、资产周转率和存货周转率。

（3）现金流量表（或称为资金流量）

它使得管理人员对实际进出一个企业的现金能够进行计划与控制，在一个时期内现金从哪儿来，往哪儿去。

2. 预算

大多数的经理、基层管理人员、项目主任对这种控制手段再熟悉不过了。从字面上讲，预算是一项特定的业务，一个措施，一项计划或一个部门确定的财务标准。它以数字来表达，主要是用美元不管是从销售中获得，还是为一个具体目的而花费并且在时间跨度上是明确规定的。预算派生出计划中的目标和预测。对大多数企业来说，销售预算用货币和售出商品的数字来表示收入是其他一切预算的根基。

预算中的收入，可以规范地按比例分配给2种主要的费用预算。

（1）可变预算——在这项预算中，费用是根据销售量或者生产量而变化的。

（2）管理费用预算——它负担了与销售或生产的关系相对固定的那些费用。

3. 弹性预算

由于对销售收入的预测是极不确定的，因此，许多公司宁可用弹性预算，而不用固定预算。弹性预算是一套预算系列，其中每一项预算都取决于不同的销售量或生产量。实际采用哪一个预算将根据前一时期的销售量、生产量来选择判断。

4. 差异报表

预算递交到具体负责业务的经理或基层管理人员手里，才由他们来实施控制手段。预算规定的时期一结束，便要发布一份差异报表。差异报表提供了预算数字和实际使用的数字，显示了其中每一项上的差额是多少。根据先前确立的对这些偏差的容限程度，管理人员应该采取适当的纠正措施，或者追加行动，也许两者都需实例分析。

● **实例分析**

情形：张海是某地区一个小镇的镇长，他给小镇各业务部门起草了一份年度预算。在预算中，他把各部门的费用平均分配到12个月里。过了半年，自来水厂从预算中省下不少钱。与此同时，公路保养部门却大大地超支了。张海尖锐地批评了保养公路的管理人员在控制使用预算上没有尽力，然而，在解决问题时，他提议把自来水厂积余的部分转到公路预算上，以此平衡这一年度的开支。李宏是公路管理人员，他说自己完全有理由为超支辩解。苏丽是自来水厂的主管，她坚决反对从预算中挪走那笔资金。

问题：公路管理人员有哪些理由为自己辩护？

答案：在年头的那几个月，公路扫雪的费用特别高。到了春天，保养公路的费用会降下来，可是夏天那几个月，为了维修公路，费用又要升上去。在预算中，每个月平均开支是不现实的。

问题：自来水厂的主管不愿挪走预算中积余的钱，她会有什么理由呢？

答案：她的理由非常相似，从冬天到初春，地区的用水量不大，但从晚春到夏天，人们浇洒草坪、灌满游泳池，还要经常淋浴，用水量会陡然上升。苏丽为了夏季，要从深冬初春的预算中"省出"钱来。

问题：那位镇长应该怎样改进他的预算程序？

答案：一份预算计划若想更有效，就应该预计一个部门每个月的工作程度，区别对待。如果采用弹性预算的话，保养公路的预算可以根据积雪的厚度或者暴风雪的次数，来安排费用。自来水厂预算中的可变费用部分会更有弹性，费用大小就看处理了多少加仑水。

14.4 经营控制的重点在原料、工作进度与质量

经营控制监控着企业中一切转化活动的进程及其结果。

转化过程是投入资源和产出成果之间的中间阶段。在这个至关重要的阶段，同步操舵控制是再适合不过的了。特别是3个领域，引起了那些关注控制的经理们的重视：原料，生产活动及产品和服务质量。

1. 原料控制

在生产营运中，储备原材料、采购来的部件与完工了的产品，对总成本来说，具有显著的意义。因此，人们发展出几种控制手段。

（1）经济订货量

这是一种着重于控制购买和保管存货的最终成本的技巧。经济订货量的公式，优化出两种互相对立的见解：其一，一次购货量越大，它的购入价就越低；其二，一次购货量越大，在使用之前保管这批存货的成本就越高。公司若想控制原料成本，就得最佳地选择订货量。

（2）持续盘存控制

为了避免损失或备货过多，几乎所有的公司都定期地盘点它们的存货，通常是一年一次。然而，随着计算机的出现，越来越多的公司采用持续盘存控制。这就是说，它们的控制系统自动地随时记录一切存货的进进出出，现在存货有多少，在任何时候都一目了然。

（3）材料需要量计划

这种计划手段是把采购材料与安排生产进度结合起来，并加以优化。它首先是把公司的销售预测化成逐项产品的生产进度表，然后把这些生产进度表化成何时需要投入材料，以此来完善整个生产进度。

（4）准时盘存控制

这种控制手段是从日本看板借用过来的。为了控制库存的成本，便要求一家公司的供应厂商们来保存所定购的物资材料，并把它们"准时"地运到生产线上。

2. 生产控制

生产各种各样的产品，进行名目繁多的服务，就需要协调大批职工和各种设备之间的活动。这种复杂性，导致了生产控制系统也日趋复杂化。附带提一句，随着服务性行业开始在经济中占有越来越大的比重，在谈到服务性行业的兴起时，"经营"一词是用来补充"生产"一词的。

3. 生产进度表

安排生产进度的技巧，可以由简而繁，以下是其中的一些。

（1）顺序进度表

顺序进度表实际上就是怎样设计和控制一条生产流水线，一项操作完成了，再开始另一项操作。于是，如果有5道程序，每道程序分别需要2分钟、5分钟、8分钟、3分钟与6分钟，要完成整个装配，在工时预算上便是这些时间的总和——24分钟。

（2）平行进度表

如果有两道以上的程序同时操作，就需要用平行进度表的方法来安排计划。在上面那个例子中，假如第二、第三道程序可以同时进展，整个装配的时间将是19分钟（2＋8＋3＋6）。一种专门为控制生产进度的图表是由甘特研制的，人们称为"甘特图表"。在准备平行进度表，以此监控生产过程时，人们一直使用它。

（3）网络规划方法

在网络规划方法的总称下，有两种控制技巧极其相似，它们是统筹法（PERT）和关键路线法（CPM）。统筹法与关键路线法使得制作生产进度表的人能够审查成百上千个相关的操作程序，把它们紧缩到一个简单而统一的进度网络之中。运用这两种技巧，意味着完成一个项目的总体时间将能够大大地缩短。网络规划方法特别适用于那些大型复杂的单项工程，例如建桥、造船、试制样机，或者展开一场错综复杂的广告竞赛。

4. 质量控制（QC）

检验是一个非常挑剔的概念，它意味着一项完成了的工作是通过还是不通过。无论是一份处理过的文件，还是一个汽车部件，如果通不过的话，便一无所获。等待它的是弃之如敝屣，至少是返工。许多权威人士对检验没有好感，最多称它为必要的犯罪。他们认为："产品的质量，或者服务的质量，不是靠检验而来的，质量必须从开始工作时抓起。"这就是质量控制的由来，是它应该承担的事。

质量控制，或称为质量保证，是一个相当宽泛的词，是一种积极的方法。质量控制认为预备控制或预防控制是最有效的。它们侧重于确保一切投入是正确的，若要生产程序正确，职工的观念正确，重在事先的准备工作。持有这样一种态度，就会邀请各方面来共同参与计划，并为最容易出错的地方分担起责任。这是从理论上来说的，在实践中，我们需要运用一些重要的质量控制手段。例如统计质量控制（SQC），这种方法是建立在对种种可能性的统计之上。一个人观测了统计质量控制图，便能事先预测哪一项具体操作在什么时候也许会失控。对原材料的供应、操作中的情况，或者正在生产的产品，进行随机的、有间隔的抽样调查，一个操作工就能控制自己的工作，在不合格的产品冒头之前，就把一切调整到正常状态。与此相同，一个从事服务性行业的人也可以这么做。这类控制在事先就设立了自己的上限与下限，人们称之为容限。当情况在容限之内，就是可以接受的，一旦超出容限，就是出差错，就是废品。统计质量控制系统是用来事先向机器、操作工或管理人员发出信号（向他们反馈），以便采取调整措施，把一切保持在可以控制的范围之内。

● **实例分析**

情形：一家计算机附件公司的经营部碰到以下几个问题。

① 在他们生产一种短线产品的过程中，发现有好多采购来的零件压库。要把这些库存脱手，不得不承受巨大损失。

② 不久之前，公司签了份合同，为一家大的计算机制造公司生产一套相当复杂的控制系统。这是笔一次性的买卖，却涉及许多与本厂业务背驰的业务。交货限期又很紧，公司若以正常的生产进度程序来做，对完成它没有十分的把握。

③ 公司有一项主要产品，在生产中，有台塑料注模机必须铸造成千上万只特氟隆零件。然而在连续操作中，这台机器无法控制它的启动装置，有好几百只零件的尺寸超过它的允许误差，直到检验员在下一个操作环节才会发现这些次品。

问题：在第一个问题里，哪一种盘存控制能够减少大量损失？

答案：用经济订货量的方法可能会显示，保存那批零件，以及随之而来的损耗所花的成本太高，大批量地购买是不省钱的，也许应该小批量地购买。

问题：在第二种情况里，哪一种进度表和控制程序来安排生产最适合？

答案：网络计划方法（PERT 和 CPM）就是为这类工作而制定的，它们有大量的操作程序需要紧密地协调，并且有一个明确的完工期限。

问题：至于第三个问题。哪一种质量控制手段有助于杜绝这类差错的发生？

答案：统计质量控制系统会引导操作工或检验员定期地测量从机器里出来的塑料零件，把它们的大小尺寸标绘在一张图表上，如果这些尺寸接近于容限的低限或高限，操作工会调整机器的装置，让这些零件的尺寸返回到规格中的中线。

14.5 人力资源控制的重点

人力资源控制所关注的是，如何在一个企业引导和保持职工队伍工作干得称心如意。对人力资源的管理，在很大程度上反映了对员工队伍的传统观念，这就是说，员工们在某种程度上会像机器一样被监视着。正因为如此，我们需要研讨以下几种在人事管理中经常运用到的衡量与控制手段。

1. 组织一览表

在军队系统和政府机构部门里，人事管理普遍都使用组织一览表。当然，现在它并不局限于公共服务机构。实质上，组织一览表就是具体规定某项业务活动、某种工作功能所需要的人数和技术。在私人企业里，这个观念反映在日常雇用的人数上。不管人们使用哪一种行业术语，其核心思想就是应该把雇员总数限制在一个规定数之内，就如应该限制工资总成本一样。

2. 间接劳动比率

这一概念特别适用于工业领域，在那些企业中，生产线上的雇员（直接劳动）与参谋和服务部门的职员们（间接劳动）区分得一目了然。就产品的生产而言，不管怎么说，间接劳动的人们所作的贡献总是少的。因此，间接劳动人数与直接劳动人数的比率，必须受到严格的限制。

3. 上班迟到与缺勤

无论是上班迟到还是工作缺勤，都会给生产进度的安排带来极大的麻烦。正因为如此，绝大多数公司都建立了有关制度，表明它们可以接受的一定限度。并且，非常认真地考核职工在这方面的表现。

4. 工作表现鉴定

对职工们的工作表现定出标准，并且定期鉴定，是最重要的控制手段，它直接影响每个人的劳动生产率，以及他们本人今后在企业里的发展。

人们大多数对控制手段采取消极态度，这种倾向会以下面几种方式表现出来。

① 对抗这一制度。举例来说，企业的部门经理们经常会虚报预算，为的是预防他那个部门的经费可能被削减。而职工们往往会玩点小花招，如果他们不喜欢公司的那条规定，就一味死抠它的字眼为自己辩护，却根本不顾那条规定的用意何在。例如说，如果铁路员工们不喜欢公司的安全预防措施，就会以不折不扣地按那个措施的条文办事而故意减慢铁路的运行。

② 提供片面的或错误的信息。无论是经理还是员工们，向上汇报自己操作失控总不是件高兴的事，结果呢，有的信息会被故意拖延，汇报时遮遮盖盖，甚至篡改得面目全非。

③ 制造控制的假象。有一句话早已成为徒有虚名的口头禅："一切正常。"为了杜绝人们的主观随意性，现在的许多控制系统都已经自动化和电脑化了。

④ 故意怠工与破坏。假如公司把有关标准定得不合理，职工们会故意怠工而又让你抓不到小辫子，更有甚者，索性破坏机器，以此来表示反抗。无独有偶，管理人员为了证明某一套控制系统不灵，就会有意制造混乱，弄出一大堆问题。

参 考 文 献

[1] 周三多. 管理学. 北京：高等教育出版社，2000.
[2] 邢以群. 管理学. 杭州：浙江大学出版社，1997.
[3] 周健临. 管理学教程. 上海：上海财经大学出版社，2001.
[4] 芮明杰. 管理学. 上海：上海人民出版社，1999.
[5] 周欣. 世界古典管理学家管理法则全书. 北京：中国社会出版社，1999.
[6] 胡君辰. 人力资源开发与管理. 上海：复旦大学出版社，1998.
[7] 罗宾斯. 管理学. 4版. 北京：中国人民大学出版社，1997.
[8] 格里芬. 管理学. 9版. 北京：中国市场出版社，2008.
[9] 科特. 权力与影响力. 北京：机械工业出版社，2008.
[10] 泰勒. 科学管理原理. 北京：机械工业出版社，2007.
[11] 西蒙. 管理行为. 北京：机械工业出版社，2004.
[12] 沙因. 企业文化生存指南. 北京：机械工业出版社，2004.
[13] 万君宝. 管理伦理. 上海：上海财经大学出版社，2005.
[14] 王璞. 组织结构设计咨询实务. 北京：中信出版社，2003.
[15] 苏勇. 管理沟通. 上海：复旦大学出版社，1999.